PSICOSSOMA IV
CORPO, HISTÓRIA, PENSAMENTO

PSICOSSOMA IV
CORPO, HISTÓRIA, PENSAMENTO

Rubens Marcelo Volich
Flávio Carvalho Ferraz
Wagner Ranña
(Orgs.)

Aline Camargo Gurfinkel, Ana Maria Sigal,
Angela Figueiredo C. Penteado,
Belinda Mandelbaum, Bernardo Bitelman, Cassandra Pereira França,
Decio Gurfinkel, Éline Batistella, Elsa Oliveira Dias, Fátima Milnitzky,
Flávio Carvalho Ferraz, José Atílio Bombana,
Kátia Cristina Tarouquella Rodrigues Brasil & col.,
Lucía Barbero Fuks, Marcia Porto Ferreira,
Maria Auxiliadora de Almeida Cunha Arantes,
Maria Cristina Surani Capobianco & cols., Maria Elisa Pessoa Labaki,
Maria Helena Fernandes, Maria José Femenias Vieira,
Maria Lívia Tourinho Moretto, Maria Luiza Ghirardi, Mario De Marco,
Nelson da Silva Junior, Norma Lottemberg Semer & cols.,
Renato Mezan, Rosângela Pereira da Fonseca & cols.,
Rubens Marcelo Volich, Sidnei José Casetto, Sonia Maria Rio Neves,
Tales Ab'Sáber, Wagner Ranña

© 2008 Casapsi Livraria e Editora Ltda.
É proibida a reprodução total ou parcial desta publicação, para qualquer finalidade, sem autorização por escrito dos editores.

1ª Edição
2008

1ª Reimpressão
2013

Editor
Ingo Bernd Güntert

Revisão
Flavia Okumura Bortolon

Editoração Eletrônica
Sergio Gzeschnik

Capa
Roberto Strauss a partir do quadro "O Semeador ao pôr-do-sol" (1888), de Van Gogh

Produção Gráfica
Ana Karina Rodrigues Caetano

Dados Internacionais de Catalogação na Publicação (CIP)
Angélica Ilacqua CRB-8/7057

Psicossoma IV: corpo, história, pensamento / Rubens Marcelo Volich, Flávio Carvalho Ferraz, Wagner Ranña, organizadores. -- São Paulo: Casa do Psicólogo, 2013. --

1ª reimpr. da 1. ed. de 2008
Vários autores
Bibliografia
ISBN 978-85-7396-618-3

1. Medicina psicossomática 2. Corpo 3. Família 4. Sexualidade 5. Adoção I. Volich, Rubens Marcelo II. Ranña, Wagner III. Ferraz, Flávio Carvalho

13-0360   CDD-616.8917

Índices para catálogo sistemático:
1. Psicossomática: psicanálise

As opiniões expressas neste livro, bem como seu conteúdo, são de responsabilidade de seus autores, não necessariamente correspondendo ao ponto de vista da editora.

Reservados todos os direitos de publicação em língua portuguesa à

Casapsi Livraria e Editora Ltda.
Rua Santo Antônio, 1010
Jardim México • CEP 13253-400
Itatiba/SP – Brasil
Tel. Fax: (11) 4524-6997
www.casadopsicologo.com.br

Sumário

Apresentação 9
Rubens Marcelo Volich
Flávio Carvalho Ferraz
Wagner Ranña
Decio Gurfinkel

Psicanálise e psicossomática: cruzamentos históricos
Existe um erotismo contemporâneo? 35
Renato Mezan
A tortuosa trajetória do corpo na psicanálise 55
Flávio Carvalho Ferraz

Intersubjetividade e psicossomática
Psicossomática e intersubjetividade: a fundação do inconsciente, a subversão libidinal e a metáfora paterna 71
Wagner Ranña
Vestígios à flor da pele: um apelo de uma foraclusão localizada 93
Fátima Milnitzky

Psicossoma: integração e dissociação
O distúrbio psicossomático em Winnicott 107
Elsa Oliveira Dias
Sobre o corpo de Winnicott 121
Tales A. M. Ab'Sáber
Por uma psicanálise do gesto 127
Decio Gurfinkel

O corpo familiar

Algumas letras sobre família, lentilhas e aftas 141
Belinda Mandelbaum

A presença da infertilidade no contexto da adoção:
efeitos possíveis na relação pais/filhos adotivos 151
Maria Luiza de Assis Moura Ghirardi

Contribuições da psicossomática às práticas de saúde
na família 165
Angela Figueiredo de Camargo Penteado

O corpo e o feminino

Nos confins das origens, a mão da mãe 181
Maria Elisa Pessoa Labaki

A maternidade como função simbólica. Precisamos de
novos postulados metapsicológicos para compreender
os filhos da procriação assistida? 195
Ana Maria Sigal

Os ideais e seus impasses

As mulheres, o corpo e os ideais 207
Maria Helena Fernandes

Morrer de amor: Os ideais e as desorganizações
psicossomáticas 221
Rubens Marcelo Volich

A doença somática e os ideais 235
*Rosangela P. da Fonseca, Cristiana R. Rua, Clara C. Castro,
Ana Maria Soares, Vanderlei C. Freitas, Ali I. Ayoub,
Anna Sílvia B. P. Rotta, Claudia Mello,
Maria Ester Nascimento, Monica Moronizato*

Narrativas do corpo

O corpo-identidade numa cultura sem destino 243
Nelson da Silva Junior

Cicatrizes em narrativas do corpo: tortura intencional 255
Maria Auxiliadora de Almeida Cunha Arantes

O corpo, o adoecer e o não (dito) 273
Éline Batistella

Corpo e sexualidade

Sexualidade masculina: somatizações e impasses teóricos .. 283
Cassandra Pereira França

Violência sexual e somatização 295
Kátia Cristina Tarouquella R. Brasil
Fernanda C. Fontoura Roque

Trauma, elaboração psíquica e desorganização somática 307
Lucía Barbero Fuks

A escuta do corpo

Corpo e transferência na clínica dos sintomas alimentares .. 317
Aline Camargo Gurfinkel

Transferência e interpretação na clínica da somatização 327
José Atilio Bombana

A experiência do "outro em si": o corpo transplantado 335
Maria Lívia Tourinho Moretto

Dor física e dor psíquica: experiência em pesquisa
psicanalítica 345
Norma Lottenberg Semer; Daniela Esquivel,
Juliana de Cássio Leonel; Kátia Semeraro Jordy;
Luciana Sobirai Diaz; Roberta Katz Abela; Simone Godinho;
Terezinha de Carvalho Amaro

Saúde e práticas médicas

A educação emocional do profissional de saúde 359
Mario Alfredo De Marco

Viver é muito perigoso. Sobre a concepção de saúde
(e doença) que orienta o trabalho clínico 377
Sidnei José Casetto

A inter-relação entre o indívíduo (paciente) e os serviços
de saúde: reflexos no psicossoma 385
Bernardo Bitelman

O corpo no trabalho

O corpo no trabalho: estresse profissional 395
Maria José Femenias Vieira

Entre raios e trovão: (en) cena perversão social
e adoecimento 401
Soraya Rodrigues Martins

Qualidade de vida do trabalhador em saúde: o médico
no Pronto-Socorro 419
Maria Cristina Surani Capobianco
Natália Cruz Rufino
Paula Villas Boas Passos
Maria Carolina Caleffi

Entre o agir e o pensar

A clínica do agir 435
Decio Gurfinkel

Corridas: frente e verso 457
Sonia Maria Rio Neves

As "hipercertezas" do saber nos diagnósticos de
hiperatividade: um tributo a Silvia Bleichmar 467
Marcia Porto Ferreira

Sobre os autores 473

Apresentação

Rubens Marcelo Volich
Flávio Carvalho Ferraz
Wagner Ranña
Decio Gurfinkel

As inquietações sobre as relações entre o psíquico e o somático sempre estiveram presentes no pensamento humano. No último século, elas deixaram de ser apenas um interessante problema filosófico ou epistemológico para imporem-se como uma urgência diante das rápidas e intrigantes transformações dos quadros clínicos contemporâneos, e também das dificuldades, impasses e, algumas vezes, da iatrogenia da clínica médica.

Freud sempre se interessou por essas questões, relativas ao psíquico e ao somático. Ao longo dos anos, observamos um interesse crescente por essa temática, interesse que "ganhou corpo" constituindo um verdadeiro "movimento psicossomático" na história da psicanálise, e mesmo fora dela.

Há 15 anos, um número cada vez maior de psicanalistas, médicos, psicólogos e outros profissionais da área da saúde, reunidos em torno das atividades do *Curso de Psicossomática do Instituto Sedes Sapientiae*, em São Paulo, dedica-se à elaboração dessas questões e ao desenvolvimento de um pensamento teórico-clínico que responda aos desafios da clínica contemporânea.

Quando iniciamos nosso curso, a psicossomática era algo pouco valorizado, tendo uma posição marginal dentro da psicanálise e, mesmo, em muitos meios médicos. Desde então, observamos um duplo deslocamento em nosso percurso: de marginal, a psicossomática passou, cada vez mais, a ser um importante instrumento para a compreensão não apenas das doenças orgânicas e das "somatizações", mas também de expressões psicopatológicas, principalmente aquelas articuladas ao excesso de real e falhas na simbolização, como as adições, as anorexias, as passagens ao ato, o pânico, entre muitas. Em um segundo deslocamento, a psicossomática psicanalítica propiciou a ampliação dos instrumentos clínicos para lidar com essa nova gama de sintomas.

Esses movimentos resultam de uma discussão gestada no cerne da psicanálise ao longo dos últimos 60 anos, referente à posição do corpo na teoria e na clínica psicanalítica. Na passagem dos séculos XIX para o XX, Freud sustentava uma posição biologicista, ao mesmo tempo em que criticava os excessos de biologismo da psicopatologia. O conceito de *apoio* e a visão desenvolvimentista dos *Três ensaios sobre a teoria da sexualidade* (1905) evidenciam o viés biológico de Freud. Da mesma forma, são também controversas as suas posições biologicistas nas formulações das "fantasias originárias" e da "cena primária", quando ele afirma serem estas filogeneticamente determinadas. Esses conceitos sustentaram as concepções kleinianas de um psiquismo existente desde as origens, provenientes de uma base biológica, o que favoreceu, por exemplo, a tradução inglesa da palavra *Trieb* por *instinct*, revelando o peso das concepções darwinianas na psicanálise da primeira metade do século XX.

O desenvolvimento dessas teorias desaguou em três vertentes: a winnicottiana, não pulsional, que ressalta a importância da natureza humana e da tendência inata à integração. A vertente de J. Laplanche, que retoma o conceito de pulsão de Freud mais elaborado em *Além do princípio do prazer* (1920), e critica as concepções das fantasias originárias, afirmando que o corpo é humanizado pela sedução generalizada, dependente do encontro com o outro. A terceira, lacaniana, destaca a irredutibilidade do conceito de pulsão ao biológico, ressaltando que, sendo o objeto da pulsão errático e contingencial, o homem se encontra desamparado de apoios e *imprintings* genéticos, revelando a singularidade e a ordenação simbólica do corpo.

Essa breve lembrança da trama histórica dos conceitos permite também observar a divisão de opiniões contemporânea àquelas teorias: de um lado, um excesso de biologismo nas ciências da saúde em compreender e tratar os fenômenos do corpo e, de outro, uma concepção sobre o psíquico que, apesar de reconhecer o apoio no organismo, compreende essa relação apenas dentro da perspectiva do sintoma neurótico. Assim, na segunda metade do século XX, assistimos tanto a um excesso de correntes psicologizantes, como a de Groddek – que supõe um corpo dominado pelo psíquico – como o desenvolvimento da psicossomática médica, que considera psicossomático apenas aquilo que não pode ser reconhecido na realidade no corpo.

Despertando um interesse clínico e teórico crescente no meio psicanalítico, mas também no meio médico, a psicossomática psicanalítica que desenvolvemos em nossa clínica e em nossa formação rediscute o encontro

Apresentação – Rubens M. Volich, Flávio C. Ferraz, Wagner Ranña, Decio Gurfinkel   11

entre as disciplinas biológicas e humanas, entre natureza e cultura, entre soma e psíquico. Enfim, entre Corpo, História, e Pensamento.

Desde sua fundação, nosso Curso de Especialização em Psicossomática constituiu-se como um importante marco de encontro e de discussões de profissionais mobilizados pela necessidade de superar as dificuldades de sua clínica particular ou institucional. Através de nossa clínica, no acompanhamento de nossos alunos e ex-alunos e nos atendimentos de casos de desorganizações psicossomáticas graves realizados pelo *Projeto de Atendimento em Psicossomática da Clínica do Instituto Sedes Sapientiae* constatamos ser possível incluir na prática clínica/institucional, por meio da troca interdisciplinar, uma atenção diferenciada para a subjetividade humana, aprendendo a utilizá-la como um importante instrumento de ação terapêutica em todo o campo da saúde.

Nestes quinze anos de trabalho, combinamos o ensino com a investigação, a prática clínica, a elaboração e a transmissão de nossas teorias. Os *Encontros Teórico-Clínicos*, regularmente realizados a cada bimestre, os *Simpósios de Psicossomática Psicanalítica* e a *Jornada Clínica* (realizados em 1995, 1997, 2001, 2005 e 2007) foram se consolidando como fóruns privilegiados de debates de nossas idéias, posteriormente publicadas em três coletâneas – *Psicossoma I, II* e *III*, publicadas pela Editora Casa do Psicólogo – e em inúmeras obras individuais de cada um de nossos professores e interlocutores.

Psicossoma IV: Corpo, História e Pensamento é o fruto mais recente de nosso percurso, cultivado por ocasião do *IV Simpósio de da Psicossomática Psicanalítica*, realizado de 26 a 28 de outubro de 2007, em São Paulo.

Naquela ocasião, com a companhia calorosa de cerca de 350 colegas e amigos de outras Instituições e de outros Departamentos do Sedes, de alunos e ex-alunos do curso, consideramos fundamental resgatar um pouco da *história da psicossomática psicanalítica*. Apresentamos também seus desdobramentos clínicos e teóricos na abordagem das manifestações do sofrimento humano na atualidade, que tem no *corpo* uma forma privilegiada de expressão: na complexidade crescente de algumas doenças, em suas articulações com o feminino, com as dinâmicas familiares, sociais e com o ambiente de trabalho, com as novas expressões da sexualidade, com a prática médica, e muitas outras. Afinal, é apenas compreendendo o seu contexto histórico que podemos alcançar o *sentido de um pensamento* sobre essas manifestações.

Um dos avanços importantes da nossa disciplina foi compreender que em certas situações clínicas o corpo não veicula um sentido e uma história psíquica, como mostra o modelo da histeria. Tais manifestações corporais estariam mais próximas de um *agir* do que de um *pensar*. Assim, descobrimos que *a articulação entre corpo, história e pensamento nem sempre pode ser dada como certa*.

A tarefa do clínico passa a ser, nesses casos, *promover pensamento e fazer história*. Ora, a missão e o sentido de existir de uma *psicossomática psicanalítica* consiste, justamente, em buscar reinstaurar o *pensamento* e a *história* em um saber médico que havia reduzido o corpo ao puramente somático, e em resgatar a *dimensão corporal* em uma psicanálise que havia se perdido em uma visão exclusivamente representacional da experiência humana.

Trama histórica, intersubjetividade e experiência de integração

Psicossoma IV: Corpo, História e Pensamento se articula em torno de 12 eixos temáticos.

Inicialmente, Renato Mezan e Flávio Carvalho Ferraz tecem a trama histórica sobre a qual se desdobram os desenvolvimentos teórico-clínicos da psicossomática psicanalítica. Evocando a idéia freqüente que a pós-modernidade teria imposto transformações a diversas dimensões da vida, tanto social quanto psíquica, Mezan questiona as mudanças e a especificidade do erotismo contemporâneo. Colocando em perspectiva diferentes representações da sexualidade e do erotismo ao longo da história, ele dialoga com Jurandir Freire Costa e Maria Rita Kehl, entre outros, para sugerir, em sintonia com a visão de Marcuse, que a "corpolatria" de nossos dias e as manifestações contemporâneas do erotismo se constituem muitas vezes como formas da alienação, manifestações privilegiadas da "dessublimação repressiva", sugerida por Marcuse, que privam o sujeito da liberdade de encontrar suas próprias vias de prazer.

Por sua vez, Ferraz analisa o estatuto do corpo em psicanálise através dos conceitos freudianos das *neuroses atuais*, *trauma* e *pulsão de morte*, e também de contribuições de autores pós-freudianos ligados à escola francesa de psicossomática. Ele destaca a importância clínica dessa empreitada, revelando que, em psicanálise, o corpo é essencialmente um "resto", e que tal "resto" é simultaneamente resto da teoria – aquilo que foi, num determinado momento, abandonado como objeto psicanalítico – e "resto" do *sujeito psíquico* em sua ontogênese, ou seja, o seu patrimônio genético herdado, que fica aquém da formação de um sujeito psíquico fundado na linguagem (e, portanto, marcado pela simbolização), e cujo funcionamento obedece aos esquemas filogenéticos ainda não singularizados.

Enquanto isso, Fátima Milnitzky e Wagner Ranña focalizam os primeiros momentos do desenvolvimento humano, analisando as primeiras dinâmicas intersubjetivas estruturantes da economia psicossomática. Segundo Ranña, a clínica com crianças e com bebês revela a importância do "outro" humano para compreender o caráter de "endereçamento" observado nos fenômenos psicossomáticos, uma leitura que permite superar os impasses decorrentes da constatação da ausência de significado desses fenômenos, diferentemente das manifestações neuróticas. Os fenômenos psicossomáticos e seus correlatos, como os distúrbios funcionais, as passagens ao ato, as adições e as alucinações, ocorrem na falta de um significante, mas são inseridos numa estrutura intersubjetiva, edípica e transgeracional. Para lidar com as manifestações de sofrimento e de excessos de prazer que eclodem no corpo, no comportamento e no psíquico, para aquém, ou além, dos tempos lógicos da clivagem das tópicas freudianas (fundantes do recalque secundário), Ranña destaca a importância do instante das origens, do *recalque fundante*, profundamente intersubjetivo. Nessa perspectiva, a metáfora paterna e a terceira tópica emergem como ferramentas metapsicológicas indispensáveis para a ampliação da clínica contemporânea.

Aprofundando a leitura lacaniana dessas questões, Milnitzky evoca duas aplicações clínicas para as conceitualizações em torno do Estádio do Espelho e da Agressividade, uma para a psicose e outra para a lesão de órgão. Ambas dizem respeito a uma hipótese de estagnação formal entre o eu e a imagem que pode eclodir em momentos de crise. Freqüentemente o analista é surpreendido em um processo de análise pela eclosão de sintomas somáticos transitórios quando vestígios de um apelo ultrapassam a capacidade de acolhimento do sujeito, revelando o que Nasio descreve como *foraclusão localizada*. Esses vestígios de foraclusão localizada surgem sob a forma de uma lesão corporal que coexiste com realidades produzidas por recalcamento.

Elsa Oliveira Dias, Tales Ab'Sáber e Decio Gurfinkel examinam as relações entre esses primeiros momentos estruturantes da vida emocional do indivíduo e os fenômenos psicossomáticos a partir da teoria do amadurecimento, das vivências de integração e desintegração e do sentido do gesto descritos por D. W. Winnicott.

Oliveira Dias sugere que a teoria do amadurecimento desse autor permite uma nova compreensão da natureza e da etiologia desses fenômenos e uma maior especificidade do diagnóstico do que ele considera o "verdadeiro distúrbio psicossomático", possibilitando uma nova configuração do domínio da medicina psicossomática e da tarefa terapêutica do psicossomatista e/ou do analista. A autora lembra que, para Winnicott, a existência humana é essencialmente psicossomática. A coesão psique-soma não é dada, mas uma conquista do amadurecimento. As várias maneiras segundo as quais o corpo é afetado pelos estados psíquicos, saudáveis ou doentes são um aspecto intrínseco do viver que não mereceria uma categorização especial de distúrbio psicossomático: observamos essas manifestações no campo da saúde, das neuroses e/ou das depressões reativas. A originalidade de Winnicott foi revelar que o "verdadeiro distúrbio psicossomático" remonta ao fracasso na resolução das tarefas primitivas da vida, em especial a tarefa de alojamento da psique no corpo, o que caracteriza, portanto, sua natureza psicótica.

Por sua vez, Tales Ab'Sáber enfoca a dimensão do corpo significante para Winnicott, ressaltando que o processo de integração de corpo e espírito, quando não plenamente realizado, pode deixar restos não equacionados simbolicamente. Essa integração depende de um trabalho ativo e qualificado do ambiente, do Outro, que em uma série de dimensões, e desde a origem, busca ligar simbólica e praticamente estas duas dimensões humanas. Também em sua clínica, Winnicott destaca a importância do trabalho próprio da corporeidade do analista, seja como objeto ou continente de seus pacientes, ou de modo contratransferencial, de gestões corpóreas que participam da constituição humana do processo de integração psicossomática de seus pacientes. Do gesto real, originário do sentido, no jogo do rabisco, ao uso concreto do corpo do analista no *setting* para a observação de bebês, até a pulsação da auto-análise de Winnicott a respeito dos efeitos de seus pacientes sobre o seu próprio corpo, em Winnicott a velha tradição ocidental de considerar a verdade do simbólico apenas como aquilo que pode ser expresso no campo da linguagem, está abalada e transformada, pela emergência de um espaço experimental dos sentidos, que também inclui o corpo, se não como fonte da verdade sobre as coisas, certamente como ancoragem experimentada da possível verdade do *self*.

Decio Gurfinkel aprofunda essa reflexão destacando a importância da noção de *gesto* que na obra winnicottiana ganhou o estatuto de um conceito.

Esse movimento possibilitou um olhar renovado sobre a relação entre corpo, ação, pensamento e trabalho de simbolização e também uma modificação significativa de certos aspectos da metapsicologia freudiana. A partir de uma revisão crítica do conceito de *acting out*, ele sugere a situação analítica como um "teatro de transferência", no qual é *colocado em cena* e endereçado para o outro o drama psíquico vivido pelo sujeito. Evocando a contribuição de vários autores para uma "psicanálise do gesto", como Dejours (*agir expressivo*) e Marilia Aisenstein (inscrição do corpo como parâmetro no interior do enquadre), Gurfinkel destaca também a importância de considerar a *dimensão estética* do gesto, afirmando sua importância para o avanço da psicopatologia e da prática psicanalítica. Lembrando os três processos básicos do desenvolvimento emocional primitivo descritos por Winnicott, a *personalização*, a *integração* e a *realização*, ele propõe que a *gestualização* seja considerada como o *quarto* processo desse desenvolvimento.

Corpo familiar, corpo feminino, corpo materno

No caminho até aqui percorrido, fica evidente a dimensão relacional da experiência do corpo e dos processos de organização das funções psicossomáticas. É no contexto das relações com o semelhante, com outros humanos, que se forjam as representações individuais do próprio corpo, as sensações e percepções de prazer e desprazer que moldam as vivências e os modos de reação de cada pessoa às exigências do meio e do próprio organismo. Curiosa e sintomaticamente, na literatura e na clínica, a família, primeiro grupo que propicia à criança todas essas experiências, é pouco considerada.

Buscando preencher essas lacunas, Belinda Mandelbaum, Maria Luiza Ghirardi e Angela Penteado analisam as repercussões de diferentes dimensões das vivências familiares nos processos psicossomáticos. Por sua vez, Maria Elisa P. Labaki e Ana Maria Sigal discutem a especificidade da função materna nesses processos enquanto experiência que dá forma às vivências tanto da mãe como do bebê, e as repercussões dos métodos de gravidez assistida no processo de subjetivação.

Ilustrando suas reflexões com uma passagem de sua história familiar, Mandelbaum aponta para a importância de considerar o sintoma somático em suas dimensões intrapsíquicas, interpsíquicas e transpsíquicas. Inspirada por Minuchin, observa que os processos de comunicação no interior da família podem utilizar uma larga gama de padrões de linguagem que oscilam entre a riqueza de recursos simbólicos, a tendência às atuações, e, em alguns casos, a incidência de manifestações somáticas. Esses padrões, compartilhados e transmitidos no interior da família, podem favorecer ou dificultar o acesso às possibilidades de simbolização pelos membros do sistema familiar. Nesse sentido, a família se constitui como um aspecto importante dos bastidores de cada um, a partir dos quais são organizadas suas representações do corpo e as somatizações, como destinos possíveis de elaboração da dor psíquica. As somatizações, quando observadas no interior do interjogo emocional e simbólico da família, podem ser consideradas como manifestações de seus limites diante das dificuldades de representação de vivências e emoções de seus membros. Assim, o que não pode ser representado em palavras ou compartilhado no diálogo familiar, pode expressar-se em manifestação somática.

Enquanto isso, Ghirardi analisa especificamente as repercussões da infertilidade e o contexto da adoção sobre pais e filhos. A partir de duas situações de interrupção do vínculo de filiação por adoção, ela aponta que a infertilidade é uma experiência que atravessa a relação pais/filhos adotivos, colocando a filiação por adoção em situação de menos valia em relação à filiação biológica. A possibilidade da adoção vir a ser ou uma experiência criativa como saída alternativa à infertilidade depende da dinâmica do casal e da família. Histórias de perdas e lutos não elaborados, somados à experiência com a infertilidade, esgarçam a rede de sustentação narcísica dos adotantes, deixando o filho em um lugar de exterioridade e estranheza. Em alguns casos, a intensidade dos conflitos vividos no estabelecimento ou na manutenção dos vínculos afetivos com a criança adotada poderá culminar em sua devolução. Em função disso, a autora enfatiza a importância de uma escuta dos candidatos à adoção que possa fazer emergir indicações de riscos para aquela adoção.

Ampliando a leitura das relações entre dinâmicas familiares e manifestações psicossomáticas para o contexto institucional, Angela Penteado propõe uma reflexão sobre o campo da Saúde na Família a partir da experiência de Atenção Integral à Saúde e Programa de Saúde da Família do Sistema Único de Saúde (SUS) de São Paulo. Ela lembra a importância das relações familiares na constituição do corpo erógeno, de sua integridade psicossomática bem, como seu papel na complexa experiência subjetiva envolvida no equilíbrio saúde/doença. E destaca que o campo psicossomático se situa entre a palavra do doente e o que a doença evocada nesta palavra representa no conhecimento do médico. As equipes de saúde apresentam várias dificuldades para lidar com essas e outras dimensões, tais como: o conhecimento sobre a constituição do sujeito, o manejo de conflitos relacionais e de dinâmicas familiares, além de dificuldades para situar os sinais clínicos numa leitura diagnóstica mais abrangente e sustentar práticas terapêuticas que implicam vínculos em suas dimensões transferenciais. Penteado sugere considerar, mesmo no contexto institucional, que as queixas, o mal, o sofrimento em sua dimensão psíquica e corporal, podem adquirir valor relacional e ser contextualizados no romance familiar, em circunstâncias sociais e históricas, mudando perspectivas do que a doença significava para o conhecimento médico.

Colocando inicialmente em perspectiva histórica a questão da maternidade e do materno, Maria Elisa P. Labaki descreve os caminhos da gênese, do encontro e da separação entre os corpos da mãe e do bebê. Observando a passagem dos lugares históricos da mulher e da criança para o contexto moderno e contemporâneo, ela lembra que se em algumas sociedades as atribuições da mãe ainda estão bastante associadas ao gênero feminino, em outras o advento das novas conjugalidades vem alterar este quadro. A contribuição da perspectiva psicanalítica para compreender a maternidade foi permitir a transcendência da pessoa da mãe para o materno enquanto função, de cuja qualidade depende criação e as características do sítio da vida psíquica da criança. A autora afirma que o eixo narcísico dos contornos do corpo do bebê, bem como o sentido gradual de sua posse – parte do sentimento contínuo de existência (Winnicott) no espaço e tempo – nascem do paradoxo presença/ausência, que caracteriza a maternidade entre outros. A maternidade precisa perder em narcisismo e ganhar em objetalidade. Isto é, abrir mão do bebê imaginado e pré-forjado (Aulagnier) traduz um esforço materno que dá vida ao bebê real. Labaki considera ainda que, se a gravidez mantém a simbiose de um corpo para dois e o parto faz a ruptura, então, com o nascimento, mãe e filho se encontram, cada um à sua maneira, com a imposição da separação e o apelo que faz para a diferença, alteridade.

Observando esses processos a partir da perspectiva das mulheres que passam pela experiência da maternidade assistida, Ana Maria Sigal questiona se as mudanças que a gravidez assistida imprime no psiquismo solicitam novas ferramentas teóricas e novos postulados metapsicológicos para se compreender a subjetividade, tanto na consulta de um adulto, quanto na de uma criança. E pergunta também se esta forma particular de procriação favorece o aparecimento de novas estruturas psicopatológicas. A autora retoma, inicialmente, a importância da distinção entre a função simbólica e pulsional da maternidade e sua função "natural" e da pergunta universal sobre as Origens, que mobiliza e estrutura a sexualidade de todo sujeito. Trabalhando a partir das fantasias originárias, da novela familiar do neurótico e das teorias sexuais infantis, ela investiga as repercussões dessa prática sobre os fundamentos da proibição edípica. Sigal considera que a reprodução assistida é uma problemática que será dirimida no campo da Ética, reforçando a idéia da necessidade da manter o espírito freudiano que permitiu que conceitos tão escandalosos na sua época, como o de sexualidade infantil, fertilizassem e trouxessem fundamento ao nascimento de um pensamento novo.

Dos ideais à violência no corpo

Suportes de imagens de beleza, de perfeição, de superação de limites pessoais, econômicos e culturais, os ideais representam no mundo contemporâneo um forte componente da subjetividade. Maria Helena Fernandes, Rubens M. Volich e Rosângela P. da Fonseca analisam o reverso e os aspectos mais insidiosos desse fenômeno, descrevendo suas conseqüências desorganizadoras para o indivíduo e para o social.

Inicialmente, Maria Helena Fernandes enfoca as repercussões dessas dinâmicas na vivência do corpo e da feminilidade. Ela aponta o caráter paradoxal do hiperinvestimento atual do corpo, quando a promessa cultural da possibilidade de sua perfeição revela também as frustrações e o sofrimento relacionados ao corpo, que se mostra como um instrumento privilegiado de expressão do mal-estar na cultura contemporânea. Na clínica, observa-se uma verdadeira fetichização do corpo, de seu funcionamento e de sua forma, que se manifesta através da anorexia, da bulimia e pela sutil diversidade das problemáticas alimentares. Por sua vez, a grande prevalência dessas manifestações entre as mulheres revela o mal-estar feminino na atualidade, quando os ideais de magreza parecem impor-se particularmente às mulheres para as quais a boa aparência física se torna um valor pessoal.

Considerando o pano de fundo dessas dinâmicas, Rubens M. Volich descreve o caminho através do qual se forjam as representações e os ideais do sujeito. Ele lembra que a natureza e destino humanos são marcados por momentos anteriores à existência do sujeito, por histórias parentais e familiares, permeadas pelo amor e pelo ódio que buscam se reconfigurar através do projeto do novo ser que está por vir. Essas experiências forjam as representações que a criança constrói de si, de seu corpo, da realidade, do outro. Os olhares parentais, assim, imprimem as marcas dos ideais às primeiras experiências da criança. O autor destaca que, na psicanálise, os equívocos em torno dos conceitos de *ego ideal*, *ideal do ego* e *superego* contribuíram para o não-reconhecimento da importância clínica do papel de cada uma dessas instâncias na organização não apenas do aparelho psíquico do sujeito, mas também em diferentes formas das desorganizações psicossomáticas. Segundo ele, diferentes configurações dessas instâncias contribuem para a crueldade, a violência e a destrutividade de muitas das manifestações do sofrimento contemporâneo. Estas se caracterizam pela crueza, pelo desamparo e pelo irrepresentável das vivências indizíveis, das desorganizações somáticas, dos comportamentos de risco e do esfacelamento do laço social, que convocam nossa clínica para encontros aos quais muitas vezes não sabemos como responder.

Rosângela P. da Fonseca e a equipe do Projeto de Atendimento em Psicossomática da Clínica do Instituto Sedes Sapientiae[1] ilustram, através de um caso clínico, algumas dessas manifestações. Eles constatam que a alta prevalência de depressões, drogadicção, transtornos alimentares e somatizações na clínica contemporânea estão freqüentemente associados a falhas no funcionamento psíquico. Além disso, em nossa cultura, marcada pelos ideais de perfeição, procura-se "solucionar" rapidamente o sofrimento com uso de analgésicos, dos onipresentes anti-depressivos, e outros medicamentos que, evitando a vivência da dor, muitas vezes impedem a possibilidade da elaboração de seu sentido. A partir do trabalho psicoterapêutico, os autores ressaltam que são características marcantes dos pacientes com doenças auto-imunes a presença maciça dos ideais, a recusa da percepção da realidade do corpo e na não-aceitação de seus limites. Estas pessoas

---

[1] Ana Maria Soares, Ali Imail Ayoub, Clara Chachamovits Castro, Claudia Regina Mello, Cristiana Rodrigues Rua, Maria Ester Nascimento, Vanderlei C. Freitas e Rosângela P. da Fonseca.

parecem funcionar submetidas às dinâmicas do eu ideal, recusando-se a aceitar a vulnerabilidade somática e, conseqüentemente, qualquer ameaça ao seu narcisismo e à sua onipotência. O trabalho psicoterapêutico permite-lhes entrar em contato com seus limites e suportá-los. Em alguns casos, a eclosão de uma doença orgânica grave torna-se uma oportunidade de elaboração psíquica mediante o confronto com a castração.

Nelson da Silva Jr., Maria Auxiliadora A. C. Arantes e Éline Batistella mostram que também no âmbito sócio-cultural, institucional e político são visíveis os desdobramentos, muitas vezes nefastos, das dinâmicas dos ideais, através da ideologia, dos modelos culturais e das narrativas sobre o corpo.

Em seu trabalho, Silva Jr. revela as relações do fenômeno cada vez mais freqüente das *modificações corporais* com os discursos sociais e suas funções na economia psíquica subjetiva. Segundo ele, longe de representarem mero efeito de moda, tais fenômenos podem indicar respostas individuais para certas transformações atualmente presentes nas relações sociais e nas narrativas de produção da subjetividade. Por um lado, o declínio dos ideais sociais e o imperativo do gozo promovido pela indústria cultural corroem o conjunto dos vínculos e/ou narrativas vigentes. Por outro, o surgimento de uma retórica do individualismo e da liberdade promove a soberania do sujeito sobre o próprio corpo enquanto um ideal de funcionamento superegóico. O autor lembra que a pesquisa psicanalítica parte de uma investigação interacionista entre o indivíduo e o meio social, concebendo a estruturação e gênese do aparelho psíquico a partir da alteridade. Em função disso, a compreensão das modificações corporais exige uma abordagem transnosográfica, orientada por uma metodologia psicopatológica que visa o isolamento de eventuais estruturas comuns nas práticas extremas de modificação corporal. Para articular as transformações dos discursos sociais sobre a subjetividade aos deslocamentos das funções do corpo nas narrativas subjetivas, Silva Jr. defende a necessidade de retomar a primazia do registro econômico na compreensão de novos fenômenos, propondo a retomada dos conceitos de *fusão e desfusão pulsional* enquanto operadores de tal articulação, uma vez que seus elementos parecem resistir a uma compreensão no quadro conceitual do *princípio do prazer*.

Por sua vez, Maria Auxiliadora A. C. Arantes analisa o caráter inquietante e enigmático da tortura intencional para a ciência, para a arte e para a política, que preside a relação dos homens em sociedade. Inspirada pelas reflexões de Freud, nos artigos *Por que a guerra?* (1932) e *Reflexões para os tempos de guerra e morte* (1915), e pela noção de comportamento *desafetado*, de Joyce McDougall, ela aprofunda a análise da tortura, esse "ato demasiadamente humano", através da leitura de Hannah Arendt sobre a *banalidade do mal* e do conceito de *vida nua* cunhado por Giorgio Agamben. Arantes mostra que a narrativa de atos de tortura praticados nos campos de extermínio nazistas e em prisões e locais de isolamento no Brasil explicitam que a tortura intencional usa o corpo como lugar de inscrição de decisões de Estado. A autora convoca a literatura e a arte contemporâneas para uma parceria no processo de denúncia da tortura e de outras práticas desumanas.

A partir de uma situação clínica e da prática institucional, Éline Batistella aponta que uma das contribuições da psicossomática foi possibilitar uma visão positivada do adoecimento: se por um lado ele representa uma desorganização do indivíduo, manifestando certa falência do funcionamento psíquico, por outro oferece um ponto de fixação através do qual movimentos reorganizadores podem se dar. Se a doença vem denunciar uma insuficiência de recursos simbólicos do sujeito no lidar com as excitações, denuncia também a pouca sustentabilidade dos laços sociais e da cultura enquanto rede de apoio dos pactos simbólicos. No engodo do livre-arbítrio e na busca pela felicidade, o ser humano se depara com ideais que ditam as formas de vida, receitas de como ser feliz, nas quais o bem-estar físico serve como um dos principais indicadores. O saber sobre a saúde ganha importância vital, tendo-se amplo acesso às pesquisas científicas, cujos resultados são apropriados pela mídia e pelo Estado, norteando as políticas públicas. Segundo a autora, o duplo resultado desse processo é o estabelecimento de uma tensão entre possibilidades de aproximação às potências de si, ou o aprofundamento da distância alienante de si em direção à "massa". Nesse campo de forças, o corpo cumpre um papel central. Como lembra Foucault, é sobre os corpos que incidem as relações de poder. Mais do que indicar a falência de recursos simbólicos, o corpo possivelmente assume em suas manifestações um lugar de potência onde o sujeito não está e precisa ser resgatado.

Corpo, sexualidade e trauma

Ao revelar uma outra dimensão da sexualidade humana, para além de sua função biológica, Freud propiciou a descoberta de uma experiência diversa do corpo e de suas funções orgânicas e anatômicas, normais e patológicas, vinculadas ao prazer e ao desprazer, aos excessos e às carências. Cassandra P. França, Kátia T. Brasil, Fernanda C. Fontoura Roque e Lucía B. Fuks analisam diferentes aspectos dessas experiências relacionados à sexualidade masculina, à violência sexual e às vivências traumáticas.

Lembrando que ao longo de mais de um século a atenção da psicanálise se voltou para as questões da sexualidade feminina, Cassandra P. França aborda, inicialmente, os impasses teóricos e as somatizações especificamente relacionados à sexualidade masculina. As grandes mudanças sociais do século XX fizeram surgir as chamadas crises das identidades masculinas, acompanhadas por um incremento do número de casos de manifestações somáticas tais como a disfunção erétil e a ejaculação precoce, que denunciam uma importante questão sobre a qual a psicanálise ainda não teorizou: como ocorre a incorporação da masculinidade? Assim, pouco sabemos do que acontece no psiquismo do menino antes que renuncie à mãe como objeto incestuoso, em termos de sua identificação com o pai genital. A autora sustenta que a construção da masculinidade não é só efeito de uma gênese, mas um ponto de chegada do qual o sujeito pode ser destituído, como bem comprovam as disfunções sexuais masculinas, muito mais próximas da ameaça de castração primitiva do que das interdições edipianas.

Kátia T. Brasil e Fernanda C. Fontoura Roque analisam as repercussões da violência sexual sobre o corpo erótico e a vida psíquica. Elas discutem inicialmente o conceito de violência sexual no âmbito privado, ressaltando que esse é um problema complexo, uma vez que trata de uma violência que ocorre no contexto da intimidade na qual coabitam afetividade, dependência e vulnerabilidade. Em seguida, elas apresentam algumas considerações teóricas sobre o corpo erótico e a subversão libidinal, assim como a teoria da clivagem, na perspectiva da *terceira tópica*, ou *tópica da clivagem* (C. Dejours), que descreve a divisão interna experimentada pelo sujeito, como observado na perversão. Resulta desse fenômeno um inconsciente dividido em duas partes: o inconsciente sexual, referente ao material recalcado, e o inconsciente *amencial*, ou inconsciente sem pensar. Segundo elas, é esse último que se faz presente na violência, na passagem ao ato, na perversão e em certas formas de somatização. Essas manifestações são ilustradas pelo exemplo clínico apresentado, no qual a clivagem interna da paciente, vítima de violência sexual na infância, foi desestabilizada após o reencontro com o abusador, mobilizando a zona de sensibilidade do inconsciente e agravando os sintomas somáticos que ela apresentava.

De forma mais ampla, Lucía B. Fuks discute os efeitos da experiência traumática sobre a elaboração psíquica e a desorganização somática. Ela lembra que a imagem inconsciente do corpo é própria de cada indivíduo, formando-se a partir de suas vivências e de sua história, repetidas e vividas através das sensações erógenas. E constata que perdas e feridas narcísicas, lutos por diferentes tipos de perdas, decepções com os ideais e vivências depressivas são freqüentemente observados em pacientes com manifestações somáticas. A partir da clínica, a autora busca verificar se, frente ao aumento de excitação não metabolizada pelo sujeito (traumatismo), a desorganização somática poderia surgir como alternativa diante da falha, diminuição ou falta de mecanismos de ligação e trabalho elaborativo. Segundo Fuks, a doença orgânica, assim como a passagem ao ato, implica uma resposta por caminhos primitivos, modificando as funções e/ou os órgãos frente à dificuldade de organizar o pensamento para a elaboração de uma situação conflitiva, revelando que a carência de representação psíquica pode atentar contra o próprio funcionamento biológico. Ela sustenta ainda que a teorização metapsicológica a partir das questões suscitadas pelas manifestações psicossomáticas pode contribuir para afinar e ampliar nossa escuta em relação a esses chamados, fechados às vezes a toda compreensão. Essa escuta e o acolhimento psíquico por parte do analista pode propiciar a redução da vulnerabilidade somática.

A escuta do corpo

Aline C. Gurfinkel, José Atílio Bombana, Maria Lívia T. Moretto e a equipe de Norma Semer aprofundam a compreensão da especificidade da transferência e da relação terapêutica observada nessa clínica, discutindo as particularidades da escuta desses pacientes no âmbito psicoterapêutico e institucional.

Aline Gurfinkel analisa a transferência e a contratransferência na clínica com pacientes que apresentam sintomas somáticos, particularmente na das manifestações do comportamento observadas nas adições e nos transtornos alimentares, que revelam um funcionamento psíquico que deve ser ouvido em suas raízes somáticas. Constatando que falhas psíquicas do paciente se expressam já na formulação da demanda de tratamento, ela toma como foco a percepção e o uso do corpo do analista e do analisando na sessão como objetos de expressão, instrumentos de escuta e meio de intervenção. Através de vinhetas clínicas, a autora discute aspectos da técnica terapêutica, como o uso do silêncio, a inclusão da sensorialidade do analista na atenção flutuante e certas mudanças no *setting*, tais como o uso da disposição face-a-face, que mobiliza a importância do olhar para a constituição subjetiva. As próprias sensações do analista constituem elementos importantes para a "tradução" das vivências primitivas desses pacientes. Dessa forma, o corpo do analista se apresenta como o corpo materno regulador que, por uma sensibilidade sutil, busca evitar excessos, transbordamentos e atuações, propiciando a instauração da situação analítica.

Considerando diferentes contextos terapêuticos, como o ambiente institucional público e o do consultório privado, e também pacientes de diferentes meios socioeconômicos, José Atílio Bombana focaliza seu trabalho nas questões transferenciais que surgem no atendimento de pacientes que apresentam somatizações, dentro de um *setting* que, apesar dessa diversidade, permanece analítico. Observando as manifestações dos pacientes diante das interpretações ou intervenções do analista, ele destaca duas configurações clínicas aparentemente opostas: a da *desconsideração*, onde ocorre uma retirada da importância do que é formulado pelo terapeuta, e a da *supervalorização*, em que ocorre o contrário, com fortes tonalidades superegóicas. Através de exemplos clínicos de situações grupais e individuais, o autor aborda também as vivências despertadas no analista por essas modalidades transferenciais como "*um medo de se tornar operatório*", a idealização superegóica, do próprio terapeuta, ou ainda o medo de adoecer fisicamente – *um medo hipocondríaco* – que pode levá-lo a querer abandonar esse trabalho. Essa contratransferência pode se mostrar preciosa para vislumbrar o que está sendo vivido pelos pacientes física e psiquicamente. Segundo Bombana, a observação do funcionamento dos pacientes somatizadores pode ser enriquecedora para todo analista se, com os devidos cuidados e adaptações, ele puder ampliá-la para os analisandos como um todo, uma vez que, mesmo que mais evidentes nos somatizadores, o fenômeno psicossomático também pode se manifestar em pacientes que transitam preferencialmente pelo campo simbólico.

Apontando para a especificidade da experiência psicanalítica no Hospital Geral, Maria Lívia T. Moretto destaca a importância da escuta do corpo e do manejo da transferência nesse contexto. Ela ressalta que o inegável avanço científico-tecnológico na medicina confronta o homem contemporâneo com oportunidades que, ao oferecerem soluções para alguns problemas, colocam-no diante de novas formas de sofrimento. No caso específico do transplante de fígado, o psicanalista é confrontado com a experiência do "*outro em si*" e suas conseqüências. Se, pela sonhada soberania da razão, o transplante de fígado é a solução para a morte, a clínica evidencia que não se recebe a notícia da "salvação" sem sofrimento; não se atravessa esta experiência sem estranhamento. A *priori*, é necessário o luto pelo órgão perdido, visto que, a partir de então, só é possível viver com o órgão de outro. Isso implica desde a necessidade de passar a viver com medicações imunossupressoras até as novas formas de lidar com a alteridade. A clínica psicanalítica com estes pacientes revela o caráter traumático da experiência do transplante, mas é preciso perguntar: o que é traumático, a perda ou o ganho? A lição freudiana deixa claro que o que torna um acontecimento traumático não é o acontecimento em si, mas a fantasia que se constrói *a posteriori*, relacionando idéia do trauma à fantasia e ao excesso. Lembrando que, num primeiro momento, as fantasias permitem (ou não) suportar a experiência do transplante, Moretto discute o que a situação de um transplante, apesar de inédita, revela como repetição.

Enquanto isso, Norma Semer e colaboradoras[2] examinam especificamente a natureza do trabalho psicoterapêutico psicanalítico com pacientes portadoras de fibromialgia em um hospital-escola. Lembrando que a fibromialgia é uma síndrome caracterizada por uma sensação de dor difundida por todo o corpo, elas relatam que médicos reumatologistas freqüentemente constatam a presença de dificuldades emocionais nas pacientes com essa síndrome. O atendimento em psicoterapia psicanalítica permitiu observar o funcionamento psíquico de pacientes com esse diagnóstico e suas possibilidades de mudança, investigando também diferentes aspectos técnicos desse trabalho. Acompanhando as possibilidades de mentalização e promovendo a expansão do mundo interno das pacientes, as autoras buscaram diminuir a necessidade de que o corpo fosse utilizado como via de descarga ou modo de comunicação. E constataram que, a partir da expansão do mundo mental das pacientes em psicoterapia, a doença e as dores deixam de ser o eixo de sustentação de suas identidades. Semer e colaboradoras concluem que pacientes com queixas somáticas podem se beneficiar de uma intervenção psicanalítica, mesmo que, no trabalho ainda em curso, aspectos relativos a

---

[2] Daniela Esquivel; Juliana de Cássio Leonel; Kátia Semeraro Jordy; Luciana Sobirai Diaz; Roberta Katz Abela; Simone Godinho; Terezinha de Carvalho Amaro.

questões da identidade e da constituição do si mesmo ainda estejam por vir. Concluem ressaltando que a passagem de um modo de funcionamento pela descarga corporal para o desenvolvimento da capacidade de simbolização é um processo longo e construído de modo artesanal, mas que pode permitir caminhar da dor física à dor psíquica.

Saúde e práticas médicas

Os trabalhos até aqui apresentados evidenciam que, em função da preponderância da sintomatologia somática, os médicos são os primeiros a serem solicitados para lidar com as manifestações e os efeitos das desorganizações psicossomáticas. Porém, muitas vezes, essas manifestações se mostram incompreensíveis e refratárias às visões clássicas da medicina. Tentando analisar esse fenômeno e propor modalidades com a finalidade de ampliar os recursos médicos para superar essas dificuldades, Mario De Marco, Bernardo Bitelman e Sidnei Casetto discutem os pressupostos de saúde e de doença tomados como referência na prática médica e as condições da formação e do exercício dessa prática.

Considerando o modelo biomédico, pautado pela visão cartesiano-positivista, e as tentativas movimento psicossomático de integrar a clivagem resultante dessa perspectiva, Mario De Marco aponta que no plano da formação dos profissionais essa sutura exige a integração de territórios ignorados e/ou rejeitados. No modelo biomédico, no qual a formação está voltada para o conhecimento das doenças em sua dimensão biológica, a sutura exige que esse conhecimento seja ampliado para incluir o conhecimento da pessoa, numa perspectiva já denominada medicina psicossomática, holística, da pessoa, biopsicossocial, entre outros. Não são poucos os desafios para a integração dos currículos biomédicos e a capacitação para desenvolver as habilidades necessárias para essa integração. O autor descreve a experiência desenvolvida na Universidade Federal de São Paulo (UNIFESP) para implementar essas propostas através de ciclos de reflexão-elaboração nos programas de graduação e de educação continuada dos profissionais. Os profissionais de saúde mental inseridos nesses contextos promovem na formação médica uma "terapia da tarefa" que objetiva contribuir para o processo reparatório da clivagem entre o psíquico e o somático, que tem como uma de suas atribuições centrais a "educação emocional" do profissional de saúde.

A partir da observação de um grande número de pacientes em diversos centros de saúde, Bernardo Bitelman discute as características dos contextos pessoais, familiares, sociais e culturais desses pacientes e suas inter-relações com os serviços de saúde. Ele evoca aspectos conscientes e inconscientes do indivíduo que participam de sua busca pela saúde, da prevenção, ou mesmo da cura de doenças através de um determinado tratamento. Descreve também a estrutura dos serviços de saúde, tanto pública como privado-empresarial, examinando em que medida esses serviços respondem às recomendações da Organização Mundial de Saúde (OMS) de propiciar qualidade de vida física, psicológica e social. Considerando a dimensão da transferência/contratransferência entre o indivíduo e o serviço de saúde, e seus reflexos no psicossoma, Bitelman sugere que a discussão dessa dimensão na equipe de saúde pode ser útil para uma mudança de paradigmas e de postura dos profissionais e da própria instituição. Ele considera que a crítica construtiva à realidade da saúde em nosso país pode melhorar o atendimento e trazer progressos para a saúde da população.

Sidnei Casetto aprofunda a análise das concepções de saúde e de doença implícitas à formação e à prática médicas. Segundo ele, todo profissional de saúde orienta-se por alguma concepção de saúde, ainda que não tenha hábito de ocupar-se dela. Partindo da proposição de Canguilhem do normal (âmbito da vida) como sendo aquilo que é normativo, ou seja, capaz de criar novas normas de funcionamento quando necessário, ele problematiza a definição clássica da OMS: saúde como perfeito estado de bem estar bio-psico-social. Inspirado por Dejours, critica essa definição, uma vez que ela supõe a possibilidade de um estado estável, além de equiparar saúde e bem estar, excluindo, assim, o perigoso, o indesejado e o incômodo de seu escopo. Casetto analisa a concepção de saúde a partir da perspectiva da psicossomática psicanalítica, particularmente no que tange ao "valor" da doença na dinâmica psicossomática: teria ela sempre um sinal negativo, de falha de mentalização, de pulsão de morte e desorganização progressiva? Ou poderia ser concebida também como um recurso do organismo, como um arranjo protetor do psiquismo, ou ainda como o preço inevitável da ação de impulsos de vida? Finalmente, ele se pergunta também qual seria a concepção de saúde mais desejável na clínica (médica, psicanalítica, psicossomática): a que orienta a defender o sujeito contra a doença e a morte, quaisquer que sejam as restrições implicadas, ou a que valoriza a ampliação de sua condição normativa, com os sofrimentos e riscos a ela associados?

Viver e adoecer no trabalho

O trabalho é um dos campos mais investidos da atividade humana. Por uma questão de sobrevivência, de prazer ou de obrigação, ele mobiliza, individual e coletivamente, grande parte da energia e do tempo da vida de cada um. Ele é parte significativa da vida individual, familiar e social e reflete em sua organização modos de relação pessoais, ideologias e sistemas políticos. Já há muito revelou-se que a organização do trabalho, os modos de produção e a relação de cada pessoa com essa atividade são fatores que participam do equilíbrio psicossomático. Maria José Femenias Vieira, Soraya Rodrigues Martins e Maria Cristina S. Capobianco analisam diferentes aspectos e repercussões dessas questões.

Descrevendo os principais marcos históricos das transformações na função e organização do trabalho, Maria José F. Vieira analisa o aumento significativo de doenças relacionadas ao estilo de vida e ao estresse observado após a revolução industrial. Ela aponta que o modo de produção taylorista considerou o homem do ponto de vista racional, deixando para segundo plano seus impulsos e desejos. Segundo ela, ao mesmo tempo em que se encontra permanentemente em interação com a cultura, a sociedade e com elementos coletivos, o indivíduo possui uma vida interior que não pode ser reduzida a uma mera reprodução dessas dimensões. O homem é um ser integrado e organizado capaz de escolhas e de criação de sentido para a realidade. Lembrando que o ser humano não é apenas *homo laborus*, mas um ser de desejo e afeto, um ser complexo que inclui corpo, atividade intelectual e aparelho psíquico, Vieira sugere que a organização social e do trabalho deve almejar uma vida melhor e não a escravidão. O adoecimento do corpo resultante da atividade profissional é conseqüência dos desequilíbrios desses contextos e pode ser compreendido e tratado à luz da psicossomática e manifestações clínicas do estresse.

A partir do conceito de qualidade de vida, Maria Cristina Capobianco, Natalia Cruz Rufino, Paula Villas Boas Passos e Maria Carolina Caleffi analisam especificamente os impactos da organização do trabalho na saúde e qualidade de vida dos trabalhadores de saúde em um serviço de pronto atendimento em um hospital universitário. Utilizando uma metodologia qualitativa e quantitativa, foram acompanhados 62 trabalhadores através de observação participativa, análise documental e entrevistas semi-estruturadas. Entre as diversas categorias profissionais que trabalham no pronto-socorro (nas quais se incluem médicos, enfermeiros e pessoal administrativo e de limpeza), os médicos se revelaram como a categoria mais insatisfeita. Chamou também a atenção a situação da saúde mental dos profissionais de enfermagem, a saúde e qualidade de vida dos trabalhadores em geral. As autoras destacam o conflito existente entre o trabalho prescrito, exigente por sua própria especificidade – visto que lida com dor, sofrimento e morte – e o trabalho real, que demanda uma atenção a um usuário, cuja precariedade social insiste, agride e requer um esforço interno e coletivo para dar conta da realização do trabalho. Elas constatam que a organização do trabalho no pronto atendimento fracassa em oferecer meios para o enfrentamento dessas situações, produzindo nos trabalhadores um sentimento de desamparo e impotência.

Soraya Rodrigues Martins analisa uma manifestação somática freqüente no mundo do trabalho, os *distúrbios osteomusculares relacionados ao trabalho* (DORTs). Ela aponta que, na atualidade, o trabalho se caracteriza, por um lado, por exigências crescentes de um corpo energizado, apto e saudável para essa atividade e, por outro, pela proliferação de doenças relacionadas ao trabalho e a processos subjetivos de negação do corpo. A partir da clínica com portadores de DORTs, a autora discute os processos de subjetivação ligados à atividade profissional e sua relação com processo saúde/doença. Através de um caso clínico, ela mostra o lugar do trabalho na construção dos laços sociais, na configuração do eu e na conquista da saúde, revelando que o fenômeno de negação do sofrimento no ambiente profissional é sustentado por redes e pactos recíprocos de não reconhecimento do sofrimento. Essas redes são apoiadas em estratégias defensivas coletivamente construídas (aumento do ritmo de trabalho e auto-aceleração) a fim de evitar a reflexão sobre si mesmo e sobre o contexto de trabalho. Martins sugere que os DORTs são um resíduo no real do corpo de um sofrimento patogênico no modo de relação ao trabalho e da captura e alienação do sujeito em uma dinâmica perversa dessa relação.

Ente o agir e o pensar

As diferentes matizes de manifestação do sofrimento humano analisadas nos trabalhos desta coletânea se articulam com as revelações da clínica psicossomática psicanalítica, na qual se constata que as funções orgânicas, os comportamentos e o psiquismo são três vias privilegiadas que, isoladas ou combinadas, regulam o equilíbrio psicossomático do indivíduo. A partir dessa perspectiva, Decio Gurfinkel, Sonia Maria Rio Neves e Marcia Porto Ferreira discutem a observação de que a via do comportamento vem ocupando, cada vez mais, um lugar de destaque na organização subjetiva contemporânea, em detrimento do pensamento e da elaboração psíquica.

Inicialmente, Decio Gurfinkel descreve as concepções psicanalíticas sobre o *agir*, a partir de três pontos de vista: o metapsicológico, o psicopatológico e o clínico. No plano metapsicológico retoma, em Freud, a distinção entre processo primário e secundário e, posteriormente, entre princípio do prazer e princípio da realidade, para ressaltar o caráter primitivo atribuído à ação, em contraste com o pensamento. Em seguida, destaca, no campo psicopatológico, algumas formas clínicas nas quais a tendência à ação é um dado de estrutura – tais como as adicções e as neuroses de comportamento – cujo traço comum é a impulsividade, configurações clínicas diametralmente opostas à neurose obsessiva, caracterizada por uma tendência à inação. No plano clínico, o autor examina a relação entre ação e transferência. Se, de início, a ação é abordada segundo a contraposição entre recordação e repetição, os novos desenvolvimentos da psicanálise permitem discriminar três modalidades diferentes de relação entre ação e transferência: a passagem ao ato como pura descarga da compulsão à repetição, a suspensão da ação como condição para a criação de um espaço de pensamento e de sonho, e a teatralização na transferência.

Sonia Neves analisa uma manifestação bastante conhecida dessas dinâmicas em nossos dias, a prática de atividades físicas por pessoas de todas as idades. Lembrando que a cultura, principalmente através da mídia, contribui para divulgar estas atividades como forma de lazer, cuidado com o corpo e com a saúde ou com finalidades competitivas, não profissionais, ela investiga a função dessas corridas e das atividades físicas em geral para o equilíbrio psicossomático. Na cultura atual, essas práticas físicas podem se constituir para muitos como uma das poucas vias de liberação das tensões vividas, em função da dificuldade de sua elaboração e manifestação pela via mental. Assim, por um lado, o incentivo e o hábito da prática esportiva apresentam um modelo do ser saudável, mas, no verso, deixa à mostra a vulnerabilidade desse ser, como mostram as hipóteses de Michel Fain a respeito dos comportamentos autocalmantes, formas de funcionamento que buscam nas atividades físicas a descarga das excitações vividas que promovem um equilíbrio, ainda que precário e frágil.

Dinâmicas semelhantes também podem ser observadas na clínica com crianças, na qual, nos últimos anos, tem aumentado exponencialmente os diagnósticos de hiperatividade. Marcia Porto Ferreira traça um panorama histórico e efetua uma reflexão crítica sobre a clínica dos fenômenos de desatenção e impulsividade apresentados por crianças. Ela observa que o antigo diagnóstico de "disfunção cerebral mínima" recebeu uma nova roupagem em nossos dias, tendo sido rebatizado como "transtornos de déficit de atenção com ou sem hiperatividade". Com isso, tornou-se muito mais ampliado e mais abrangente, incluindo sob seu manto uma gama imensa de quadros clínicos, como mostram estatísticas divulgadas em várias partes do mundo. Como conseqüência, um número significativamente crescente de crianças tem sido medicado, revelando-se a intolerância diante do infantil e a dificuldade em se lidar com a inevitável e inerente angústia do tornar-se humano e com a precariedade dos processos de subjetivação.

Corpo, história, pensamento

Ao final dessa leitura, através das ressonâncias produzidas por sua diversidade de temas e autores, reconhecemos também a ampliação e o aprofundamento dos horizontes clínicos e teóricos observados em torno de nosso Curso de Psicossomática do Instituto Sedes Sapientiae, desde suas origens.

Inicialmente inspirados e pautados primordialmente pelas novas perspectivas oferecidas pelas teorias de Pierre Marty e de seus colaboradores mais próximos do Instituto de Psicossomática de Paris, gradualmente incorporamos em nossa visão da psicossomática autores provenientes de outros meios psicanalíticos, inclusive alguns críticos de sua abordagem.

Ampliamos nossa compreensão do campo e do fenômeno psicossomático. Partindo da visão tradicional desse campo que se orienta de forma privilegiada para o "adoecimento somático", aos poucos compreendemos, através de nossa clínica, que ele também incluía os mais diversos fenômenos ligados tanto ao corpo como ao psiquismo, sem se restringir, apenas, estritamente a "doenças". Paulatinamente, passamos de um momento em que considerávamos o adoecer somático primordialmente a partir da perspectiva psíquica para um outro em que a psicossomática se constituiu, sobretudo, como um *método* para conceber as relações do sujeito com seu corpo, seja ou não pela via do adoecimento geral – somático ou psíquico –, seja pela via dos usos deste mesmo corpo, pensados a partir da perspectiva de sua pertinência a uma cultura.

Concebida em seus primórdios modernos dentro do movimento psicanalítico do início do século XX, durante muito tempo a psicossomática foi delimitada e limitada como uma parte da psicanálise voltada para os fenômenos da somatização. Atualmente, a psicossomática psicanalítica se constitui como um instrumento precioso para a pesquisa do fenômeno psíquico em geral. Deste modo, ela não pode mais ser concebida como uma parte da psicopatologia psicanalítica: passou a ser um corpo de conceitos em condições de se posicionar em relação à própria psicanálise como um todo, fecundando-a e enriquecendo-a.

Dessa forma, como vemos neste volume, fica claro o sentido metodológico de se considerar, a partir da perspectiva psicossomática, problemáticas que vão desde a doença somática até o adoecer psíquico (aí incluída a psicose), o sofrimento em geral, as tatuagens e marcas corporais, a tortura, a exploração do corpo no trabalho, o estresse, as descargas impulsivas pelos comportamentos, o sono e o sonho, a motilidade, a alimentação e suas vicissitudes, as automutilações e o erotismo em geral e muito mais...

Da naturalidade do encadeamento dessas manifestações, tão diversas quanto antagônicas, vislumbramos, quem sabe, a possibilidade de compreender um pouco melhor a infinita possibilidade de entrelaçamentos entre corpo, história e pensamento que, em busca de tramas que sustentem a vida, muitas vezes se esgarçam diante de nós, impotentes, sem poder evitar a morte.

Psicanálise e psicossomática: cruzamentos históricos

Existe um erotismo contemporâneo?

Renato Mezan

Agradecendo aos colegas do curso de Psicossomática do Instituto Sedes Sapientiae o convite para participar deste encontro, gostaria de submeter a vocês algumas idéias sobre o erotismo na atualidade. Embora um tanto excêntrica em relação às questões mais freqüentemente tratadas nessa área, uma investigação sobre este tema permite vislumbrar certos modos de viver o corpo – e portanto certos aspectos da experiência subjetiva nos dias atuais – que me parecem do maior interesse teórico e clínico.

Erotismo e sexualidade

Basta abrir uma revista, ligar a televisão ou caminhar pelas ruas de uma cidade moderna para percebermos que hoje em dia o corpo belo é associado a praticamente qualquer produto, sugerindo que se o adquirirmos nos tornaremos tão desejáveis quanto o modelo que o anuncia. Como não se pode imaginar que sejamos ingênuos a ponto de pensar que o uso daquele produto vá atrair os objetos do nosso desejo como se fossem moscas para o mel, cabe indagar: por que, apesar de por vezes chocar pelo mau gosto, este tipo de publicidade nos mobiliza?

O que chama a atenção nesses anúncios é um paradoxo: a pouca sutileza das imagens aponta para algo diverso, e infinitamente mais complexo – o erotismo. Eis algo que pode nos servir de ponto de partida, pois com o erotismo se passa algo semelhante ao que suscitava a perplexidade de Santo Agostinho quando tentava definir o tempo: "Se ninguém me pergunta, eu sei o que ele é: se quero explicá-lo, porém, já não o sei"[3].

Talvez a dificuldade provenha de que o erotismo tem duas vertentes. Por um lado, é a dimensão "estética" da sexualidade, a arte de dosar a excitação de modo a prolongá-la e extrair dela um prazer refinado, tanto para si quanto para o parceiro. Estamos aqui no plano físico: o toque suave, que faz

---

[3] Santo Agostinho, *Confissões*, Livro XI, seção 17.

a pele se eriçar na expectativa do clímax ao mesmo tempo entrevisto e diferido, a carícia hábil, a sensação vivida ou provocada no corpo do outro. "O erotismo manifesta simultaneamente a proximidade do frenesi e a capacidade de o reter. É a sexualidade tornada arte e ritmo, que faz durar o prazer e o desejo, enquanto a paixão sexual tende à descarga direta", diz Simone de Beauvoir[4]. Neste sentido, trata-se de algo que faz parte do ato amoroso propriamente dito, tornando-o ainda mais prazeroso pelo efeito cumulativo das variações na tensão sexual.

Mas o erotismo é também *cosa mentale*, como dizia Leonardo da arte. Pode ser vivenciado nas circunstâncias mais variadas: é então parte de um "jogo psicológico" que produz excitação, tanto pela visão de algo ou alguém como por meio de representações na imaginação. Neste último caso, o desencadeador pode consistir em palavras – poemas e histórias, como se sabe desde o *Decamerão*, podem ser muito eróticos – ou em imagens – pinturas, fotografias, filmes, e até histórias em quadrinhos, como os famosos "catecismos" de Carlos Zéfiro.

Há uma diferença importante entre o erotismo assim concebido, que procede por alusão e deixa à fantasia do leitor, do ouvinte ou do espectador uma boa parte da elaboração imaginária, e a pornografia, que exibe de modo cru e direto a cena sexual. Poucas imagens cinematográficas são tão sensuais quanto a de Gilda tirando aquela longa luva preta – e o efeito surge precisamente da maneira pela qual o gesto evoca a nudez, em vez de a representar de modo explícito.

Embora aqui as sensações voluptuosas brotem na ausência de um parceiro real, substituído *in effigie* por aquilo que excita, elas podem ser tão intensas quanto se ele estivesse fisicamente presente. Prova disso são as manifestações corporais, idênticas nos dois casos – aceleração da respiração e dos batimentos cardíacos, avermelhamento das faces, ereção, umidade vaginal, enrijecimento dos mamilos – sintomas idênticos aos que ocorrem na polução causada por imagens vistas em sonho.

O fato de o erotismo poder ser vivido tanto no corpo como na psique torna cabível indagar se ele evolui ao longo do tempo. Na dimensão física, a resposta se afigura negativa: sendo a fisiologia do sexo a mesma desde Adão e Eva, os humanos cedo atingiram o ápice na arte de intensificar o prazer. Depois dos antigos manuais eróticos chineses, da *Arte de Amar* e do

---

[4] Cf. Wikipedia, artigo "Érotisme".

Kama Sutra, pouco restou aos pósteros para inventar nessa matéria. Da mesma forma, os conselhos das revistas modernas sobre como atrair um parceiro nada mais são do que variações das técnicas de abordagem sugeridas por Ovídio dois mil anos atrás.

Por outro lado, na qualidade de *cosa mentale*, é bastante claro que o erotismo varia segundo as épocas e as culturas, porque está em estreita relação com as atitudes de cada uma quanto ao corpo e à sexualidade. Nas sociedades para as quais o sexo é uma parte natural e saudável da vida humana, são freqüentes as representações literárias ou visuais da nudez, do falo ereto ou do ato amoroso: é o que vemos em templos hindus, em iluminuras persas, na escultura africana, em estampas chinesas e japonesas. Já na cultura ocidental, o erotismo é tributário da condenação do sexo pela doutrina cristã, que nele via (e em parte continua vendo) a marca do pecado original e o caminho para a perdição das almas.

Observa Denis de Rougemont que apesar do lugar eminente ocupado no cristianismo pela idéia de amor, a cisão entre este e o sexo transformou o segundo num problema ético e psicológico de primeira grandeza[5]. Na arte religiosa, muito engenho se despendeu para pintar em detalhes os horrores que no inferno esperam pelos que cederem à tentação da luxúria. Estigmatizada como pertencendo ao domínio da "carne", a sexualidade tornou-se fonte de angústia e de preocupação: no limite, o banimento das sensações naturais conduziu à *acedia*, a paralisação da vontade pela renúncia completa a todos os prazeres, freqüentemente figurada na pintura medieval por um monge às voltas com suas alucinações[6]. Em conseqüência, continua o autor francês, o erotismo que vai surgir na Europa a partir do século XII trará a marca da doutrina e da moral cristãs, ou seja, será enquadrado pela idéia de *transgressão*. E como esta pode se dar por pensamentos, palavras e atos, o temor de cair em tentação acompanhará o fiel da crisma à extrema-unção: um instante de descuido, e estará perdido por toda a eternidade.

O laço interno entre sensualidade e transgressão se expressa com clareza naquilo que para Rougemont é a matriz do erotismo ocidental: o amor proibido de Tristão e Isolda. Justamente porque o sexo se torna culposo, na nossa cultura a relação entre imaginação e erotismo será diferente do que

---

[5] Denis de Rougemont, *Les mythes de l'amour*, Paris, Idées Gallimard, 1978, p. 17ss.
[6] Maria Rita Kehl, "Corpos estreitamente vigiados", *O Estado de São Paulo*, Caderno Aliás, 01.01.2007.

era para os gregos, para os romanos e para os orientais: expectativa e prolongamento da excitação não estão *a serviço* de uma catarse mais intensa na proximidade dos corpos, mas a *substituem* – e assim vêm a constituir uma das fontes mais constantes da arte européia. Dos trovadores ao nu artístico, passando pelas cenas mitológicas, históricas e de flagelação que cobrem as paredes das catedrais e dos palácios, a arte será um *locus* privilegiado do erotismo ocidental. A fotografia dará impulso extraordinário a esta tendência, até chegar aos cartões postais lascivos do século XIX, antecessores das revistas masculinas, dos *outdoors*, da internet e de outras invenções do nosso tempo.

Por outro lado, graças a essa sublimação peculiar, o erotismo ganha foros de legitimidade: torna-se "ultrapassamento lírico ou reflexivo do sexual biológico. A sexualidade, enfim reconhecida como algo diferente dos "baixos instintos", passa a ser qualificada pelo espírito, solicitada pela alma, colocada em relação dialética com os seus fins espirituais", conclui Rougemont[7].

Coube ao Romantismo trazer essas questões para o centro do palco. Na filosofia, a propósito da ópera *Don Giovanni*, Kierkegaard trata do "erotismo musical"; Wagner recupera o mito de Tristão e Isolda, fazendo a personagem atingir a "alegria suprema" pela via da paixão amorosa; para o Baudelaire das *Flores do Mal*, é pela experiência do amor sexual que a alma insatisfeita tem uma idéia do que seja o sabor da eternidade (*"l'âme inassouvie conçoit le goût de l'éternel"*). Mas apesar de tratarem com tanta freqüência da sensualidade, as obras românticas ainda o fazem sob o signo do interdito: quer pela intensidade, quer por fugir ao padrão, unindo seres que deveriam permanecer em esferas separadas – senhora/escravo, nobre/plebeu, pessoas de raças ou religiões diferentes, filhos de famílias inimigas – a ligação dos amantes se opõe à moral vigente[8].

A moral vitoriana teme o sexo, tanto por razões religiosas – é uma época de triunfo do puritanismo – quanto por motivos "científicos". Michel Foucault mostrou em *A vontade de saber* de que modo isso deu origem a um "dispositivo de sexualidade", no qual a pretexto de a controlar dela se fala incessantemente, assim contribuindo para suscitar aquilo mesmo cujos perigos se almeja reduzir. A higiene corporal, a preocupação com a saúde, o horror à masturbação tornam-se ocasiões para perscrutar o comportamento e as disposições de crianças, adolescentes e adultos, numa campanha que reformula em

---

[7] Rougemont, op. cit., p. 22.
[8] Cf. Renato Mezan, "Amor romântico no século XXI", conferência no XX Fórum Nacional, Rio de Janeiro, maio de 2008.

linguagem "científica" as preocupações dos confessores com o que se passava na alma de suas ovelhas. Surge a idéia de *degeneração*, estreitamente associada à incontinência sexual – e as doenças sexualmente transmissíveis, em particular a sífilis, parecem comprovar que quem se entrega sem cuidados aos prazeres do sexo está comprando um bilhete para o cemitério.

O que o século XX trouxe como modificação fundamental a este cenário sombrio foi a liberalização dos costumes, na qual a Psicanálise teve um papel de primeira ordem, mas que não teria o impacto que teve se outros fatores não a tivessem alavancado. Transformações sociais de várias ordens devem aqui ser mencionadas, ainda que brevemente e sem as hierarquizar: a emancipação das mulheres e sua entrada em massa no mercado de trabalho, a moda posterior à Primeira Guerra Mundial, quando Coco Chanel libertou o corpo feminino da tirania do espartilho, a revolução sexual dos anos sessenta, o questionamento radical do princípio de autoridade após a derrota dos fascismos na Segunda Grande Guerra, o declínio da influência religiosa entre muitos formadores de opinião, o surgimento da adolescência como categoria cultural, social e econômica... As conseqüências destes processos, no que nos interessa aqui, são descritas de modo eloqüente por Rougemont, com quem é difícil não concordar:

> No século XX, ocorre uma invasão do erotismo sem precedentes. Os cartazes nas ruas e no metrô (...), as revistas ilustradas e os filmes, os romances *noirs* e os álbuns de nus, os jornais populares e os quadrinhos, as canções da moda, as danças, os *strip-teases*: basta olhar o cenário dos dias e das noites urbanas para verificar a onipresença do apelo ao desejo sexual.[9]

A cultura do corpo

Esses fenômenos, que se iniciam no primeiro terço do século XX, dão origem ao que os sociólogos vieram a denominar "cultura do corpo". Os primórdios desta última se encontram a meu ver na valorização da

---

[9] Rougemont, op. cit, p. 26. O autor compara o efeito dessas mudanças ao da invenção simultânea do lirismo, do erotismo e da mística na Europa do século XIII, mas ressalta que a escala em que isso ocorreu no XX as fez ter impacto muito maior.

Natureza pelos Românticos, do contato com a qual se esperava a elevação ou a regeneração da alma. De início restrito às caminhadas pelo campo, aos passeios a cavalo e ao mergulho ocasional num regato convidativo, o exercício físico ganha prestígio com a invenção dos esportes modernos, obra dos ingleses do século XIX. Assistimos desde então à laicização progressiva do cultivo do corpo: seu objetivo não é mais elevar os espíritos, mas conservar a saúde. Contudo, aqui e ali persistem resquícios do ideário romântico, por exemplo nas aulas de Educação Física das nossas escolas, nas quais não se visa à formação de campeões nas diversas modalidades, e sim ao desenvolvimento de valores como solidariedade, perseverança, respeito ao adversário e às regras, saber ganhar e perder – em suma, o *fair play*.

No século XX, a popularização dos banhos de mar e de piscina trouxe consigo o maiô, o biquíni, a sunga e o fio dental, que vieram substituir o nu artístico e os postais lascivos como ocasião favorável para a contemplação do corpo alheio, e portanto como incitador do erotismo em larga escala. No plano do imaginário, os meios de comunicação de massa – em particular o cinema – também contribuíram com sua quota para tornar corriqueira a exposição do corpo desvestido, ou quase, como ressalta Rougemont no trecho acima.

Essa invasão do erótico não pode deixar de ter efeitos sobre a estruturação da subjetividade, e é o que nos dizem os inúmeros autores que se debruçaram sobre o fenômeno. Entre eles, destaco Jurandir Freire Costa, cujas perspicazes observações nos ajudam a compreender por quais caminhos o corpo se tornou um "referente privilegiado para a construção das identidades pessoais". É nas suas *"Notas sobre a cultura somática"*[10] que me apoiarei para as considerações a seguir.

Assinala Jurandir que os atributos físicos passaram a definir não apenas o que somos, mas ainda o que devemos ser: o que chama de "desempenhos corporais ideais" passa a pautar as aspirações morais dos indivíduos. Para melhor caracterizar essa modalidade inédita de construção da identidade, ele a compara com duas outras: a helênica e a burguesa.

Entre os gregos, a base para as identificações de uma pessoa era dada por sua posição na hierarquia social: era ela que lhe fornecia os modelos desejáveis de comportamento, distinguindo o aristocrata do plebeu, e ambos do estrangeiro ou do escravo. Na verdade, isso vale para todas as sociedades estamentais, ou seja, até o final do século XVIII: o que se é

---

[10] In *O vestígio e a aura*, Rio de Janeiro, Ed. Garamond, 2005.

depende do nascimento, e os raros casos de mobilidade social não apagam as marcas da origem. O corpo é aqui suporte de insígnias – roupa, adereços, armas, adornos – e transmite uma mensagem sobre quem é seu proprietário, mensagem percebida pelos demais e que determina o comportamento destes quanto ao indivíduo em questão, por exemplo dando-lhe a precedência ou os cumprimentos devidos.

O modelo burguês de identidade é diferente: baseia-se na idéia de que o *locus* desta última é a vida íntima. Esboçada na tradição estóico-cristã e cristalizada no século XIX, esta forma de construção da subjetividade toma por base a noção de que o verdadeiro "eu" é o "eu interior", com seus desejos, impulsos, crenças e valores. Aqui o corpo não é mais – como no tempo em que prevalecia a visão religiosa – um empecilho para a salvação, mas "uma ameaça à delicadeza da interioridade: um reservatório de instinto agressivos e sexuais a ser domados e sublimados"[11]. Daí a necessidade de uma "educação dos sentidos": controlar os impulsos sempre a ponto de se subleverem torna-se o objetivo de rigorosas disciplinas sexuais, intelectuais, de higiene, de etiqueta, etc. As "sensações', tidas como "rudes", devem ceder lugar à "sutileza dos sentimentos".

As conseqüências destes ideais são bem conhecidas: recalque impiedoso da sexualidade, e concomitantemente transgressões incessantes da moral vigente, geradora tanto de culpa quanto da pornografia *sous le manteau* e das mais variadas perversões – e voltamos ao Foucault de *A vontade de saber*: o discurso repressor engendra aquilo mesmo que busca eliminar. Nada mais distante da visão de Jurandir que a idealização dos "bons velhos tempos": ele está interessado em descrever modalidades de construção da subjetividade, não em lamentar a decadência dos costumes nos dias que correm. Tanto é assim que escreve páginas admiráveis sobre as conseqüências positivas da liberalização a que nossa geração assistiu – inclusive no que se refere ao melhor conhecimento do corpo, à intensa divulgação de dados sobre saúde, ou ao quesito alimentação.

Mas a contraface desse interesse pelo funcionamento do corpo é a concentração quase exclusiva nele como suporte para a identidade. Acompanhando autores como Christopher Lasch, Gilles Lipovetsky e Guy Debord, Jurandir chama a atenção para o que denomina a "cultura somática do nosso tempo". Esta se inscreve num complexo civilizacional do qual

---

[11] Freire Costa, op. cit., p. 206.

fazem parte igualmente costumes e valores: a moral da renúncia e do adiamento, quer em sua versão religiosa quer na burguesa, foi substituída pela moral do espetáculo e do entretenimento. Isso afeta decisivamente o estatuto do corpo e a percepção que dele têm os sujeitos.

Embora critique certas teses de Debord, Jurandir aceita a idéia de uma "sociedade do espetáculo", na qual a aparência se descola da essência e passa a valer por si mesma, criando uma neo-realidade na qual o mundo se torna desfile de imagens sem substância. Tal desfile "determina o que merece admiração ou atenção", "faz da aparência inerência" e "prescreve como forma de viver a imitação do que aparece na mídia": é real o que está no noticiário, enquanto nele permanece. É nos meios de comunicação que se vão buscar modelos de como amar, como educar os filhos, como ter saúde, como ser belo e desejável[12].

Mas como é impossível à imensa maioria das pessoas seguir o estilo de vida das celebridades, resta-lhes procurar imitar a aparência corporal delas: imaginando que assim o *singularizam*, transformam seu corpo em espetáculo oferecido ao olhar do Outro. Isso exige um esforço considerável: regimes, tratamentos de beleza, "malhação", atenção incessante aos menores signos da moda, etc. Trava-se assim uma "guerra encarniçada" contra o próprio corpo, porque os modelos propostos estão muito além do alcance dos sujeitos comuns: "como Sísifos modernos, circulam atordoados em torno de academias de ginástica, salões de estética ou consultórios médico-psiquiátricos, em busca de uma perfeição física eternamente adiada."[13] E não raro tal esforço resulta em graves danos: anorexias, bulimias, depressões, infartos, cirurgias desnecessárias e por vezes desfiguradoras, tudo para tornar os atributos físicos conformes ao padrão imposto.

Neste ponto, intervém como complemento da moral do espetáculo a moral do entretenimento. Este não é mais buscado como diversão ou como momento necessário à reconstituição das forças: torna-se um *imperativo*, levando o indivíduo a considerar como seu direito natural o desfrute imediato e sem responsabilidades do que lhe der na gana, e a reagir com ódio, às vezes com violência, à impossibilidade de o exercer. Contudo, inserindo-se na realidade-espetáculo, tal desfrute revela-se ilusório, induzindo vivências de impotência e de passividade; para as combater, o sujeito acaba

---

[12] Freire Costa, op. cit., p. 228 ss.
[13] Freire Costa, op. cit., p. 231.

por recorrer a experiências que o façam sentir-se *vivo* – prazeres de tipo extático, intensos porém efêmeros, que o expõem a riscos consideráveis (drogas, esportes radicais acima das suas possibilidades físicas, "rachas", festas intermináveis regadas a estimulantes, etc.) Em síntese: "impotentes para mudar a fachada ilusória do espetáculo, os sujeitos tentam compensar a impotência convencendo-se de que são autores da vida fantasiosa, na qual são, de fatos, apenas personagens passivos."[14]

Alienação e dessublimação repressiva

O que nosso autor evoca com palavras tão enfáticas pode ser chamado por um nome talvez antiquado, mas que a meu ver conserva todo o seu interesse: *alienação*. Proponho considerar a corpolatria como uma das formas contemporâneas da alienação, porque este conceito permite compreender como o sentido e as determinações reais das suas ações escapam aos atores sociais, envoltas como estão numa espessa camada de ideologia cuja função é precisamente ocultar os vetores efetivos da dominação. Nada há de livre escolha nos fenômenos mencionados por Jurandir: há muito sabemos que a forma contemporânea do capitalismo – a sociedade de consumo – controla os sujeitos com métodos mais sutis – e por isso mesmo mais eficazes – do que foi o caso no passado.

A necessidade de escoar uma quantidade cada vez maior de produtos, sem o que o ciclo do capital não se completa, obriga a tornar possível às grandes massas o acesso a eles. Isto é feito por diversos meios, entre os quais o barateamento, a difusão em grande escala e a publicidade, esta muitas vezes disfarçada de "comunicação". A mídia repisa sem cessar a mesma mensagem: "você pode ter isso, possuir aquilo, desfrutar daquilo outro". Mais do que uma autorização, contudo, o que é veiculado é a *imposição* do "direito" de gozar, obviamente mascarada com as vestes da livre escolha.

No que se refere ao nosso tema, esse imperativo resulta no que Maria Rita Kehl chama de "corpos estreitamente vigiados". Sua análise chega a conclusões semelhantes às de Jurandir:

---

[14] Freire Costa, op. cit., p. 235.

o prazer, em nossa era, está estreitamente vinculado ao movimento e à atividade. Os corpos pós-modernos têm de dar provas contínuas de que estão vivos, saudáveis, gozantes. (...) Estamos liberados para usufruir de todas as sensações corporais, mas para isso o corpo deve trabalhar como um escravo, como um remador fenício (...). Anorexias, bulimias, seqüelas causadas pelo abuso de anabolizantes e de moderadores do apetite sinalizam a permanente briga contra as tendências do corpo a que se entregam, sobretudo, os jovens, numa sanha disciplinar de fazer inveja a Santo Antônio.[15]

Tanto Maria Rita quanto Jurandir acentuam nessas práticas o aspecto "disciplina", na verdade uma flagelação auto-imposta que prescinde da figura do carrasco. Utilizando de modo um tanto livre uma observação de Gérard Lebrun a propósito de *O mal-estar na cultura*, poderíamos dizer que "finalmente se cumpriu o voto de Platão: que cada qual se torne o guardião de si mesmo."[16] Esta característica da "sociedade administrada", para usar a expressão clássica dos frankfurtianos, parece-me apontar para uma importante modificação na estrutura da subjetividade, que sob o ângulo do culto ao corpo ganha particular nitidez. E como o erotismo depende estreitamente das modalidades da experiência subjetiva, vale a pena nos determos por um momento nessa questão.

Historiadores como Norbert Elias (*O processo civilizatório*) e Peter Gay (*A educação dos sentidos*) mostraram de que modo a interiorização das normas pelas camadas dominadas da sociedade européia foi essencial para a instauração da sociabilidade moderna. Indispensável para a nova organização do trabalho trazida pelo capitalismo, ela foi obtida por meios variados, estudados por Foucault em *Vigiar e punir*. Aos enumerados por estes autores, gostaria de acrescentar que a escola pública foi um dos mais importantes, tanto por veicular os valores da classe dominante quanto por ensinar às

---

[15] "Corpos"..., loc. cit. A referência é à novela de Flaubert *A tentação de Santo Antônio*.
[16] "Quem é Eros?", in *Passeios*..., p. 93. Digo "de modo um tanto livre" porque o texto de Lebrun se refere ao sentimento de culpa, no qual, seguindo Freud e Marcuse, ele discerne um poderoso meio de controle da agressividade. Cf. as passagens hilariantes sobre o "pecadilho dos dois nudistas" e as sombrias conseqüências da substituição da finitude (Hegel) pela culpa (Freud). "Se o Espírito não fosse finito, mas culpabilizado, podem ter certeza de que suas feridas se curariam com muito mais dificuldade."

crianças a permanecer imóveis e atentas por longas horas, preparando-as para seu futuro como operários nas fábricas. O mesmo se pode dizer da difusão dos relógios mecânicos, primeiro de ponto e depois de bolso, que criou a cultura da pontualidade – uma das disciplinas modernas mais difíceis de adquirir, como bem sabemos em nosso país.

A escola, a fábrica e o relógio promoveram de modo indireto a autodisciplina, mas esta precisava ser complementada por meios mais persuasivos – da polícia à ameaça de demissão ou de expulsão. Tais modalidades de controle, que requerem a presença de encarregados de as fazer valer, eram coerentes com uma sociedade hierarquizada, na qual a maioria não podia usufruir de quase nenhum dos muitos dos bens que produzia, acessíveis somente aos mais endinheirados. Tanto Marx – com a lei dos lucros decrescentes – quanto Freud – em *O mal-estar na civilização* – mostraram que tal sistema continha as sementes da sua própria ruína: as crises econômicas, ou a revolta contra o recalque excessivo das pulsões, acabariam por tornar inviável o modo de vida "moderno".

A Grande Depressão, os fascismos europeus e a hecatombe da Segunda Guerra Mundial demonstraram quão acertadas eram essas análises. Para sobreviver, o capitalismo precisava levar em conta o que elas apontavam – e foi o que sucedeu na segunda metade do século XX, com o advento da regulação keynesiana na economia, das Nações Unidas no plano da política mundial, e de estratégias mais sutis de controle social: sempre que possível, em lugar do cassetete, a administração dos desejos. "Cativar para melhor dominar", diz Gérard Lebrun comentando a obra de Marcuse, *Eros e civilização*[17]. O princípio do prazer torna-se o instrumento privilegiado para essa finalidade, como se vê entre tantos exemplos pelo "relaxamento equívoco dos tabus sexuais" – a forma que os anos sessenta deram ao Denis de Rougemont chamava "invasão do erótico".

Eis o diagnóstico de Marcuse a respeito da sociedade do seu tempo:

> A ideologia moderna reside em que a produção e o consumo reproduzem e justificam a dominação. Mas o seu caráter ideológico não altera o fato de que seus benefícios são reais. A repressividade do todo reside em alto grau na sua eficácia: amplia as perspectivas da vida material, facilita a satisfação das necessidades da vida, torna mais baratos o conforto e o luxo (...) enquanto encoraja a

---

[17] "Os dois Marcuse", in *Passeios ao Léu*, São Paulo, Brasiliense, 1982, p. 135.

labuta e a destruição. O indivíduo paga com o sacrifício do seu tempo, da sua consciência, dos seus sonhos; a civilização paga com o sacrifício das suas próprias promessas de liberdade, paz e justiça para todos[18].

A mudança na estruturação da subjetividade a que me referi deriva dessas novas condições: o superego passa a impor o ideal de gozar, isto é, desfrutar daquilo que a sociedade de consumo oferece. Ao lado da consigna "renuncie àquilo a que você não tem direito", que perde cada vez mais a sua força, temos a que ordena "usufrua de tudo o que puder usufruir sem causar problemas às engrenagens da sociedade". A economia narcísica se reordena em torno de identificações com os modelos já mencionados, gerando as conseqüências que diariamente encontramos na clínica: intolerância alérgica à frustração, exigências infantis de satisfação imediata para todos os desejos, adesividade nas relações amorosas, fragilização dos egos, busca de padrões de desempenho – inclusive sexual – totalmente inacessíveis, ansiedade, stress – e doenças psicossomáticas.

O que ficou dito acima mostra com clareza como a autodisciplina cria condições rigorosíssimas para a vivência do corpo. O interesse maior da análise de Marcuse, porém, me parece residir em que, graças ao conceito de *dessublimação repressiva*, ela permite compreender o que se oculta atrás do imperativo de gozar – e com isso começar a responder à pergunta com que iniciamos este trajeto: existe um erotismo contemporâneo?

A dessublimação é o processo oposto ao que Freud chamou de sublimação, isto é, a inibição da satisfação direta da pulsão sexual e sua canalização para fins não sexuais – basicamente, trabalho e cultura. O que o filósofo alemão lê no convite à liberação sexual e na onipresença do apelo erótico na sociedade do pós-guerra é a substituição da satisfação indireta e diferida pela direta e imediata – mas isso está longe de significar que os indivíduos se tenham apropriado da sua própria sexualidade, e agora a utilizem de modo mais livre e prazeroso. Ao contrário, mordendo a isca que o sistema lhes oferece, eles se enredam ainda mais nas malhas da ordem existente.

É por isso, explica Sergio Paulo Rouanet, que a dessublimação – ou seja, a reconversão da libido sublimada em libido disponível para a gratificação direta – pode estar, paradoxalmente, a serviço da repressão: "o sexo

---

[18] Herbert Marcuse, *Eros e Civilização*, Rio de Janeiro, Zahar, 1975, p. 99.

se transforma em mercadoria, a mercadoria se sexualiza, a propaganda é invadida pela sexualidade"[19].

Mas, perguntará o leitor, ao consumir o que o mercado oferece a pessoa não está sublimando? Afinal, não somos todos fetichistas?... A questão, porém, não está aqui: está na ilusão de que, ao consumir o que desejo, me individualizo e me destaco, como se aquilo tivesse sido produzido para meu deleite exclusivo, e não em milhares de exemplares idênticos. Está também na ilusão de que o consumo é prova da minha liberdade, quando apenas demonstra o quanto sou manipulado pela mídia e pela publicidade.

Em suma: a estratégia pulsional do capitalismo tardio deixou de recorrer à tríade frustração / adiamento / sublimação, em proveito de uma outra, muito mais eficaz: dessublimação / gratificação / espetacularização. Eis as raízes do que os sociólogos denominam "sociedade do espetáculo" e "moral do entretenimento", que aliciam a libido para melhor neutralizar seu potencial disruptivo.

Conclui Rouanet: "A sociedade unidimensional radicaliza a tendência, já presente em outras fases históricas, de domesticação de Eros (...) e com isso pode dar-se ao luxo de liberalizar o sexo – a parte de Eros compatível com o princípio de desempenho"[20]. O mesmo se aplica à outra pulsão fundamental, a agressividade: a fúria com que nos entregamos à "bioascese"[21] demonstra como a ideologia do corpo instrumentaliza as energias destrutivas no próprio ato que parece realizar os ideais de autonomia e de singularização. Como diz Maria Rita Kehl: "fazer do corpo uma imagem oferecida ao olhar do outro exige muita repressão"[22].

Poderes da imagem

Como se manifestam essas condições no plano do erotismo propriamente dito? Maria Rita se pergunta se "o sexo entre bombados e siliconadas

---
[19] Sergio Paulo Rouanet, *Teoria crítica e psicanálise*, Rio de Janeiro: 1983, p. 232 ss.
[20] Rouanet, op. cit., p. 233.
[21] Faço meu este termo felicíssimo de Jurandir Freire Costa.
[22] Kehl, "Corpos...". Um interessante assinalamento desta autora diz respeito ao *body-building*, no qual, com Jean-Jacques Courtine, ela vê não um triunfo do hedonismo, mas um novo tipo de submissão ao ideal puritano. O texto de Courtine por ela mencionado é "Os stakhanovistas do narcisismo", in Denise Sant'Anna (org.), *Políticas do corpo*, São Paulo: Estação Liberdade, 1995.

é mais interessante, mais inventivo, mais sacana do que entre as pessoas fisicamente comuns. Conseguiremos ser, ao mesmo tempo, escravos da imagem e mestres da libertinagem?" Sua resposta é negativa: "não creio. (Tudo isso não conduz) ao acesso aos mistérios do sexo e do desejo sexual. O desejo não se dirige à perfeição, mas ao enigma."

Ela tem em mente o que se passa entre duas pessoas no calor do ato sexual; assim sendo, embora mencione o desejo – que é da ordem do psíquico – sua observação se refere ao que denominei "plano físico" do erotismo. É provável que a qualidade do prazer experimentado pelos amantes seja inversamente proporcional à sua crença na validade do discurso dominante sobre o corpo: quanto menos estiverem preocupados em provar que são atletas do sexo, quanto menos desejarem impressionar o parceiro pela "qualidade" do seu desempenho, mais livres estarão de exigências superegóicas, e portanto da angústia de saber que é impossível satisfazê-las.

Mas há muito o erotismo deixou de ser apenas assunto privado: como vimos, além de elemento da economia psíquica, é como fator objetivo na economia *tout court* que ele faz parte da cena contemporânea. Em primeiro lugar – não é demais repetir – na publicidade, que utiliza a sua formidável capacidade de mobilizar a psique para induzir ao consumo de toda sorte de produtos e serviços; em segundo, na indústria do entretenimento, seja na esfera dos espetáculos propriamente ditos, seja no que se pode chamar de "mercado do sexo".

É no cinema que vamos encontrar as raízes deste processo: desde os anos trinta, o *star system* e o *glamour* fizeram das divas da tela objetos do desejo masculino e modelos do que deve ser uma mulher – a princípio de modo velado (pelos rigores do Código Hayes), depois mais abertamente, até chegar à nudez completa e à exibição explícita do ato sexual: *Emmanuelle*, *O último tango em Paris* e *o império dos sentidos* marcam nos anos setenta o início dessa tendência, desde então explorada tantas vezes que se tornou por assim dizer banal.

Em *A mínima diferença*, Maria Rita Kehl se debruça sobre alguns filmes recentes, nos quais o que significa hoje "ser homem" e "ser mulher" aparece com todas as suas contradições. Em *9 ½ semanas de amor*, por exemplo, a plástica perfeita de Kim Bassinger serve de suporte a uma "colagem maneirista de sinais de pura feminilidade: um excesso de boquinhas, de mãozinhas no rosto, de pezinhos espevitados (...) – um conjunto de clichês que consegue criar uma mulher idealizada ali onde não há mulher alguma. (...) Tudo em Lizz é inofensivo, infantil, delicioso. Tudo nela é desejável"[23]. Em contrapartida, a personagem de Glenn Close em *Atração fatal* afasta o homem que quer seduzir, assustando-o com a "exposição a nu da ferida do seu desejo"[24].

Essas duas figuras, diz ela na página seguinte, representam "os dois pólos do impasse da sexualidade feminina: é preciso não se entregar para ser sempre desejada". Quanto aos homens, duramente atingidos em sua autoimagem pelas mudanças nos papéis de gênero ocorridas nas últimas décadas,

> continuam a querer o que sempre quiseram: encontrar numa mulher toda a disposição amorosa, quase sacrificial, passiva, que se convencionou chamar de feminilidade, aliada a uma capacidade de afirmar o próprio desejo e de lutar por ele, a uma coragem "viril". Virilidade é uma invenção das mulheres, a que os homens se esforçam por corresponder; feminilidade é uma projeção do desejo masculino, que as mulheres aprenderam a encarnar – como farsa, como bem sabemos.[25]

Nesse baile de máscaras, qual é o papel do espectador? Como em qualquer bom filme, ele é mobilizado pelo que vê, quer se identifique com os personagens, quer reprove a conduta deles. Nisso, o cinema não se distingue de outras formas de ficção nas quais um autor ou narrador conta uma história a quem se dispuser a ouvi-la: para usar um esquema familiar, este alguém é o receptor de uma mensagem enviada pelo emissor. Há apenas uma diferença, mas ela é de monta: o cinema conta suas histórias por meio de imagens – e parece haver um laço interno entre imagem e erotismo. Ao ler ou ouvir qualquer narrativa, acabamos por formar uma representação visual das paisagens, da aparência dos personagens, das

---

[23] Maria Rita Kehl, "Nunca fomos tão fetichistas", in *A mínima diferença*, Rio de Janeiro: Imago, 1996, p. 165.
[24] "Nunca fomos...", p. 174.
[25] "O que quer um homem?", op. cit., p. 185. O embaralhamento dessas significações também fica evidente ao considerar certos filmes dos anos noventa nos quais a personagem principal é um travesti, como *Traídos pelo desejo* e *Mr. Butterfly*. Neste último, Maria Rita seleciona uma réplica que sintetiza à perfeição o que quer demonstrar: questionada por um espectador sobre por que na ópera de Pequim os papéis femininos são representados por homens, a "atriz" pela qual ele se apaixonou responde – "porque apenas um homem sabe perfeitamente o que uma mulher dever ser."

cenas nas quais tomam parte. No caso dos contos eróticos, é à descrição vívida e detalhada que incumbe a função de facilitar esse processo: aqui, Boccaccio e Sade mostraram o caminho das pedras, e seus sucessores aprenderam bem a lição. O cinema, como as demais artes visuais, nos economiza esta tarefa, e por isso seu potencial erótico é incomparavelmente maior que o da mera narrativa. Talvez isso se deva a que o espectador não precisa transformar palavras em imagens, e portanto dispõe de mais energia psíquica para se entregar às fantasias que estas suscitam. Também é provável que a natureza da fantasia – que sempre representa uma cena – seja em parte responsável pelo efeito erótico da imagem, em particular quando esta se engancha na cena primitiva: é pelos olhos que a criança descobre o sexo adulto, com toda a ansiedade que ele jamais deixa de despertar[26].

Mas a argúcia de Maria Rita nos permite avançar em outro ponto do nosso argumento. Ao afirmar que a virilidade e a feminilidade não são atributos naturais, mas resultam de projeções dos desejos e fantasias de homens e mulheres uns sobre os outros, ela aponta para a função de *autor* dos indivíduos envolvidos na trama erótica. Ora, a invenção que desencadeou a terceira revolução industrial – o computador – abriu novos horizontes nesse terreno, e é refletindo sobre o que ele trouxe de inédito para a vivência erótica que gostaria de concluir essas considerações.

Nos primeiros tempos da informática, a reprodução de imagens sensuais na tela do PC apenas acrescentou mais um veículo à gama dos já existentes: tratava-se de uma versão eletrônica da mesma coisa oferecida pela fotografia (*Playboy* e seus congêneres) e pelos vídeos encontráveis em qualquer locadora. O surgimento das interfaces interativas, porém, permitiu ao usuário não ser apenas receptor, mas ainda ocupar o lugar do autor – e com isso abriu para o erotismo um meio de expressão que se difundiu com rapidez extraordinária, e pelo qual os psicanalistas apenas agora começam a se interessar.

---

[26] Na última Mostra Internacional de Cinema de São Paulo (2007), o poder mobilizador do erotismo na tela foi amplamente demonstrado por dois filmes que deram bastante o que falar: *Irina Palm* – no qual uma mulher de meia-idade se emprega como masturbadora de *giory-hole* num clube londrino -, e *Savage Grace* – que mostra de que modo a permissividade dos pais conduz o herdeiro de uma fortuna enorme ao incesto e ao matricídio. O voyeurismo inerente à posição de espectador é aqui solicitado de modo explícito: o que sugere que a gratificação sem culpa da curiosidade sexual infantil deve ser um dos motivos pelos quais o cinema nos fascina tanto.

O fenômeno teve início com as salas de bate-papo, entre cujos temas logo se impôs o da conversa erótica, também chamada de *cybersex*. O anonimato e a segurança proporcionados pelo meio tornaram possível expressar sem inibições as mais variadas e secretas fantasias, e, mais do que isso, *agilas* em imaginação, tomando como parceiro quem estivesse do outro lado do servidor. Isso não tem precedentes na história do erotismo: estando a privacidade garantida pelo uso de nomes fictícios, o *chatter* pode assumir a identidade que bem entender – até mesmo a sua! Gênero, idade, aparência, preferências sexuais – tudo pode ser inventado e acentuado até o paroxismo, num *crescendo* de excitação que por vezes conduz ao orgasmo diante da tela. Pela duração do jogo, o *roleplayer* pode viver uma situação homossexual, ter o dobro ou a metade da sua idade, ser um sádico, um masoquista, um animal, um fetichista – mesmo e principalmente se na vida real não for nada disso.

A novidade dessa prática não está na possibilidade da masturbação – o fato de ela ocorrer graças ao que se lê no computador não a torna diferente do que se fosse causada pelo conteúdo de uma revista como *Playboy* ou de um DVD pornográfico. Está a meu ver no tipo de diálogo que se estabelece: um aceita as fantasias do outro, e o papel que nelas lhe é designado – ou seja, evidenciando aquilo que Maria Rita descortina nas noções de virilidade e de feminilidade ("projeções do desejo do outro"). Pouco importa que pelo *ciberespaço* circulem todos os estereótipos do imaginário sexual – o macho estilo "venha para a terra de Marlboro", a mulher insaciável, a mulata sensual, o negro cujo pênis avantajado proporciona satisfações memoráveis, a lolita sedutora, e outros do mesmo gênero: o decisivo é que a interação possibilita vivências cuja intensidade nada fica a dever à provocada pela contemplação solitária de qualquer coisa excitante.

Os avanços da tecnologia deram ensejo a algo ainda mais fantástico: o *Second Life*. Aqui é possível criar um personagem "físico", que se movimenta por um ambiente de extremo realismo, vai a restaurantes, faz compras, viaja, paquera – *"your world, your imagination"*. Observa Céline Masson que não se trata de um jogo virtual clássico – nada de missões ou de batalhas nas quais o Bem vence: apenas "o encontro dos participantes sob a máscara dos seus avatares". Rémy Potier, que recentemente defendeu na Universidade de Paris VII uma tese sobre o *Second Life*, sublinha que o fato de o avatar e suas peripécias serem virtuais nada retira da sua realidade: o que ocorre, diz ele, é uma imersão completa e efetiva no ambiente do jogo[27].

Na verdade, a pergunta se o relacionamento via computador é "real" ou "irreal" está mal colocada. É evidente que entre os jogadores do *roleplay* erótico existe uma relação, que pode inclusive durar bastante tempo (enquanto ambos estiverem interessados nela); mas não estamos falando de amor, e sim de erotismo. O amor – tanto como sentimento como no sentido sexual – é impensável sem a presença física e sem a constante retificação da imagem do outro exigida pelo convívio; o erotismo, por sua particular relação com o imaginário, pode perfeitamente prescindir da existência e da participação de um outro real – e até mesmo do seu consentimento: não é nada raro que uma pessoa seja personagem das fantasias sexuais de outrem sem sequer saber disso[28].

Em todo caso, a condição da experiência erótica da qual estamos falando é nitidamente a aceitação pelos parceiros das fantasias um do outro. Por um momento, suspendem-se os controles sociais e se silenciam os ditames do superego: "hoje eu sou como você me quer", e vice-versa. De ambos os lados da linha existe um corpo que sente e goza, mas, devido às peculiaridades do meio, o que importa é o corpo que cada qual diz ter – e que, como sabem os dois, é provavelmente fictício.

Outra modalidade do sexo eletrônico – a que utiliza a *webcam* – também se tornou popular, mas a meu ver está mais próxima da pornografia que do erotismo, e por isso apresenta menos interesse para o nosso estudo. O que parece ocorrer é que, protegidos como estão pelo anonimato, os participantes podem se permitir uma regressão mais desimpedida, com o que vêm freqüentemente à tona aspectos da sexualidade pré-genital – mesmo, e talvez principalmente, quando o que se descreve são atos genitais.

---

[27] Cf. C. Masson & R. Potier,"Second Life: créer um corps et refaire sa vie sur internet", comunicação no I Encontro Internacional Psicanálise, Corpo e Criação, Rio de Janeiro, Universidade Santa Úrsula – PUC/RJ, novembro de 2007. A "imersão total" é também uma característica do jogo infantil. Tenho observado que as crianças, ao começarem um faz-de-conta, invariavelmente utilizam o imperfeito: modo, creio, de distinguir o mundo da fantasia do real. ("Agora eu era o rei/ e meu cavalo só falava inglês/ a noiva do cowboy/ era você, além das outras três..."). O equivalente disso, na brincadeira das crianças grandes, parece-me ser o gesto de entrar no site e escolher um "nick".

[28] Uma segunda pergunta que tem surgido a respeito do sexo eletrônico é se se trata de uma relação *sexual*. A meu ver, é preciso responder que sim: supor que por não se tocarem nem estarem fisicamente presentes os participantes não estão no âmbito sexual seria restringir o território deste último a proporções pré-freudianas.

Pode-se estabelecer alguma relação entre a popularidade do sexo eletrônico e as exigências impostas ao corpo pelas disciplinas da beleza das quais falamos há pouco? Talvez se possa ver na floração de fantasias que o caracteriza uma tentativa de escapar aos rigores do desempenho atlético alardeado como norma pela "cultura somática". O corpo real, insatisfatório porque quase sempre aquém dos rendimentos impostos pelo padrão ideológico, dá lugar a um corpo virtual eminentemente desejável, criado sem esforço e possuidor de todos os atributos com que o indivíduo o quiser dotar. O prazer obtido pela atuação imaginária das fantasias, por sua vez, está livre das exigências draconianas a que se submetem os "bombados" e as "siliconadas": o aval do parceiro equivale aos signos que, no sexo real, nos mostram que de fato o outro sente prazer em estar conosco.

A propósito da "invasão do erótico", Denis de Rougemont falava de uma "sublevação das almas contra a tirania do horário, do rendimento mensurável, das disciplinas sociais"[29]. Vimos, com Marcuse, que isso é insuficiente para dar conta do regime da sexualidade na sociedade administrada – mas podemos aproveitar a idéia para compreender de onde se origina a popularidade do sexo via internet. Mas se seria ingênuo lamentar nesse *soulèvement des âmes* apenas a extensão que a imoralidade teria alcançado nos dias que correm, também o é supor que ele não faça parte da indústria do entretenimento: o fato de ser prazeroso não elimina sua pertinência ao campo da dessublimação repressiva. Não esqueçamos que, ao se entregar às delícias da fantasia teclada, os *roleplayers* estão proporcionando polpudos lucros às companhias que exploram a internet, e contribuindo com sua cota para a reprodução ampliada do capital.

Então: existe um erotismo contemporâneo? Depois deste tortuoso trajeto, a resposta mais prudente seria que existem *manifestações contemporâneas do erotismo* – no cinema, na internet, e provavelmente em outras esferas também – que se acrescentam àquelas herdadas de séculos anteriores. Recuperar a posse do próprio corpo e dele usufruir, porém, só é possível se pudermos dispor de uma liberdade interna que nos permita recusar os modelos impostos e encontrar nossa própria via para o prazer. Talvez não nos tornemos "mestres da libertinagem" – mas com certeza nos divertiremos mais.

---

[29] Denis de Rougemont, *Les mythes*..., p. 36.

Referências bibliográficas

DE ROUGEMONT, D. *Les mythes de l'amour*. Paris: Idées Gallimard, 1978.

COSTA, J.I. *O vestígio e a aura*. Rio de Janeiro: Garamond, 2005.

KEHL, M. R. "Corpos estreitamente vigiados". *O Estado de São Paulo*. Caderno Aliás, 01/01/2007.

_____ "Nunca fomos tão fetichistas"; In *A mínima diferença*. Rio de Janeiro: Imago, 1996.

LEBRUN, G. "Os dois Marcuse". In *Passeios ao léu*. São Paulo: Brasiliense, 1982.

_____ "Quem é Eros?" In *Passeios...*, p. 93.

MARCUSE, H. *Eros e civilização*. Rio de Janeiro: Zahar, 1975.

MASSON, C. & POTIER, R. "Second life: créer um corps et refaire sa vie sur internet". Comunicação no I Encontro Internacional Psicanálise, Corpo e Criação. Rio de Janeiro: Universidade Santa Úrsula / PUC/RJ, novembro de 2007.

MEZAN, R. "Amor romântico no século XXI". Conferência no XX Fórum Nacional. Rio de Janeiro, maio de 2008.

ROUANET, S. P. *Teoria crítica e psicanálise*. Rio de Janeiro, 1983.

SANT'ANNA D. (org.), *Políticas do corpo*. São Paulo: Estação Liberdade, 1995.

SANTO AGOSTINHO *Confissões*, Livro XI, seção17.

WIKIPEDIA artigo "Érotisme".

A tortuosa trajetória do corpo na psicanálise[30]

Flávio Carvalho Ferraz

Nos últimos anos têm proliferado, nas publicações psicanalíticas, trabalhos que tratam do problema das manifestações psicopatológicas que se articulam, de diferentes formas, ao corpo. Não mais àquele corpo da histeria – corpo erógeno ou representado – mas ao corpo biológico ou soma. Tal preocupação, evidentemente, encontra razão de ser na própria clínica contemporânea, quando se constata um aumento da incidência das patologias que, diferentemente das neuroses, ligam-se de algum modo ao corpo somático, seja pela via do adoecimento, seja pela predominância da ação (*acting*) em sua manifestação[31]. É assim que foram povoando as publicações psicanalíticas temas como as somatizações em geral, os transtornos alimentares, o transtorno do pânico, as adicções e diversos fenômenos como a *body art*, o *barebaking*, modificações e manipulações corporais e "novos" tipos de "sado-masoquismo"[32].

A psicanálise se viu, diante de tais manifestações, convocada a pronunciar-se sobre esta nova realidade, até porque o tipo de demanda presente nos consultórios psicanalíticos foi se alterando. Ocorre que o seu aparato teórico-clínico clássico, como sabemos à exaustão, direcionava-se às psiconeuroses; o alvo da clínica psicanalítica sempre foi o sintoma neurótico, entendido de modo bastante peculiar e distinto daquele pelo qual a medicina o define.

Uma das possíveis vertentes da investigação sobre a crescente presença do corpo na psicopatologia passa pela antropologia da sociedade contemporânea. O estudo das peculiaridades da cultura atual pode nos ajudar a formular hipóteses sobre as novas representações e os novos usos que

---

[30] Texto publicado originalmente na *Revista Brasileira de Psicanálise*, v.41 , nº 4, pp.66-76, 2008.
[31] Para uma reflexão mais profunda sobre esta questão, remeto o leitor ao artigo "Questões teóricas na psicopatologia contemporânea", de Mario P. Fuks (2000).
[32] Sobre esta temática em particular, ver o artigo "As destruições intencionais do corpo: sobre a lógica do traumático na contemporaneidade", de Nelson da Silva Jr. & Daniel R. Lirio (2005).

se fazem do corpo. Mas, para a utilização desses dados na psicopatologia, deve haver uma hipótese de cunho psicológico que as fertilize; caso contrário, ficaríamos apenas com informações estanques. E qual seria a hipótese francamente psicanalítica a fazer um elo com a constatação antropológica?

Ora, seria a idéia, hoje bastante aceita, de que um *excesso* não elaborável, produto de um mundo que lança uma quantidade altíssima de estímulos e exigências aos indivíduos, que impõe um processamento do tempo e das informações praticamente impossível aos sujeitos, pode conduzi-los a formas de manifestação do sofrimento psíquico por vias similares àquelas peculiares ao traumático[33]. Aí então as modalidades de sintoma definidas pelas defesas neuróticas, ligadas à formação de representações, de seu recalque e de seu ressurgimento sob formas simbólicas vão dando lugar a manifestações somáticas, pré-simbólicas, "brutas" ou "cruas", por assim dizer. Tais manifestações estariam mais próximas do que se convencionou chamar de *actings* do que propriamente do sintoma, na acepção clássica psicanalítica do termo. O corpo, mais do que a linguagem, seria o cenário onde estas formações se desenvolvem: tanto no plano da motricidade (que rege o *acting* dirigido ao exterior ou *acting* psicopático), como no plano anátomo-fisiológico (em que o *acting* se dirige ao soma, dando origem às mais diversas formas de adoecimento psicossomático).

Pois bem, podemos, assim, iniciar nossa indagação com a seguinte questão: como a psicanálise pode, hoje, se posicionar sobre o corpo somático e, mais do que isso, sobre o sintoma que se processa *no* soma? E ainda: como pode ela reposicionar seus esquemas clínicos de modo a incluir no estreito espectro da chamada "analisabilidade" estes sintomas cada vez mais freqüentes?

Para tentar realizar esta tarefa, é necessário, como na expressão de Laplanche, "fazer trabalhar" Freud e a psicanálise. Partindo do já existente em Freud, pode-se procurar os pontos de seu pensamento que iluminam a compreensão das novas problemáticas. O que ali há de contribuição ao problema do corpo somático não é pouco. Assim trabalhando, é possível ver a obra de Freud em seus avanços e suas paradas, ou, como quer Laplanche, em seus "recalques". Não raramente verificar-se-á que o recalque na teoria estará articulado a aspectos do próprio objeto em questão, como tentarei

---

[33] Sobre esta questão, ver o artigo ""A produção paradoxal do nosso tempo: intensidade de ética" de Alcimar A. S. Lima (2000).

demonstrar mais à frente. A partir desta perspectiva metodológica, é possível, então, fazer avançar o conhecimento e não temer a aceitação de novos conceitos que, certamente, serão necessários à ampliação do espectro teórico e clínico da psicanálise. Aqueles psicanalistas que se dedicaram ao campo da psicose já haviam provado, antes mesmo do desenvolvimento da psicossomática, que atribuir os critérios de analisabilidade aos pacientes é uma inversão. Quando se diz que certo tipo de paciente é inanalisável, atribui-se a ele o que é, em verdade, uma insuficiência do arsenal teórico-clínico momentâneo.

Partindo do conceito freudiano de "neurose atual" (Freud, 1894), e seguindo por trilhas abertas por autores contemporâneos, proporei outras articulações entre as neuroses atuais com conceitos da própria lavra freudiana, tais como o de *trauma* e o de *pulsão de morte*. Por fim, examinarei o aproveitamento clínico desta empreitada. Apenas para antecipar sucintamente este percurso, ficaremos aqui com as seguintes afirmativas, feitas de modo extremamente sucinto, mas cujos desdobramentos veremos a seguir:

1. O corpo, em psicanálise, trata-se essencialmente de um "resto";
2. Este resto é simultaneamente resto da teoria – aquilo que foi, num determinado momento, abandonado como objeto psicanalítico – e "resto" do próprio *sujeito psíquico* em sua ontogênese, ou seja, o seu patrimônio genético herdado, que remanesce aquém da formação de um sujeito psíquico fundado na linguagem, e, portanto, marcado pela simbolização, e cujo funcionamento obedece aos esquemas filogenéticos ainda não singularizados.
3. O fato de ser "resto" na teoria decorre exatamente do fato de ser o "resto" da ontogênese psíquica, ou seja, aquilo que permaneceu, como um remanescente do corpo somático, fora da área de ação do apoio (*Anlehnung*); permaneceu, portanto, como corpo somático propriamente dito, sem se "converter" em corpo erógeno. Dejours (1989) dirá: sem sofrer o processo de *subversão libidinal*.

Freud fazia uma distinção entre as psiconeuroses e as neuroses atuais, como sabemos, as primeiras apresentando sintomas psíquicos e as outras, sintomas somáticos. Entretanto, o que se verificou no desenvolvimento ulterior da psicanálise foi um progressivo abandono desta nosografia, devido à ênfase que se deu sobre o papel do recalque e da sexualidade infantil na constituição do campo propriamente psicanalítico. A idéia de *neurose atual*, sobre a qual dispendera tantos esforços, foi, silenciosamente, perdendo sua importância e caindo em desuso. Contudo, não se pode dizer que ele chegou abandonar explicitamente tal categoria. Pelo contrário, ela ainda surgiria intacta em outros momentos de sua obra (Freud, 1908, 1914 e 1917)[34]. Como explicar este crepúsculo das neuroses atuais na teoria psicanalítica? Por que Freud as teria deixado de lado? Parece que este foi o preço para que se desenvolvesse toda uma teoria das psiconeuroses, que se confundiu, até certo ponto, com a teoria psicanalítica em si mesma. Em suma: quando o *corpo erógeno*, este conceito genialmente descoberto a partir do estudo da histeria, ganhou a cena como local em que se processavam os sintomas psiconeuróticos, o corpo somático sofreu um apagão no pensamento psicanalítico. É assim que as funções remanescentes do corpo – aquelas ligadas ao domínio do somático ou ao registro da necessidade – foram deixadas de lado. Como afirma Nayra Ganhito (2001), é como se o sonho tivesse tirado todo o lugar do sono, o primeiro assimilado à vida fantasmática e o segundo ao funcionamento biológico.

Dejours (1986) procura dar uma explicação histórica para este fato. Para ele, Freud se afasta progressivamente da neurofisiologia e, quando passa a falar em angústia psíquica, fala de uma outra angústia que talvez não seja a mesma da qual falava antes, isto é, a angústia somática (aquela das neuroses atuais). "É provável que já não fale mais dos mesmos doentes. Pois seu centro de interesse deslocou-se para os neuróticos" (p.31), afirma. E prossegue:

> Para dizer a verdade, Freud dá lá e cá, em seus manuscritos da época, detalhes clínicos que permitem reconhecer doentes caracteropatas (*isto é, que sofrem de doenças somáticas*). Ainda perto de sua prática neurológica, não é surpreendente que Freud tenha tido muito contato com esse tipo de paciente que se encontra nas consultas médicas (...) Mas à medida que se desenvolveram suas teorias a partir da histeria, ele começa a ser conhecido por outra coisa do que tratar estados de angústia ou de nervosidade,

---

[34] Sobre o conceito e a trajetória das neuroses atuais na obra de Freud, ver meu artigo "Das neuroses atuais à psicossomática" (Ferraz, 1997).

e sua prática muda. A técnica psicanalítica contribui para trazer os neuróticos ao seu consultório, enquanto que aos poucos os primeiros pacientes se rarefazem e não têm mais o mesmo interesse por ele (p.32).

Na conferência *O estado neurótico comum*, o próprio Freud (1917) dá testemunho desse processo, demonstrando o seu profundo interesse pelo processo complexo pelo qual o psiconeurótico exclui suas atividades sexuais de qualquer consideração, enquanto nas neuroses atuais "a significação etiológica da vida sexual é um fato indisfarçado que salta aos olhos do observador" (p.449). Diz ele que chegara até mesmo a "sacrificar sua popularidade" junto a certos pacientes para provar sua tese sobre a participação da sexualidade na formação das neuroses, quando, nas neuroses atuais, bastara "apenas um breve esforço para que pudesse declarar que, se a *vita sexualis* é normal, não pode haver neurose" (p.450).

Pois bem, visto que a consideração às neuroses atuais, ao menos dentro dessa terminologia, foi cessando na obra de Freud, o que dizer sobre a continuidade de seu trabalho inicial, quando genialmente intuíra a divisão estrutural entre duas formas distintas de formação de sintomas e, dito de outra forma, de processamento da angústia?

Penso que uma resposta a nossa indagação pode ser buscada em seu trabalho *Além do princípio do prazer*, de 1920, que muitos vêem como uma verdadeira inflexão em seu pensamento. Entretanto, é perfeitamente plausível pensar que se tratou de uma retomada daquela intuição clínica inicial que dera origem ao conceito de *neurose atual*. Pois se trata exatamente de uma psicologia do traumático, ou seja, do não representável. Nesse sentido, gostaria de priorizar, entre os diversos elementos contidos na complexa e controversa idéia de *pulsão de morte*, aquele que a define fundamentalmente como um *dispositivo anti-representacional*. Nesse sentido, o retorno ao estado originário (Freud diz: ao inorgânico) poderia ser visto mais como retorno ao pré-representacional, que remete diretamente ao corpo biológico primordial.

Ora, esse corpo anátomo-fisiológico é aquele que ficou aquém da ação da linha do apoio (*Anlehnung*), preso, portanto, ao domínio da *necessidade*, isto é, não convertido à sexualidade psíquica. Dejours (2001) foi o autor que levou às últimas conseqüências a teoria freudiana do *apoio*, propondo um fenômeno ao qual chamou de *subversão libidinal*. Nesta operação, que funda o corpo erógeno por sobre o corpo somático, a criança procura mostrar aos pais que seu corpo não se presta unicamente à satisfação das necessidades vitais. A boca, por exemplo, não serve mais apenas para a função de nutrição, mas também para o sugar sensual, para o morder, para o beijo e assim por diante. O processo pode até radicalizar-se quando, para tentar afirmar que a boca nem sequer serve mais ao propósito da nutrição, o sujeito recusa os alimentos, ingressando em uma anorexia. É nesse sentido que o apoio pode se definir como uma verdadeira *subversão*.

Por meio dessa subversão o sujeito liberta-se parcialmente do domínio das "funções fisiológicas, dos instintos, dos seus comportamentos automáticos e reflexos, e até mesmo de seus ritmos biológicos" (p.16). Como ironiza François Dagognet (*apud* Dejours, 1991), este sujeito seria quase tomado como uma miragem. No entanto, não é bem assim. A ontogênese do sujeito psíquico marca também o nascimento de um novo corpo, colonizado pela libido; o domínio da pura necessidade cede lugar aos jogos mais elaborados que pertencem ao domínio propriamente do desejo. Mas a subversão será sempre um processo inacabado, sendo possível, sob certas condições, um movimento regressivo na linha do apoio, quando a função somática, então, impor-se-á sob o domínio psíquico. Contudo, o corpo somático, após o movimento da subversão, já não será mais o mesmo, visto que uma parte da energia inerente aos programas comportamentais filogenéticos foi derivada para fins eróticos, o que retira o sujeito da determinação biológica. Instaura-se um modo de funcionamento deste corpo que agora não serve mais apenas à ordem fisiológica, mas desdobra-se em expressão de um sentido. Trata-se do que Dejours (1989) chama de *agir expressivo*, que contém uma dimensão de intencionalidade e de direcionamento ao outro.

E como se processa a subversão libidinal? Ela se dá basicamente graças à relação que se estabelece entre a criança e seus pais. O corpo erógeno surge como resultado de um "diálogo" em torno do corpo e de suas funções, que tem como ponto de apoio justamente os cuidados corporais fornecidos pelos pais. Assim, seu resultado dependerá fundamentalmente do inconsciente parental, da história dos pais, de sua sexualidade, suas inibições e suas neuroses. Aquilo que os pais comunicam à criança é captado por esta como um enigma, mas é fundamentalmente enigma também para eles, visto que pertence ao domínio do inconsciente. Trata-se daquilo que Laplanche (1992) chamou, com muita propriedade, de *significante enigmático*.

Dito de outro modo, e recorrendo a Freud, podemos pensar que este corpo erógeno que se cria a partir do apoio ou da subversão libidinal é um *corpo representado*, ou mesmo o *corpo da representação*. Esquematicamente, poderíamos afirmar: enquanto o processo de conversão, na histeria, opera sobre o corpo representado, a somatização recai sobre o corpo biológico ou somático; recai exatamente sobre a função não subvertida, portanto, não representada. E aqui nos encontramos com o papel definitivo da pulsão de morte na eclosão das patologias não-neuróticas, ligadas ao registro do corpo real. Na função sobre a qual a mãe não puder "brincar", não incidirá uma subversão, permanecendo ela, então, mais suscetível às respostas menos elaboradas psiquicamente ou, o que é o mesmo, expostas às respostas estereotipadas e impessoais herdadas da filogênese. Tais respostas passarão principalmente pelo *acting*, em detrimento do pensamento, e, em vez de se expressarem como sintoma que lança mão da linguagem para se constituir, recorrerão à motricidade automática ou à descarga sobre o soma[35].

É novamente Dejours (1991) quem arrisca um ponto de vista no mínimo ousado sobre esta determinação das patologias não-neuróticas, chegando ao que eu aqui proponho chamar de "teoria da somatização generalizada". Nas doenças psicossomáticas reconhecidas como tal, que são doenças orgânicas, teríamos um processo de somatização incidindo sobre uma determinada função que escapou da plena subversão libidinal. Poderia ser aqui a digestão, a respiração ou a função ligada à pele, por exemplo. O próprio sono, como mostra Ganhito (2001), é uma função biológica a ser erogeneizada, graças à riqueza dos rituais de adormecimento que mãe proporciona ao seu bebê. A insônia, assim, poderia ser encarada como uma espécie de somatização. Quando não ocorre a subversão libidinal, a função permanece exposta ao funcionamento fisiológico, o que Dejours (1989) chama de *forclusão da função*:

> Uma *função do corpo* que não pôde se beneficiar de uma *subversão libidinal* em benefício da economia erótica durante a infância, em razão dos impasses psiconeuróticos do pais, é condenada a manter-se expulsa do jogo ou de todo o comércio erótico. De qualquer forma, essa função é a forclusão da troca intersubjetiva (p.30).

---

[35] Rubens Volich (1998) mostra como as respostas sintomáticas obedecem a uma hierarquia evolutiva: do corpo somático evoluem para as ações e, por fim, para o pensamento.

Dejours, de modo muito peculiar, estende esta hipótese da subversão libidinal para além das doenças classicamente reconhecidas como "psicossomáticas". Propõe que também a psicose possa ocorrer por uma falha neste processo, quando limitações parentais se colocam sobre o campo do pensamento associativo. Para ele, a psicossomática interessou-se principalmente pelas doenças viscerais – mais claramente ligadas ao soma – mas esqueceu-se de que o sistema nervoso central e o encéfalo fazem parte do corpo somático. Assim, justifica-se que a psicossomática reivindique para si o terreno das doenças mentais (esquizofrenia, paranóia e psicose maníaco-depressiva) e também neurológicas (mal de Alzheimer e doença de Parkinson, por exemplo). Ademais, considerar as doenças mentais como doenças do corpo seria coerente com as recentes descobertas das neurociências. A psicose, assim, seria uma somatização que, em vez de atingir as vísceras, atinge o cérebro, que significa que as falhas na subversão libidinal ou o "desapoio da função" ocasionaram estragos no sistema nervoso central.

A postulação da pulsão de morte por Freud foi, sem dúvida, um retorno da temática psicopatológica presente em 1894 nas neuroses atuais. Tanto é que trouxe de volta o aspecto econômico da metapsicologia, que ficara ofuscado, por uma longa temporada, pelo aspecto dinâmico. Assim, a pulsão de morte responde pelo que veio a se chamar de "fator atual", presente nas formas de adoecimento não-neuróticas, mas também presente como um fundo – resíduo ou precipitado – não elaborável ou não representável que subjaz a toda psiconeurose. Dejours (1988) afirma que Freud só pôde evocar a "angústia automática" e o "estado de aflição" (*Hilflosigkeit*) em sua última teoria da angústia porque havia, pouco antes, introduzido o conceito de pulsão de morte e falado em "neurose traumática", que, para ele, *"são inegavelmente o ressurgimento das neuroses atuais de 1895"*, quando a preocupação com o biológico volta à cena, "ao mesmo tempo em que são evocadas as doenças somáticas e a morte biológica que quase tinham desaparecido da teoria psicanalítica" (p.33).

Ora, Freud já deixara marcado, na conferência de 1917, o fato de que um "fator atual" subjaz a toda psiconeurose. Seria algo como o limite do representável, ou, dizendo de modo livre, uma espécie de "umbigo" de todo sintoma simbólico que marca o substrato somático sobre o qual o funcionamento psíquico se assenta. Em uma metáfora do próprio Freud (1917), as influências somáticas desempenhariam o papel de um "grão de areia que o molusco cobre de camadas de madrepérola", quando se produzem os sintomas histéricos. Diz Freud ainda que "uma notável relação entre os sintomas das neuroses atuais e os das psiconeuroses oferece mais uma importante contribuição ao nosso conhecimento da formação dos sintomas nestas últimas. Pois um sintoma de uma neurose atual é freqüentemente o núcleo e o primeiro estádio de um sintoma psiconeurótico" (p.455).

A pulsão de morte atuaria como um dispositivo contra a representação; nesse sentido, pode conduzir ao desapoio da função. Corresponde à força que leva ao que Marty (1991) chamou de "má mentalização", ou seja, um *déficit* representacional que torna empobrecidos os sistemas inconsciente e pré-consciente, fazendo-se sentir sobretudo pelo discurso concreto e objetivo e pela carência de atividade onírica.

A angústia, neste caso, seria sempre a angústia automática da qual Freud (1926) veio a falar em *Inibições, sintomas e angústia*, e que retoma, de certo modo, aquela angústia definida como descarga em 1985 no caso das neuroses atuais. Trata-se de uma modalidade de angústia que é sobretudo somática, numa contrapartida da angústia-sinal, essencialmente psíquica. A angústia automática é aquela que marca uma *falha do ego* diante do perigo, quando este, não tendo tido condições de examinar os processos da realidade, deixa-se tomar de surpresa. É claro que estamos falando aqui do trauma, ou seja, do irrepresentável que se articula exatamente à pulsão de morte. *Grosso modo*, o sujeito da neurose atual funciona no registro da neurose traumática; responde automaticamente, passando ao largo dos processos propriamente psíquicos na sua montagem sintomática. Age segundo os modelos herdados da filogênese ou aprendidos intelectualmente, mas sem a singularidade e a criatividade inerentes às formações simbólicas, essencialmente idiopáticas. Desconhece o *agir expressivo*: age sem metaforizar sua experiência na produção de uma resposta; responde, quando muito, lançando mão de uma produção metonímica.

Michel de M'Uzan (2003) retoma o problema do "fator atual" que jaz no fundo de toda psiconeurose, e que se encontra na própria superfície das neuroses atuais, para afirmar que ele constitui o fundo inanalisável do neurótico. Os traumas verdadeiros, sendo inelaboráveis, não são passíveis de se representarem; convertem-se em força degradante da energia de autoconservação. Assim, para ele, a articulação entre pulsão de morte e compulsão à repetição não é indispensável. A incidência letal da compulsão à repetição não necessita de uma referência necessária à atividade de um instinto ou de uma pulsão especial: explica-se pela degradação da energia atual, em essência um fator quantitativo que coincide com a força de autoconservação, e que passa a funcionar de modo pervertido diante do trauma verdadeiro, irrepresentável. Seria isso a que a psicanálise chamou de "pulsão de morte". Marilia Aisenstein & Claude Smadja (2003), que, a exemplo de M'Uzan, pertencem à Escola Psicossomática de Paris, também se preocuparam com esta questão do "fator atual". Lembram que a obra de Pierre Marty é indispensável por ter definido uma "ordem psicossomática", que organizou o pensamento dos psicossomatistas da primeira geração da escola de Paris. Marty, de fato, deu particular atenção para o aspecto econômico e para a textura e a variabilidade do funcionamento mental. Foi assim que localizou e definiu o "pensamento operatório", presente em uma organização psíquica em que "os delegados pulsionais, que são as representações efetivamente investidas, parecem estar ausentes" (p.410).

> "Isto que, no pensamento de Marty, aparece como carência – *déficit* do funcionamento mental – pode ser compreendido e explicitado no âmbito geral da teoria freudiana por meio da noção de pulsão de morte, que dá conta da destruição dos processos de pensamento verificados nos estados operatórios e em patologias comportamentais, que podem então ser compreendidos como resultados de um verdadeiro "dispositivo anti-pensamento" (Aisenstein & Smadja, 2003, p.412).

Concluo, com estes autores, propondo a idéia de que, após a segunda teoria pulsional, de 1920,

> as neuroses atuais saem de sua latência teórica e são repensadas por Freud numa perspectiva econômica e se integram conceitualmente a uma introdução além do princípio do prazer (...). Hoje não há mais dúvida de que a neurose atual contém, na sua organização, uma dimensão traumática e que a destrutividade interna é obra dos mecanismos interruptivos que privam o tecido mental de uma parte e suas pulsões eróticas (p.413).

E a clínica psicanalítica, o que nela se transforma com isso? Freud (1917) parecia descrente sobre a potência da psicanálise diante das neuroses atuais, deixando-as para o domínio da medicina. Chegou a afirmar que "os problemas das neuroses atuais, cujos sintomas provavelmente são gerados por uma lesão tóxica direta, não oferecem à psicanálise qualquer ponto de ataque". E que esta "pouco pode fazer para esclarecê-los e deve deixar a tarefa para a pesquisa biológico-médica" (p.453).

Ora, o que a clínica psicossomática fez foi restituir à psicanálise uma problemática – o corpo – que, apenas por um equívoco, ficou-lhe alheia por tantos anos. *Grosso modo*, esta exclusão deveu-se à idéia de que aquilo que se expressa no corpo somático não tem *sentido*, tal como se compreende "sentido" no sintoma neurótico. Até mesmo Marty (1991), um dos grandes responsáveis por este retorno do corpo, corroborava esta impressão, propondo ao doente somático uma psicoterapia não interpretativa, situada mais no plano do pára-excitação do que propriamente nos remanejamentos dinâmicos; seria uma psicoterapia centrada no aspecto econômico, por assim dizer.

A abordagem lacaniana não deixa de ir nesta mesma linha quando recusa à formação psicossomática o estatuto de sintoma – este reservado à neurose – para falar em *fenômeno psicossomático*. Este estaria privado de um caráter fundamental ao sintoma que é a sua intencionalidade – no sentido husserliano[36] –, que se traduz pela proposição de que tal "fenômeno" não estaria endereçado ao outro.

Mas seria mesmo impossível pensar que a manifestação sintomática no corpo não pode conter um outro sentido, que não seja mais um "sentido" na acepção em que empregamos o termo para as psiconeuroses?

É aqui que vislumbramos a importância da noção dejouriana de *trabalho do sintoma*. Vejamos do que se trata. Quando um sintoma surge no corpo, ele é o resultado de uma simbolização que foi abortada, que não se fez. Mas não podemos negar-lhe o caráter de rudimento. Isso é evidente, por exemplo, no transtorno do pânico, que fica aquém da fobia por não encontrar um objeto. Se tal sintoma é tratado apenas no plano somático, isto é, medicalizado, ele pode cessar temporariamente sem desenvolver-se em direção ao um possível sentido a que daria início se para tal fosse potente.

Mas quando este sintoma é "escutado", pode se tornar possível, sob transferência, fantasmatizá-lo nem que seja por meio de uma elaboração

---

[36] Husserl (1901) define a estrutura da consciência como *intencionalidade*. Intencionalidade, nesta acepção, significa "dirigir-se para", "visar alguma coisa". Para ele, a consciência não é uma substância (alma), mas uma atividade constituída por *atos* (percepção, imaginação, volição, especulação, paixão, etc.), com os quais visa algo.

secundária, que não restituiria seu sentido "causal" ou "verdadeiro" – se ainda fôssemos positivistas! – mas oferecer-lhe-ia uma oportunidade de ingressar na categoria de *formação do inconsciente*. Dejours (1989) define esta tarefa da seguinte maneira:

"A partir do seu surgimento, o sintoma pode conhecer dois destinos: ou bem a intencionalidade se detém no sintoma, ou bem ela se prolonga no movimento de realização de seu sentido. (..) Se a escolha do sujeito é deter as coisas, o sintoma não tem sentido. O cenário vai de uma intencionalidade sem significação a um tratamento médico convencional, em regra, nos dias de hoje. Se a escolha é concluir o trabalho do sintoma, então talvez o sentido possa ter lugar. Com a condição, todavia, de que sua vontade encontre a do outro, e isso quer dizer, no presente caso, um analista disposto a oficializar esta intencionalidade" (p.36).

Portanto, renuncia-se aqui à exigência de que o sentido do sintoma coincida com sua causa ou origem. Quando se mantém o foco em sua intencionalidade, o sentido pode ser encarado como contingente, produto do encontro analítico. Sua validação não obedece ao caráter anamnésico de uma verdade enfim descoberta, mas vai no sentido que lhe emprestou William James[37] e, depois, a pragmática da linguagem[38]: o sentido está na mudança psíquica que marca sua reapropriação pelo sujeito, indo de encontro à forclusão da função

---

[37] William James (1909) subverteu a noção corrente de *verdade*, à medida que incluiu, entre as condições para sua verificabilidade, a sua *funcionalidade*. Assim, a verdade, para ele, não mais se definia como adequação entre a mente e a realidade exterior ou como coerência das idéias entre si. De acordo com o *pragmatismo* que professou, a verdade não mais era compreendida como algo dado ou já feito, para ser, então, algo que se encontra em constante processo de fazer-se. Tal concepção estendeu-se para além do domínio da ciência, adentrando os campos da moral e da religião: para William James, a crença religiosa poderia também ter seu valor de verdade. Contrapondo-se à tradição racional, ele sustentou que a verdade é tudo aquilo que pode satisfazer o desejo de compreensão global das coisas e que, ao mesmo tempo, pode constituir-se em um bem vital para um determinado indivíduo.

[38] No texto "Como nos espelhos, em enigmas", introdução do seu livro *A ética e o espelho da cultura*, Jurandir Freire Costa (1994) explicita a visão da pragmática da linguagem sobre o problema da validação de uma verdade, retomando, entre outros autores, Davidson, para quem a verdade seria um "puro termo de aprovação ou de advertência, e não uma relação de correspondência ou adequação entre teoria e realidade" (p.28). Esta asserção se presta como justificativa do valor da elaboração secundária na clínica psicanalítica do sintoma somático de que estamos tratando.

e estabelecendo – ou restabelecendo – o agir expressivo (algo próximo à *gestualidade* de que falava Winnicott[39]) e, não raro, levando à dasaparição ou à estabilização de uma doença psicossomática, de um transtorno do pânico ou de um uso patológico da motricidade, como se verifica na hiperatividade infantil ou na incontinência motora de certos pacientes *borderlines*.

Referências bibliográficas

AISENSTEIN, M. & SMADJA, C. A psicossomática como corrente essencial da psicanálise contemporânea. In GREEN, A. (org.) *Psicanálise contemporânea*. Rio de Janeiro: Imago, 2003.

COSTA, J.F. Introdução: como nos espelhos, em enigmas. In *A ética e o espelho da cultura*. Rio de Janeiro, Rocco, 1994.

DEJOURS, C. (1986) *O corpo entre a biologia e a psicanálise*. Porto Alegre: Artes Médicas, 1988.

_____ (1989) *Repressão e subversão em psicossomática: pesquisas psicanalíticas sobre o corpo*. Rio de Janeiro: Jorge Zahar, 1991.

_____ As doenças somáticas: sentido ou sem-sentido? *Pulsional Revista de Psicanálise*, 12(118):26-41, 1999.

_____ *Le corps, d'abord*. Paris: Payot, 2001.

FERRAZ, F.C. Das neuroses atuais à psicossomática. In FERRAZ, F.C. & VOLICH, R.M. (orgs.) *Psicossoma: psicossomática psicanalítica*. São Paulo: Casa do Psicólogo, 1997.

FREUD, S. (1894) Sobre os critérios para destacar da neurastenia uma síndrome intitulada "neurose de angústia" *Edição Standard Brasileira das Obras Psicológicas Completas*. Rio de Janeiro: Imago, 1980; v.3.

_____ (1908) Moral sexual "civilizada" e doença nervosa moderna. *Op.cit.*, v.9.

_____ (1914) Sobre o narcisismo: uma introdução. *Op.cit.*, v.14.

_____ (1917) Conferências introdutórias sobre psicanálise. Conferência 24: O estado neurótico comum. *Op. cit.*, v.16.

_____ (1926) Inibições, sintomas e ansiedade. *Op. cit.*, v.20.

---

[39] Sobre o gesto nesta acepção, ver o livro *O gesto espontâneo*, de Winnicott (1990); ver também a extensa discussão feita por Decio Gurfinkel (1994) sobre o gestualidade, numa concepção da mesma que, apesar da diferença do referencial teórico, aproxima-se da idéia de *agir expressivo* de Dejours.

FUKS, M.P. Questões teóricas na psicopatologia contemporânea. In FUKS, L.B. & FERRAZ, F.C. (orgs.) *A clínica conta histórias.* São Paulo, Escuta, 2000.

GANHITO, N.C.P. *Distúrbios do sono.* São Paulo: Casa do Psicólogo, 2001.

GURFINKEL, D. *Sonho, sono e gesto: estudo das funções intermediárias no processo onírico.* Tese de doutorado. São Paulo: Instituto de Psicologia da Universidade de São Paulo, 2004.

HUSSERL, E. (1901) Investigações lógicas. *Os Pensadores.* São Paulo: Abril Cultural, 1980.

JAMES, W. (1909) O significado da verdade. *Os Pensadores.* São Paulo: Abril Cultural, 1979.

LAPLANCHE, J. *Novos fundamentos para a psicanálise.* São Paulo: Martins Fontes, 1992.

LAPLANCHE, J. & PONTALIS, J.-B. (1967) *Vocabulário da psicanálise.* São Paulo: Martins Fontes, 1986.

LIMA, A.A.S. A produção paradoxal do nosso tempo: intensidade e ética. In FUKS, L.B. & FERRAZ, F.C. *A clínica conta histórias.* São Paulo: Escuta, 2000.

MARTY, P. (1990) *A psicossomática do adulto.* Porto Alegre: Artes Médicas, 1993.

_____ (1991) *Mentalização e psicossomática.* São Paulo: Casa do Psicólogo, 1998.

MARTY, P. & M'UZAN, M. O pensamento operatório. *Rev. Bras. Psicanal.*, 28(1):165-74, 1994.

M'UZAN, M. No horizonte: "o fator autal". In GRREN, A. (org.) *Psicanálise contemporânea.* Rio de Janeiro: Imago, 2003.

SILVA Jr., N. & LIRIO, D.R. As destruições intencionais do corpo: sobre a lógica do traumático na contemporaneidade". In FRANÇA, C.P. (org.) *Perversão: variações clínicas em torno de uma nota só.* São Paulo: Casa do Psicólogo, 2005.

VOLICH, R.M. Fundamentos psicanalíticos da clínica psicossomática. In VOLICH, R.M., FERRAZ, F.C. & ARANTES, M.A.A.C. (orgs.) *Psicossoma II: psicossomática psicanalítica.* São Paulo: Casa do Psicólogo, 1998.

WINNICOTT, D.W. (1954) Aspectos clínicos e metapsicológicos da regressão no setting psicanalítico. In *Textos selecionados: da pediatria à psicanálise.* Rio de Janeiro: Francisco Alves, 1978.

_____ *O gesto espontâneo.* São Paulo: Martins Fontes, 1990.

Intersubjetividade e Psicossomática

Psicossomática e intersubjetividade: a fundação do inconsciente, a subversão libidinal e a metáfora paterna

Wagner Ranña

A psicanálise nasceu a partir das descobertas do seu pioneiro, Sigmund Freud, que teve na clínica seu laboratório, seu centro de observações, sua fonte. A clínica é a modalidade de trabalho que implica em encontros intersubjetivos e na área da saúde psíquica é a que exclusivamente se serve deste encontro para extrair dele suas teorias e, assim, compreeder os seus fenômenos. Dentre o muito que se pode apreender dessas teorias, elaboradas a partir dos encontros clínicos, que implicam na compreensão da íntima relação que existe entre a história de cada sujeito e seus problemas de saúde, destacamos dois pontos de grande convergência nesta vasta produção teórica: a compreensão de que o homem expressa suas dificuldades existenciais através de fenômenos patológicos que eclodem no corpo, no comportamento, ou na mente, sendo todos articulados e integrados no sujeito e que são nos estágios iniciais da constituição da subjetividade que vamos encontrar as bases da saúde e as origens das estruturas subjetivas que predispõem o homem a ser mais ou menos vulnerável às doenças, quer sejam do corpo, do comportamento ou da mente.

A intersubjetividade é essencial para a clínica e é igualmente essencial para a constituição dos novos sujeitos que emergem nos corpos infantis. De uma forma mais rigorosa podemos dizer que na origem existe um organismo e que os passos evolutivos para este organismo vir a ser um corpo e um sujeito dependem das relações intersubjetivas com os pais cuidadores, bem como com as histórias intersubjetivas dos próprios pais.

A importância da intersubjetividade na constituição do sujeito humano e a compreensão das suas inúmeras formas de manifestações sintomáticas, principalmente as psicossomáticas, foram estabelecida em boa parte no âmbito da clinica psicanalítica com bebês, crianças, adolescentes e adultos. Nesse percurso em primeiro lugar vieram os estudos com adultos, depois com crianças e mais contemporaneamente os estudos com os bebês e com os adolescentes. O próprio Freud vai ser pioneiro na aplicação da psicanálise com crianças ao estudar o caso Hans, mas com o objetivo de "confirmar suas descobertas sobre o papel da sexualidade infantil nas neuroses". A ampliação dos desafios clínicos e teóricos para além das neuroses e para outras etapas da vida humana pode ser considerada uma dos fatores importantes para a evolução da psicanálise. Na clínica psicanalítica das psicoses, Winnicott e Lacan foram seus principais expoentes, assim como foi Pierre Marty para a clínica psicanalítica das doenças somáticas.

O objetivo deste trabalho é destacar a importância, a convergência e as divergências de algumas contribuições de psicanalistas contemporâneos que abordaram o tema da intersubjetividade no âmbito da constituição do sujeito humano e que se mostraram importantes para a psicossomática psicanalítica. Esses autores estabeleceram conceitos metapsicológicos partindo da clínica psicossomática com bebês e crianças, especificamente voltados para a compreensão dos processos que resultam na emergência do sujeito e do corpo a partir de um organismo infantil, na sua trajetória em direção à cultura.

Abordaremos a necessidade de pensarmos numa tópica que inclui o "outro" para entendermos o fenômeno psicossomático no interior de uma estrutura na qual participam os sujeitos parceiros nesse difícil caminho do novo ser em constituição. Essas contribuições sobre o estudo dos fenômenos psicossomáticos vêm na esteira de um passo inicial importante, que foi o de não considerar o fenômeno psicossomático redutível aos seus aspectos captados pela anatomia, pela fisiologia e pela patologia médica e também de não reduzi-lo ao sintoma neurótico. As descobertas sobre o fenômeno psicossomático vão revelando sua principal característica, que é de ser ligado à ausência de significado, ou seja, que a metapsicologia dos deslocamentos e das condensações, genialmente estabelecidas por Freud nos escritos sobre a Histeria, é insuficiente para compreensão destes fenômenos. A metapsicologia dos fenômenos psicossomáticos abre um campo para construção de novas ferramentas conceituais que abordam os efeitos sobre o sujeito no seu encontro com o real, ponto de contato com uma realidade; encontro traumático, produtor de várias manifestações patológicas. Freud em outros momentos de sua escrita, como em *O mal estar na civilização* (Freud, 1930), ou ainda no *Mais além do princípio do prazer* (Freud, 1920), vai apontar para as dificuldades do homem na sua condição de ser social diante de uma realidade histórica, abrindo o tema da própria historicidade da psicanálise e abrindo assim novos horizontes para a aplicação da psicanálise, para além das neuroses.

Das neuroses à clínica do real

A clínica psicanalítica no âmbito das doenças somáticas e das psicoses, bem como no âmbito das etapas precoces da constituição dos sujeitos, tem se mostrado fecunda para a psicanálise, em particular e para as ciências da saúde em geral. A chamada clínica do real aponta para as falências do psiquismo humano diante do novo, do não conhecido, do não nomeado e do inominável. Essa falência simbólica está de certa forma implicada nas expressões sintomáticas que chamamos de *passagem ao ato*, *somatização* e *alucinação*, sintomas que decorrem de um extravasamento de excessos que levam a manifestações no corpo, no comportamento ou na mente. Concluímos então que o encontro interdisciplinar entre a Clínica Médica, a Pediatria e a Psiquiatria, transversalizados pela psicanálise, tem sido fundamental para nossos progressos na compreensão sobre os fenômenos da saúde e da doença humana.

A ausência de significado, acima apontada, abre nossa compreensão para novos sentidos e novas formas de um endereçamento ao outro, desde que não podemos deixar de levar em conta a rede de relações sociais em que estamos imersos até as entranhas. O fenômeno psicossomático vai aos poucos sendo inserido em outra categoria de acontecimentos psicopatológicos, no qual existiria uma falha na inscrição significante, sendo, portanto uma negatividade deste ponto de vista, mas no qual se esconde outra positividade, que poderá ser revelada ao estabelecermos como campo de pesquisa a estrutura intersubjetiva.

A psicossomática vai se colocar então diante de fenômenos não neuróticos, tais como as somatizações, os distúrbios funcionais, as passagens ao ato, as adicções e as alucinações.

Os desenvolvimentos teóricos da psicanálise que vão dar conta desta clínica contemporânea têm suas bases em conceitos estabelecidos por autores que, ao longo da segunda metade do século XX, produziram suas indispensáveis contribuições, tais como: a *fundação do inconsciente* de Silvia Bleichmar (1994), a *subversão libidinal* de Christophe Dejours (1989), a *censura do amante* de M. Fain e D. Braunschweig (1975), a *Personalização* de D. W. Winnicott (1945) e a *metáfora paterna* de J. Lacan (1958).

Seguindo então em nossa trajetória proposta podemos considerar que muito já foi estabelecido no campo das teorizações a respeito das formas de expressão do humano nas suas dificuldades no enfrentamento do real. Estar na cultura sempre tem um custo e a genialidade de Freud nos abriu o caminho ao criar as primeiras conceituações metapsicológicas para a compreensão sobre formas do adoecimento humano que estavam ligadas às formações do inconsciente. Desde os primeiros tempos a Psicanálise já se coloca no campo interdisciplinar entre medicina e humanismo, entre biologia e história, entre corpo e psíquico. O fenômeno que vai servir de paradigma clínico para Freud, médico e neurologista, é a histeria e suas enigmáticas somatizações. Freud (Freud, 1893-1895) vai abrir uma nova e revolucionária forma de entender e tratar a histeria, retirando-a dos reducionismos provenientes das hipóteses organicistas, como as degenerações, para colocá-las como efeitos da própria condição de um estar no mundo da cultura, que implicaria em recalques dos impulsos agressivos e libidinais, próprios da infância.

As descobertas de que as manifestações sintomáticas da histeria estavam ligadas a processos psicodinâmicos, implicando os recalques, expressos através de deslocamentos e condensações, de registros psíquicos inconscientes, vividos em outra cena da existência e em outra instância do mundo mental, abriram as portas para uma outra forma de se entender e tratar as expressões sintomáticas da histeria, que tomaram corpo na psicopatologia humana. A própria psicanálise estabeleceu-se a partir dessas descobertas.

Com as descobertas de Freud, o centramento positivista do "penso, logo existo" é recolocado como *wo Es war, soll Ich werden*, sou onde não penso, penso onde não sou (Garcia-Roza, 1984). O descentramento do ego e da consciência, com o conceito de inconsciente e o poder da realidade psíquica sobre o sujeito, vem apontar para o que permanece escondido e não pode ser dito pela ação do recalque.

Mas, para além dessas descobertas, a clínica psicanalítica atual vem enfrentando fenômenos patológicos, ou dificuldades na existência, que apontam para falhas na constituição do psíquico e como operam as defesas e limites do próprio psíquico no enfrentamento da realidade. A primazia da realidade psíquica, revelada na importância do mundo das imagens, marcado pela libido, e do mundo das palavras, marcado pelo símbolo, é acrescida dos efeitos do encontro com o real, que escapa de nossa limitada capacidade de apreender a realidade, sendo por isto traumático.

É exatamente aí que vão se diferenciar a clínica médica e a clínica psicanalítica: ambas estão centradas no paciente, mas enquanto a primeira baseia-se no olhar, buscando construir seu objeto por meio da observação, a segunda baseia-se na escuta, apostando na fala para desvelar o que o sujeito esconde no inconsciente, ou fala por outras modalidades da linguagem, ou ainda é levado a formações patológicas por se deparar com o indizível, com a falha da fala.

O homem, seu corpo entre natureza e cultura

Assim é que estamos na contemporaneidade vivendo uma nova revolução, na qual o homem duramente está confrontado com a constatação de que o sonho capitalista de estar eternamente no paraíso do consumo inesgotável é falso. O poder de destruição da vida pelo homem, revelado nas armas atômicas, fez a humanidade rever suas concepções sobre a guerra. O mesmo poder se constata na destruição do homem sobre o meio ambiente e os limites frágeis do equilíbrio ecológico do planeta. O sonho do consumo irrefreável, de um sujeito do capitalismo sem faltas, com uma completude feita por objetos consumidos sem limites nega a castração, sendo por isto que Lacan afirmou ser a psicanálise uma ameaça para o capitalismo, pois vem reintroduzir a castração e apontar que a angústia frente à falta é insuperável.

No século XX vivemos um progresso jamais experimentado pela humanidade, em todos os campos da ciência, principalmente no campo das ciências da saúde. Um ícone deste progresso pode ser o paradigma do genoma, que alimenta o sonho de controle e domínio das doenças nas suas supostas causalidades biológicas, numa concepção reducionista. É inquestionável hoje o poder do modelo biomédico na solução de muitos processos patológicos humanos, que há poucas décadas eram impensáveis. Mas por outro lado, estamos vivendo um momento maníaco, alienado e alienante, caracterizado pela sedução de vida eterna, saúde perfeita e sofrimento zero, que pode ser evidenciado numa retomada do modelo biomédico para ocupar, de forma exagerada, o lugar de mestre absoluto para ditar os horizontes sobre o sofrimento humano.

Estamos vivendo um recrudescimento do reducionismo biomédico e seus efeitos nas concepções sobre as doenças mentais e somáticas é muito preocupante. Hoje a neurociência e a genética são evocadas para explicar e solucionar todas as doenças mentais. O paradigma de que todos os comportamentos humanos podem ser explicados em termos biológicos, propondo uma causa neurobiológica para os transtornos mentais, está assumindo uma posição que por vários meios procura eclipsar a causalidade psíquica e suas concepções calcadas no papel da subjetividade sobre o adoecer somático e sobre a loucura humana, constituindo um dos maiores esforços científicos ao longo do século XX.

Neste cenário a psicossomática psicanalítica tem um papel e um desafio importantíssimo, produzindo e estabelecendo concepções que mantenham em evidência um discurso sobre o adoecer humano, quer na sua vertente somática, quer na sua vertente mental, que possam constituir uma crítica aos excessos do modelo biomédico.

Se de um lado existe o recrudescimento do modelo biomédico, por outro, estamos vivendo uma transformação no repertório das manifestações psicopatológicas que desafiaram as concepções tradicionais da psicanálise, convocando-a nas últimas décadas a desenvolver novas ferramentas metapsicológicas e técnicas terapêuticas para além daquelas estabelecidas na clínica das neuroses, como já afirmamos anteriormente. Assim é que nas últimas décadas a psicanálise está presente nos hospitais, fazendo interdisciplinaridade com a medicina, presente nos centros de atendimento das manifestações psiquiátricas, como as psicoses e esquizofrenias, nas clínicas especializadas em adolescentes, idosos, para portadores de HIV, nos centros oncológicos, nas escolas, no atendimento a muitas manifestações psicopatológicas de crianças e de bebês. Novos desafios encontramos também no aumento da incidência de anorexias, das adicções, das manifestações predominantemente centradas no comportamento, no agir, na impulsividade.

Nesse cenário a psicossomática foi se destacando, construindo seu repertório de experiências e de conceitos para compreender as manifestações psicopatológicas que incluem o corpo e nas implicações do funcionamento psíquico no adoecimento somático.

Mas de qual corpo se fala ou se trata na psicossomática psicanalítica? O dualismo constituído por um corpo que tem uma alma, ambos de natureza diferente, foi superado ou persiste em sua nova roupagem? Pensamos que hoje já temos avanços suficientes para ter uma concepção unitária e pensar no homem como psicossomático e que em todas os processos do adoecimento existe um aspecto psicossomático. O somático é resultado da transformação do organismo em corpo erógeno. Organismo é o objeto do modelo biomédico, estudando o corpo numa dimensão biológica. Mas o corpo, atravessado pela linguagem, é de outra ordem. O corpo erógeno não é o corpo-organismo, regido pelas leis dos instintos. O corpo erógeno é pulsional.

Com o conceito metapsicológico de pulsão fica evidenciado o fato do homem ser um sujeito da ordem pulsional e não da ordem instintiva. Estar na ordem pulsional significa estar fora da natureza, pois o que faz efeito para a existência humana não são os estímulos entendidos como simples excitações do mundo natural. É certo que os seres humanos ouvem os ruídos, vêem o mundo e sentem o frio, a fome, as dores e tem necessidades. Acontece que o que singulariza o ser humano em relação aos outros seres vivos é que os instintos são transformados em pulsões, sendo ilusório conceber o corpo a partir de uma fisiologia isenta. O corpo só é corpo se for sexuado e atravessado pelas marcas imaginárias e simbólicas. O "ambiente" humano, portanto não é o da natureza. O homem está fora dela. Na realidade, a natureza é objeto contemplativo para o homem. A visão antropocêntrica quase nos leva a humanização total da natureza, o que está tendo conseqüências desastrosas para o planeta. É certo que a natureza tem sua poesia, seu equilíbrio e sua harmonia, mas o homem quebra esta harmonia e se coloca ao lado. Se encontrarmos um animal obeso, sem dúvida estaremos diante de duas hipóteses: ou trata-se de um problema no organismo deste animal, que leva a um desequilíbrio no seu equipamento fisiológico de controle do apetite, ou trata-se de um animal doméstico que, estando fora de seu ambiente, está submetido ao desejo do homem, portanto subvertido de seu lugar na natureza. Já para os humanos o adoecimento é muito mais complexo e o seu repertório de manifestações patológicas é ampliado e sempre em expansão, pois a existência humana implica na subversão, ou na reversão dos instintos em pulsão e conseqüentemente, das necessidades em desejos.

O caminho que separa cada ser humano que nasce até este lugar que é por nós habitado, o mundo da cultura, é um caminho, como diz Debray (1988), "semeado de emboscadas". Os processos que levam um animal a constituir-se são os processos maturativos, que em outras palavras significam a expressão de seus registros da memória biológica, que se efetuam pelas expressões genéticas. O mundo animal está determinado pelo que a memória biológica estabelece, sendo que suas mudanças estão nas leis genialmente estabelecidas ou descobertas por Darwin. É através da seleção natural que os organismos evoluem ou se modificam. Com o organismo humano tudo se passa de forma diferente, como podemos constatar a partir da experiência com as crianças autistas. As criança que apresentam sintomas do espectro autista, quando estão fora da linguagem vivem num equilíbrio psicossomático perfeito, desfrutando da saúde e do equilíbrio natural do organismo. Quanto mais alienadas do contato interpsíquico, mais o seu organismo está livre de adoecimentos. Por outro lado, quando começam a entrar na linguagem, ou submeterem-se às incidências do desejo do outro, começam a ficar doentes.

O caminho que leva o organismo a se transformar em corpo erógeno é o grande celeiro para o entendimento dos fenômenos psicossomáticos. Freud vai estabelecer os primeiros passos de nosso entendimento desse processo em seu texto *Introdução ao narcisismo*. Freud (1914), destaca a importância desse momento de completude e plena satisfação proporcionada pelo outro da maternagem, que toma o bebê não só como objeto de cuidados, mas de intensos investimentos amorosos, um amor que tem suas articulações inconscientes nos desejos dos pais, que procuram suturar suas próprias falhas e faltas nas idealizações sobre o novo ser, ainda sem subjetividade constituída. A afirmação de que os bebês estão no lugar de "sua majestade, o bebê", dá conta de um conceito fundamental sobre a constituição da subjetividade, que num primeiro momento é marcada por um ego ideal, ou por um narcisismo primário: se por um lado ela cria uma imagem de corpo e sujeito antecipados no desejo dos pais, por outro cria uma alienação, da qual nem sempre é possível se libertar.

O corpo é então um acontecimento que se estabelece neste processo de subversão do registro biológico, que faz com que após a "primeira mamada teórica" (Dias, 2003) o bebê não busque o encontro com o objeto da necessidade, mas o objeto mãe, na medida que este outro cuidador não é apenas um supridor de necessidades, mas um outro sujeito que fala pelo bebê, que ama narcisicamente e supõe um sujeito no bebê. Todo desenvolvimento humano é marcado por essa antecipação. A ausência dessa antecipação narcísica, impregnada de libido, tem como efeitos graves falhas psicossomáticas. A sua marca é definitiva, revivida eternamente como uma espécie de paraíso perdido. Quando um sujeito, diante das mais insuperáveis adversidades, ainda encontra forças para seguir adiante, é nessa fonte de afetos e sonhos que encontra o apelo para seguir. A loucura pode ser vista como uma recusa a abandonar este momento. Green (1988), ao estabelecer o conceito de narcisismo de morte, fala de um narcisismo negativo, que decorre de uma desilusão precoce e intensa, que deixa uma marca oposta a esse sentimento de busca do paraíso perdido, mas ao contrário um sentimento de descrença na vida e no outro. O sujeito fica capturado numa vida psíquica do um, não se abre para o dois, no amor, na criação, na transferência.

As origens do corpo e do sujeito a partir do organismo

Lacan nos traz importantes contribuições nesse campo, tendo destaque o conceito de *Estágio do espelho* (Lacan, 1988) e o conceito dos *três tempos do Édipo* (Lacan, 1999). Ao estabelecer os conceitos de primeiro e segundo tempos do Édipo, destaca seus aspectos diferentes do que vai ocorrer no terceiro tempo do Édipo, aquele que Freud teve a propriedade de estabelecer e que no menino é desencadeado pela angústia de castração, resultando no recalque das fantasias incestuosas, da sexualidade infantil polimorfa, constituindo a clivagem da segunda tópica, sendo que é somente após o estabelecimento desta clivagem que as manifestações neuróticas podem ocorrer. Neste momento ocorre o recalque secundário. É importante destacar que nesse terceiro momento o sujeito elabora uma castração em relação a *ser* e depois *ter* aquilo que supõe que a mãe deseja sexualmente. Sabemos o quanto essa saída é árdua e difícil para o sujeito. Porém a saída do primeiro para o segundo tempo consiste exatamente na separação entre o corpo da criança e o corpo materno, mas principalmente acrescido do afastamento desse estado de nirvana, de completude, de sentir-se como o falo materno. Essa saída é fundante do corpo erógeno e da subjetividade. É das vicissitudes dessa travessia que resultam as psicossomatoses e as psicoses, como descreve Joyce McDougall (2001), acrescentando que o corpo erógeno da psicossomática adoece por recusa a deixar este estado de dois em um, ao qual todos os seres humanos têm oportunidade de regredir no sono ou no orgasmo. Essa estrutura, que envolve o outro e sua própria posição na castração, conforme veremos adiante, poderia ser vista como a tópica fundante, que é intersubjetiva e psicossomática. Os processos constitutivos perenizados nos registros psíquicos deste momento vão estruturar as bases do aparelho psíquico ou, como afirma Aulagner, "sua plataforma de lançamento", que é psicossomática, reafirmamos.

Winnicott (1949), com o conceito de *personalização*, também vai dar muita atenção aos primeiros momentos constitutivos, afirmando que a primeira instância psíquica é o psicossoma, o qual necessita de uma mãe absolutamente devotada, para apresentar os objetos e os cuidados exatamente como o soma singular do bebê se manifesta, propiciando o surgimento de uma estrutura sintonizada entre soma e as inscrições imaginárias das experiências vividas, o psicossoma, denominando este processo de personalização.

No sujeito constituído é essa estrutura que faz borda com o impensável, exatamente no pólo do aparelho psíquico onde a pulsão de morte se liga com seu vetor oposto, a pulsão de vida. Mas não se trata de uma linha, ou uma fronteira entre dois territórios vizinhos. Trata-se de uma estrutura, ou de uma *instância da tópica adulta*, que talvez abranja todo o *corpo erógeno*, atingindo os mais recônditos santuários das entranhas. As funções corporais vão sendo subvertidas como efeito desta estrutura. O sono, o olhar, o comer, o respirar, a excreção, os buracos do corpo são todos capturados e subvertidos para uma outra modalidade de funcionamento, determinada pelo *circuito pulsional*.

Duas questões podem ser discutidas aqui, a propósito de uma conclusão inicial: primeiro apontar para uma ampliação do conceito de *apoio*, que vamos chamar de *apoio fundante*, baseada no apoio que Freud apontou para as pulsões parciais e auto-eróticas (*o "Anlehnung"*), que ocorre sobre as funções de autoconservação, parciais de início, mas que se juntam no narcisismo primário, devir do ego. Pensamos aqui na inscrição das experiências de vida sobre o tecido cerebral, que ao ser impressionado pelas *experiências de satisfação*, vão produzir marcas mnêmicas, transformando o cérebro em mente. Estas marcas são feitas sobre a rede sináptica virgem e tem como elementos formadores, tais como os tijolos e a argamassa das paredes, o real do encontro com o *outro* e a *libido*, que juntos vão dar forma e intensidade para a impressão. Estamos aqui pensando com Lacan, quando afirma que o cimento do imaginário é feito de imagens e libido.

Podemos então entender que existe nessas inscrições uma trama psicossomática, ou seja, que o lado somático do recalque originário é sua articulação com as descobertas da neurociência, de que o cérebro em formação já tem quase a totalidade das células nervosas, mas a rede sináptica está virgem e totipotente, sendo consumida, ou fixada, pelos trilhamentos estabelecidos pelas marcas mnêmicas. É como pensarmos o cérebro do bebê igual a um campo gramado, novo e sem marcas, mas muito sensível para ir registrando os passos dos transeuntes sobre ele, sendo que cada caminho marcado representa uma malha da rede, que por outro lado vai perdendo seu potencial de marcação. Os trilhamentos representam um consumo e uma fixação da rede em uma dada estrutura. Eles são "fechados" na sua grande parte até os três anos de vida, mas nunca se esgotam, embora percam sua potência ao longo da vida. Podemos conjecturar que a teoria do apoio tem seu equivalente, seu centro, ou mesmo seu apoio neuropsíquico, nesse processo de passagem do cérebro para mente. Esta imensa rede vai ser dominante sobre as funções do organismo, estruturando-se um novo repertório de funções, do qual resulta o corpo erógeno.

A transformação do cérebro em mente seria outra forma de falar sobre a transformação do *organismo* em *corpo erógeno*, cujos operadores, ou comutadores, como já afirmamos, são o imaginário e a libido, derivados do encontro com o outro da maternagem. Bleichmar (1994) afirma que "o fato de que haja uma energia somática que se torna energia psíquica – em princípio sexual – é efeito da intervenção de um comutador não existente no organismo como tal, senão no encontro com o objeto sexual oferecido pelo outro".

Ao estabelecer o conceito de estágio do espelho, Lacan vai afirmar que o corpo se estrutura a partir de uma imago, que é a imagem do bebê diante do espelho, mas uma imagem que está impregnada pelo desejo do outro, que antecipa o bebê num lugar de potência e completude, o que não corresponde ao seu real, mas que enquanto imago determina o lugar onde o processo de constituição do sujeito irá ser direcionado. Lacan afirma que nos humanos a constituição do corpo é determinada por essa imagem que interfere e reverte os processos maturativos.

Podemos nos ocupar então de uma questão importantíssima, que seria pensarmos na psicossomática do cérebro nas patologias psiquiátricas, como assinalou Dejours (1991), ou na psicossomática do autismo, como assinala Marie-Christine Lasnik (2004). Estas questões podem contribuir para superarmos o dualismo do modelo biomédico e até mesmo o que resta de dualismo na psicossomática. A existência de alterações cerebrais, ou de alterações neuroendócrinas no cérebro podem ser estudadas como fenômenos psicossomáticos, superando o dualismo estéril entre organogênese e psicogênese.

O que estamos afirmando amplia o conceito de *subversão libidinal*, tal como foi estabelecido por Dejours (1991). Nesse conceito Dejours afirma que o corpo infantil e suas funções básicas são submetidos ao processo de subversão libidinal através das interações lúdicas com a mãe, ou outro adulto, quando este, ao cuidar do bebê, manipula seu corpo, inscrevendo nele uma cartografia libidinal fortemente marcada pela subjetividade deste outro cuidador. Segundo esse autor e baseado nesse conceito, as funções ou partes do corpo não são igualmente manipuladas ludicamente, pois dependendo de quem cuida, uma ou outra função será mais ou menos valorizada. Por exemplo, a alimentação é diferentemente valorizada por mães diferentes, o que é bem sabido por quem tem experiência com casos de obesidade e anorexia na clínica psicanalítica. A nossa crítica então incide sob o aspecto de que não entendemos que existam partes, ou funções do corpo que fiquem fora da subversão libidinal, sob as leis dos funcionamentos fisiologicamente determinados, mas todo o organismo é subvertido para a ordem pulsional, não sendo então a fisiologia humana possível de ser desvinculada da subjetividade que se instala no corpo. Estar no real do corpo não significa estar na natureza e fora do corpo pulsional, mas sim que estar no real é estar na parte do corpo erógeno que não é representada, mas que está submetida, tal como um ímã ao seu campo magnético, ao campo pulsional, portanto ao campo intersubjetivo.

Este é o real estabelecido por Lacan, que não pode ser entendido como separado das instâncias imaginárias e simbólicas. O corpo todo é mobilizado pelo apelo do outro e quando este apelo não pode circular na rede de imagens e palavras, quem é convocado para expressar o apelo é o corpo, podendo aí ocorrer um fenômeno psicossomático, uma passagem ao ato ou uma alucinação, como discute Nasio (1993), ao escrever sobre as formações do objeto *a*.

Pensamos também como Green, ao afirmar que a natureza aproxima-se do humanismo pela via da poesia, no que ambos têm de harmonia e sintonia. O que se constata de rupturas e desintricações na psicossomática ou na loucura já é da ordem pulsional e não natural.

Assim, e falando do segundo ponto que já antecipamos anteriormente, entendemos que a concepção dualista que possa estar contida nos pares dialéticos: *psique-soma, mental-somático, corpo erógeno-corpo biológico*, deva ser superada por uma concepção unitária de *corpo erógeno*, que se apóia no *organismo*, no qual habita um *sujeito*.

A experiência clínica de Leon Kreisler (1999) pode ser evocada para consubstanciar essas colocações, quando a mesma evidencia os efeitos da intersubjetividade nesse primeiro momento da constituição humana, através das alterações das funções corporais da criança, determinadas por uma epigenética do corpo erógeno, que são expressões de excessos no corpo do bebê, determinados por um espelhamento em relação ao corpo materno, quando ela é uma somatizadora. Com maior ênfase na neurose de comportamento, Kreisler fala de uma herança, não por meios genéticos, mas exatamente pelos meios assinalados anteriormente, pois "imersos na problemática de uma neurose de comportamento ou de caráter, os pais são capazes de induzir na criança reações ou organizações patológicas".

A criança e seu corpo são objetos desta situação, em que sujeitos cuidadores submetem o corpo infantil aos mais variados papéis, cuja justificativa está mais no desejo do outro cuidador do que nas necessidades do organismo infantil. Poderíamos dizer que existe um verdadeiro estresse sobre o corpo do bebê, que tem a capacidade de se moldar ao desejo do outro, mas não sem as conseqüências psicossomáticas desta adaptação. Por outro lado devemos ver muito desse estresse infantil como decorrente do processo, que sobre a ação da maternagem, transforma o organismo em um corpo, que tem contornos e limites, e que, portanto desde já é submetido às leis do outro. Se este outro funciona dentro de limites suportáveis pelo corpo infantil, ou ainda se tem a capacidade de oferecer os cuidados a partir do que é identificado com o *self* do bebê, o estresse é menor, embora não exista a possibilidade de ausência deste estresse, pois sempre a inscrição na ordem pulsional será uma violência para o organismo. Este aspecto da violência que está implicada no caminho da ordem biológica até o caminho da ordem pulsional foi bem destacado por Piera Aulagner (1975).

Hoje sabemos, através de inúmeras evidências clínicas, que cada criança tem que atravessar este *gap*, ou este abismo, que a separa do mundo da cultura. Ou, em outras palavras, existe um *real* cada vez mais traumático, pois cada vez mais vai se alargando a distância entre as estruturas filogeneticamente recebidas pela herança biológica, das estruturas que deverão advir no árduo caminho para estar na cultura. O papel da *epigenética* do corpo erógeno é fundamental. A maternagem não tem a possibilidade de uma adaptação absoluta ao *self* do bebê, como foi apontado por Winnicott, pois há também esta "violência", que consiste no fato de que o mundo ao qual este novo ser humano fará parte está em constante transformação e novos desafios são colocados para os novos sujeitos que advém à cultura. O estar na cultura é cada vez mais difícil, o que aumenta o *mal estar* e suas modalidades de manifestações psicopatológicas.

Para ficarmos em apenas um dos aspectos dessa nova realidade, poderíamos destacar que em menos de meio século o número de crianças por família caiu para dois, ou menos, em média. Em alguns países chegou-se ao número de uma criança por família. Podemos supor a carga narcísica, libidinal, de ego ideal à qual estas crianças estão submetidas? Nos trabalhos de Kreisler, seguindo os conceitos de P. Marty, a asma é claramente determinada pelos excessos de amor e cuidados dos pais para com a criança. Talvez seja essa a explicação para o aumento significativo de casos de asma entre as crianças no mundo, pois supomos que deve haver um paralelo entre queda do número de filhos por família e aumento dos casos de asma.

É baseado nessas evidências que grande parte do trabalho terapêutico com crianças, ou mesmo com adultos, consiste em construir um espaço para que os sujeitos possam fazer advir um sentimento de auto-estima no qual impera o narcisismo, ou fazer advir um ideal de ego em que impere um ego ideal ou ainda fazer advir uma história onde impera a repetição, como afirma Mayer (2001).

Esses conceitos metapsicológicos vêm retroativamente colocar uma crítica às correntes da psicanálise que se constituíram em na *ego psychology*, que teve na escola inglesa seus principais expoentes, sendo Lacan um de seus críticos mais importantes. Na *ego psychology*, como afirma Matheus (2007), existiria um viés biologicista, quando ela se apóia na teoria do desenvolvimento da sexualidade que Freud defende nos *Três ensaios sobre a teoria da sexualidade*, (1905), na qual o eixo que vai organizar a sexualidade humana seriam etapas do apoio da pulsão sobre o organismo, seguindo um caminho pré-determinado pelas etapas oral, anal, fálica e genital. Partindo-se dos conceitos de subversão libidinal de Christophe Dejours, ou do reviramento pulsional de Lacan, "fica evidente o caráter desviante das pulsões sobre o biológico" (Matheus, 2007), destacando o papel da rede simbólica e das inscrições imaginárias como forças determinantes sobre a "biologia" humana, sendo por esses meios simbólicos e historicamente determinados que o objeto da pulsão humana se define de forma singular, desafiando toda cartografia antecipadora existente nas correntes da *ego psychology*.

Em seu importante livro *A fundação do inconsciente*, Silvia Bleichmar (1994) relata o caso dos pais de um bebê que tem um quadro de insônia e choro incessante, que vem aos três meses a uma consulta. Silvia escuta rapidamente a história contada por estes pais, que estão desesperados diante do sentimento de fracasso e da exaustão decorrente de inúmeras noites sem dormir. Ao mesmo tempo fica admirada com a capacidade e força do bebê em expressar sua insatisfação. Pede para o pai sair da sala e solicita que a mãe amamente o bebê na sua presença. Cria então um *setting* onde destaca o agir, observando as características da realidade das interações entre mãe e bebê. Durante a mamada, observa que a mãe está tensa, sem espontaneidade nos gestos, deixando boa parte do seio coberto pela blusa. O bebê consegue entrar em contato apenas com o mamilo e parece estar tão desconfortável quanto a mãe na situação. Ela solicita e aponta para a mãe mudanças na situação, tornando-a mais confortável para ambos. Pede para que a mãe abra mais sua blusa, coloque o bebê mais próximo e entre em contato olho a olho com ele e que ao amamentar acaricie seu corpo. Ao final da mamada o bebê adormece. Depois desse início, o *setting* do atendimento vai focar-se na escuta, durante a qual mãe fala de medos, fantasias de engasgos, perda de respiração e morte do bebê, que por sua vez vão se articular com os conflitos na relação desta mãe e sua própria mãe.

Para não me estender no relato, vou passar às ilações teóricas elaboradas a partir desta sessão de terapia conjunta. Para Silvia Bleichmar existiria uma mãe, que, por seus fantasmas e sua pouca espontaneidade, é traumática para o bebê, pois há um excesso de excitação e falta de cadeias laterais de escoamento da mesma, pois a mamada está muito centrada no contato boca-seio. Retoma os esquemas de Freud desenhados no texto *"O projeto"* e deixa claro o quanto existe uma construção de aparelho psíquico nestas situações. O registro mnêmico da mamada no aparelho psíquico poderia ser visto de duas formas: antes como uma única cadeia de representações, portanto com pouca eficiência nos processos de para-excitação; depois da sessão, com a melhora do contato corpo a corpo entre mãe e filho e maior mentalização das fantasias maternas sobre o bebê e sobre si mesma no papel de mãe, como uma cadeia central e várias colaterais, o que facilitaria o escoamento da excitação, criando estruturas psíquicas mais adequadas para a circulação pulsional.

Esses processos de inscrição e fundação do inconsciente que resultam em modalidades de circulação pulsional, em que encontramos uma especularização entre dois corpos, fazem parte de uma tópica aberta, ou fusional. No conceito do estágio do espelho, como já afirmamos, existe uma imagem no psiquismo materno, que será uma referência para o corpo da criança. No *narcisismo secundário* o sujeito se vê no espelho ótico, mas no *narcisismo primário* o projeto de sujeito "se vê" no imaginário materno.

Assim como Freud chamou de *castração* o processo de abandono da mãe como objeto de investimentos incestuosos, fundamental para a instalação da segunda tópica, Lacan metaforiza esta colocação de Freud, chamando também de castração o processo que vai levar à separação do estado de identidade especular e fusional com outro materno.

Vemos então que o corpo erógeno tem sua primeira constituição como especularizado ao corpo materno, além disso, este estado de identidade é impregnado de imaginário de perfeição e de amor, que marca o sujeito de forma definitiva, inaugurando na sua saída o estado de melancolia constitutiva, de busca ao tempo perdido, de perda do paraíso, o qual já assinalamos.

No segundo tempo do Édipo, Lacan situa a saída desse acoplamento com o outro, acrescentando que o está em jogo é a identidade com o *desejo materno*. Se o corpo em constituição não entra neste estado de fusão, não existe corpo nem humanização, mas se não sai deste estado de fusão, não existe sujeito e o aparelho psíquico se fixa nesse momento psicossomático ou psicótico.

Lacan (1958) vai denominar este operador da castração de *metáfora paterna*, destacando dois aspectos importantes neste processo: a questão intersubjetiva, pois ele depende da posição materna frente a sua própria castração, e traz para a cena constitutiva do sujeito a figura do pai, ou mais precisamente a *função paterna*. A experiência clínica mostra quanto o chamado estado de *preocupação materna primária*, concebido por Winnicott (1963), pode se tornar permanente e muito difícil de ser superado, se não existe uma boa disposição da mãe em se alternar em presença e ausência em relação aos investimentos no bebê, criando um enigma para o bebê quando alterna seu desejo de ser mulher com o desejo de ser mãe, destacando a função paterna como aquilo que mantém na mãe o desejo de não-mãe. Se a função materna é caracterizada por elementos reais, como a gravidez e os cuidados maternos com o bebê, a função paterna é simbólica e pode prescindir do pai real. Emerge aqui um terceiro elemento na relação mãe-filho, que segundo Lacan nunca é dual, mas sempre ternária, em que o terceiro elemento é o falo. Sob a incidência da metáfora paterna as operações simbólicas serão instituídas. Diante do enigma da ausência do outro e da falta no outro o sujeito construirá a ordem simbólica.

Esse processo não deixou de ser descrito e valorizado pelos psicanalistas da escola de psicossomática de Paris. M. Fain e D. Braunschweig (1975), no livro *La nuit, le jour*, descrevem a *censura do amante*, para apontar a necessidade de gradualmente o bebê ir deixando de receber a carga libidinal e narcísica, que vem dos pais, para criar um espaço psíquico para pensar e separar-se do outro. Inclusive apontam para a importância da criança vivenciar a presença na ausência, o que significa estar com a mãe presente, mas que desloca sua atenção e seu desejo para outra coisa que não o bebê. Ora isso é o mesmo que Lacan vai chamar de buraco no desejo materno, metaforizando a traumática realidade da ausência do pênis na mãe, usada por Freud para elaborar o conceito de angústia de castração, mas para apontar para aquilo que vai instituir a falta no outro, com seus desdobramentos na saída do segundo tempo do Édipo. Aqui a criança experimenta um buraco, uma falta no desejo materno, colocando-se diante de um enigma que a mobiliza para constituir a lógica simbólica. Assim, como afirmam M. Fain e Braunschweig, o bebê diurno está capturado pelo outro materno e o bebê noturno está, na ausência materna, sob a intervenção da censura do amante. É na medida que os pais se ausentam para viver a sua sexualidade adulta, que a criança poderá dormir e sonhar. Decorre dessas colocações a afirmação, bastante coincidente com os conceitos lacanianos, ao nosso ver, de que o que está em jogo nas intensidades do circuito pulsional no corpo do bebê é a vida sexual dos pais.

Dejours também compartilha destas idéias, pois ao estabelecer o seu conceito de subversão libidinal afirma que a mesma depende de como o *outro* dos cuidados maternos brinca com o corpo da criança, como já foi destacado anteriormente, e brincando desloca-o para outra modalidade de funcionamento, no qual o fisiológico vai se prestar para o pulsional, pois "a boca que morde passa a ser a boca que beija", para citar um exemplo de subversão libidinal.

A falta deste jogo a três vai estabelecer uma primazia do real e do imaginário, com uma falha nos processos simbólicos. É uma violência perpetrada pelo *outro*, que congela o psiquismo em constituição quando este procura o espaço de isolamento para subjetivar-se. O aparelho de pensar fica como que acoplado na estrutura primária, que é psicossomática, como vimos anteriormente. Sempre que mobilizado a endereçar um apelo ao outro, ou enfrentar o real, é pela somatização, pela passagem ao ato ou pela alucinação que este apelo será expresso, evidenciando uma falha nos processos de simbolização.

A clínica das origens: relato de um caso

Para melhor ilustrar esses processos vamos apresentar uma experiência clínica. Trata-se de um menino de sete anos que veio para uma avaliação psicanalítica por apresentar um comportamento travestista. Gostava de se vestir com roupas de mulher. Além disso, estava fazendo um tratamento num serviço de nefrologia infantil por apresentar uma enurese grave, pois tinha uma forte retenção urinária, recusando-se a eliminar a urina. A micção só ocorria durante o sono. Esta situação funcional foi entendida inicialmente como um possível fenômeno psicossomático. A retenção urinária estava causando repetidas infecções e lesões no tecido renal. Estava num caminho sem volta para uma insuficiência renal.

A escuta psicanalítica vai revelar uma estrutura intersubjetiva, na qual estão presentes uma mãe que bascula entre uma posição homossexual e uma posição infantil. Essa mãe tem crises de pânico quando sua própria mãe, avó do menino, não está presente. Essa avó, viúva, alterna entre dominadora e alienada em relação aos sintomas da filha e do neto. Não existe a figura masculina no grupo familiar. O menino foi gerado a partir de um impulso com a intenção de agredir a mãe, mas sem a menor intenção dessa mãe ter uma vida amorosa com o parceiro, ou até mesmo com a função materna. O menino se vê capturado nesta trama na qual ocorrem uma falha da metáfora paterna e uma identificação especular à mãe. Nas sessões de psicoterapia constatamos que ocorria como que uma *forclusão* do pênis do seu corpo. Sua imagem de corpo era de mulher e o encontro com o corpo masculino, nos momentos da micção, era negado, ou recusado. Ocorria uma forclusão do pênis. Esta recusa de contato com o real apontava para uma estrutura potencialmente psicótica.

Este caso destaca a simultaneidade de sintomas tais como: lesão de órgão, distúrbios funcionais, distúrbio de comportamento, de passagem ao ato e uma situação próxima da psicose, que alucina um corpo feminino, forcluindo o pênis, revelando um acoplamento à problemática materna, típicas do primeiro, ou segundo tempo do Édipo. Os elementos chaves da estrutura intersubjetiva são: a identidade ao desejo materno e a falha na metáfora paterna. O conceito de forclusão foi criado para estabelecer um mecanismo diferente do recalque, no qual as representações são retidas no inconscientes e podem voltar numa formação sintomática. No forclusão a representação é apagada e portanto não há deslocamento, nem condensação, mas uma reação ao trauma desencadeado pelo real.

A intervenção terapêutica vai incidir na busca de um deslocamento nessa estrutura intersubjetiva, ocorrendo uma melhora dos sintomas na medida em que ocorrem as separações subjetivas.

Nas minhas experiências encontro outros casos em que se alternam as *alucinações, a passagem ao ato e as somatizações,* aliadas a esta falha do aparelho psíquico em trazer para os processos mentais o encontro traumático com o real.

Finalmente vamos abordar o papel da intersubjetividade na transferência e aqui partimos da afirmação de Pierre Benoit, em Nasio (1993), de que uma somatização pode pré-existir, ser o objeto da demanda, ou ocorrer durante uma análise, mas independentemente destes aspectos, uma vez em análise ela sempre fará parte dos elementos do campo analítico. Dejours (1998) fala também que uma análise pode representar um risco psicossomático, pois uma somatização pode assumir o lugar de um significante nas demandas endereçadas para o analista. Podemos inclusive fazer uma diferença entre a somatização que ocorre no sujeito fora da análise e aquela que ocorre durante uma análise, pois neste segundo caso, com certeza está havendo uma repetição de tempos míticos, de tempos lógicos, anteriormente assinalados, na situação transferencial.

Os conceitos aqui discutidos ajudam a clínica psicanalítica nos seus constantes desafios representados pelas mudanças na técnica que necessitam ser feitas para estar atenta a este outro ponto da escuta na clínica, pontos que implicam os processos dos primeiros tempos da constituição subjetiva, em que o retorno ao estado de fusão com o "outro materno" exerce seu fascínio, e também o desejo de fusão com o outro da análise pode ser o obstáculo ou a chave para construção de processos analíticos tão difíceis, mas de importância vital para a clínica psicanalítica com pacientes somatizadores.

Referências bibliográficas

AULAGNiER, P. *La violence de l'interpretation.* Paris: PUF, 1975.

BENOIR, P. (1983) Seminário V. In NASIO, J.-D. (org.) *Psicossomática: as formações do objeto a.* Rio de Janeiro: Jorge Zahar, 1993

BLEICHMAR, S. (1994) *A fundação do inconsciente: destinos da pulsão, destinos do sujeito.* Porto Alegre: Artes Médicas, 1994.

BRAUNSCHWEIG, D. & FAIN, M. *La nuit, le jour: essai psychanlytique sur le fonctionnement mental.* Paris: PUF, 1975.

DEBRAY, R. (1988) *Bebês/mães em revolta.* Porto Alegre: Artes Médicas, 1988

DEJOURS, C. (1989) *Repressão e subversão em psicossomática: pesquisas psicanalíticas sobre o corpo.* Rio de Janeiro: Jorge Zahar, 1991.

_____ Biologia, psicanálise e somatização. In VOLICH, R.M.; FERRAZ, F.C. & ARANTES, M.A.A.C. (orgs.) *Psicossoma II: psicossomática psicanalítica.* São Paulo: Casa do Psicólogo, 1998.

DIAS, E. O. *A teoria do amadurecimento de D. W. Winnicott.* Rio de Janeiro: Imago, 2003.

FREUD, S. (1893-1895) Estudos sobre a histeria. *Edição Standard Brasileira das Obras Completas de Sigmund Freud.* Rio de Janeiro: Imago, 1996; v.2.

_____ (1920) Mas allá del principio del placer. *Obras Completas.* Madri, Biblioteca Nueva (OC-BN), 1981.

_____ (1930) O mal estar na civilização. *Edição Standard Brasileira das Obras Psicológicas Completas.* Rio de Janeiro: Imago, 1996; v.21.

_____ (1914) Sobre o narcisismo: uma introdução. Op. Cit., v.14.

GARCIA-ROZA, L. A. *Freud e o inconsciente.* Rio de Janeiro: Jorge Zahar, 1984.

GREEN, A. *Narcisismo de vida, narcisismo de morte.* São Paulo: Escuta. 1988.

KREISLER, L. *A nova criança da desordem psicossomática.* São Paulo: Casa do Psicólogo, 1999.

LACAN, J. (1958) A metáfora paterna. In *Seminário 5: As formações do inconsciente.* Rio de Janeiro: Jorge Zahar, 1999., p. 166.

_____ (1998) O Estádio do Espelho como formador da função do eu. In *Escritos.* Rio de Janeiro, Jorge Zahar, 1998.

_____ (1999) Os três tempos do Édipo. In *O Seminário 5: formações do inconsciente.* Rio de Janeiro: Jorge Zahar, 1999.

LAZNIK, M. Poderíamos pensar numa prevenção da síndrome autística? In *A voz e a sereia: o autismo e os impasses na constituição do sujeito.* Salvador: Agalma, 2004.

MATHEUS, T. C. *Adolescência: história e política do conceito em psicanálise.* São Paulo: Casa do Psicólogo, 2007.

MAYER, H. Passagem ao ato, clínica psicanalítica e contemporaneidade. In CARDOSO, M. R. (org.) *Adolescência: reflexões psicanalíticas.* Rio de Janeiro: Nau / Faperj, 2001.

McDOUGALL, J. *Um corpo para dois: corpo e história.* São Paulo: Casa do Psicólogo, 2001.

NASIO, J.-D. *Psicossomática: as formações do objeto a.* Rio de Janeiro: Jorge Zahar, 1993.

WINNICOTT, D. W. (1945) Desenvolvimento emocional primitivo. In *Da pediatria à psicanálise: obras escolhidas.* Rio de Janeiro: Imago, 2000.

_____ (1949) A mente e sua relação com o psicossoma. Op. cit.

_____ Da dependência à independência no desenvolvimento do indivíduo. In *O ambiente e os processos de maturação: estudo sobre a teoria do desenvolvimento emocional*. Porto Alegre, Artes Médicas, 1993.

Vestígios à flor da pele: um apelo de uma foraclusão localizada

Fátima Milnitzky

"O vestígio é aparecimento de uma proximidade, por mais distante que esteja aquilo que o deixou".
Benjamin, 1989, p. 226

O conceito de foraclusão localizada[40] foi postulado por Nasio para dar nome ao mecanismo responsável por estados psicóticos e por fenômenos pontuais e transitórios de cunho psicótico que ocorrem em sujeitos neuróticos. O presente texto se vale do conceito de foraclusão localizada, tal como formulado por Nasio para lançar luz à discussão de um caso clínico no qual se configura uma neurose fóbica e uma expressão psicossomática que aparece sob a forma de uma lesão de pele no rosto.

Sabemos que quando um órgão do corpo tem de se haver de súbito com um investimento maciço da libido, deixa de cumprir sua função fisiológica regular e transforma-se em um equivalente de um órgão genital. Ou seja, um órgão ao sofrer uma abrupta ocupação maciça de libido é, portanto, desviado de seu papel funcional em direção a um papel erógeno. No entanto, às vezes, ocorre também que a libido se acumula e se estagna no órgão, a ponto de promover um ataque no seu substrato celular. Nasio (1993a, p. 155) vê como digno de nota Freud, ao descrever um estado excessivo de

---

[40] Partimos do pressuposto que o leitor esteja familiarizado com o conteúdo do trabalho de J.-D. Nasio. O conceito de foraclusão localizada postulado por ele, encontra-se no âmbito de uma teorização extensa sobre as formações de objeto *a*, pressupondo uma leitura ao qual remeto o leitor. O conceito de foraclusão, in *Lições sobre os 7 conceitos cruciais da psicanálise*, Rio de Janeiro: Jorge Zahar, 1989, p. 149-164; O conceito de objeto a, in *Cinco lições sobre a teoria de Jacques Lacan*, Rio de Janeiro: Jorge Zahar, 1993, p. 143-165; La forclusion locale: contribution à la théorie lacannienne de la forclusion, in *Les yeux de Laure*, Paris: Flammarion, 1995, p. 107-148. As formações de objeto *a* são aquelas formações psíquicas às quais as leis significantes da sucessão e da substituição, aplicadas às formações do inconsciente, não se aplicam. Ver adiante o quadro síntese das formações do inconsciente e das formações de objeto *a*, a partir das elaborações de J.-D. Nasio sobre as modalidades de expressão do inconsciente.

gozar como esse, ter empregado a expressão "alterações tóxicas" da substância orgânica, devidas a uma "estase da libido", ou ainda, a uma "intensificação da significação erógena do órgão". Tal expressão nos permite ver, ao apresentar essa estagnação da libido, como o corpo real do gozo "confisca o órgão, destrói seus tecidos à maneira de um agente tóxico, e invade o espaço da análise".

Não é raro ser surpreendido em um processo de análise com a eclosão de uma expressão psicossomática em que fenômenos pontuais e transitórios ocorrem, como no caso que será apresentado a seguir e para o qual o conceito de foraclusão localizada postulado por Nasio iluminou os vestígios de um apelo que ultrapassa a capacidade de acolhimento do sujeito. Vestígios que aparecem sob a forma de lesão a partir de realidades produzidas por foraclusão localizada e coexistem com realidades produzidas por recalcamento no percurso de uma análise.

Modalidades de expressão do inconsciente segundo a teoria de J.-D. Nasio

As formações do inconsciente	As formações do objeto a
Produzidas pelo recalcamento	Produzidas pela foraclusão local
Sonho, lapsos, sintomas, *acting*, interpretação do psicanalista	Passagem ao ato fulgurante, lesão psicossomática, alucinação...
Registro do dizer	Registro do fazer
Dominância da trama significante	Dominância de uma parte de corpo que age, goza e sofre... Primado do gozar
Achatamento do inconsciente	Achatamento do objeto (a)
Forma de gozo cuja fronteira psíquica dentro-fora é mantida	Forma de gozo cuja fronteira psíquica não é mantida. O gozar é perceptível.
Formações que nascem de uma combinatória, e disso, geram outra	Formações que não se relacionam a nenhuma combinatória e que são autônomas com relação ao conjunto das representações
Estruturas ordenadas e abertas	Cristalizações, massificação ou explosão
Produções metafóricas do sexual	Produções despossuídas de sentido sexual
Homogeneidade entre o recalcado e o retorno do recalcado	Heterogeneidade entre a representação não ocorrida e o evento surgido no Real

Há em Lacan, no *Estádio do espelho* (1949) e em *Agressividade em psicanálise* (1948), duas aplicações clínicas: uma para a psicose e outra para a lesão de órgão, formulando a hipótese de uma estagnação formal entre o eu e a imagem que pode eclodir em momentos de crises. Já em 1910,

Freud em sua *A concepção psicanalítica da perturbação psicogênica da visão*, dedicada aos distúrbios histéricos da visão, foi levado a considerar os distúrbios orgânicos da visão e também lançou luz sobre as possíveis bases de uma teoria psicanalítica que pudesse explicar uma parcela de determinação psíquica no aparecimento de alterações somáticas.

Um caso e duas direções

Jacintha disparou na primeira entrevista: "tenho dois tipos de doidice. Sei que são doidices, mas mesmo assim, são mais fortes do que eu. Tenho medo de me contaminar. Sofro desesperadamente, porque acho que algo vai acontecer e eu vou me contaminar. E sofro porque sei que é doidice, mas não consigo evitar quando sou apossada por esses pensamentos de contaminação. A segunda doidice é uma espécie de mancha na pele formada por uma placa áspera e avermelhada que de tempos em tempos aparece no rosto. Morro de vergonha que descubram minhas doidices. A senhora pode me ajudar?" Ela também se incomoda e sofre com essa segunda, mas não fala tanto dela como da primeira. E quando fala não o faz com a mesma afetação. No entanto, a placa áspera – quando aparece em seu rosto –, é uma imagem falante e só mesmo invocando Joyce para anunciar seu apelo eloqüente em "olhouvila, ouvêla".

Caso Jacintha

Psicopatologia	Sintomas conversivos	Fenômeno psicossomático
	Neurose	Foraclusão localizada
Alteração de pele	Não há alteração de pele	Há alteração de pele
Significação simbólica	Significação desde a história e lugar do corpo onde aparece o sintoma	Significação desconhecida: enigma
Fixidez/mobilidade	Há mobilidade	Não há mobilidade
Ação da angústia	Reversível (desaparece com a análise e à interpretação)	Resiste à análise e à interpretação do analista

Pacientes fóbicos são um caso freqüente de consulta. O caso em questão apresenta, por um lado, uma neurose fóbica e, por outro, uma lesão de pele. Especialista na área da saúde em gengivas, parou de trabalhar na sua especialidade por medo de se contaminar. A neurose fóbica é de medo de contaminação por sangue. Casada, sem filhos, vive com seu marido, que, como ela, pensa em ter filhos. Tanto a lesão de pele no lado direito do rosto como a fobia que a impede de trabalhar na sua especialidade manifestam-se depois do casamento.

O central no caso, quanto à neurose fóbica, é que tem medo de contrair AIDS. O perigo é a AIDS e o meio é o sangue. Narra uma série de situações em que o medo de se contaminar aparece na cena e tende a dominá-la. Quando caminha pela praia e pisa em alguma concha, ou pedra, tem medo de cortar o pé. O medo de contaminação a leva a tomar providências exageradas, só porque tropeçou. Não se cortou, mas mesmo assim o tecido do pé friccionado pelo impacto do tropeço pode ser mais facilmente contaminado. Então, já começa a pensar com que produto vai desinfetar o pé e no número de vezes em que vai executar o procedimento de desinfecção por garantia. Quando se prepara para fazer os procedimentos em pacientes, põe as luvas (duas em cada mão, para a hipótese de uma se romper), a máscara e os óculos. Não tem medo de uma contaminação geral, mas tem medo de contaminação por sangue.

Não se desorienta pela idéia de contaminação de qualquer coisa como gripe, ou mesmo pneumonia. É a AIDS, sempre através do sangue. Caminha pelas ruas olhando para o chão, temendo pisar em manchas de sangue que a possam atingir. E o mais importante, tem medo de toda e qualquer contaminação pelos olhos, pelas mãos, pelos pés, pelo nariz, mas como derivado de um medo principal que é a AIDS. Enfatizo isso para melhor demarcar o sintoma, pois não creio que seja de tudo que tem medo. A partir desse medo ela vai desalojar uma série de medos gerais. Porém, a preocupação é sempre a de não se contaminar pelo sangue. Que não lhe atinja uma só gota que espirre da boca dos pacientes, que não lhe toque diretamente os dentes, ou a saliva, ou os fluídos.

É importante recortar o medo principal, a fantasia central e qual o imaginário delineado. De que tem medo, sobretudo? Faço essas perguntas porque, se o problema é a AIDS, fazer amor com um homem é um problema. É uma neurose fóbica movida sobretudo pelo medo de contaminação frente a um perigo maior: a doença que pode vir pelo sangue, pela saliva e pelo sexo. Faço o destaque para melhor situar a fantasia principal.

Suspeito que Jacintha, provavelmente, tenha outros medos derivados: medo de ficar grávida, medo de ter um bebê com má formação em seu ventre. Daí o problema de não fazer amor com o marido. Não faz amor com o marido por duas razões. Uma razão, a menos importante, é que tem medo de ter um bebê. Tem medo que o bebê seja mal formado, tem medo do parto, tem medo de que haja sangue no parto. A outra razão para não fazer amor com seu marido, agora a principal, é porque ela está excitada com um outro homem. O que passa com ela é o que passa com muitas outras mulheres. Quando há um homem além do marido, mesmo que seja um homem na cabeça, ou ainda um homem real, o marido terminou, se foi. Não há mais marido. Em geral, a mulher é autêntica e quer sexo e amor juntos. Quando ela está excitada com outro homem, não pode estar dissociada e fazer amor com o marido. Um homem pode ter duas mulheres e seguir com sua mulher e fazer amor com a amante. A mulher prefere ser autêntica e fiel a si mesma. Os receptores do amor e do sexo estão saturados. Já está seqüestrada pelo homem que exerce enorme atração sobre ela. O marido, alguns anos mais velho do que ela, é um pai perfeito. Esse homem, um obsessivo, representa para ela todo o universo do medo.

Sabemos que a fobia está provocada por uma fantasia de abandono súbito[41], brutal, e não de um abandono progressivo. A provocação da obsessão se dá por meio de uma fantasia de maltrato e de humilhação. A histeria pode ser provocada pela fantasia de abuso sexual, de incesto ou de algo da sedução. Ela sofre de uma fobia desde pequena e os primeiros sintomas aparecem entre cinco e seis anos. Tinha medo de ir à escola, tinha dores de barriga, o que muitas vezes a deixava em casa, impedindo-a de sair.

Para avançar a investigação no caso em questão é preciso esclarecer o que acontece com o medo na hipocondria, na fobia e na psicose. Na hipocondria, o medo que nos chega é de adoecer. Na fobia, o medo de ser contaminado comanda a cena. Na psicose, a contaminação pode ser um primeiro passo em direção à perseguição. Na paranóia, tenho medo de estar contaminado porque alguém me pôs algo na comida. Há, portanto, uma intenção de me contaminar. Alguém quer me contaminar de propósito. Na fobia tenho um medo de contaminação acidental. Essa é uma diferença que se faz notar, em relação ao medo, entre a paranóia e a fobia. Ou seja, no caso em questão a direção do tratamento segue uma fobia, uma vez que a paciente

---

[41] Os pais de Jacintha enfrentaram uma experiência traumática de luto, quando ela estava por volta de dois anos, o que deixou sua mãe severamente deprimida.

se encontra diante de um medo neurótico e não diante de uma convicção delirante psicótica na qual alguém irá propositadamente contaminá-la. A procedência de seu medo neurótico é, portanto, um produto do recalcado que não se confunde com uma intenção presente na paranóia.

O que não parece produto do recalcado é a mancha no rosto que assume a forma de uma placa, deixando a pele naquele local áspera e avermelhada. Local de contraste com o viço acetinado do resto da pele do rosto. Local de uma realidade. Dito de outra forma, local de uma realidade psíquica que se realiza. Ou seja, trata-se de uma realidade criada a partir de uma irrupção da ordem do Real e impossível de ser simbolizada. Nessa direção enfatiza Nasio "quando digo realidade psoríase", refiro-me antes a toda realidade psíquica que se realiza, que se enclausura e que se fecha, com a aparição da psoríase", e não no sentido das conseqüências provocadas pela aparição de uma afecção dérmica (1993, p. 9). Apesar dos sintomas corporais das doenças somáticas não possuírem um sentido oculto segundo a lógica da conversão, "a experiência clínica nos esclarece que eles ocupam, mesmo assim, ressalta Fernandes, um lugar, um local, na economia fantasmática do sujeito[42]" (2003, p. 40).

O aparecimento da mancha, sempre no mesmo lugar do rosto, dá-se em seguida a passagens críticas, nas quais se constatam acontecimentos diversos, como luto, exame, engajamento. Descartada a hipótese de herpes, que também seria psicossomática, a paciente passa longos períodos sem que as placas apareçam, embora compareça mais vivamente o sintoma fóbico, impedindo-a de exercer sua profissão, só de pensar que vai se contaminar com alguma coisa. Detalhe: quando ela conheceu seu marido não tinha esse medo de contaminação. No entanto escolheu para marido, um homem pulcríssimo, muito arrumado, ultra-higiênico, impecável em sua apresentação, seja no modo como se veste, seja no modo como mantém sua casa limpa e arrumada. Quer dizer que na fantasia inconsciente dela a questão da contaminação já estava presente, porque essa presença incidiu diretamente na escolha desse homem. Não é demais pôr em relevo que, na neurose, a fantasia constitui a realidade, operando como uma matriz psíquica a partir da qual o sujeito se relaciona com os semelhantes e com o mundo. Sublinha

---

[42] Sobre o corpo remeto à leitura das seguintes publicações: *Corpo* de M. H. Fernandes, S. Paulo: Casa do Psicólogo, 2003; Corpo de Nasio, J-D., in *Cinco lições sobre a teoria de Jacques Lacan*. Rio de Janeiro: Jorge Zahar, 1993; Narcisismo e o corpo sem limites de Milnitzky, F. e Dunker, C., in Milnitzky, F. *Narcisismo: o vazio na cultura e a crise de sentido*. Goiânia: Dimensão, 2007.

Lacan que "a realidade em que se baseia o princípio do prazer é o que faz com que tudo que nos é permitido abordar de realidade reste enraizado na fantasia" (1973, p. 127). Freud situa a fantasia em relação direta com o desejo, o que também vai ser sustentado por Lacan, articulando-a a outros conceitos.

Essa incidência de sua fantasia na escolha de seu marido faz lembrar do caso de uma mulher jovem, de 20 anos, que se apaixonou perdidamente por um homem também jovem, de 25 anos, com quem fez amor, quando ele apareceu, na primeira noite em que fariam amor, vestido com um pijama branco. Esse foi o signo de sua paixão, do mesmo modo como alguém pode se apaixonar por uma mulher porque apareceu com o vestido da sensualidade de seus sonhos. Para essa jovem mulher o pijama branco com o qual o jovem homem apareceu era a prova de sua pulcritude. Essa foi uma flecha certeira de cupido que, atravessando-lhe o coração, atingiu-a de modo fulminante. Só que esse homem suava e não era lá um deus da higiene, razão por que ela se queixava de que ele não era tão limpo como lhe prometia o seu pijama branco. Digo a título de exemplo de como um traço imaginário – procedente da imagem do jovem vestido no pijama branco no primeiro encontro amoroso – pode fechar com um fantasma corporal que permite a aproximação sexual.

Queixa-se da mania de limpeza e de ordem do seu marido. Diz que ele não vai abrir um vinho em casa para tomarem juntos, namorar, ver um filme, e ir para o quarto sem que antes ele veja que as duas taças estejam lavadas, enxutas e que tudo esteja arrumado e limpo, no seu devido lugar. No entanto, ela escolheu esse homem limpo e que não suporta sujeira, objetos fora do lugar e coisas em desordem, em que esse traço é distintivo. Para outra mulher, isto poderia ser um alerta para não embarcar nessa. Para ela, não: foi justamente o contrário, um cartão de apresentação que a encorajou. O que quer dizer que a idéia de ser limpo e viver num ambiente higiênico também estava no cerne da fantasia dela. E seguramente, embora Jacintha não tivesse manifestações dessa fobia hipocondríaca que aparece depois dos trinta anos, na fantasia dela, a questão da limpeza absoluta, até o ponto do casal evitar comer em casa para não deixar nada sujo, já devia estar presente nela. De onde vem essa formação fantasmática? Qual o ponto de partida? Suspeito que deva vir de uma formação traumática infantil.

Há algo marcante na vida de Jacintha: sua irmã mais nova morreu quando ela tinha pouco mais de dois anos. Conta-se que a menina convergiu para a morte prematura por causa de uma infecção por contaminação. Ora, essa é a hipótese pela qual se sente ameaçada, por que aparece no seu fantasma uma fantasia de morte como resultado da contaminação. E quando o marido lhe pede para que lhe faça uma higiene bucal, uma limpeza nos dentes, pois ela é periodontista, para ela é um horror, porque justamente vai ter que entrar em contato com o ponto sujo em seu marido. Entrar em contato com a sujeira, ter de limpar as aderências e as placas. Ele vem para fazer uma limpeza, remover justamente o que ela não esperava encontrar em seu marido. Isso lhe causa horror. Então, o nó de sua fobia hipocondríaca tem a ver com a história dessa fantasia de morte por contaminação. Ou seja, essa é uma direção possível da cura que visa à travessia dessa fantasia, à escrita de sua história, pois isso deve fazer signo em sua vida erótica. Afinal, as zonas destinadas à erotização estão erotizadas de um modo fóbico.

Es tou nu ma sa la sem es pe lho. O eu den tro do es pe lho na tu ral men te deu uma saída. Eu no mo men to es tou tre men do e te men do o eu do es pe lho. On de é e o que se rá que o eu den tro do es pe lho es ta ri a tra man do fa zer co mi go? (Yi Sáng, 1999, p. 163)[43]

As placas que se formam na pele do rosto parecem imagens falantes. Devem ser um excesso de ação defensiva. Ou seja, uma concentração de glóbulos brancos. O sistema imunológico é ativado ali, naquele local, contra um ataque imaginário, como o que aparece na pele. Em maioria, as elaborações psicanalíticas feitas sobre as afecções psicossomáticas, ou como Nasio as chama, lesões de órgão, devem ser incluídas no quadro da teoria do narcisismo. "Devem ser consideradas como uma perturbação da identificação narcísica", assevera Nasio (1993b, p. 104).

As placas ásperas e avermelhadas, essas imagens falantes, fazem um apelo eloqüente que faz lembrar um personagem de um clássico do cinema[44].

---

[43] O tema, obsessivamente recorrente na poesia e prosa de Yi Sáng, da trágica relação entre o sujeito e o familiar-desconhecido chamado o "eu dentro do espelho", é focado sob o ângulo do medo. Os dois não podem se tocar, se temem, mas dependem um do outro. A presença da imagem no espelho é aterradora e letal, mas a sua ausência não consegue apaziguar o pânico e chama um outro temor, o de que o eu do espelho, implacável, virá ao meu encontro. As interpretações da seção citada do poema ressaltam a confrontação entre fragmentos do ego, entre o eu real e o eu ideal, uma vez que o espelho tem a faculdade de mostrar o eu sem falsidade, mas esta autoconsciência nua e crua é letal.
[44] Mary Reilly, filme de 1996, EUA, direção de Stephen Frears e roteiro de Christopher Hamptom.

Trata-se de Mary Reilly (interpretada por Julia Roberts), a criada do filme de Stephen Frears, no qual assistimos a impressionante transformação (na notável interpretação de John Malkovich) de Dr. Henry Jekyll em Mr. Edward Hyde, sob o impacto causado pela visão das cicatrizes que marcam o corpo da criada.

Acompanhamos a irrepreensível transformação de Dr. Jekyll em Mr. Hyde sob o efeito do apelo de uma cena na qual a criada, Mary Reilly, se vê atraída pelas imagens de um livro de dissecação sobre a mesa do Dr. Jekyll, com anotações obscenas e grosseiras. Capturada, não consegue desgrudar o olhar fascinado. Ela parece entrar na imagem no momento em que o Dr. Jekyll chega, estaca à porta e a surpreende. É nesse ponto que a cumplicidade se delineia. Dr. Jekyll, conhecido e respeitado cirurgião, é um homem atraído pela visão da carne crucificada como por aquela expressada na obra do pintor Francis Bacon.

Mary Reilly, a criada, é uma jovem oriunda de meio miserável que acaba de entrar no serviço. Ela tem a pele marcada por cicatrizes. Aparece muito doce no começo do filme, mas é também habitada por tendências semelhantes ao do Dr. Jekyll, pesquisador preocupado pela transcendência, o misticismo, o fora do limite. A primeira imagem do filme nos mostra Mary Reilly de quatro, lavando a entrada da casa austera do Dr Jekyll. Ele chega e fica parado diante das cicatrizes profundas que marcam as mãos, os braços e o pescoço da criada. Esse é o momento do apelo. Cicatrizes eloqüentes que congelam o olhar do Dr. Jekyll.

É um apelo de significante. Para não se deixar cair na dominação de um gozo cego, Dr. Jekyll teria de dizer, de produzir um significante. No entanto, um significante chamado não se apresentou, o que conduz a uma cascata de remanejamentos de sua realidade psíquica que acabam por lhe escapar. Sobre a realidade psíquica, Freud enfrenta nos dois breves, mas célebres artigos de 1924 – *Neurose e psicose* e *A perda da realidade na neurose e na psicose* –, dedicados à distinção entre neurose e psicose, a seguinte questão: o que é afinal a realidade? Em sua resposta encontramos a seguinte indicação: não existe uma realidade material absoluta e comum a todos os sujeitos. O que há é uma realidade psíquica singular. Mas "a experiência[45] de realidade psíquica", como enfatiza Volich ao ressaltar Piera

---
[45] As palavras do vernáculo alemão para "experimentar" e "experiência" são (E*rfahren*) e (*Erfahrung*). *(Fahren*) viajar, ir, vaguear, fazer uma jornada. Experiência, portanto, seria "partir em viagem para explorar ou ficar a conhecer algo" (Inwood, 1997, p. 130). O conceito

Aulagnier "só constitui-se enquanto tal pela capacidade de afetar as próprias funções corporais"[46]. Lembra, ainda, levando em conta o conceito freudiano de apoio, que "as funções corporais constituem a matéria-prima das representações psíquicas", ao sublinhar que "a atividade de representação é o equivalente psíquico do trabalho de metabolização, próprio à atividade orgânica" (Volich 2000 p. 103). Ora, se a atividade psíquica de representação é o equivalente da metabolização orgânica, não estaria a placa áspera no rosto de Jacintha fazendo na pele local de apelo, ao mesmo tempo, de um trabalho de representação psíquica e de metabolização orgânica?

O apelo, elucida Nasio, é a condição do disparar a foraclusão local. Uma percepção insuportável, pois, relacionando-se à castração, tomou lugar na mutilação do corpo do outro, produzindo-se no Dr. Jekyll uma parada foraclusiva. Um significante convocado pelo apelo a se apresentar como sucessor na cadeia significante não comparece; desde então, o gozo vai ocupar a dianteira da cena. Trata-se de uma estagnação da imagem com um efeito de sideração e, simultaneamente, bloqueio da função simbólica em um ponto preciso da cadeia significante. A representação e o afeto que a acompanhava são abolidos e "o eu se rasga", se rompe. A realidade psíquica, conjunto dos significantes que nos atualizam como sujeitos, que deveria ter ficado submetida ao domínio do simbólico, organiza-se localmente sobre um outro modo, despossuído de seu eixo fálico.

Direi, para concluir, que a questão colocada pelo mecanismo da foraclusão local é o da superfície de projeção sobre a qual virão se inscrever as representações não ocorridas. Onde e sob quais formas elas vão aparecer? Por quais vias o Real inominável que produzira o heterogêneo, uma formação do objeto, poderá se integrar à realidade psíquica do sujeito? O lugar de retorno da representação foracluída será o pré-consciente do psicanalista?

---

em Hegel não faz coincidir experiência com vivência (*Erlebnis*). Experiências que *se vivem*, no sentido de *Erlebnisse*, não são o mesmo que experiências que *se sofrem* no sentido de *Erfahrung*. O que interessa para saber se houve experiência é saber se houve uma transformação. Ou seja, como tal viagem me transformou, como depois dela não sou mais o mesmo que era antes; como me apreendi de forma exterior, a partir de onde não sou, como o radical "*ex*" de "*experiência*" sugere. E também, a partir do radical *peri* de "experiência", como vagueei, como experimentei a incerteza, a prova, a tentativa em torno de algo. A experiência "é sempre um percurso do sujeito que envolve a construção de um objeto, a constituição de um sujeito e a formação de uma história" conforme ressalta Dunker (2007).

[46] Remeto ao capítulo 4, do livro *Psicossomática*, de Rubens Volich, na qual o autor apresenta uma discussão a partir de contribuições de vários autores sobre as passagens entre o psíquico e o somático.

Não pode ela, a superfície psíquica de um pequeno outro, ligado ao analista pela/na transferência, oferecer-se como lugar possível da inscrição? Para Jacintha, ter uma criatura é reeditar a perda da irmã em termos de fantasia. E como ela vive temendo uma morte que advirá por contaminação, suspeito que o tema da gravidez seja desesperador. Por isso se instala um silêncio ruidoso entre ela e o marido sobre o tema. A hipótese da lesão na pele parece um vestígio de uma psicose abortada. A estagnação da imagem no eu deixa a superfície ressabiada.

Referências bibliográficas

BENJAMIN, W. *Obras Escolhidas III – Charles Baudelaire, um lírico no auge do capitalismo*, São Paulo: Brasiliense 1989.

DUNKER, C. I. L. *Estrutura e constituição da clínica psicanalítica*. Tese de Livre Docência apresentada ao Instituto de Psicologia da Universidade de São Paulo. São Paulo, 2007.

FERNANDES, M. H. *Corpo*. São Paulo: Casa do Psicólogo, 2003.

FREUD, S. (1910) A concepção psicanalítica da perturbação psicogênica da visão. *Edição Standard Brasileira das Obras Psicológicas Completas*. Rio de Janeiro: Imago, 1980; v.11.

INWOOD, M. *Dicionário Hegel*. Rio de Janeiro: Jorge Zahar, 1997.

LACAN, J. (1948) A agressividade em psicanálise. In *Escritos*. Rio de Janeiro: Jorge Zahar, 1998.

_____ (1949) O Estádio do Espelho como formador da função do eu. In *Escritos*. Rio de Janeiro: Jorge Zahar, 1998.

MILNITZKY, F. e DUNKER, C. I. L. Narcisismo e o corpo sem limites. In MILNITZKY, F. *Narcisismo: o vazio na cultura e a crise de sentido*. Goiânia: Dimensão, 2007, p 11-34.

_____ (1972-1973) *O seminário livro 20: mais, ainda*. Rio de Janeiro: Jorge Zahar, 1985.

NASIO, J.-D. (1989) O conceito de foraclusão. In NASIO, J.-D. *Lições sobre os 7 conceitos cruciais da psicanálise*, Rio de Janeiro: Jorge Zahar, 1989, p. 149-164.

_____ (1993a) Cinco lições sobre a teoria de Jacques Lacan. Rio de Janeiro: Jorge Zahar.

_____ (1993b) Psicossomática: as formações de objeto a. Rio de Janeiro: Jorge Zahar.

LEFÈVRE, A. As psicoses transitórias à luz do conceito de foraclusão localizada. In NASIO, J.-D. *Os grandes casos de Psicose*. Rio de Janeiro: Jorge Zahar, 2001, p. 217-226.

VOLICH, R. M. *Psicossomática – De Hipócrates à psicanálise* São Paulo: Casa do Psicólogo, 2000.

YI, S. Poeman.15. In *Olho de Corvo e outras obras de Yi San^g*. São Paulo: Perspectiva, 1999.

Psicossoma: integração e dissociação

O distúrbio psicossomático em Winnicott

Elsa Oliveira Dias

O objetivo deste estudo é apresentar, em traços gerais, a concepção winnicottiana dos distúrbios psicossomáticos. Melhor talvez do que qualquer outro tema, o estudo desses distúrbios permite-nos constatar a natureza essencialmente psicossomática da existência humana. O tema, importante já pela sua atualidade, merece ser trazido a debate em virtude da formulação inteiramente nova que Winnicott oferece tanto no que se refere à natureza do distúrbio quanto à sua etiologia e sintomatologia. Disso decorre uma nova compreensão sobre a tarefa do psicossomatista e/ou do analista, nesses casos. Do mesmo modo como o fez com os distúrbios psíquicos em geral, Winnicott examina os distúrbios psicossomáticos à luz da teoria do amadurecimento e é essa perspectiva que lhe permite fazer uma contribuição original ao tema. No essencial, Winnicott formula uma nova e mais primitiva raiz para esse tipo de distúrbio – uma falha no processo inicial de alojamento da psique no corpo e toda a organização defensiva que é erigida a partir daí –, alterando o quadro geral de compreensão desses fenômenos e dotando o que ele entende ser o "verdadeiro distúrbio psicossomático" de maior especificidade diagnóstica.

No texto de 1966, *O transtorno psicossomático*, Winnicott afirma que "não existe área do desenvolvimento da personalidade que deixe de estar envolvida em um estudo do transtorno psicossomático" (1966d, p. 88), o que significa que a vinculação essencial "entre a personalidade de um indivíduo e o corpo em que a pessoa vive subjaz a qualquer problemática" (1969g, p. 427). Não é, pois, de surpreender a afirmação do autor, em 1969, de que a questão é excessivamente vasta e complexa e que, "quando se tenta examinar as várias maneiras pelas quais o distúrbio psicossomático pode surgir, percebe-se que um enunciado desse transtorno não pode ser abrangido a não ser em um grande livro, redigido por uma equipe de autores" (1969g, p. 427).

O conceito genérico de distúrbio psicossomático

O termo "distúrbio psicossomático" já é de uso público e designa o fenômeno em que uma doença que se manifesta fisicamente não é primariamente física, mas está relacionada à vida emocional do indivíduo. Para estudar e tratar desse fenômeno, que escapava às possibilidades de uma medicina puramente organicista, nasceu, no começo do século XX, a medicina psicossomática, dedicada a pesquisar as mútuas e múltiplas influências entre o corpo e a psique.

Winnicott tem objeções quanto à caracterização geral que o psicossomatista faz do seu campo de estudo e tratamento, pois, segundo ele, os chamados fenômenos psicossomáticos referem-se, apenas, na maior parte das vezes, à íntima e natural vinculação entre psique e soma. Não se deve, necessariamente, chamar de psicossomático o caso de uma afonia ou de uma dor de estômago no dia de um exame oral, nem tampouco a necessidade urgente de urinar que aparece em certas circunstâncias. Mais: mesmo que uma cãimbra no pescoço possa esconder uma ameaça de desintegração ou que uma hipertensão crônica possa ser o equivalente clínico de um estado neurótico de ansiedade, estes casos não constituem, em si mesmos, o "verdadeiro" transtorno psicossomático, nem justificam a existência de uma especialidade tal como a medicina psicossomática. "Isto é apenas a vida e faz parte do viver", escreve o autor. A idéia é que há uma saúde básica quando o corpo, de algum modo, partilha as vicissitudes da alma. Winnicott ampliou o conceito de saúde para incluir os distúrbios que fazem parte inexorável da vida e da tarefa, nada fácil, de continuar vivo e de amadurecer até a morte. Faz-se então necessário distinguir entre o problema clínico da íntima vinculação do corpo nos processos emocionais e o que o autor entende ser "verdadeiro distúrbio psicossomático" (1966d, p. 84).

Para o autor, a abordagem usualmente praticada pela medicina psicossomática é insatisfatória, em segundo lugar, porque, tendo nascido sob o influxo da psicanálise tradicional, interpreta o distúrbio do qual se ocupa segundo as categorias usadas no estudo da neurose ou da depressão – a conversão histérica e a somatização[47] – que são distúrbios pertinentes

---

[47] Na obra de Freud, o sintoma físico pode estar relacionado a duas formas de compromisso. Ele distingue entre conversão histérica e neurose de ansiedade. Na conversão histérica, que é um subproduto da repressão, o sintoma orgânico é a representação física do conflito intrapsíquico enquanto que, na neurose de ansiedade ou neurose atual, o sintoma físico resulta de sensações físicas às quais foi negado acesso à representação psíquica, ou seja, o fenômeno consiste em que experiências sensórias falharam em ser mentalizadas.

a estágios muito desenvolvidos, desconsiderando as etapas iniciais, nas quais uma das tarefas fundamentais do bebê é início do alojamento da psique no corpo. Ora, é exatamente ao fracasso dessa conquista que Winnicott estará referindo o verdadeiro distúrbio psicossomático.

Mas, do fato de o autor relacionar a etiologia do "verdadeiro distúrbio psicossomático" às tarefas iniciais do amadurecimento não o faz negligenciar os vários modos pelos quais o corpo é afetado pelos estados psíquicos. O que ele faz é proceder a uma classificação, levando em conta as etapas do amadurecimento. Considerando os fenômenos das etapas mais adiantadas da infância, mais concernentes à saúde ou às neuroses, Winnicott dirá que a maneira mais evidente pela qual o corpo é afetado pela psique tem a ver com os estados de excitação, referindo-se, com isso, aos efeitos da vida instintual e das fantasias e da ansiedade que a acompanham, em meio a relações interpessoais. Qualquer que seja a excitação, uma vez deflagrada, ela deve percorrer todo o caminho que leva ao clímax, caso contrário a pessoa terá de absorver, corporalmente inclusive, as modificações por ela provocadas, sem que um clímax traga o relaxamento da tensão. Grande parte da vida está ligada à administração desses clímaxes falhados e eles podem dar origem a uma séria inibição instintual, que visa evitar o surgimento de excitações. Essa inibição acarreta muitos tipos de desconforto e de limitações além de transtornos físicos de variados graus de gravidade.

Também os estados de humor afetam o corpo. Na depressão reativa, de forma inconsciente, tudo fica envolto numa névoa que obscurece a questão central: a dúvida e o temor sobre a possibilidade de o ódio vencer sobre o amor, de a destrutividade, que pertence à natureza humana, vencer a construtividade, e o peso da culpa que daí resulta. Isso obriga a um controle global sobre a vida do mundo interno, controle que, naturalmente, envolve também o corpo. Em geral, toda a fisiologia do corpo fica comprometida pela dor, desconforto ou por uma perda severa da vitalidade. O tônus muscular torna-se débil ou apresenta tensão e rigidez compensadoras; aparecem falhas posturais que denunciam a desesperança do paciente com respeito ao estado de coisas do mundo interno e, no mais das vezes, transtornos relativos à digestão[48].

---

[48] Para um aprofundamento sobre as complicações digestivas incluídas na elaboração da capacidade para o concernimento e referidas, portanto, à depressão reativa, ver Winnicott 1988, parte III, em especial capítulo1 e Winnicott 1955c, em especial o item "Examinando o mundo interno".

Nenhum desses fenômenos, contudo, caracteriza o verdadeiro distúrbio psicossomático. Neste, a questão gira, não em torno dos efeitos da psique sobre o corpo, mas, exatamente, da ausência de coesão psicossomática, devido ao fato de que, tendo havido um *débil estabelecimento da morada da psique no corpo*, nos estágios primitivos, existe a permanente ameaça de perdê-la. Por outro lado, a fraca coesão entre soma e psique – ou seja, um estado de despersonalização – deve ser mantida como tal, pois há o temor de aniquilamento que adviria de uma possível integração psicossomática, pois quando esta se avizinhou, na experiência primitiva do indivíduo, em geral por ocasião da tensão instintual e da amamentação, não foi bem sucedida e levou ao aniquilamento ou à desintegração. Winnicott assinala que "quando a experiência instintiva é deflagrada em vão, o vínculo entre a psique e o corpo pode vir a afrouxar-se ou até mesmo a perder-se" (1988, p. 145).

O que constitui, portanto, para Winnicott, o verdadeiro distúrbio psicossomático é um poderoso sistema defensivo formado de defesas primitivas organizadas, incluídas aí a cisão e vários tipos de dissociação. Está associado, portanto, mais às psicoses do que às neuroses ou às depressões. Embora tudo o que o indivíduo precisa, sem que saiba ou possa, seja de integração psicossomática, a função do distúrbio psicossomático, como organização defensiva, é manter à distância a ameaça de aniquilamento que adviria da integração em uma unidade. Ao mesmo tempo, há um valor positivo no distúrbio, pois é como se, ao trazer permanentemente o corpo à tona, pela dor, desconforto ou doença, ele estivesse evitando o que seria o perigo da consumação irremissível da cisão entre psique e soma.

Pressupostos relevantes da teoria do amadurecimento para a consideração do distúrbio psicossomático

A natureza humana, escreve Winnicott, "não é uma questão de mente e corpo, mas de psique e soma, inter-relacionados" (1988, p. 29). A existência é essencialmente psicossomática. Pela tendência inata à integração, soma e psique tendem a integrar-se gradualmente numa unidade, de tal modo que a psique resida no corpo. Mas essa coesão psicossomática não pode ser suposta como dada; ela é uma conquista que pode, ou não, realizar-se. Para que se realize, é preciso haver a presença viva e contínua de um ser humano que segure o bebê, cuide dele e lhe propicie, repetidas vezes, a experiência de estar reunido no olhar e no colo que, em geral, é o da mãe. O *soma* é o *corpo vivo*. O corpo vivo é físico sem dúvida, mas não meramente orgânico, fisiológico ou anatômico. Não é um corpo que possa ser estudado, como se faz na medicina, através de cadáveres. Trata-se, bem mais, do corpo vivo de alguém que respira, mama, se agita, move-se, sente fome, sente sono, dorme etc. As experiências corpóreas – e tudo passa pelo corpo do bebê no período primitivo – estão sendo elaboradas imaginativamente pela psique. A psique é tudo o que não é o corpo, incluída aí a mente, entendida como um modo particular do funcionamento psíquico. A psique é, portanto, mais primitiva e mais ampla que a mente e a inclui. A elaboração imaginativa das sensações, sentimentos e funções do corpo é a primeira e mais primitiva função da psique e não deve ser confundida com a fantasia do corpo e de suas funções, que virá depois. Não há ainda fantasia, nesse momento tão primitivo, pois a fantasia é representacional e depende de um funcionamento mental que ainda não foi ativado nesse momento tão primitivo. Tratando-se de um período préverbal, pré-representacional e pré-simbólico da vida do bebê, as experiências corpóreas que estão sendo imaginativamente elaboradas – e guardadas no inconsciente originário e na memória corporal como aspectos do si-mesmo –, não são passíveis de representação, não podendo ser resgatadas, mais tarde, ao modo de uma recordação recalcada. Em Winnicott, o corpo é, sobretudo, um campo de experiências psicossomáticas pessoais e não um campo simbólico. O sentimento de viver no corpo tem suas raízes fincadas num período que precede qualquer representação. No momento inicial da vida, dirá Winnicott,

...tão importante quanto a integração é o desenvolvimento do sentimento de que se está dentro do próprio corpo. Novamente, é a experiência instintual e as repetidas e tranquilas experiências de cuidado corporal que, gradualmente, constroem o que se pode chamar uma personalização satisfatória (1945d, p. 224).

Havendo cuidados satisfatórios, estabelece-se gradualmente uma íntima conexão entre soma e psique e esta passa, gradualmente, a alojar-se no corpo[49]. Isso é necessário para o bebê ser uma pessoa inteira, que existe

---

[49] Para Winnicott, diferentemente de Freud, a integração da psique no corpo não vai de si, como um *a priori* inevitável do desenvolvimento, e requer a facilitação do ambiente sustentador. Como este último é um elemento imponderável, trata-se de uma

psicossomaticamente, e não um corpo desabitado ou uma alma penada. É a esse processo que Winnicott denomina personalização, usando o termo para contrapô-lo à despersonalização, termo antigo e já consagrado, na psiquiatria de adultos, para os estados clínicos em que o paciente se queixa de não ter relação com o corpo ou de sentir que o corpo ou parte do corpo não lhe pertence etc.

Onde fica a mente, nessa perspectiva? Essa questão é da maior importância, pois a distinção proposta por Winnicott entre psique e mente, é uma das principais chaves para a compreensão do distúrbio psicossomático. Quando há saúde, isto é, quando a personalização é satisfatória e, além disso, quando a mãe não faz uma exigência precoce à capacidade de compreensão do bebê, a mente não existe como entidade separada, sendo apenas um desenvolvimento natural da psique, uma especialização do psique-soma para as funções intelectuais (cf. 1988, p. 44). Estando o cérebro intacto, o ponto de origem do funcionamento mental ocorre no estágio em que a adaptação da mãe passa de absoluta para relativa. Existe, portanto, todo um período primitivo da vida em que ainda não há participação das funções mentais, nem mecanismos de introjeção e projeção, nem simbolização, nem fantasia, nem representação de espécie alguma.

Fatores que favorecem a integração psicossomática

Quando se examinam os fatores que favorecem a coesão psicossomática, ver-se-á que se trata da mãe real, cuidando efetivamente de um bebê real, que tem necessidades. De que fatores se trata?

a. A mãe (ou substituta), que cuida do bebê, está viva e respirando; está à vontade em seu corpo e o tem disponível para que o bebê o explore por inteiro. Winnicott diz: "Ela existe, continua a existir, vive, cheira, respira, seu coração bate. Ela está lá para ser sentida de todas as maneiras possíveis" (1948b, 237). Em outro texto, diz o autor às mães:

---

conquista que pode ou não acontecer. Nenhum dos conceitos - conversão histérica e somatização - apreende a questão seja da dificuldade em estabelecer a relação psicossomática, seja da ameaça de rompê-la.

Se vocês estão com sono, e, principalmente, se estiverem deprimidas, coloquem o bebê no berço, pois sabem que o estado de sonolência em que se encontram não é suficientemente vital para manter ativa a idéia que o bebê tem de um espaço circundante (1957m, p. 17).

b. Ela segura bem o bebê e o sustenta em seus braços. O segurar desajeitado ou inseguro atua contra a reunião psicossomática, impede o desenvolvimento do tônus muscular, da capacidade de adaptação à mudança de temperatura e daquilo que é chamado coordenação.

Estamos nos aproximando da tão conhecida observação de que a ansiedade mais antiga é aquela relativa a ser segurado de um modo inseguro. Os analistas – mesmo aqueles que vêem um ser humano no bebê desde o seu nascimento – falam freqüentemente como se a vida do bebê começasse com a experiência instintiva oral, e com a emergência da relação objetal da experiência instintiva. No entanto, todos nós sabemos que o bebê pode sentir-se muito mal como conseqüência de uma falha que ocorre num campo bem diferente, ou seja, no campo dos cuidados a ele dispensados (1958d, p. 164).

c. Ao cuidar do corpo do bebê, a mãe sabe que há uma pessoa nesse corpo. Ao responder à necessidade instinual da fome, por exemplo, a mãe age de tal maneira que cuida da pessoa total do bebê. Isto faz com que as necessidades do corpo não fiquem desvinculadas, na experiência, das necessidades pessoais. No que se refere à amamentação, por exemplo: embora seja altamente necessário, como vimos e como sabemos, chegar ao clímax da excitação, alimentar-se é algo mais do que ingerir alimentos e bem mais complexo, do ponto de vista da pessoalidade, do que viver uma excitação e obter prazer, embora tudo isso faça parte e seja importante. A experiência *imaginativa* da alimentação é muito mais ampla do que a experiência puramente física", exigindo algo mais do que dormir e ingerir leite, e algo mais do que obter a satisfação instintiva de uma boa refeição.[...] Todo gênero de coisas que um bebê faz enquanto mama parecem-nos absurdas, desprovidas de sentido, porque não o fazem engordar. O que estou afirmando é que são justamente essas coisas que corroboram estar o bebê se alimentando e não apenas *sendo alimentado*, estar vivendo uma vida e não apenas reagindo aos estímulos que lhe são oferecidos (1993h, p. 21).

Existem mães, contudo, que, embora tenham boas condições naturais para o cuidado físico dos bebês, parecem ignorar que existe um ser humano alojado nesse corpo que alimentam e banham. O contrário também ocorre: existem mães que estabelecem um bom contato com o bebê como pessoa, mas parecem incapazes de saber o que o corpo do bebê está sentindo ou precisando. Em qualquer um desses casos, o bebê não pode integrar-se numa unidade e estão dadas as condições para uma cisão psicossomática.

    d. A mãe não deixa o bebê abandonado a seus próprios recursos por tempo demasiado; ao contrário, ela o pega e segura repetidas vezes, pois sabe que sua capacidade para guardar consigo a memória corporal e o sentimento de realidade da experiência é ainda muito precária. Após o tempo em que a memória de estar no corpo pode ainda ser mantida, ela se esvai e o bebê cai no vazio. Esse acontecimento constitui uma agonia impensável, um colapso, uma morte psíquica, um *black-out*, como diz Winnicott. A partir de então, o indivíduo carregará consigo a memória perdida, sem lugar psíquico e não resgatável, de ter ficado sem corpo, totalmente espalhado, de ter sido "deixado cair", para sempre, na irrealidade.[50] Um paciente meu acordava no meio da noite, sobressaltado, por não sentir mais o corpo. Ele ia dormir no chão, pois a dureza do chão devolvia-lhe a sensação de ter um corpo, de ser corpóreo.

    e. Além disso, com especial atenção para o momento em que tem início o funcionamento mental, na passagem da dependência absoluta para a relativa, a mãe continua a segurar bem a criança e

---

[50] Para maiores detalhes sobre a temporalização do bebê e sua capacidade incipiente de guardar a memória da experiência, cf. Dias 2003, capítulo III item 7.

mantém o ambiente seguro, estável e previsível, não explorando a capacidade crescente do bebê de pensar e compreender. Isto é necessário, pois neste ponto há um risco sério de cisão entre o funcionamento mental e a existência psicossomática. Se o ambiente é sentido como instável ou inseguro, se a mãe é caótica e/ou o mundo é apresentado de maneira incerta, complexa demais ou confusa pode surgir, no bebê, um estado de alerta e um funcionamento prematuro das funções intelectuais, que visa prevenir invasões potenciais do ambiente. Nesse caso, ao invés de deixar-se estar, relaxado, entregue aos cuidados da mãe e na absoluta inconsciência quanto à existência de qualquer coisa externa e potencialmente invasiva, o bebê põe-se, vigilante, a pensar, observar e controlar. Quando isso ocorre, ao invés de elaborar imaginativamente a experiência, a psique fica alerta e "mentalizada" e a elaboração imaginativa das experiências corpóreas fica retida pela emergência de um pensamento defensivo compulsivo, ocupado em prevenir qualquer ameaça de invasão ambiental.

Trata-se de um estado de coisas extremamente desconfortável, principalmente porque a psique é 'seduzida' por essa mente, rompendo o relacionamento íntimo que originalmente mantinha com o soma. Disto resulta uma mente-psique, um fenômeno patológico (1954a, p. 336).

O problema é que, enquanto a experiência das sensações corpóreas e do exercício pleno da motilidade fortalecem a coexistência entre psique e corpo, a utilização precoce das funções intelectuais cria obstáculos para essa coexistência (cf. 1988, p. 143).

A natureza do "verdadeiro distúrbio psicossomático"

No caso do distúrbio psicossomático, um padrão de falhas ambientais traumáticas provocou, repetidas vezes, a quebra da linha do ser e uma perda do sentimento, que estava se constituindo, de estar reunido e habitar no corpo. Imediatamente após o trauma, é erigida uma defesa, de caráter antitraumático, que visa evitar a repetição da agonia impensável: por cisão ou dissociações múltiplas, o indivíduo se despersonaliza ativamente, inibindo os impulsos de modo geral e avesso a qualquer intensidade, que o incomoda e/ou constrange, num equilíbrio sempre precário, prestes a perder o parco conluio entre psique e soma, como que pendurado no hífen da expressão psico-somático, não no sentido do que une, mas no do que separa. A despersonalização ativa é o modo como o indivíduo se defende da *ameaça de despersonalização ou de desintegração por fracasso ambiental.* A defesa teria a seguinte formulação: "não serei mais atingido porque estarei espalhado, não podendo, portanto, ser encontrado em nenhum lugar; desse modo, não serei aniquilado pela perda da integração porque já vivo semi-integrado."

O fracasso nessa área da associação psicossomática, diz o autor, "resulta na incerteza da 'morada' ou conduz à despersonalização, na medida em que a morada tornou-se um aspecto que pode ser perdido" (1966d, p. 89). A "incerteza da morada" quer dizer: pesa sobre o indivíduo, permanentemente, a ameaça de perder, irremissivelmente, a já precária parceria psicossomática. Uma paciente minha tinha pavor de fazer exame de sangue e até mesmo de começar a suar; um exame mais aprofundado da questão revelou que ela tinha o sentimento de que a fronteira entre ela e a realidade externa, representada pela pele, era muito frágil, incapaz da tarefa de manter as coisas lá dentro e incapaz de dar a ela um sentido maior de proteção; se algo – o sangue, o suor –, começasse a sair poderia ocorrer de nunca mais parar e ela se esvairia por completo.

A despersonalização, contudo, tal como assinala o autor com respeito à desintegração, não é um estado que "possa prosseguir por si mesmo e, durante o tempo em que ela deve ser mantida, o desenvolvimento emocional permanecerá estacionário" (1988, p. 157). Ao invés de, gradualmente, solidificar a residência no corpo, o indivíduo se torna *despersonalizado*. Não habitando o corpo e incapaz de fazer experiências, o indivíduo despersonalizado mantém o estar vivo num nível minimalista: "impulsos, satisfações ou frustrações não chegam a ser sentidas com total intensidade, nem como pertencentes ao si-mesmo" (1958j, p.17). Como, do "estar vivo" do indivíduo como pessoa, fazem parte intrínseca a respiração, a temperatura, a motilidade e a vitalidade dos tecidos, a criança despersonalizada está propensa a todo tipo de desarranjo orgânico, tendendo à apatia, à hipotonia, à ausência de coordenação, à baixa capacidade de adaptação à temperatura, à demora em andar, ao emagrecimento, à falta de apetite, apresentando ainda ansiedade permanente, tornando-se incapaz de descansar.

São esses os casos em que, quando a criança se fere, os "machucados não saram simplesmente devido a uma falta geral de interesse por parte da criança e dos tecidos, em viver" (1931p, p. 88).

A concepção winnicottiana do distúrbio psicossomático

Enumero a seguir, as características que, segundo Winnicott, são distintivas do verdadeiro distúrbio psicossomático:

1) A enfermidade não é o estado clínico expresso em termos de patologia somática ou funcionamento patológico, mas "a persistência de uma cisão ou de dissociações múltiplas na organização do ego do paciente" (1966d, p. 82)[51].

2) A cisão ou as múltiplas dissociações não são resultado de conflito de forças pulsionais, nem insuficiência de elaboração psíquica diante da intensidade da excitação; são, na verdade, o fracasso, já na etapa primitiva do amadurecimento, da associação psicossomática, ou seja, são aspectos do que era, no início da vida, o estado de não-integração psicossomática, que deveriam ter sido gradualmente integrados como pertencentes ao si-mesmo, mas não o foram, ou que, tendo havido uma integração precária, esta foi repetidamente perdida (desintegração).

3) O problema clínico real, escondido atrás da busca de cura dos sintomas, é uma desintegração ativa, por parte do paciente, que aparece na forma de uma persistente "dispersão dos agentes responsáveis". A paciente de Winnicott, cujo caso é um dos que ilustram seu artigo *"O transtorno psicossomático"* (1966d), buscava ajuda em múltiplas áreas de tal modo que "não se encontrava nunca, ao mesmo tempo, em um só lugar e em contato com cada um e todos os aspectos do cuidado que organizara" (*ibid.*, p. 87).

4) A necessidade patológica do paciente é a de manter, através dessa desintegração ativa, a organização defensiva subjacente, ou

---

[51] No que se refere à primeira afirmação, a psicanálise tradicional diria a mesma coisa com a diferença de que, nesta, a enfermidade física é entendida na chave das neuroses e representa conflitos psíquicos recalcados, ou na linha da conversão histérica ou da neurose de ansiedade.

seja, a cisão ou as dissociações múltiplas, que protegem contra um possível momento de integração a qual, devido a experiências traumáticas de fracasso da integração, passou a representar, para o indivíduo, uma ameaça de aniquilamento. Esse é o motivo pelo qual Winnicott afirma que o distúrbio psicossomático é o negativo de um positivo, sendo o positivo a tendência à integração.

5) O distúrbio psicossomático tem, contudo, um valor positivo do ponto de vista da saúde, que é enfatizar, para o indivíduo, o contato com o corpo, nem que seja através da dor ou do desconforto. A paciente de Winnicott, o último caso clínico descrito no texto sobre o distúrbio psicossomático[52], além de diversas prurites crônicas que a mantinham em contato com a pele, havia achado "uma técnica para repousar que significa que nunca repousa.[...] Sempre descansa em algum tipo de posição exagerada, de maneira a estar consciente de si mesma em termos físicos. Sempre dá um jeito para que todos os seus músculos se encontrem tensionados" (1966d, p. 91). Desse modo, o distúrbio é uma defesa, não apenas contra o perigo da integração, devido à ameaça de aniquilamento (que visa, portanto, preservar a cisão), mas também contra a ameaça de uma perda irremissível da coesão psicossomática, representada seja pela fuga para uma *existência meramente intelectual* ou espiritual, seja pelo aprisionamento, na direção inversa, numa existência dominada pela *sensorialidade ou sexualidade compulsivas*. O que ocorre é que, através do distúrbio físico, o paciente se mantém em contato não apenas com o corpo, mas também com a dependência de cuidados que a doença física acarreta, apesar de sua situação clínica ilustrar exatamente o contrário, ou seja, a preservação da cisão ou das múltiplas dissociações através da persistente "dispersão dos agentes responsáveis".

7) Usando o fato de que termo *"psycho-somatic"* contém necessariamente um hífen, Winnicott afirma que o desafio e a tarefa do psicossomatista, ou do terapeuta, é cuidar do hífen. *Não para*

---

[52] Esse caso está descrito em "Nota adicional sobre o transtorno psicossomático"(1989vm), item II do capítulo "O transtorno psicossomático" no livro de Winnicott *Explorações psicanalíticas* (1989a).

fazê-lo desaparecer, mas para mantê-lo exatamente como é: aquilo que une e separa ao mesmo tempo. Enquanto teoricamente, e na saúde, o hífen representa a união, sempre precária, entre psique e soma, no distúrbio psicossomático, o sintoma físico é o alerta de que o hífen está operando como traço de separação[53]. O terapeuta não deve antecipar-se à possibilidade do paciente e denunciar a cisão. Isso seria um apelo à racionalidade e apenas poria mais água no moinho da compreensão meramente intelectual. "Esses pacientes", diz o autor, "precisam de nós para serem cindidos" (*ibid.*, p. 88). Ou seja, esses pacientes necessitam de alguém que os acompanhe sem tentar modificar o quadro defensivo até que eles possam, lentamente, desde si-mesmos, permitir que o processo de amadurecimento siga na direção que lhe é própria: a da integração. É essa tarefa que legitima a existência de um grupo de médicos e terapeutas reunidos em torno da psicossomática.

Referências bibliográficas

DIAS, E. 2003: *A teoria do amadurecimento* Rio de Janeiro: Imago

LOPARIC, Z. 2000b: "O 'animal humano'", *Natureza Humana*, vol. 2, n. 2, pp. 351-397.

WINNICOTT, D. W. 1931p: "Notas sobre normalidade e ansiedade", in WINNICOTT 1958a (W6).

_____ 1945d: "Desenvolvimento emocional primitivo", in WINNICOTT 1958a (W6).

_____ 1948b: "Pediatria e psiquiatria", in Winnicott 1958a (W6).

_____ 1955c [1954]: "A posição depressiva no desenvolvimento emocional normal", in WINNICOTT 1958a (W6).

_____ 1954a [1949]: "A mente e sua relação com o psique-soma", in WINNICOTT 1958a (W6).

_____ 1957m [1950]: "Saber e aprender", in Winnicott 1987a (W16).

_____ 1958a (W6). *Collected Papers: Through Paediatrics to Psychoanalysis*, Londres: Tavistock Publications. Trad.bras. de Davy Bogomoletz: *Textos selecionados: da pediatria à psicanálise,* Rio de Janeiro: Imago, 2000.

---

[53] Para um maior desenvolvimento desse tema, cf. Loparic 2000b, p. 366.

_____ 1958d [1952]: "Ansiedade associada à insegurança", in WINNICOTT 1958a (W6).

_____ 1958j : "O primeiro ano de vida: uma nova visão sobre o desenvolvimento emocional", in WINNICOTT 1965a (W8).

_____ 1965a (W8): *The Family and Individual Development*, Londres: Tavistock Publications Ltd. Trad. bras. de Jane Corrêa: *A família e o desenvolvimento do indivíduo*, Belo Horizonte: Interlivros, 1980.

_____ 1966d [1964]: "A enfermidade psicossomática em seus aspectos positivos e negativos", in WINNICOTT 1989a (W19).

_____ 1969g: "Fisioterapia e relações humanas", in WINNICOTT 1989a (W19).

_____ 1987a (W16): *Babies and Their Mothers*, Londres: Free Association Books. Trad. bras.: *Os Bebês e suas Mães*, São Paulo: Martins Fontes, 1988.

_____ 1988 (W18): *Human Nature*. Londres: Winnicott Trust. Trad. bras. de Davy Bogomoletz: *Natureza Humana* , Rio de Janeiro: Imago, 1990.

_____ 1989a (W19): *Psychoanalytic Explorations*. Londres: Karnac Books. Trad. bras. de José Octavio de Aguiar Abreu *Explorações Psicanalíticas*. Porto Alegre: Artes Médicas, 1994.

_____ 1989vm [1969]: "Nota adicional sobre o transtorno psicossomático", in WINNICOTT 1989a (W19).

_____ 1993a (W20): *Talking to Parents*, Londres: The WINNICOTT Trust. Trad. bras.: *Conversando com os pais* São Paulo: Martins Fontes, 1999.

_____ 1993h [1956]: "O que sabemos a respeito de bebês que chupam pano?", in WINNICOTT 1993a (W20).

Sobre o corpo de Winnicott

Tales A. M. Ab'Sáber

"Graças ao falecido Dr. John Rickman, Winnicott permitiu que eu assistisse a uma das suas consultas com o "jogo do rabisco", realizadas no Paddington Green Hospital. Não havia nada que se parecesse menos com o esperado ambiente médico-clínico. Era um verdadeiro *happening*. Alguém menos amável diria que Winnicott sustentava um caos. Enquanto conversava com os pais, a criança ficava absorta, desenhando algo *sem*-sentido profundo e privativo. Winnicott ia dos pais para a criança, *facilitando-lhes* as diferentes tentativas de participação na situação que estavam vivendo. Éramos levados a acreditar que nos achávamos diante de pura mágica. E, sem dúvida alguma, não era mágica, porque a mágica só funciona por intermédio de comparsas e não de testemunhas e parceiros recalcitrantes" (Khan, 1988).

Há em Winnicott uma teoria da integração, no tempo, de corpo e de espírito, integração algo instável, processual, nada garantida, que pode deixar restos não equacionados nestas duas dimensões do humano.

De fato, para o psicanalista inglês, corpo e espírito realizam uma unidade potencial cujos destinos implicam sempre, desde a mais remota origem, uma relação: do mesmo modo que a mãe é continente do bebê, será o cuidado constante, vivo e humanizado, situado no presente de um ambiente viável, que gradualmente tornará o corpo continente do próprio eu, sua morada.

Esta integração é, portanto, função de um trabalho humano ativo e qualificado – noções condensadas no conceito winnicottiano de mãe boa o suficiente –, que em uma série de dimensões, e desde a origem, busca ligar simbolicamente e praticamente estas realidades humanas, o corpo e a alma, que se realizam mesmo neste trabalho vivo do Outro.

Assim, também na clínica de Winnicott como psicanalista e pediatra há uma série de indicações de um trabalho próprio da corporeidade do analista, seja como objeto ou continente de seus pacientes, ou ainda de significativo modo contra-transferencial. Trata-se de gestões corpóreas próprias do analista que participam mesmo da constituição do processo de integração psicossomática de seus pacientes. A escuta equiflutuante de Winnicott passa também pelos efeitos corpóreos de seus pacientes sobre ele e muitas vezes é a presença viva do corpo do analista na hora extrema das defesas primitivas diante do impensável que pode significar a esperança perdida, e não nenhum exercício interpretativo.

Do gesto real de criança e analista, originário do sentido, no jogo do rabisco, ao uso concreto, ou real, do corpo do analista no *setting* para a observação de bebês, ou na clínica dos pacientes regredidos – até a pulsação da auto-análise de Winnicott a respeito dos efeitos de seus pacientes sobre o seu próprio corpo – nele a velha tradição ocidental de considerar a verdade do simbólico apenas o que pode ser expresso no campo da linguagem foi transformada pela emergência de um espaço experimental dos sentidos, que inclui essencialmente e basicamente o corpo.

Essa presença real se daria, se não como fonte da verdade sobre as coisas, certamente como ancoragem experimentada da possível verdade do *self*. Parafraseando Nietszche, podemos dizer que Winnicott também simplesmente *não acreditava em um Deus que não soubesse dançar.*

Nele uma velha vocação da psicanálise, na qual, como Freud formulou, o corpo participava *como corpo* na conversa, porém em um nível mais primitivo de origem mesma do símbolo, antes do valor simbólico de qualquer conversa, no nível do *ser do corpo* e *ser no corpo*. A articulação psicanalítica radical de linguagem e corpo será simplesmente explorada até o limite de sua própria constituição.

A motilidade geral de um ser humano, a força que toma o corpo desde a origem, e mesmo antes da origem em um regime pré-fetal, e o faz expressar, existir, em um ambiente ou em uma relação de objeto é em Winnicott uma espécie de grau zero do vivo. Esta força será diferenciada posteriormente como sentido, afeto, fantasia ou linguagem, na natureza específica da estrutura de valores e experiências – amorosas, ansiosas, tolerantes, agressivas – que foram encontradas no outro, no campo do ambiente vivo, um corpo de mãe.

Há deste modo em Winnicott um tempo mítico do corpo livre, sem cultura a fazer marca, sustentado em um mundo que deve tornar-se possível para esta pura virtualidade, e torná-lo simultaneamente possível, um tempo de uma *agressividade* expansiva original *sem agressividade,* de uma vivência excitada e erótica sem eu para contê-la, de uma vivência de momentos tranqüilos em um mundo de sentidos advindos do ambiente, que também é a própria vivência tranqüila do pequeno humano.

No colo e na fantasia da mãe, ou do grupo cultural que envolve um bebê, seu corpo real vai derivar em um certo momento a motilidade original, erotismo primordial mas sem significado a princípio, erótico ou agressivo, em uma estrutura específica de sentido, para o desenvolvimento ou não do psicossoma. Dada a sustentação humana que é ética de cuidado e experiência primordial de sentido partilhado, a vida pulsional, a erótica original do bebê, também será favorável à integração psicossomática, como Winnicott afirmou muitas vezes.

O bebê winnicottiano literalmente vai encontrar, a partir do próprio *gesto,* o valor do erótico e do pulsional, dos estados de não integração criativa primordial e da criação original de um aspecto da realidade exterior, e, posteriormente, da dialética negativa da própria destrutividade, criadora e estabilizadora do valor de um outro, para o bebê.

Falhas na sustentação, material ou simbólica, de um bebê, abrirão destinos impensáveis do ponto de vista do continente simbólico incompleto, o *gesto* cairá no vazio e se *des-realizará,* o que sempre terá repercussão em uma experiência de não integração psicossomática. As defesas do absurdo radical e da violência desumanizadora daí advindas, produzirão a experiência dupla, mas unificada, da loucura: referente ao psiquismo defeituoso e impossível, distanciado de modo específico e arcaico de um senso de realidade partilhada, simultaneamente às fantasias que operam no real do corpo, formas radicais de sua incompletude e distorção.

Essa não integração psicossomática – ocorrida na não integração entre o bebê e o mundo-mãe que deve sustentá-lo com precisão constante e simples, e erotismo cultural primordial – pode se expressar como falha somatizante na capacidade de pensar e sonhar, ou em *alucinoses*, que necessitam de defesas radicais para se tornarem minimamente sustentáveis, nas quais o corpo é o grande campo de batalha do impensável de si mesmo.

Assim uma paciente pode me dizer depois de anos de análise que simplesmente "não tinha nada no meio de si, não tinha barriga, estômago, nada", enquanto outro me fala, em uma comunicação muito profunda e subjetiva, que ainda não percebia inteiramente a minha presença, em suas primeiras sessões, "que uma coisa negra e pegajosa, como uma lã encharcada passeava por seu corpo, era a sua tristeza", e outra ainda, no auge da alucinose sobre o seu psiquismo inexistente, me diz que vivia por vezes "fechada em um cilindro de alumínio sem janelas que continha uma luz branca e constante, sem sombras, horrível", e outra ainda "vivia muito distante dos próprios olhos, vendo um mundo embaçado por trás deles, incompreensível", como se os olhos fossem um instrumento defeituoso, não eu.

Assim, o que se observa na clínica da não integração psicossomática é o fato interessante de que o psiquismo distorcido, que perdeu aspectos simbólicos próprios à realidade partilhada, distorcendo o senso comum de realidade, é vivido simultaneamente como um corpo estranho e deformado.

A falha e a distorção do continente simbólico desses pacientes implicará uma simultânea imagem distorcida da natureza do corpo, morada perigosa, estranha, difícil, ausente, inconfiável, ruinosa, distante, inexistente ou despedaçada... Toda neurose, mesmo daqueles que tornaram o corpo uma certa moradia confortável para o eu, ao alcançar na análise níveis estruturais de cicatrizes sobre a natureza incompleta da produção psicótica de cada um de nós – o vértice psíquico da personalidade psicótica, como diria Bion – também vai esbarrar em uma imagem de corpo distorcida e dissociada, a alucinose sobre o si mesmo do ponto de vista do corpo, *que preenche a distância simbólica da dissociação entre corpo e psique.*

Raciocínios como esse tornam autoevidente a natureza de produção defensiva e compensatória das distorções da imagem e das práticas corporais quando elas vêm ao primeiro plano da existência, ou da não existência, nas tentativas de suicídio que implicam ataques ao corpo, ou na anorexia ou nas drogadições, por exemplo...

Será nessa região regredida e arcaica da experiência da distorção do psique-soma, de sua não integração, que o corpo vivo do analista terá fundamental importância.

Se a transicionalidade implica objetos primordiais que darão acesso fundante à realidade a partir de sua eleição e criação pelo pequeno humano, este ponto avançado do desenvolvimento psíquico implica a sustentação anterior no espaço vivo do ambiente de devoção original ao bebê, imantado primordialmente pela presença de um corpo de mãe, ou de alguém, que se move e que oferece a vida psíquica ao bebê a partir de sua própria carnalidade viável.

Assim, em casos muitos graves, Winnicott precisava funcionar para seus pacientes *como ambiente e como corpo,* como gesto e presença primordial de sustentação, vida e manejo, que alcançariam o paciente no ponto da não integração psicossomática em jogo. Nessa região, fora do campo da significação linguageira para o paciente, o corpo vivo e pessoal do analista, que respira, sonha e é sensível às próprias necessidades corpóreas primitivas do paciente, é a realidade simbólica primordial. O difícil de *viver aí* é que tal mundo sensível deve ser encontrado e vivo, não podendo ser programado por nenhuma estrutura de sentido que lhe seja exterior, nenhuma ordem de derivação, tipo de metafísica, que escape a sua própria natureza, real, imanente.

Assim Winnicott poderia, durante muito tempo, segurar a mão ou a cabeça de uma paciente regredida ao vazio e ao terror, que só se sentia existindo por este contato constante e firme com ele, como, em suas próprias palavras, *um verdadeiro cordão umbilical*.

Assim ele propunha que os analistas fossem capazes de permitir, em seu próprio corpo presente, atento e tranqüilo, os processos de regressão psicossomáticas mais intensos à dependência, em que o corpo primordial não tecido no humano do paciente faria aparição, em isolamento silencioso ou paralisante, primitivo, que deveria ser profundamente respeitado, ou em produções somáticas primordiais, como o sono, ou mesmo a evacuação, ou incontinência urinária...

Assim uma menininha como Piggle podia durante o seu tratamento subir por seu colo e se afastar dele, e se esconder, quantas vezes lhe fosse necessário.

Assim o próprio Winnicott investigava seu corpo psíquico e real, integrado ou dissociado, não existindo inteiramente, em seus próprios sonhos, para poder cuidar de pacientes cujos corpos ainda não existiam para si mesmos.

Assim, ainda no começo de seu percurso de analista e pediatra, ele permitia que um bebê muito doente, tomado por uma série de convulsões diárias, se recuperasse ao ficar o tempo necessário em seu colo, e ao morder – com a intensidade necessária de um corpo que recupera a própria vida no próprio gesto – o joelho, ou o dedo do analista, até quase tirar sangue...

Estas ações corpóreas do analista, estes *atos analíticos*, englobados na grande categoria geral do *manejo ambiental*, são evidentemente orientados por um corpo teórico profundo, incorporado como experiência do próprio inconsciente no analista, que articulava o campo original das psicanálises freudiana e kleiniana com a própria nova teorização do desenvolvimento emocional primitivo bem posicionada no interior do quadro anterior de tradição, ao mesmo tempo que o superava exatamente nestas novas possibilidades de sentido, até então impensáveis.

Acredito que Winnicott operava realmente em todas estas regiões, com seu corpo objeto, seu corpo ambiente ou seu corpo pessoal, e singular, de modo a atualizar a noção grega de *kora*, que está na origem de nossa palavra moderna coreografia, e que revela, com o seu próprio esquecimento, um tanto da dissociação histórica que a cultura ocidental realizou entre o mental e o corpóreo e que a psicanálise tem o poder de desfazer: o valor e o sentido produzido pela presença viva de um corpo no espaço.

É exatamente esta dimensão *coreográfica* do trabalho analítico, que implica uma razão corpórea profunda, em muitos níveis da vida psíquica do outro, que muitos dos que conheceram Winnicott nos tentam transmitir a respeito dele, e que sabemos que também habitava outros grandes analistas, de Freud a Lacan, de Ferenczi a Masud Khan. Em parte, é a ela que me refiro na famosa passagem de Khan que evoquei como epígrafe deste trabalho.

E é a ela que também Winnicott se referiu, e nos deu uma de suas mais precisas imagens, que deve mesmo se expressar como a vida, quando certa vez fez uma importante recomendação "técnica" ao próprio Masud Khan, que iria atender uma paciente comum aos dois analistas, internada em uma clínica no campo inglês: "Ah, Khan, não troque de roupa. Suas botas e sua gravata de equitação darão mais segurança a Veronique do que qualquer coisa que você diga. Boa sorte Khan."[54]

Referência bibliográfica

KHAN M. M. R. *Quando a primavera chegar*. São Paulo: Escuta, 1991.

---

[54] M. Masud Khan (1991), *Quando a primavera chegar*, pág. 46.

Por uma psicanálise do gesto

Decio Gurfinkel

Este trabalho busca pôr em relevo certos aspectos da contribuição de Winnicott para a chamada *psicossomática psicanalítica*. A obra desse pensador original e extremamente sensível é hoje reconhecida como uma das mais significativas da era pós-freudiana, e dentre tantos aspectos da natureza humana por ela problematizados, a inter-relação entre o psíquico e o somático é um dos que merecem uma atenção especial. A sua contribuição neste campo, além de bastante original e idiossincrática, pode ser considerada pioneira, já que Winnicott se debruçou sobre o tema em uma época em que poucos psicanalistas se interessavam pelo assunto.

Neste trabalho, dedico-me a circunscrever brevemente a noção de *gesto* que, a meu ver, possibilita nos um olhar renovado sobre a relação entre corpo, ação, pensamento e trabalho de simbolização. O gesto, que na obra winnicottiana ganhou o estatuto de um *conceito*, é uma dessas proposições que mais tipicamente contém o espírito do pensamento de um autor – não é por acaso que Rodman escolheu a expressão "gesto espontâneo" para nomear o livro de cartas de Winnicott por ele organizado[55]. A proposição desse conceito resulta de uma modificação significativa de certos aspectos da metapsicologia freudiana, que abordou a problemática do *agir* segundo a lente da dualidade de princípios do funcionamento mental – princípio do prazer, princípio da realidade[56]. Uma *psicanálise do gesto* nasceu, também, de uma revisão crítica do conceito de *acting out*, que nos levou a conceber a situação analítica como um *teatro de transferência*. Aqui, a relação entre ação e transferência ganha um novo sentido, e a dualidade ação / pensamento oriunda da metapsicologia freudiana sofre uma remodelação bastante significativa. Pois o gesto coloca em primeiro plano a *teatralização* inerente à ação de transferência, ou mais especificamente àquele *tipo* de "ação

---

[55] Cf. Winnicott, D. W. *O gesto espontâneo*. São Paulo: Martins Fontes, 1990.
[56] Ver o capítulo "A clínica do agir", neste mesmo livro.

que representa"[57]. E ainda: além de exigir uma reconsideração da oposição estrita entre ação e pensamento que o modelo freudiano propõe, uma "psicanálise do gesto" comporta a introdução definitiva e necessária da dimensão estética da experiência humana no pensamento psicanalítico – pois, como veremos, *o gesto é a poesia do ato*.

O gesto, que pode ser definido como uma *ação simbólica*, está potencialmente presente desde o início da vida; ele é a própria manifestação do verdadeiro si-mesmo, e depende naturalmente da resposta e do olhar de outro ser humano para se constituir enquanto tal. A resposta do outro é, neste sentido, também constitutiva da gestualidade do si-mesmo, já que confere legitimidade e existência a um *gesto potencial* que, na ausência deste espelho humano, cai no vazio da não-existência. Sem essa resposta, o proto-gesto torna-se um *gesto parado no ar*: um movimento corporal que se perde no vácuo da ausência de um ambiente humano de sustentação. Ora: o gesto é uma manifestação ao mesmo tempo somática – já que nele o corpo é convocado na sua dimensão motora – e psíquica, uma vez que a *expressividade* do gesto constitui os primórdios da atividade de simbolização e de representação; e, se adotarmos a visão monista de Winnicott, compreendemos que estas duas dimensões são na verdade parte de um mesmo fenômeno, visto sob ângulos diferentes[58]. Se *o gesto é eminentemente psicossomático*, a resposta do outro humano também o é: a mãe ambiente é convocada, enquanto ser psicossomático total, a reafirmar a existência de um novo ser humano em germe através de seus próprios gestos e palavras. Ela é chamada a contê-lo em seus braços e a refleti-lo com seu olhar; a ela cabe a missão fundamental de recebê-lo, reconhecê-lo e legitimá-lo – através do seu próprio psicossoma – como um ser psicossomático com pleno direito à existência no mundo humano.

É preciso ressaltar, ainda, que Winnicott não foi o único psicanalista a vislumbrar a importância da gestualidade na constituição da subjetividade;

---

[57] No lado oposto da "ação que representa", encontra-se o "agir de descarga" cujo modelo é a compulsão à repetição freudiana: uma ação "pura" e esvaziada de poder simbolizante. Entre as duas existe, por certo, um amplo leque de possibilidades. Cf. "Teatro de transferência e clínica do agir" (Gurfinkel, 2006).

[58] Ao se referir aos primórdios do desenvolvimento do bebê, Winnicott ressaltou: *"aqui temos um corpo, e a psique e o soma não podem ser distinguidos a não ser de acordo com o ponto de vista de quem o observa"* (Winnicott, 1949, p.244). Para uma abordagem mais extensa da visão de Winnicott sobre o psicossoma humano, ver "Psicanálise e psicossoma: notas a partir do pensamento de Winnicott" (Gurfinkel, 1998).

mencionarei, em seguida, alguns outros autores que também refletiram sobre o assunto. Creio, no entanto, que o conceito ganha na obra deste psicanalista inglês um lugar de *fundamento*: Winnicott nos proporcionou, com seu pensamento original, um material de grande valor para alicerçarmos a construção de uma *psicanálise do gesto*.[59]

O gesto na psicossomática psicanalítica

Observamos nos trabalhos de alguns autores da chamada "psicossomática psicanalítica" uma compreensão da importância do conceito de gesto. Em sua crítica ao modelo um tanto solipsista de Pierre Marty, Dejours (1998) reconsiderou o estatuto da *ação* em relação ao corporal e à doença somática, sublinhando a *dinâmica intersubjetiva* sempre presente: "toda moção pulsional é dirigida ao outro" (p.46). Propôs então o conceito de *"atuação expressiva"*, em acepção próxima ao que aqui designo gesto: "na relação com o outro eu mobilizo não somente pensamentos, idéias e desejos, mas também o meu corpo para expressar este pensamento e este desejo. De certa forma, eu mobilizo o corpo a serviço da significação (...) eu busco agir sobre o outro, movê-lo, seduzi-lo ou amedrontá-lo, talvez adormecê-lo e, para isso, mobilizo todo o meu corpo..." (idem). Trata-se de *colocar em cena o drama psíquico* vivido pelo sujeito, e ao mesmo tempo manifestá-lo para o outro; assim, podemos estudar, por exemplo, a "dramaturgia psicossomática da cólera" – mais respiratória e vocal do que motora –, ou do medo, do desejo, etc. A falha no *agir expressivo* comporta, para Dejours, o risco de somatizações.

Seguindo uma outra direção de pesquisa, vemos que a discussão sobre o estatuto da ação e do gesto também concerne ao estudo da própria situação analítica. Isto nos conduz a uma indagação sobre a "técnica" psicoterápica: como repensar o lugar do agir e do gesto durante o tratamento, e qual a incidência desta problemática nas possíveis variações do dispositivo analítico? Marilia Aisenstein (2003) dedicou-se à questão, analisando a inscrição do

---

[59] As idéias apresentadas em seguida são também expostas no meu livro *Sonhar, dormir e psicanalisar: viagens ao informe*, a fim de fundamentar a hipótese da gestualidade do sonhar (cf. Gurfinkel, 2008).

corpo como parâmetro no interior do enquadre. A posição no divã potencializa, via de regra, a liberdade associativa, e baseia-se em um "investimento na passividade": ela envolve um "abandonar-se" – "aceitar que o imprevisto caia sobre nós" – o que "pode acionar o movimento, *o gesto* e o corpo" (p.148). A abordagem da autora é, efetivamente, muito afim à concepção que tenho desenvolvido em meu trabalho, segundo a qual o *setting* original da psicanálise deve ser concebido como análogo à situação do sono-sonho: "o dispositivo clássico se ancora sobre o modelo do sonho, e postula que a inibição da motricidade e das percepções facilita a atividade representativa. Isto é verdadeiro em certos casos, mas implica um princípio: a motricidade seria apenas uma via de descarga. É este princípio mesmo que contesto. A motricidade é a via de descarga, mas é também suporte indispensável à trama das representações" (p.149). Pois, em alguns casos, o trabalho de representação *não é* potencializado por um investimento na passividade, e a *falta* de perceptividade e de motricidade, em lugar de abrir espaço para tal trabalho, joga o sujeito no vazio. Se o corpo na situação analítica é um *apoio* imprescindível para o trabalho da representação, há que se considerar o valor – em determinados casos e situações clínicas – da posição face-a-face. Para Aisenstein, os caminhos que levam à fluidez das representações são múltiplos: "a diversidade dos enquadres propostos para conduzir um processo psicanalítico reflete esta diversidade de vias de acesso à representação" (p.148).

Assim, seja ao se pensar em termos de uma "ação expressiva", seja por problematizar a disposição do corpo na situação psicoterápica, as preocupações de Dejours e de Aisenstein já demonstram uma sensibilização para a questão que aqui busco ressaltar.

A beleza do gesto

Uma outra fonte importante para a presente discussão encontra-se em um lugar um pouco distante da psicanálise e da psicossomática. Para avançar meu argumento, farei uma breve referência à *dimensão estética* do gesto através do olhar do filósofo.

"O gesto é a poesia do ato" (Galard, 1997, p.27). Jean Galard operou uma curiosa extensão no escopo da estética, ao incluir dentre seus objetos, além dos "objetos artísticos" *stricto sensu*, a *conduta*, propondo uma *estética do comportamento humano* entendido como "arte". A psicanálise pode retribuir este "gesto de aproximação", e incluir em suas próprias preocupações a dimensão estética da existência humana. Não se trata de perfumaria ou de *finesse* intelectual, mas de um *insight* a respeito da importância da simbolização e da não-simbolização para a organização psíquica. A psicopatologia e a prática psicanalítica perdem uma oportunidade de avançar significativamente se negligenciam tal dimensão. Como a estética do comportamento nos ajuda a aprimorar o conceito de gesto?

"Todos os atos são constantemente suscetíveis de se converter em gestos, de simbolizar um modo de ser, um jeito de tratar os outros. É impossível, na solidão ou na inação, impedir que a conduta tenha sentido (...), portanto, que seja, como uma postura, expressiva" (p.20). É esta expressividade do ato que tentei ressaltar na teatralidade, seja do estilo de conduta do histérico, seja da ação transferencial, seja do ato falho.[60] O gesto, definido como *ação simbólica*, porta sempre um *sentido*: "há, em qualquer gesto, algo suspenso que dá margem à repercussão simbólica" (p.59). O simbolismo do ato é precisamente o que lhe pode conferir, segundo Galard, um caráter poético.

Só há poesia nas palavras? Refutando tal premissa, Galard propõe que compreendamos a poesia como um processo que opera tanto nas construções de palavras quanto nas disposições de objetos e nas composições de gestos. A função poética exprime-se basicamente através de "figuras", e os gestos são, no âmbito da conduta, o equivalente das figuras no campo da linguagem. Um comportamento pode ser qualificado de gestual quando, à semelhança da poesia, apresenta uma *"abundância de movimentos ressemantizados"*; trata-se sempre de uma *criação*, cuja meta é libertar movimentos ainda não percebidos. "Aplicada à conduta, a função poética desmantela o encadeamento pragmático dos movimentos; ela contraria a absorção dos meios pelo fim, do imediato pela perspectiva; ressalta a maneira de agir, o método empregado, e converte a escolha do procedimento num verdadeiro objetivo" (p.36). O autor considera, ainda, o teatro uma situação especialmente favorável para a atividade gestual.

Esta rápida passagem pelas formulações de Galard deve aguçar o interesse do psicanalista. Não será o *gesto* uma categoria que retira de modo pungente a ação de um *status* exclusivamente biológico ou economicamente

---

[60] Cf. Gurfinkel (2006).

funcional que lhe poderia ser atribuído? Por outro lado, como não colocarmos em questão a afirmação de que *todos* os atos são suscetíveis de se converter em gestos se, com o colapso do sonhar, perde-se a potencialidade simbolizante do psiquismo humano? Bem, é precisamente na experiência do sonhar que se reconhece, de maneira exemplar, a função poética em seu *princípio criativo*.[61]

O "gesto espontâneo": a motilidade e o "verdadeiro *self*"

No campo psicanalítico, encontramos a introdução do gesto como categoria significativa na obra de Winnicott. Nela, o gesto pode ser compreendido à luz do conceito de *self* e de sua teoria singular sobre a agressividade; em poucas palavras, "o gesto espontâneo é o verdadeiro *self* em ação" (Winnicott, 1960, p.148).

A metapsicologia do *self* desenvolveu-se por uma necessidade de "colocar em palavras" problemáticas que emergiam da clínica e que se mostravam insuficientemente abarcadas pelo conceito de eu. No trabalho com certos pacientes – especialmente os chamados *borderline* –, uma vivência subjetiva de vazio e futilidade veio a denunciar a precariedade em que um suposto eu parecia erguer-se naquela organização psíquica. De fato, mesmo que aquela instância mediadora descrita por Freud (1923) fosse capaz de se "equilibrar" bem entre seus três senhores – o isso, a realidade e o superego –, mostrava-se carente de autenticidade e de *realidade de si mesmo*. Paradoxalmente, tratava-se de um eu carente de si mesmo... As pulsões e as demandas do mundo pareciam ser reais, mas aquele eu era *irreal*. Não estava enraizado no núcleo do ser, mas havia se construído de fora para dentro, ou da casca para o núcleo, por um mimetismo grosseiro do ambiente. Surge, assim, o conceito de um *"falso si-mesmo"*, na verdade uma sofisticada organização de defesa erigida precocemente que, graças a um mecanismo dissociativo, protege o "verdadeiro si-mesmo" de uma ameaça de violenta desagregação. A violação do núcleo do *self* é, para Winnicott, o pior dos estupros.

Com o desenvolvimento de seu trabalho, Winnicott concedeu a estes conceitos um caráter mais amplo, e não mais restrito à patologia. Falso e

---

[61] Em meu livro mais recente, abordo de modo extensivo a dimensão estética do gesto e suas implicações para uma teoria do sonho (cf. Gurfinkel, 2008).

verdadeiro si-mesmo são duas faces, universais e inerentes, do *ser* humano, constituindo uma espécie de tópica psíquica. O lugar fronteiriço e mediador do eu exige dele uma tarefa contínua de negociar e, sempre que necessário, conceder, sendo impossível furtar-se a um certo grau de hipocrisia, dissimulação e oportunismo. Eis o falso-*self* nosso de cada dia. A comunicação com o verdadeiro *self* é, em contraste, muito delicada, e exige condições muito especiais para ocorrer. No limite, o verdadeiro *self* é, no seu núcleo mais profundo, incomunicável; é dele que emanam a criatividade e o sentimento de realidade.

A construção winnicottiana mostra-se mais ousada ao supor um *self* nas etapas mais primitivas do desenvolvimento emocional, antes mesmo da construção da membrana limitadora de um eu. Na qualidade de um princípio ativo, o verdadeiro *self* aglutina em torno de seu núcleo teórico o conjunto acumulativo das experiências do ser e do estar vivo: emerge, primariamente, da vivacidade do corpo – seus tecidos e seu funcionamento – e do viver sensório-motor, e conecta-se logo com o processo primário. Mas a sua *primariedade* tem como traço essencial uma anterioridade e uma prevalência do *pessoal* em relação ao que se tornará o *social*, de maneira que algo de verdadeiro si-mesmo sempre estará presente em todos os movimentos genuinamente pessoais e próprios, mesmo que mesclados e modulados secundariamente pela relação com o mundo. Quando nesta relação predomina a invasão, há apenas *reação* – e não mais *ação* autêntica -; nestas ocasiões, o verdadeiro *self* se recolhe e cede o lugar para seu sucedâneo e protetor. É a primariedade aludida que confere ao *self* o selo de autenticidade, e, a seus movimentos expressivos, o caráter de *espontaneidade*.[62]

Começamos a compreender como este si-mesmo que nasce da experiência corporal e sensório-motora do estar vivo deve, muito cedo, expressar-se por *gestos*, anteriormente ao uso da linguagem verbal. Pareceria insensato supor na motricidade do bebê humano um ato de linguagem; para Winnicott, no entanto, não se trata também tão-somente de uma manifestação desordenada e sem sentido. Há, ali, um sentido *potencial*, que poderá ou

---

[62] Bollas (1992) é um dos psicanalistas contemporâneos que mais contribuiu para o aprimoramento de uma teoria sobre o verdadeiro *self*, aproximando de maneira mais definitiva e fundamental experiência de *self* e estética da existência. Segundo ele, todos nós temos o nosso "idioma" singular, a nossa "impressão digital subjetiva" que se desdobra no viver no mundo por obra de uma "pulsão de destino": trabalho de Eros que articula e elabora o idioma através da seleção e do uso de objetos.

não ser construído de acordo com a receptividade materna. A devoção e a preocupação primária da mãe, que percebe e vai ao encontro das necessidades básicas do Ser e do eu potencial emergentes, oferece as condições para que se possa *existir* ao invés de *reagir*. Com seu olhar, com seus braços – ou *holding* – e com seus gestos – enfim, com toda sua corporeidade – a mãe-ambiente responde ao gesto do bebê e confere-lhe legitimidade, autenticidade, realidade ou, se quisermos, humanidade. A ação do infante não cai no vazio, mas encontra um espaço e uma densidade material que a acolhe e reconhece sua potencial gestualidade.

A motilidade foi, também, objeto de uma conceitualização bastante singular por parte de Winnicott (1950-5). Seja por sua visão monista da relação entre psique e soma, seja por sua experiência como pediatra, seja por sua busca de uma nova resposta para o problema da raiz primitiva da agressividade – uma vez que nunca viu com bons olhos a teoria freudiana da pulsão de morte –, Winnicott atribuiu à motilidade uma importância e um *status* tão essencial quanto a pulsão para Freud. A motilidade está presente nos movimentos do feto no útero, na motricidade do bebê, na sua mordida do bico do seio; enfim, no seu movimento de "abraçar" o mundo e os objetos. A motilidade logo se torna agressividade primária – ainda não associada à destrutividade ou ao ódio –, mas para tanto necessita de um anteparo, oposição ou obstáculo: a corporeidade de um objeto que contenha a ação motora e não permita que ela caia no vazio, conferindo-lhe ao mesmo tempo o caráter de gesto. Ao lado do potencial erótico, a motilidade-agressividade compõe o equipamento básico do bebê humano que vem ao mundo, mas em contraste com ele carrega consigo as manifestações mais *pessoais* do ser do infante. O erotismo e as experiências pulsionais, por sua vez, só ganham um caráter próprio a partir de um *trabalho*, um trabalho de fusão do erótico e do agressivo, segundo terminologia de Winnicott; podemos considerá-lo também um *trabalho de simbolização* da excitação pulsional.

Winnicott postula que o sentido de realidade e a *"habilidade de existir"* nascem das raízes motoras e sensoriais da experiência, através das quais, partindo de uma identificação primária, um movimento pessoal repudia a casca e torna-se núcleo. Assim, a agressividade – esta que deriva da motilidade – está muito próxima da espontaneidade, e constitui a matéria-prima da gestualidade: "o gesto impulsivo lança-se para fora, e torna-se agressividade conforme uma oposição é encontrada" (p.217). Ora, ao utilizar a expressão "*gesto impulsivo*", Winnicott parece querer marcar a base corporal do gesto – assim como seu caráter de impulso ou ímpeto corporal –, afastando-o de qualquer abstração. O gesto como ação simbólica nasce de uma corporeidade irredutível e, por isto mesmo, dizemos *gesto*, e não *mensagem*, já que não se trata de uma comunicação em abstrato. A motricidade não é pensada, aqui, no entanto, como uma *mecânica*, e sim como a expressividade potencial de um Ser nascente: trata-se, precisamente, do veículo do *gesto espontâneo* do psicossoma humano, uma vez que as condições de um vir-a-ser estejam garantidas. Se o gesto espontâneo é, segundo as palavras de Winnicott, o verdadeiro *self* em *ação*, esta ação é a um só tempo motora, corporal e simbólica, e envolve o psicossoma como unidade indissolúvel.

Outros autores vieram a se interessar pelas possibilidades abertas pelo conceito de gesto no campo psicanalítico. Para Fédida (1988), o gesto é um "*ato de linguagem*", ou um "*ato de nominação*": é o gesto materno que nomeia o afeto, originando a cultura e o sentido. Ao alimentar o bebê, a gestualidade da mãe complementa a satisfação da necessidade: "o gesto, a qualidade interna do gesto, as palavras pronunciadas pela mãe para a criança, a maneira pela qual a mãe a recebe em suas mãos... tudo isso nomeia o afeto, mesmo que a mãe não dê de comer à criança" (p.52). O gesto, enquanto ato de linguagem, não pode ser pensado sem levarmos em conta o endereçamento a um outro, e sem considerarmos também o gesto-resposta *do outro* que alimenta o sujeito de linguagem e nomeia o afeto.

Gilberto Safra (1999), trabalhando em nosso meio sob forte influência do pensamento winnicottiano, ressaltou, em sua pesquisa a respeito da "*estética do* self", o lugar *inaugural* do gesto na construção do si-mesmo: "o gesto inaugura o criar, o conhecer e o amar" (p.95). O gesto apresenta, na visão do autor, um "modo de ser" e um "estilo" que são resultados do encontro entre as características constitucionais da criança, sua etnia e a história de seu grupo familiar; trata-se de "um jogo de tensões e distensões que adquire, ao longo do tempo, cada vez maior singularidade" (p.100). Em trabalho mais recente, Safra (2004) enfatizou a necessária articulação entre gestualidade e criatividade, como temos também trabalhado. Concebendo o gesto como ruptura e como acontecimento inédito, o autor o situa em um *registro simbólico* que dá ao homem a possibilidade de "colocar sob o domínio do seu gesto os aspectos paradoxais do seu ser" (p.63). E esclarece: "o que estou chamando de registro simbólico não é o simples representar, mas colocar as questões fundamentais da existência em devir, por meio da ação criativa" (idem)[63]. Safra ressaltou, ainda, o caráter de "ato de comunicação" do *acting out*, já que pôs em primeiro plano o fato do gesto humano ser um gesto criador de sentido *em direção ao outro*. Esta seria a matriz mesma do processo transferencial.[64] Ora, o *endereçamento ao outro* é uma das principais dimensões postas em relevo por uma psicanálise do gesto. Tal dimensão tem sido ressaltada, de diferentes maneiras, por vários psicanalistas; em meu próprio trabalho, tenho abordado este aspecto em termos da função do olhar e do sonho do outro para a construção do próprio sonho (cf. Gurfinkel, 2008).

Gestualização: um quarto processo do desenvolvimento emocional primitivo?

Creio que podemos, por fim, levando-se em conta a relevância da gestualidade para a vida psíquica, propor aqui uma hipótese. Winnicott (1945) descreveu o que considerou serem os *três* processos básicos do desenvolvimento emocional primitivo: a *personalização*, a *integração* e a *realização*.[65] Bem, proponho que consideremos um *quarto* processo do desenvolvimento inicial, a saber: a *gestualização*. Creio que a *construção do gesto* – transformação da ação em ato simbólico – é tão essencial quanto a personalização, a integração e a realização, e ocupa um lugar análogo nos processos mais básicos do desenvolvimento emocional primitivo.

Concluo, pois, esta "introdução à uma psicanálise do gesto" com a proposição sumária da gestualização como o quarto processo inicial do desenvolvimento primitivo, esperando que tal hipótese possa ser melhor examinada e discutida em investigações futuras.

---

[63] É nítida a semelhança entre estas proposições e a "psicanálise do idioma humano" de Bollas.

[64] Diversas repercussões deste conceito para a clínica psicanalítica são também discutidas por Safra, que ressaltou como por vezes é necessário que o analisando possa realizar uma ação na situação transferencial; afinal, os gestos "criam realidades, campos de experiência, virtualidades" (Safra, 1999, p.103). Aqui o autor dá prosseguimento à revisão por ele empreendida, em trabalho anterior, do conceito de *acting out*, reconsiderado à luz dos "momentos mutativos" do processo analítico; sugeriu, então, que reconheçamos, em contraste com a "atuação destrutiva" e o "ato como comunicação", um "ato simbolizador" (Safra, 1995, p.160).

[65] Deve-se notar que estes três processos básicos são inerentes ao sonhar e, inversamente, a atividade simbolizante que origina o sonhar contribui significativamente para que eles se dêem.

Referências bibliográficas

AISENSTEIN, M. Face a face, corpo a corpo (tradução de Sonia Bromberger). *Trieb*, v.II (n.1): p.145-155, 2003.

BOLLAS, C. *Forças do destino: psicanálise e idioma humano*. Rio de Janeiro: Imago, 1992.

DEJOURS, C. Biologia, psicanálise e somatização. In VOLICH, R. M., FERRAZ, F. C. & ARANTES, M. A. A. C. *Psicossoma II: psicossomática psicanalítica*. São Paulo: Casa do Psicólogo, 1998.

FÉDIDA, P. *Clínica psicanalítica: estudos*. São Paulo: Escuta, 1988.

FREUD, S. (1923) El "Yo" y el "Ello". *Obras Completas de Sigmund Freud*. Madrid: Biblioteca Nueva, 1981, v.3.

GALARD, J. *A beleza do gesto*. São Paulo: Edusp, 1997.

GURFINKEL, D. (1998) Psicanálise e psicossoma: notas a partir do pensamento de Winnicott. In VOLICH, R. M., FERRAZ, F. C. & ARANTES, M. A. A. C. *Psicossoma II: psicossomática psicanalítica*. São Paulo: Casa do Psicólogo, 1988. Também publicado como capítulo de livro em GURFINKEL, D. *Do sonho ao trauma: psicossoma e adicções*. São Paulo: Casa do Psicólogo, 2001.

_____ Teatro de transferência e clínica do agir. in FUKS, L. B. & FERRAZ, F. C. (orgs.) *O sintoma e suas faces*. São Paulo: Escuta / Fapesp, 2006.

_____ *Sonhar, dormir e psicanalisar: viagens ao informe*. São Paulo: Escuta, 2008.

SAFRA, G. *Momentos mutativos em psicanálise: uma visão winnicottiana*. São Paulo: Casa do Psicólogo, 1995.

_____ *A face estética do Self*. São Paulo: Unimarco, 1999.

_____ *A po-ética na clínica contemporânea*. Aparecida: Idéias & Letras, 2004.

WINNICOTT, D. W. (1945) Primitive emotional development. In *Through paediatrics to psychoanalysis: collected papers*. London: Karnac, 1992.

_____ (1949) Mind and its relation to the psyche-soma. *Idem*.

_____ (1950-5) Aggression in relation to emotional development. *Idem*.

_____ (1960) Ego distortion in terms of true and false self. In *The maturational processes and the facilitating environment*. London: Karnac, 1990.

O corpo familiar

Algumas letras sobre família, lentilhas e aftas

Belinda Mandelbaum

Lembro-me do prato servido no almoço, na casa de meus avós maternos, no dia em que meus pais se separaram. Eram lentilhas que, ainda que não tivessem perdido seu aspecto de grãos separados, com contornos definidos, compunham no conjunto do prato, em cima do arroz, uma massa cinzenta de difícil digestão. Durante muito tempo depois eu não gostei de comer lentilhas. Eu tinha então seis anos e, depois do almoço, minha mãe ocupou-se de preparar a mim e a minha irmã para irmos à escola. Subi o primeiro lance da grande escadaria que me levava à classe lidando em silêncio com o impacto do que era para mim um triste acontecimento em nossa família, mas o mandato materno parecia ser o de que a vida seguisse o seu curso normal – almoço, escola –, sem que nada fosse dito. Ela não se sentou comigo e com minha irmã para falar sobre a sua decisão. Talvez no fundo não soubesse como. Tampouco a comunicou a meu pai, escapando conosco da casa em que vivíamos pela manhã, logo após ele sair para o trabalho. Na escapada, eu parei na soleira da porta, expressando no último momento a minha hesitação entre ir com ela ou ficar com ele. Vendo-me ali parada, recordo que minha mãe perguntou se eu queria ir ou ficar. Acho que a pergunta soou-me pró-forma, porque eu avaliava – acho que com alguma razão – que não poderia ficar longe dos cuidados dela. Algum tempo depois, morando na casa de meus avós, minha boca encheu-se de aftas por alguns dias, e doía-me então qualquer coisa que eu pusesse na boca.

Estas lembranças da infância – as lentilhas talvez como anti-*madeleines* proustianas e as aftas – contêm, ao meu ver, alguns ingredientes centrais do que desejo tratar aqui na tentativa de articular conhecimentos advindos do campo de estudos da psicossomática, particularmente aqueles desenvolvidos a partir da psicanálise, com os estudos psicanalíticos e sistêmicos sobre famílias. O desejo de tratar aqui dessas coisas, articulando vida pessoal, psicanálise e estudos de família, é parte ainda da digestão, um lento processo que toma uma vida, da qual realizar este artigo, transformando lentilhas em letras, é parte, no empenho de interromper o curto-circuito no qual o que não pode ser dito irrompe no corpo, na materialidade incômoda das aftas.

O acontecimento familiar – a separação de meus pais – desenrolou-se como um drama que transformou o destino das relações familiares no plano intersubjetivo – que diz respeito à dinâmica das interações entre os envolvidos (pais, filhas e avós) –, compondo naquele momento uma massa cinzenta de fatos materiais e imateriais de difícil discriminação. Afinal, na separação, lugares e funções ficam em suspenso e os membros da família podem perder contornos pessoais definidos anteriormente, alocados que são para preencher o lugar daquele que agora está distante, ou para desempenhar outras funções, em novos lugares. A quem se destinam agora as funções do pai, quem é o casal, quem cuida de quem? Muda a geografia da habitação e com ela as formas e tipos de deslocamentos, os lugares para dormir e comer, para guardar as coisas, os espaços individuais e coletivos, a serem consciente e inconscientemente distribuídos. Além do que, as próprias concepções que foram construídas no decorrer do tempo e as leituras sobre cada um dos membros são confrontadas violentamente por um fato da realidade que coloca em questão, estremecendo, todo esse amálgama de concepções.

Em minha mente – no que podemos chamar de plano intrasubjetivo –, creio que não estaria longe do que me lembro que me habitava se dissesse que lá havia também uma massa cinzenta de sentimentos de difícil digestão. Para poder lidar com ela, penso hoje que eu dependia de palavras que talvez sozinha não podia pensar, e no grupo familiar não se criou o espaço para poder dizê-las. Joyce McDougall (1991) afirma ter encontrado, na anamnese de paciente psicossomáticos, "um discurso familiar que preconiza um ideal de inafetividade e condena qualquer experiência imaginativa". Robert Young (1995), em seu texto *Mental space and group relations*, debruça-se sobre as condições psíquicas do grupo, qualquer que seja ele, que permitem ou inibem o desenvolvimento de um espaço mental para fantasiar, imaginar, pensar e criar. Apoiado nas concepções kleinianas sobre o funcionamento mental, ele propõe que uma das funções principais dos grupos é proteger os seus membros de ansiedades sentidas como aniquiladoras para a vida mental de cada um deles. Particularmente em situações ameaçadoras – como era seguramente o caso do que estou contando aqui –, o grupo organiza-se inconscientemente no sentido de proteger os seus membros do contato com a ansiedade e a dor mental. Constituem-se arranjos grupais defensivos, que envolvem a distribuição, entre os membros do grupo, de lugares e funções psíquicas bem determinados, que tendem a se cristalizar ao longo do tempo, justamente porque colocá-los em questão é proibido, dada a ameaça que isto representa para o grupo. Não só a separação de meus pais já era uma forma de separar o bem do mal, evitando o trato com a complexidade dos conflitos que então faziam parte da vida em família, como o próprio silenciamento e o mandato de que tudo continuasse a seguir a rotina normal faziam parte do arranjo defensivo em minha família. Evidente que este arranjo, se por um lado visava evitar o contato de todos com a dor, por outro impediu que toda a vida mental em torno do ocorrido – as fantasias, as dúvidas, as ansiedades, mas também as possibilidades de pensar e crescer com a experiência – pudesse desdobrar-se. Um resultado importante foi que cada um de nós teve que buscar espaços fora da família, ao longo da vida, para poder falar e pensar a história familiar com maior liberdade. No meu caso, as relações familiares e pessoais que vim a constituir, as análises que fiz e o interesse apaixonado pelo campo da psicanálise, particularmente dos estudos de família, constituem ainda hoje espaços de elaboração, que seguem seu curso.

Sigamos então pelas reflexões que consigo fazer hoje do acontecimento em minha família. Tendo como referência a leitura de Berenstein & Puget (1993), estou aqui propondo que este acontecimento – a separação de meus pais e seus desdobramentos – seja compreendido a partir de três dimensões diferentes e articuladas entre si: a dimensão intrasubjetiva, que diz respeito às relações do próprio ego com os objetos internos e destes entre si, no mundo interno de cada um. O palco pode ser uma boa metáfora para que visualizemos este mundo interno no qual objetos e ego estão continuamente interagindo. A cada momento, diferentes cenas são iluminadas e vêm ao primeiro plano, enquanto outras permanecem na penumbra, e desde ali continuam a organizar a cena toda. A psicanálise, desde o seu início com Freud, procurou descrever as origens e vicissitudes destas relações, dos dramas que se desenrolam na mente – e/ou no corpo – de cada um de nós. Porque, afinal de contas, a nossa psique é corpo tanto quanto nosso corpo é psique. Digerimos com nossa mente da mesma forma que pensamos com o coração, tal como a linguagem, que é a ferramenta central com que nos construímos e construímos o mundo, nos mostra, entrelaçando em metáforas corpo e mente. No meu caso, o drama familiar e pessoal, convertido em massa cinzenta, não encontrou na ocasião representações mentais suficientes, metáforas para a sua digestão, e desconfio que explodiu dentro da boca, ainda como uma metáfora, mas materializada somaticamente, antes de poder ser enunciada. É lá, no concreto da boca, que eu senti a dor. Interessante que, embora aftas sejam irrupções a partir do interior do corpo, também impediam que eu pusesse para dentro o que vinha de fora. Talvez recusasse assim a comida da casa dos meus avós, eu desgostosa com tudo ali. O prato de lentilhas, agora convertido em lembrança, funcionou como representação material, concreta, do meu estado emocional naqueles dias. Penso agora também que aftas são formas mal sucedidas de fragmentar a ferida em múltiplas pequenas lesões, e assim a dor em dores menores, mais suportáveis. Fora que aftas contribuem ainda mais para o silenciamento porque, concretamente, com elas falar dói. Como Freud propõe, aqui também a afta, enquanto sintoma, cumpria duas funções: por um lado, inscrevia meu corpo e minha mente no interior dessa lei cujo imperativo demandava silêncio e, por outro, expunha para todos da família que eu estava machucada e ferida. Dá pra ver que parte importante de minha vida intrapsíquica passava-se então na boca.

No plano intersubjetivo, a massa cinzenta de lentilhas bem poderia ser a expressão, como já sugerimos, da desorganização e do rearranjo familiar que a separação de meus pais implicava. Um passado sem muitas perspectivas, no interior do grupo familiar, de ser elaborado, e um futuro ainda pouco nítido. Éramos ainda, nesse longo momento inicial, um amontoado de gente e coisas por reencontrar o seu lugar. Se em meu interior não pude encontrar as formas de representar mentalmente, digamos assim, a dor que eclodiu na boca, nos vínculos familiares predominava o mandato do silêncio, do não falar sobre o ocorrido. Poderíamos negar assim o acontecido e seguir vivendo, não fosse a vida material que a cada momento mostrava que tudo havia mudado. Mas era no plano material, na vida concreta, que as arrumações eram feitas para caber tudo na casa de meus avós.

Salvador Minuchin (1967), em seu livro *Families of the slums*, trata de famílias que se caracterizam por formas de relação nas quais predomina o que ele chama de vida operatória. Com isto ele quer dizer que, no lugar do pensamento e do diálogo, dá-se a ação, a operação concreta sobre o outro e sobre as coisas. Os sentimentos expressam-se em ações físicas, concretas, e as comunicações se fazem por vias outras que não a palavra. Muitas vezes pelo corpo, pelos gestos, caras e bocas – mais pela forma do que é dito, pelas intensidades e melodias sonoras, do que por aquilo que as palavras podem em seu conteúdo articular e comunicar. Haveria nessas famílias uma espécie de insuficiência de linguagem verbal que permita o pensamento, seja pessoal ou grupal, e uma espécie de cristalização performática gestual de cada membro. É interessante observar que não se trata de uma deficiência cognitiva ou intelectual. Não no meu caso: minha família materna valorizava muito a vida intelectual, as leituras, os estudos. Minha mãe tem um monte de diplomas! Com isto, quero também assinalar um aspecto importante da pesquisa de Minuchin, que realizou o trabalho relatado nesse livro com famílias negras e porto-riquenhas dos bairros pobres de Nova Iorque, famílias com filhos adolescentes que cometeram atos que o autor chama de delinqüenciais. O autor opera com a hipótese de que o ato delinqüente teria sua origem numa forma de comunicação aprendida em família, na qual o ato toma o lugar da palavra, o gesto o lugar do pensamento. Sua pesquisa pode sugerir, numa leitura menos atenta, que a deficiência lingüística seja um problema sócio-cultural. Mas é preciso fazer justiça ao trabalho dizendo que ele comparou estas famílias com outras, do mesmo grupo social, sem filhos infratores, supondo, portanto, que as dificuldades de comunicação não podem ser explicadas a partir de questões de classe social. Eu também penso, tal como Robert Young propõe para os grupos em geral e o exemplo de minha família bem o demonstra, que as dificuldades de comunicação parecem estar associadas às profundas angústias que o contato com o sofrimento mental mobiliza. Pensar e falar sobre o ocorrido era não só entrar em contato com a dor, mas pôr em questão um arranjo psíquico pessoal e familiar que não deveria ser discutido. Havia mitos cristalizados sobre a maldade do meu pai e a bondade da minha mãe, das filhas e dos pais dela.[66] Nestas situações, é muito comum que as palavras e os gestos, mais do que comunicar conteúdos e ajudar a pensar, visem principalmente fazer com o outro alguma coisa, concretamente. Estamos no campo de interações onde grassa o que Melanie Klein chamou de identificação projetiva, uma forma de comunicação que busca inconscientemente, e de forma concreta, colocar dentro do outro experiências emocionais sentidas como insuportáveis. Os estudos de grupos, incluindo aqui as famílias, dentro do campo psicanalítico – particularmente o kleiniano –, mostraram como as relações intersubjetivas estão continuamente se dando através destas identificações. A separação de meus pais era a colocação em operação de um mecanismo

---

[66] Não vou entrar aqui na discussão sobre o conceito de "mito familiar", mas para quem tiver interesse em aprofundar-se neste instigante tema, sugiro a leitura do artigo seminal de Antonio Ferreira (1960), "Mitos familiares".

identificatório deste tipo: deixando o meu pai longe do restante da família, creio que minha mãe esperava livrar-se de algo ruim e ficar com o bom – ela, eu e minha irmã: as boas. Ao chegar na casa dos meus avós, a operação já mostra seu furo: a comida, digamos, não é tão boa assim, e o sinal de que, na separação, perdemos algo também de bom – que havia dor pela perda – não vem nas palavras ou conversas, mas explode na minha boca de criança.

Mas quero prosseguir aqui com as três dimensões que Puget & Berenstein (1993) propõem para examinar o fenômeno psíquico. Além de pensá-lo nos campos intrapsíquico (ou intrasubjetivo, tanto faz) e interpsíquico (ou intersubjetivo), dos quais procurei dar algumas pinceladas mostrando como o acontecimento da separação foi vivido por mim e no conjunto das relações em minha família, toda a experiência vivida ganha nova luz que a expande se considerarmos sua dimensão transpsíquica (ou transubjetiva), que diz respeito às relações entre os sujeitos e o universo sócio-cultural em que habitam. Nesta dimensão, creio ser importante lembrar do significado que tinha para a minha família – uma família judia de classe média em meados dos anos 60 do século XX, na cidade de São Paulo –, a separação de meus pais. Ter pais separados não era comum entre meus colegas de classe, nem era comum na minha própria família ampliada. Houve muita mobilização de parentes e amigos para que minha mãe voltasse atrás, e eu me lembro que quase todo sábado à tarde alguém vinha em casa para convencê-la a mudar de idéia. Este era para mim mais um forte motivo para o silêncio: eu passei a infância com vergonha de contar aos outros que meus pais eram separados, e este fato rondava em minha cabeça como presença forte, sem poder ser compartilhado.[67]

Creio que todas estas dimensões do fato – o intra, o inter e o transubjetivo – participaram em sua configuração como trauma psíquico, definido como acontecimento que impacta a psique, excedendo suas possibilidades de acolhimento, continência, digestão e elaboração. É um princípio básico da psicossomática de P. Marty, por exemplo, afirmar que irrompe no corpo aquilo que excede a capacidade de tratar psiquicamente. O que quer dizer

---

[67] Sobre a psicopatologia da vergonha, sugiro a leitura dos trabalhos de Pierre Benghozi, que mostra como a vergonha impede que se fale em família sobre acontecimentos traumáticos, especialmente, no caso deste autor, aqueles que se dão durante catástrofes humanitárias que envolvem situações de extrema violência e humilhação (ver, por ex., "Traumatismos precoces da criança e transmissão genealógica em situação de crises e catástrofes humanitárias", em Correa, O.R. (org.) *Os avatares da transmissão psíquica geracional.*

que "excede a capacidade psíquica"? Não se trata meramente de um limite mecânico interno, pessoal. Mas de uma situação em que o jogo de forças emocionais que pressionam o sujeito constrange sua capacidade de elaboração e predispõe para a conversão somática. Parece que assim se deu comigo. Quero voltar a enfatizar que o sintoma psicossomático, embora físico – ele se dá no concreto do corpo –, guarda características de sintoma psíquico, é expressão da dor mental e, no meu entender, deve ser compreendido como tal: ele é também uma forma de comunicação e conta sobre o modo de funcionar psíquico do sujeito que o produziu. Mais do que isto: estou também procurando mostrar como, nos bastidores do sintoma psicossomático, como pano de fundo de seu desenrolar, estão também as formas de interação e comunicação no interior da família, no caso aqui a vida lidada no plano operatório, concreto, e o silêncio, a boca fechada de todos sobre os dissabores que aquela situação produzia. Quero com isto dizer que o sintoma psicossomático é uma forma de linguagem a que se deve buscar o sentido. Porque, na vida humana, nunca uma afta é só uma afta. Apesar de soar um tanto redutor e esquemático, valorizo nos trabalhos de psicanalistas pioneiros no campo de pesquisas com pacientes psicossomáticos este esforço de atribuição de significados psíquicos às diferentes patologias psicossomáticas. Assim, por exemplo, French & Alexander (*apud* Garma, 1978) dizem, a respeito do ataque de asma, que este "tem o significado de um grito angustiado para a mãe inibido na garganta e que, como substituição, provoca uma excitação na musculatura inferior do conduto respiratório". Não é outra coisa que aprendemos com Melanie Klein, que conseguiu pôr em movimento uma linguagem capaz de dar conta e mobilizar o nosso modo de funcionar psíquico utilizando-se da metáfora corporal do seio para pôr em evidência nossas primeiras relações objetais. E aqui seio é tanto corpo humano concreto quanto espaço de continência necessário para a formação de qualidades psíquicas. Ou seja, é específico da teoria psicanalítica lidar com esta integração corpo-psique de um modo em que a materialidade do corpo evoca a dinâmica psíquica bem como a agilização da dinâmica psíquica mobiliza o corpo. Do mesmo modo como, no campo psicanalítico, a configuração material da família deve servir para observar e mobilizar os arranjos intrapsíquicos. Nosso corpo é também parte da configuração material familiar. Ele é tão produzido em família e conta com o mesmo grau de liberdade que a nossa psique. Espero que minha contribuição neste capítulo tenha sido a de mostrar como o sentido do sintoma psicossomático pode ser encontrado se levarmos em consideração não apenas o indivíduo, mas o funcionamento psíquico familiar, seus padrões de interação e comunicação. Tratar do sintoma psicossomático demanda do psicanalista levar em consideração o relato do paciente a partir de múltiplos vértices de escuta, sem nunca se restringir a um só.

Gostaria neste final de acrescentar alguns assinalamentos sobre como eu penso o trabalho com famílias com pacientes psicossomáticos. Estas famílias tendem a funcionar de modo concreto, operatório, com pouco espaço para a reflexão e o diálogo e, no mais das vezes, não procuram terapia porque desejem se pensar enquanto família. Elas vêm com a indicação de algum profissional da saúde que, tendo recebido o membro da família apresentado como doente, reconhece, nos bastidores do drama apresentado, a cena familiar que o articula, do qual o drama pessoal é parte. A família então é convocada para atendimento e, no mais das vezes também, quando chega à terapia, o faz, no plano consciente, para ajudar o seu doente. Pode levar muito tempo até que os outros familiares reconheçam sua implicação num drama não mais pessoal, mas familiar. A isto se chama de mudança de foco: no palco psicoterapêutico, como fazer para que a luz, que incidia tão fortemente sobre um dos membros, passe a iluminar outras cenas em família, outras relações, ampliando assim a visualização da cena familiar como um todo? Parece haver unanimidade entre os terapeutas de família, seja qual for a abordagem, de que é recomendável que o trabalho parta do sintoma. Ou seja, que se acolham as queixas iniciais, centradas num dos membros, e se possa pensar com a família o sentido de sua demanda. Tanto o conteúdo quanto a forma da interação terapeuta-família deve se dar, ou melhor, só pode dar-se, no interior dos padrões de comunicação conhecidos pela família. O terapeuta deve aprender a falar a língua familiar e, aos poucos, ir transcendendo o concreto e específico, de modo que afetos e fantasias compartilhados no sistema familiar possam ser trazidos à luz e investigados. O terapeuta deve auxiliar os membros da família a entrar em contato e refletir sobre os sentidos do que está sendo dito, mas sem esquecer que está com uma família que raramente, ou nunca, fala sobre seus próprios sentimentos. Compreensivelmente, portanto, não estão de início disponíveis para intervenções simbólicas, abstratas ou conceituais. A interpretação deve ter um caráter concreto, próximo da linguagem física do sintoma. E o terapeuta deve construir e emprestar metáforas acessíveis para que a família possa se pensar de forma inédita. Aos poucos, com talento e sorte, pode brotar e desenvolver-se um fio de interesse da família por pensar-se, ampliando assim o espaço mental disponível para tanto.

P.S. No meio do trabalho com este texto eu quis lê-lo ao meu marido, também psicanalista. Ele sentou-se, escutou atentamente e disse que gostou muito. "Posso falar assim sobre mim?", lhe perguntei, como que pedindo uma autorização para seguir com minhas idéias. "Deve", ele respondeu, "assim se faz psicanálise". No dia seguinte, almoçando, ele me diz: "faltou falar das tuas fantasias sobre a separação. No que, afinal, a separação mexeu? Por que, afinal, foi dolorosa?" Era como se a fala dele subitamente desvendasse o inconsciente do meu texto. Eu achara que tinha me exposto tanto e, agora, à luz do que ele me convidava a pensar, o texto soava um tanto defendido e bem-comportado. E ele ainda acrescentou: "mexeu em fantasias tuas de separar os pais? Ficar com o pai? Competir com a mãe? Psicanálise é isto!" Eu ensaiei dizer: "É, verdade, eu era a queridinha do meu pai". A conversa não foi muito mais em frente, e talvez tivesse se perdido se eu não tivesse tido um sonho esta noite que me parece, ainda que cheio de enigmas, uma resposta mais plena à indagação dele. *Sonho que estamos namorando e vou com ele para a Argentina, onde se encontram minha mãe e minha irmã. Elas estão num apartamento de dois cômodos em que só há camas, e eu fico ansiosa sobre onde vou dormir com ele, uma vez que em cada um dos cômodos há uma delas dormindo. Eu gostaria de uma privacidade que minha mãe, muito brava no sonho, se recusava a me dar (ela inclusive levanta as cobertas para ver o que estamos fazendo). No meio desta situação, parece que os cômodos se transformam em vagões de trem, e minha filha menor, que no sonho tem cinco anos, sobe na janela do trem para pular para fora. Eu fico ansiosa, mas ela o faz com toda a segurança, sem o menor receio.*

Em primeiro lugar, creio ser importante atentar para o fato de que, se aos seis anos eu fui a portadora das aftas, uma espécie de porta-sintoma da família, aqui, neste texto, comporto-me como porta-sonho do meu grupo familiar. Entre as aftas e o sonho, muito trabalho psíquico deve ter ocorrido, o que inclui uma nova composição familiar e um marido que pode me ajudar – ou dar mais trabalho! – a lidar com tudo isto. No sonho, a mãe brava, que obstaculiza e controla a minha vida sexual, será a mãe que se vinga de mim, por fantasias minhas de ocupar o lugar de preferida do meu pai? Não vou aqui me estender na análise do sonho. Há muitos elementos que dependeriam de um trabalho analítico para ganharem sentido – Argentina, minha irmã, minha filha, todo esse trem em que faço a viagem da minha vida. O que acho aqui importante ressaltar é toda a constelação psíquica que, partindo neste texto das aftas na boca, aos seis anos, desdobra-se em drama subjetivo, cena familiar, sonho e texto, como múltiplas possibilidades de representação da dor.

Referências bibliográficas

BENGHOZI, P. Traumatismos precoces da criança e transmissão genealógica em situação de crises e catástrofes humanitárias. Em CORREA, O.R. (org.) *Os avatares da transmissão psíquica geracional.* São Paulo: Escuta, 2000.

FERREIRA, A. Mitos familiares. Em BATESON, G. (org.) *Interacción familiar.* Buenos Aires: Tiempo Contemporaneo, 1974.

GARMA, A. *Psicoanalisis: teoria, clinica y tecnica.* Buenos Aires: Paidós, 1978.

McDOUGALL, J.. Teatro do corpo: *o psicossoma em psicanálise.* São Paulo: Martins Fontes, 1996.

MINUCHIN, S. *Families of the slums: an exploration of their structure and treatment.* New York / London: Basic Books, 1967.

PUGET, J. & BERENSTEIN, I. *Psicanálise do casal.* Porto Alegre: Artes Médicas, 1993.

YOUNG, R. M. Mental space and group relations. *http://www.human-nature.com/group/chap1.html.*

A presença da infertilidade no contexto da adoção: efeitos possíveis na relação pais/filhos adotivos

Maria Luiza de Assis Moura Ghirardi

Este trabalho é fruto de reflexões suscitadas por minha pesquisa de mestrado sobre o tema da *"Devolução de crianças e adolescentes adotivos"*. A devolução da criança adotiva é uma realidade encontrada em alguns contextos da adoção em que os pais, a partir das intensidades dos conflitos vividos na relação com a criança, decidem entregá-la aos cuidados de instituições que são, em geral, um abrigo. Considero a devolução o ato que institui para a criança o retorno a uma condição anterior, caracterizando uma experiência que reedita outras anteriores ligadas ao abandono. Dentro dessa perspectiva, ela pode ocorrer em momentos que incluem as tentativas de estabelecimento do vínculo afetivo durante o chamado estágio de convivência ou após a sentença da adoção ter sido decretada, apesar do caráter de irrevogabilidade que acompanha o estatuto da adoção.

A clínica psicanalítica e as práticas de atenção às famílias adotivas revelam-nos que situações de conflitos são inerentes a qualquer relação pais/filhos e muitas vezes independem da adoção. E os modos pelos quais as expressões dos sentimentos de rejeição podem aparecer são multifacetados, podendo ou não culminar em um rompimento dessa relação. Também são igualmente variadas as intensidades de rejeição e abandonos possíveis encontrados em qualquer família, mesmo nas famílias que se constituem por meio da biologia. Podemos perceber que, do ponto de vista da experiência afetiva envolvida, muitas são as semelhanças encontradas entre uma família que se constitui de uma ou outra maneira, mas a adoção, pelo fato de constituir uma forma de paternidade/maternidade não ligada ao biológico, instaura uma diferença que trará especificidades e contornos peculiares à relação pai/filhos adotivos. A devolução da criança é uma delas. Embora não haja levantamentos estatísticos que atestem sua significância, acredita-se que sua ocorrência é maior do que a princípio se estima (Spina, 2001).

Este estudo toma como hipótese que as experiências de perdas e lutos não elaborados quando somadas à infertilidade do casal, propiciam um grande distanciamento entre o filho desejado e o filho possível. Desse modo, à criança pode ficar reservado um lugar de exterioridade e estranheza ao imaginário de seus pais que, desse modo, experimentam dificuldades para acolhê-la como filho. Essa experiência quando radicalizada, pode vir a culminar na devolução da criança. Concluo enfatizando a importância de uma escuta aos candidatos à adoção que possa fazer emergir indicações de riscos para aquela adoção.

Pode-se dizer que a adoção de uma criança, forma simbólica de legitimação da filiação, é um projeto narcísico por excelência, uma vez que todo projeto ligado à filiação é do âmbito do narcisismo, seja ela biológica ou adotiva. Os pais depositam no filho as suas aspirações, suas frustrações e suas renúncias e também o que aspiram como ideal. Um filho implica a possibilidade de transcendência, além de ser o representante da sobrevivência dos ideais coletivos e do grupo social histórico de sua época, ideais estes, projetados no futuro (Sigal, 2002).

Em *À guisa de uma introdução ao narcisismo*, Freud (1914) ressalta a importância que assume o filho para o narcisismo de seus pais. Por meio do filho, os pais têm a oportunidade de reviver e reproduzir aspectos de seu próprio narcisismo, "há muito abandonado" (p.107). Freud enfatiza ainda, a importância de reconhecermos a presença de um lugar destinado ao filho no imaginário parental que é o de satisfazer seus sonhos e desejos nunca realizados, e de tornar-se aquilo que seus pais desejaram e não puderam ser. A presença de um filho possibilita também para os pais a experiência ilusória da imortalidade, dada pela transcendência genética:

> "o ponto mais vulnerável do sistema narcísico, a imortalidade do eu, tão duramente encurralada pela realidade, ganha, assim, um refúgio seguro abrigando-se na criança. O comovente amor parental, no fundo tão infantil, não é outra coisa senão o narcisismo renascido dos pais, que, ao se transformar em amor objetal, acaba por revelar inequivocamente sua antiga natureza" (Freud,1914, p. 110).

Portadores dos ideais parentais, sobre os filhos são projetados os desejos de imortalidade e, em alguma medida, a possibilidade de transcendência e continuidade. Desse modo, uma impossibilidade de gerar filhos remete às angústias ligadas ao desamparo, à castração, à condição de finitude e à morte. Como uma ferida que atinge o narcisismo, a infertilidade desvela a fragilidade constituinte da psique humana. No entanto, essa perda de uma parcela importante do narcisismo interferirá no conceito que o sujeito constrói sobre si mesmo:

> A percepção da impotência, da própria incapacidade de amar, seja em conseqüência de perturbações psíquicas ou perturbações corporais, tem o efeito de rebaixar fortemente o autoconceito. E é aqui que se situa, a meu ver, uma das fontes dos sentimentos de inferioridade relatados de forma tão espontânea pelos pacientes com neuroses de transferência (Freud, 1914, p.116).

Embora a impotência a que Freud se refere não seja estritamente equivalente à infertilidade, as perturbações do corpo se constituem manifestações que interferem no conceito que o sujeito tem de si mesmo, modificando, até mesmo, as características de seus investimentos libidinais. Os modos encontrados pelo sujeito infértil para lidar com essas perdas estarão ligados a uma multiplicidade de fatores que se incluirão dentro de séries complementares, a saber: sua constituição psíquica e os componentes subjetivos singulares enlaçados àqueles que o situam também em um determinado momento histórico e cultural específicos.

Para ultrapassar a infertilidade e dar vazão ao desejo de ter filhos, algumas alternativas são criadas pela cultura e pela tecnologia científica vigente em dado momento histórico e social. Os avanços da ciência contemporânea nesse campo tornaram possíveis mudanças antes impensáveis no processo de fertilização, provocando uma revolução no conceito de família que outrora significava a união entre um homem e uma mulher com a finalidade de gerar e manter filhos.

Na atualidade, a tecnologia de reprodução humana disponível avança em velocidade surpreendente, possibilitando a fertilização assistida para um número significativo de pessoas. Porém, muitas vezes, as intervenções médicas para corrigir os transtornos da procriação são seguidas de fracassos e, não raro, a saída encontrada por aqueles que desejam o exercício da paternidade/ maternidade encontra-se na adoção de uma criança. A adoção surgiu nos variados momentos históricos da humanidade como um processo de filiação para atender a uma necessidade da cultura, assumindo ora funções sociais e religiosas, ora jurídicas e simbólicas. Na contemporaneidade, tem a função de estabelecer uma paridade à filiação biológica, permitindo às pessoas inférteis a ascensão à paternidade/maternidade (Silva, 2001) e, ao mesmo tempo, uma nova inserção familiar para a criança que é vítima do abandono. Segundo pesquisa de Weber (2001), 63,3% dos pedidos formulados por candidatos à adoção são motivados pela infertilidade. Se incluirmos a dificuldade momentânea para ter filhos biológicos sem estarmos necessariamente falando de infertilidade, como é o caso de uma menopausa, ausência de companheiro ou temores ligados à gravidez, por exemplo, esse índice cresce, segundo pesquisa realizada por Paiva (2004), para 76,2%. Números que suscitam reflexões a respeito dos efeitos que a presença da infertilidade pode trazer para a relação afetiva com o filho adotivo, este que vem ocupar o lugar de um outro que não pode ser gerado.

E se, como nos indica Freud, a relação pais /filhos é constituída a partir do narcisismo dos pais, surge a hipótese de que talvez seja necessário a eles efetivarem um trabalho psíquico específico que lhes possibilite o reconhecimento dessa criança como filho próprio e narcísicamente investido – *His Magesty the Baby*.

Um percurso doloroso – da infertilidade à paternidade/ maternidade

Quando a adoção é motivada por infertilidade, os adotantes já passaram por várias tentativas frustradas de ter um filho pela via do biológico, e a decisão pela adoção, nesses casos, é uma alternativa para tentar ultrapassar a castração imposta pela infertilidade. E embora o casal possa assumir junto sua impossibilidade de procriar, ao abrir mão da filiação biológica, o projeto de adoção não é unívoco, ou seja, os interesses e as motivações são singulares e constituem expressões da subjetividade de cada um. O que acontece com o cônjuge que é fértil? Segundo Giberti (1992a), o cônjuge que é fértil adota sob alguma forma de protesto.

Como uma *alternativa* ao biológico, entendendo a procriação biológica como a primeira opção desejada, a experiência da adoção pode vir acompanhada de sentimentos de desqualificação dos adotantes e da desvalorização da adoção em si, caso represente para eles uma instância de menos valor. Desse modo, o desejo de filho pode não se satisfazer à luz do narcisismo parental, mantendo-se ativo por meio daquele filho sonhado não obtido, interferindo nos modos como vai ser vivida a relação com o adotivo. No lugar da criança que viria para satisfazer sonhos e desejos nunca realizados de seus pais, surgirá diante do olhar parental aquela outra que revela a castração. Criança que não cumpre a missão de continuidade narcísica de seus pais e poderá colocar em xeque os investimentos libidinais a ela direcionados.

Um outro caminho que o psiquismo pode tomar diz respeito à idealização da adoção e da criança. Substituta do narcisismo perdido e uma tentativa de sua recuperação, a idealização é um fenômeno freqüentemente encontrado na experiência clínica com a adoção. Também o modo pelo qual o tema da adoção é tratado e veiculado pela mídia informa-nos sobre as idéias de que o 'amor' modificará todas as anteriores vivências penosas da criança e a salvará do abandono original.

É possível verificarmos, pelas transcrições apresentadas em um levantamento feito por Silva (2007), como as idéias de generosidade e bondade, assim como a convicção da igualdade entre filho biológico e adotivo, permeiam o imaginário social da adoção. O ideal contido nessas descrições é de que adotar é um ato de amor. Ao descrever a história de sofrimentos percorrida até chegar à adoção de um filho, esses mesmos depoimentos realçam ainda que para uma mulher, o significado psíquico e simbólico de ter um filho sem a experiência de gestação é diferente da vivência masculina de ter um filho por adoção.

Porta aberta por onde transitarão os sentimentos ligados ao "altruísmo" e à "bondade" dos adotantes, a fantasia onipotente de salvar a criança abandonada, aquela portadora de uma origem desvalida, é responsável por uma outra significativa parcela das motivações apresentadas no pedido da adoção[68]. E para sustentar sua posição de generosidade, os adotantes da criança atribuem aos pais biológicos, aqueles que a entregaram ou a abandonaram, as características de maldade.

Embora o sentimento de *altruísmo* esteja dentro do campo conceitual do narcisismo, uma estrita equivalência não é encontrada na teoria psicanalítica. Ele representaria nesse contexto da adoção uma reação defensiva à vivência dolorosa diante da desvalorização que os adotantes experimentam com a infertilidade.

---

[68] De acordo com a pesquisa já citada e desenvolvida por Weber (2001), esse índice representa 36,8%, e é complementar à representatividade dos motivos apresentados pelos adotantes e ligados à infertilidade.

Giberti (1992b) alerta para a importância de considerar a adoção uma experiência caracterizada por elementos "desordenadores" da situação padrão pai-mãe-filho. Constituída por uma concepção que não fora desejada e de um nascimento que se converterá na entrega da criança, a adoção apresentaria elementos socialmente reprovados, ocasionando "desordens". Frente a tais "desordens", a autora comenta, os adotantes (e também a cultura) promovem *ordenadores*, e a vivência de bondade protagonizada pelos adotantes é um deles. Sua contraparte refere-se ao sentimento de gratidão esperado por parte da criança: "a vivência de bondade – que inclui a gratidão que esperam da criança, somada à preocupação sobre as dúvidas acerca da criança, obscurecem os conflitos que a esterilidade ou a infertilidade produziram. Essa bondade constitui um *ordenador social* em oposição à "maldade" exercida pela mãe biológica" (p.44).

A ferida narcísica vivida pelos pais poderá, então, apresentar-se por meio de uma esperança de compensação e, nesse caso, o filho ocupará o lugar daquele que tem a missão de ressarcir seus pais pela perda de aspectos de seu narcisismo. A presença de conflitos e dificuldades intrínsecas a qualquer relação humana desfaz a fantasia narcísica de salvamento da criança, gerando ódio, frustração e nova rejeição. Dessa maneira, fortalece nos pais uma convicção de que a criança não lhes pertence e de que nunca se constituiu como filho próprio. Essas fantasias se dão fundamentalmente de forma inconsciente e podem ser consideradas substitutas do sentimento depreciativo dos adotantes, em função da impossibilidade de conceber seus próprios filhos em decorrência da infertilidade (Renzi, 1997).

A tentativa de "ordenamento" pode trazer para o psiquismo dos pais adotivos um outro tipo de vivência também frequentemente encontrada, que é a necessidade de identificarem-se com as outras famílias que possuem filhos por meio da biologia. Desse modo, os pais fazem uma equação que equipara a família constituída por filhos biológicos com a idéia de "boa família". Ao buscar uma igualdade a essas imaginárias, há uma idealização que nega as diferenças existentes entre elas. Impossibilitado de ser visto e aceito como alteridade, ao filho pode ficar reservado um lugar heterogêneo – estranho e estrangeiro ao imaginário de seus pais, aquele que representa o fracasso e ressuscita as fantasias de aniquilamento dos pais adotivos[69].

---

[69] Há uma distinção a ser feita entre o conceito de estranho e o significado que pode assumir o estrangeiro. O conceito de estranho está ligado ao sinistro (Freud, 1919) enquanto que o significado de estrangeiro diz respeito ao externo ameaçador, sem necessariamente expressar o retorno inquietante do conteúdo recalcado.

A condição de estrangeiro na consangüinidade é o núcleo de muitas das dificuldades encontradas pelos pais na relação com o filho adotivo, trazendo dúvidas e incertezas em relação à possibilidade de eles se reconhecerem como pais, à convivência com o fantasma dos genitores do filho e à reabertura da ferida narcísica decorrente da impossibilidade de gerar o próprio filho. No contexto de uma adoção, essa experiência quando é radicalizada, pode levar os adotantes a sentirem necessidade de devolverem a criança.

Alguns fragmentos de escuta clínica

1. C. chega para atendimento clínico após ter desistido de adotar uma menina de 5 anos de idade. A criança havia permanecido na família durante o chamado estágio de convivência, período que precede a sentença definitiva da adoção. Devido às incontornáveis dificuldades encontradas com a criança, ela e o marido decidem abrir mão dessa adoção. Ela já tinha um filho adotivo e, devido a essa experiência bem sucedida, queria ampliar a família e adotar uma menina.

Relata que *nunca quis ter filhos* e que teve uma menopausa precoce ocorrida quando tinha 29 anos. Ao casar-se com um homem que desejava ter filhos, partem para inseminação artificial. Após duas tentativas de inseminação frustradas adotam A. que, ao ocupar o lugar vacante do filho biológico não nascido, consegue corresponder a aspectos dos ideais dos pais. Motivada pelo desejo de ter um outro filho como o primeiro que, segundo ela não traz problemas, vai em busca de uma outra criança, na tentativa de formar um casal. Imaginava que o trâmite da adoção seria mais longo e, enquanto aguardava a criança pretendida, seu pai adoece e vem a falecer justamente no dia em que a vara da infância chama o casal para conhecer a menina. Embora essa criança não tivesse as características pretendidas, aceita conhecê-la e fica entusiasmada em levá-la para casa. Aos poucos vai se configurando o que para C. foi um equívoco. C. reconhece que o problema não era da menina, mas dela. Diz ter havido precipitação na decisão de ficar com a criança que, afinal, não preenchia as características anteriormente definidas por ela e o marido.

A série de conflitos, seus desdobramentos e a análise das motivações profundas que levaram à interrupção do vínculo recém-iniciado com essa criança, não encontram espaço suficiente nesse trabalho. No entanto, essa breve descrição tem o intuito de mostrar que as duas crianças entram na vida de C. em momentos cruciais, e referidas a experiências de perdas, onde um suposto trabalho de luto deveria entrar em curso, e que a presença das crianças tem a missão de obturar. Luto pela infertilidade, pela impossibilidade de gerar um filho biológico e luto pela morte do pai. A., o filho mais velho, ao preencher as expectativas do casal, pode ter acesso ao imaginário parental, ser incluído nessa família; mas não foi o mesmo destino dado à menina, que foi devolvida.

Um outro elemento parece se somar nesse cenário e diz respeito ao que A. relata serem as "fantasias de roubo" da criança, fantasias que já haviam lhe surgido quando adotou o primeiro filho. Ela assim as relata:...*na hora que eu peguei aquela criança, eu vi exatamente o outro lado, daquela que tava perdendo ela, enquanto mulher. A mãe, alguém que é a mãe, a mulher que perdeu, estava privada de conviver com aquilo... e isso ficou na minha cabeça um bom tempo...* Aquilo que poderia ser vivido como um ganho torna-se uma perda, reavivando experiências anteriores ligadas aos lutos não concluídos. Identificada com os aspectos daquela que perde algo muito significativo, a mãe biológica reaparece em cena revelando o que necessitava ser obturado. Frequentemente encontradas no âmbito de uma adoção e contraparte da devolução, as "fantasias de roubo" denunciam a presença de uma outra mulher que possui bebês em seu ventre frutos da possibilidade que ela carrega de procriá-los (Ghirardi, 2008).

2. B. possui uma recente experiência com a devolução de duas crianças que estavam sob sua guarda há um ano e meio. Relata que casou-se com um homem bem mais novo e desejoso de ter filhos. Ela, mãe de quatro filhos biológicos, mas impossibilitada pela idade para gerar outros, "pega para criar" duas crianças que, segundo suas palavras, *precisavam sair da rua, ter estudo, precisavam de alguém para dar carinho e ensinar a vida para eles*. B. vem de uma família muito numerosa e de escassa condição financeira e, como primeira filha, ajudava a mãe a cuidar dos outros quinze filhos. Diz que devido a essa experiência, gosta muito de crianças e lhe é impossível vê-las nas ruas, abandonadas. Certa de poder dar *amor a uma criança* agora se depara com duas e, apesar de não ter sido esse o plano inicial, leva para sua casa essas crianças que viviam na redondeza. A mãe biológica era vista por ela como inapta para educá-las; não tinha condições financeiras e mesmo moral, segundo o relato de B.

O intuito de B. ao ajudar as crianças dizia respeito à origem das crianças, vista por ela como desvalida. Porém, não imaginara tantas dificuldades:

todos nós nos adaptamos muito bem, facilmente, parecia até que já os conhecia há muito tempo. *Só que o maior era um menino muito agitado, muito complicado, fazia barbaridades, estragou muito as minhas coisas...* A partir da vivência das dificuldades, essa origem passa a ser referida de modo ambíguo, mostrando sua oscilação em relação à "quem é mesmo a mãe das crianças?" e também ao modo como ela vive a maternidade. Quando surgiu a idéia de devolver as crianças, a mãe biológica reaparece como destinatária, pois B. acreditava que *criar é obrigação de mãe...*

A origem das crianças era constantemente referida por B. como a responsável pelos conflitos vividos com elas, indicando o lugar onde deveriam estar ou então voltar. A origem desqualificada tornava-se ambígua: se num primeiro momento representou a possibilidade para a adoção ao permitir-lhe a vivência dos sentimentos de "altruísmo" e "bondade", em seguida ela é a responsável pelos conflitos com a criança – *é a índole dele, é o sangue ruim*, ela diz – fazendo cair por terra a sua fantasia onipotente de salvamento. Há um fracasso no projeto narcísico da filiação e a presença das crianças torna-se então ameaçadora.

B. necessitava dar filhos ao companheiro para mantê-lo junto a si e também reviver aspectos perdidos de sua história infantil e do seu narcisismo. A adoção seria uma tentativa de superação dos limites impostos pelo biológico, que a menopausa instaurou. Em seu anseio de ajudar crianças, B. não se dava conta da ajuda que obtinha. O sentimento de "altruísmo" aparece então como defesa contra a percepção da castração. Quando o "altruísmo" cai, o projeto narcísico da adoção fracassa. As crianças espelhavam e refletiam esse fracasso, tornando-se ameaçadoras por revelarem aquilo que B. tentava ocultar.

O trabalho psíquico de elaboração: o luto necessário

Uma adoção parece começar a partir de perdas: para a mãe que gera e entrega o filho, para a criança que perde o vínculo com a família original e para os pais adotivos que vivem a infertilidade. Alinhada ao pensamento de Giberti (1992b), vimos que o abandono de filhos assim como a infertilidade podem ser considerados *desordens* que a cultura tentará ultrapassar por meio da legitimação de uma filiação simbólica.

Do ponto de vista do psiquismo, o abandono de filhos e a infertilidade são evidências de uma ruptura existente entre o coito fecundante e a maternagem do filho, rompimento esse que é atravessado pelas múltiplas expressões do desejo inconsciente. A adoção, portanto, traz em seu bojo um importante paradoxo: quem gera a criança muitas vezes não encontra desejo ou sustentação social suficientes para dela cuidar. Ao mesmo tempo, faz-se necessário o desejo de paternidade ou maternidade em alguém para que ela possa ocorrer. Alguém que muitas vezes desconhece as origens da criança e fantasia sobre o coito que a fecundou.

No choque entre as fantasias dos pais e filhos adotivos em relação ao coito fecundante, sobrepõem-se idéias de bondade e altruísmo; idéias encobridoras do sentimento de desvalorização que a infertilidade deixou. Remetidos às fantasias ligadas à própria origem, e também ao que motivou as origens daquela adoção, os pais adotivos vêm-se lançados a novos e incessantes desafios psíquicos para criar significações onde elas inicialmente não existem (Silva, 2001).

A adoção é portadora de enigmas e poderá ser uma experiência rica e fecunda, se trouxer a possibilidade de reconhecimento das vivências das perdas envolvidas. Refiro-me ao *trabalho do luto*, experiência psíquica dolorosa, porém necessária.

Em *Luto e melancolia*, Freud (1917) apresenta as formas clínicas da melancolia por meio da comparação com o afeto que está envolvido no luto normal: "E no que consiste o trabalho realizado pelo luto? Acho que não parecerá forçado apresentá-lo da seguinte forma: o teste da realidade mostrou que o objeto amado não mais existe, de modo que o respeito pela realidade passa a exigir a retirada de toda libido das relações anteriormente mantidas com esse objeto" (p.104).

A dificuldade em fazer o luto retirando a libido investida no objeto perdido está em que, "de modo geral, o ser humano nunca abandona de bom grado uma posição libidinal antes ocupada" (p.104); e também porque as exigências da realidade não são atendidas de imediato pelo psiquismo. Como um trabalho psíquico que é feito de modo gradativo, o luto é vivido por meio de um grande dispêndio de energia, enquanto, paralelamente, a existência psíquica do objeto perdido continua a ser sustentada.

O luto implica em uma experiência dolorosa e carregada de desprazer. Como um processo de elaboração psíquica relativa às perdas – conhecidas pelo sujeito e, portanto, conscientes –, o luto difere da expressão clínica da melancolia. A melancolia por outro lado, indicaria uma impossibilidade permanente do sujeito em fazer o luto do objeto que foi perdido. Importante considerar que as experiências de perdas, sejam as do objeto real ou aquelas ligadas aos ideais, podem ser vividas como luto ou desencadear um processo interminável de melancolia.

Tanto o luto como a melancolia, cada um apresentará sua especificidade na relação pais/filhos adotivos, na medida em que o processo psíquico vigente direcionará o olhar parental sobre o filho. Quando enlutados por suas próprias perdas, os pais poderão voltar-se para o filho aceitando sua alteridade e podendo construir uma história que é, ao mesmo tempo, singular e familiar. Se não ocorre o luto, o filho adotivo permanece como um objeto ambíguo para os pais; como aquele que representa uma tentativa de sutura da ferida narcísica, mas também a ruptura da transcendência (Silva, 2001).

O lugar ocupado por esse filho no imaginário de seus pais dependerá de como a experiência com a infertilidade pode ser tramitada psiquicamente: "Quando o casal não foi capaz de lidar com tal perda o filho adotivo se torna um objeto ao mesmo tempo amado e odiado por ser a prova da incapacidade de gerar dos pais. As chances do filho adotivo de desenvolver a sua subjetividade são maiores quando ele não vem como substituto ou como tampão para ser colocado no lugar da falha" (Iyama, 2004, p.10).

Se a presença da infertilidade no casal adotante aponta para uma diferença em relação à experiência da paternidade vivida pelos pais biológicos a partir do momento em que traz para o contexto da experiência adotiva uma condição de enigma, é o trabalho de luto que possibilitará aos adotantes a desistência do projeto do filho imaginado e idealizado. Claro está que, para a criança poder encontrar um acolhimento como filho por extensão do narcisismo parental e ser por eles investida libidinalmente, necessitará ocupar um lugar de alteridade em relação àquele filho desejado e que não pôde ou pode ser concebido.

Silva (2001) ressalta que vivências de frustrações acumuladas presentes na experiência subjetiva dos pais adotivos, interferem no modo como a criança poderá se sentir incluída ou não no imaginário parental: "a infertilidade marca uma diferença que, seguida de outras diferenças como aquelas ligadas aos traços físicos e às decepções das expectativas alimentadas em relação ao filho, talvez se constituam nas famílias adotivas, em sinais permanentes das diferenças não assimiladas entre o filho desejado e o filho possível" (p.71).

É por meio do trabalho do luto que os pais adotivos terão possibilidade de desistir do projeto do filho imaginado. A experiência do luto, em certo sentido, também se constitui em um abandono – agora referido à idealização dos pais.

Para que a *sombra do objeto não caia sobre o eu*, como percebemos em expressões clínicas da melancolia, o desejo do filho idealizado precisa ser abandonado, deixando livres os caminhos dos investimentos necessários no filho adotivo: aquele que é o representante da alteridade.

Considerações finais

A devolução da criança ou adolescente adotivo instaura o rompimento da relação afetiva existente entre pais e filhos. No âmbito do judiciário, ela se refere ao fracasso daquela adoção, ao falhar a possibilidade de continuidade do vínculo anteriormente estabelecido. No imaginário social, é relacionada à rejeição e a sua menção levanta uma mescla de reações.

Se a adoção é um tema que envolve paixões ao não deixar indiferente quem dele se aproxima, a eventualidade da devolução desencadeia reações que vão do descrédito à indignação, passando pela incompreensão, espanto e horror. É possível compreender por quais motivos a adoção é envolta por fantasias idealizadas, uma vez que ela é uma tentativa de superação do abandono. Porém sabemos pela psicanálise que o ideal não permite os pais se autorizarem a serem pais e viverem a ambivalência e o conflito.

A devolução, contraparte da adoção é a reedição de experiências ligadas ao desamparo e, portanto, fonte de angústias por vezes inomináveis, ou não nomeáveis. Talvez devido a isso, a devolução ainda é tema do qual pouco se fala e pesquisa e, mesmo no judiciário onde se dão as ocorrências, há uma espécie de negação de sua relevância ou significância.

A partir de minha pesquisa com o tema, percebo que a devolução é uma experiência ligada ao *fracasso* e talvez esse seja mais um fator a explicar parte da dificuldade do contato com seu conteúdo impactante: fracasso daquela adoção, dos profissionais do judiciário que selecionam candidatos, dos pais adotivos que não conseguiram levar adiante o projeto da adoção e, sobretudo, a criança como a representante desse fracasso – e que precisa ser devolvida. Mesmo sabendo que não há garantias de *"sucesso"* quando se seleciona candidatos para uma adoção, torna-se importante considerar o que se pretende com uma adoção 'bem sucedida' para não cairmos nas malhas da idealização, cujo perigo foi amplamente abordada nesse trabalho.

Cabe ressaltar a relevância da sensibilidade e preparo técnico dos profissionais do judiciário em momentos cruciais como é o da seleção dos candidatos a uma adoção e, fundamentalmente, em situações críticas como a devolução da criança ou adolescente. O psicólogo imbuído do referencial teórico-metodológico da Psicanálise tem instrumentos para investigar as motivações inconscientes que estão subjacentes ao pedido de uma criança em adoção e responder pelo lugar que ela vem a ocupar no imaginário parental. E também, ao se deparar com as complexas expressões dos conflitos instaurados na relação pais/filhos adotivos, abrir um campo propício para a palavra que subverte o *ato* da devolução. Na compreensão da subjetividade dos adotantes, o conhecimento de suas motivações inconscientes pode dar pistas sobre o lugar reservado para criança no imaginário parental. Uma hipótese que este trabalho levanta é a de que as relações adotivas fortemente marcadas por conflitos entre pais e filhos poderão ser afetivamente sustentadas se puder ser mantida a tensão conflituosa, entendendo-se essa tensão como uma dimensão constituinte do mal-estar fundante da subjetividade. A devolução como *ato* apresenta-se justamente com o propósito inverso, fazendo ressurgir a etimologia[70] mais arcaica do vocábulo *devolvére*: *vomitar, extirpar, por para fora...*

Referências bibliográficas

DICIONÁRIO Houaiss da Língua Portuguesa. Houaiss, Antônio e Villar, Mauro de Salles (Org.). Rio de Janeiro: Objetiva, 2001.

FREUD, S. (1914) *À guisa de uma introdução ao narcisismo*. Obras Psicológicas de Sigmund Freud. Tradução de Luiz Alberto Hanns. Rio de Janeiro: Imago, 2004. v. 1.

_____ (1917) *Luto e melancolia*, obras psicológicas de Sigmund Freud. Tradução de Luiz Alberto Hanns, Rio de Janeiro: Imago, 2006. v. 2.

_____ (1919) *O Estranho*. Rio de Janeiro: Imago, ESB, 1976. v. 12.

GIBERTI, E. *La adopción*. Buenos Aires: Sudamericana, 1992a.

_____ GORE, S. C. *Adopción y silencios*. 2ª. ed. Buenos Aires: Sudamericana, 1992b.

GHIRARDI, M.L.A.M. *A Devolução de crianças e adolescentes adotivos: reedição de histórias de abandono*. 2008. 131 p. Dissertação (Mestrado) – Instituto de Psicologia, Universidade de São Paulo, 2008.

---

[70] Referência ao verbete *devolver*, Dicionário Houaiss da Língua Portuguesa.

IYAMA, R. *Os pais adotivos:* preconceitos, fantasias, fatores motivacionais inconscientes e suas implicações na formação do sintoma da criança. 2004. 132 p. Dissertação (Mestrado) - Instituto de Psicologia, Universidade de São Paulo, São Paulo, 2004.

PAIVA, L.D. *Adoção, significados e possibilidades*. São Paulo: Casa do Psicólogo, 2004.

RENZI, C. La Devolución, In: GIBERTI, E. *Adopción hoy*. Buenos Aires: Paidós, 1997.

SIGAL, A. Algo mais que um brilho fálico. In: ALONSO, S.; GURFUNKEL, A. C.; BRETON, D. M. (Org.). *Figuras clínicas do feminino no mal-estar contemporâneo*. São Paulo: Escuta, 2002.

SILVA, M. S. N. *Bendito o fruto do vosso ventre*. 2007. 241 p. Tese (Doutorado) - Instituto de Psicologia, Universidade de São Paulo, São Paulo, 2007.

_____ *Em busca do elo perdido*. 2001. 164 p. Dissertação (Mestrado) - Instituto de Psicologia, Universidade de São Paulo, São Paulo, 2001.

SPINA, C. *Algumas reflexões sobre a devolução no processo de adoção*. 2001. 100 p. Dissertação (Mestrado) - Instituto de Psicologia, Universidade São Paulo, São Paulo, 2001.

WEBER, L. *Pais e filhos por adoção no Brasil*. Curitiba: Juruá, 2001.

Contribuições da psicossomática às práticas de saúde na família

Angela Figueiredo de Camargo Penteado

A psicossomática psicanalítica certamente tem importantes contribuições para as práticas de saúde na família. Assim, procurarei aqui articular algumas de suas produções teóricas com a clínica de saúde da família, realizada no âmbito da atenção básica na saúde pública, na cidade de São Paulo.

Em São Paulo, no ano de 2004, aproximadamente dois milhões de paulistanos estavam cadastrados no Programa de Saúde da Família (PSF). Este Programa foi proposto através de parcerias entre serviços de saúde e instituições de ensino, totalizando 690 equipes de saúde da família neste período.

As equipes de saúde da família foram originalmente compostas por médicos generalistas, dentistas, enfermeiros, auxiliares de enfermagem e agentes comunitários de saúde. Estes atores em suas práticas se deparam com enormes desafios para sustentar uma proposta de "clínica ampliada", que realize melhor os princípios do SUS – Universalidade, Acessibilidade e Integralidade nas Unidades Básicas de Saúde.

Suas ações se dão a partir do cadastramento das famílias às unidades de saúde e se fazem em um contato bastante próximo às comunidades locais, determinando um relacionamento íntimo com as famílias, mediado por Agentes Comunitários que moram na região. Todos da equipe convivem com uma realidade psicológica e social bastante impactante sobre seu trabalho com processos de saúde-doença, pois neste contexto, lidam com muitas carências sociais, físicas e emocionais, tendo que desenvolver estratégias aos diferentes ciclos de vida, que se organizam em complexas dinâmicas familiares.

Nas ações de saúde desenvolvidas junto ao PSF fica bastante evidente a importância da família como caixa de ressonância para disfunções psicossomáticas, sendo portanto um campo de práticas onde o Corpo, a História e o Pensamento podem ter muitos desdobramentos, e um campo sobre o qual articulações teórico-clínicas da Psicossomática Psicanalítica podem certamente contribuir e evoluir.

O Programa de Saúde da Família, na Atenção Básica em Saúde

Para atender aos objetivos da Constituição de 1988, que trouxe consigo a implantação do Sistema Único de Saúde (SUS), o Ministério da Saúde em 1994 deu início à implantação do PSF. Com este Programa assumia o compromisso de prestar assistência universal, integral, equânime, contínua e acima de tudo resolutiva à população, tanto nas Unidades de Saúde, quanto no domicílio. Pelo discurso oficial, tal atendimento deveria se dar de forma humanizada, objetivando a organização e integração das atividades, bem como a criação de vínculos de compromisso e responsabilidade entre as equipes de saúde e a população.

Em São Paulo, na maioria das regiões, os profissionais com formação específica em saúde mental (psiquiatras, psicólogos, terapeutas ocupacionais, assistentes sociais, fonoaudiólogos) não foram inseridos nas equipes de PSF, desenvolvendo seu trabalho clínico apenas nas Unidades Básicas tradicionais, Centros de Atenção Psicossocial, Centros de Referência ou Centros de Convivência. Apenas nas regiões da cidade, onde o Programa QUALIS – PSF tinha sido implementado pela Secretaria Estadual de Saúde, anos antes, houve apoio de equipes qualificadas em saúde mental às equipes de PSF desde o início de suas atividades.

Com a municipalização e expansão do PSF em São Paulo a partir do ano 2000, surgiram diretrizes na Assistência Técnica em Saúde Mental do Município, propondo que os profissionais da área da saúde mental passassem a realizar "ações de apoio matricial" ou matriciamento, às equipes de saúde da família, tendo alguns desdobramentos em seu fazer como:

1. Realizar apoio e acompanhamento às equipes locais de referência compostas por médicos de família, pediatras, ginecologistas, dentistas, enfermeiros, auxiliares e agentes comunitários, na realização de ações de promoção, prevenção de agravos e tratamentos a problemas de saúde menos complexos;
2. Trocar conhecimentos e somar à formação de um raciocínio diagnóstico e práticas clínicas, norteados pelo princípio da

integralidade, envolvendo a dimensão multidisciplinar destas equipes, trazendo para o cotidiano das equipes de saúde a discussão de casos de saúde mental;

3. Realizar assistência especializada aos casos diagnosticados com psicopatologia complexa e grandes manifestações sintomáticas – dinâmicas psicóticas, dinâmicas de adicções e dependências químicas, situações traumáticas relacionadas às mais diversas formas de violência: situações que marcam diferentes caminhos de exclusão familiar e social e que demandam assistência especializada. Neste contexto também poderiam estar incluídos como prioridade, casos com agravos em patologias clínicas, em que a desorganização psicossomática expressa importantes vicissitudes e falhas do trabalho psíquico.

Embora descritos em alguns documentos esses, pressupostos ou diretrizes não refletem a realidade das práticas implementadas pelo SUS até agora e orientam pouco a integração entre os saberes do universo psicológico e social com o universo das praticas médicas.

As estratégias de "Matriciamento" ainda são experiências pontuais, descontínuas e muito vulneráveis ao contexto político de constantes mudanças nas equipes de gestão da Secretaria de Saúde neste último período (2004-2007). São estratégias cujo desenvolvimento dependerá da formação dos recursos humanos da rede de serviços e da visão teórica e técnica dos assistentes técnicos em saúde mental.

Realizando aproximações com o campo de saúde da família

Em uma Unidade Básica de Saúde tradicional, ainda sem cadastramento no Programa de Saúde da Família, procuramos criar no exercício da função de Psicóloga da Saúde, dispositivos clínicos e relações interdisciplinares com os diversos profissionais médicos, dentistas e da área de enfermagem, para dar conta de uma leitura mais abrangente das necessidades em saúde, levando em conta a singularidade dos indivíduos, suas manifestações corporais e psíquicas, seu modo de adoecer e de viver, suas relações sociais e de trabalho, levando em conta as diretrizes do SUS e ideais da Reforma Sanitária proposta pela Constituição de 1988.

Temos construído ações de Saúde Mental realizando a recepção dos usuários com queixas psicológicas ou sintomas psicossomáticos, em grupos quinzenais, com as duas psicólogas integrantes da equipe. Nestes grupos chegam pessoas encaminhadas por médicos, dentistas, enfermeiras e auxiliares; vindas encaminhadas por outros serviços ou ainda por demanda espontânea. Estes usuários trazem inicialmente suas dores físicas e psíquicas, recortes de sua história de vida, da história de sua doença, de suas expectativas para estarem ali. A partir deste primeiro momento organizamos as prioridades, esclarecemos sobre a abordagem ao psíquico e vamos seguindo em pesquisa psicodiagnóstica, até se configurar um processo psicoterapêutico individual, familiar ou encaminhamento para os grupos terapêuticos. Realizamos também acolhimento de múltiplas queixas e orientações pontuais sobre questões relacionadas aos sintomas físicos ou psíquicos; ao tratamento; ou ainda a outras demandas, podendo se dar alguns encaminhamentos internos e externos, a partir do diálogo com médicos, dentistas e de enfermagem sobre as outras dimensões orgânicas, clínicas e sociais envolvidas.

Com uma das pediatras organizamos grupos de recepção de pais que trazem queixas psicológicas de seus filhos crianças e adolescentes: sejam crianças tratando de alguma patologia orgânica manifesta ou não, dificuldades de aprendizagem, queixas de comportamento ou do processo de desenvolvimento global.

Neste momento interrogamos juntas sobre as relações familiares, história da criança e do aparecimento do sintoma, surgindo, na maioria das vezes, conflitos nas relações conjugais; lutos nos genitores; processos de crises a partir de desemprego, mudança de cidade, descontinuidade e quebra nos vínculos de cuidado por parte dos pais, em algum período de vida da criança ou do adolescente. Após essas abordagens iniciais em grupo, seguem-se processos individualizados com cada família para aprofundar diagnóstico e formular projeto terapêutico.

A partir desta troca com a pediatra temos encontrado resultados interessantes: os pais se espantam ao formularem relações importantes entre corpo e história durante suas falas e na escuta da fala de outros pais; esta pediatra percebe que a perspectiva de situar a história do sintoma junto à história familiar e detectar conflitos relacionais nestes grupos com pais, tem contribuído para ampliar sua pesquisa de elementos para formulação diagnóstica das patologias nas consultas médicas diárias com crianças e adolescentes. A partir de discussões mais aprofundadas sobre a dinâmica psicológica da criança e dinâmicas familiares, a pediatra vai podendo sustentar algumas condutas pautadas em retornos mais freqüentes e orientações aos pais no lugar de apenas medicar os sintomas. Outro reflexo desta abordagem interdisciplinar é a maior resolutividade dos casos na Atenção Básica e menor necessidade de encaminhamentos para as especialidades em outras unidades ambulatoriais.

Esta prática conjunta contribui também para a detecção pelos médicos de sérios conflitos emocionais dos pais, influenciando diretamente a emergência de sintomas somáticos nas crianças. Tem a partir daí realizado mais encaminhamentos destes pais para tratamento psicológico quando possível. Na clínica psicoterápica com crianças, este processo interdisciplinar tem resultado em um número muito grande de abordagens iniciais e prolongadas com os pais ou às vezes em estratégias de atendimentos familiares ou às duplas mãe-filho, além dos contatos com escolas e o estabelecimento de parcerias para encaminhamentos em atividades na área de educação, esportes e cultura. Com isso apenas em alguns casos se faz necessária a abordagem psicoterapêutica individual ou grupal à criança ou ao adolescente ou um encaminhamento para os CAPS infantis em casos mais complexos e graves.

Observamos que as crianças se beneficiam muito da participação em um espaço lúdico, onde recebem atenção mais direcionada e podem expressar suas angústias e fantasias, seus conflitos em familiares ou na escola, seja individualmente ou em grupo. Para a maioria dos pais trabalhadores, é muito difícil sustentar horário e transporte das crianças em seu horário de trabalho.

A clínica com Bruna e Ana

Bruna de 8 anos foi trazida para consulta em pediatria por uma pessoa conhecida da família para examinar corrimento ginecológico. No exame a criança grita apavorada e pede para não ser tocada na região genital. A acompanhante em conversa particular com a médica refere que a mãe tem muito medo de comportamentos do pai em relação à sexualidade da filha, em função de história anterior de "provável abuso sexual" à filha mais velha, do primeiro casamento da mãe, ocorrido há anos atrás. A pediatra se assusta e traz a acompanhante para minha sala, pedindo ajuda para escutar a história e orientar sobre conduta. A acompanhante se comunica com Ana, a mãe, que estava nas imediações da UBS, mas não trouxe a filha para consulta. Ao escutá-la, configura-se imediatamente um pedido de ajuda cheio de angústia, culpa e desespero. Esta mãe vai sendo atendida duas vezes por semana até se acalmar e poder vir com regularidade. Apresenta-se bastante agitada em seu modo de agir e falar, trazendo uma história muito confusa e cheia de marcas traumáticas além de apresentar a cara toda marcada por manchas de um quadro de Lupus que se instalou há alguns anos atrás. Ao reconstruir sua história, localiza o aparecimento desta doença no momento em que se separou do marido, época em que soube pela filha mais velha que este homem com quem estava casada a "molestava sexualmente" desde a idade de dez anos até a adolescência. Para tornar a situação mais difícil, Ana tinha acabado de adotar duas crianças com este homem após muitas tentativas frustradas de engravidar. As crianças: Bruna, então com 1 ano e meio e Arthur, um bêbe de dias que tinha acabado de chegar, necessitavam de muitos cuidados e uma organização que tinha sido planejada pelo casal. Apesar de muita revolta e nojo, se sentindo traída, culpada e profundamente ambivalente, seguiu com ele na parceria destas adoções, sem mediação de processo judiciário, pois haviam registrado as crianças em nome de ambos.

Bruna seguiu em tratamento clínico com a pediatra, sempre acompanhada pela mãe e já sem sintomas foi examinada por ginecologista, quando não se confirmou qualquer sinal de estupro. Por outro lado a dinâmica do abuso se faz presente em várias dimensões psíquicas (esta história sem elaboração na mãe, com seu olhar paranóico sobre o corpo desta menina, o jogo contraditório do casal parental, a dinâmica da adoção, etc.)

Estes são casos em que as equipes se angustiam muito e tendem a agir acionando notificações, realizando encaminhamentos para exame de corpo delito, mas pouco conseguindo conter os aspectos contraditórios destas dinâmicas, não podendo manejá-los em sua dimensão intrapsíquica e psicossocial. Neste clima de muitos excessos e de angústia, fica difícil a proposição de ações terapêuticas que realmente resultem na proteção da criança em risco e tratamento para os adultos responsáveis.

Neste caso com Bruna e com Ana conseguimos conter, acalmar e estabelecer vínculo de confiança para aprofundar o tratamento psicológico que já se estende por um ano.

Com a outra pediatra iniciamos participação em grupo de orientações ao aleitamento materno, durante período do pré-natal, observando que inicialmente a abordagem era muito focada nos cuidados com o seio, posição de amamentar, valor nutritivo do leite materno e ampliamos essa perspectiva introduzindo noções como: encantamento da mãe pelo bebê e do "uso psíquico" do bebê pela mãe; das sensações de prazer ao amamentar presentes nela e no filho; observações ao olhar, toques, sorriso, esboços de comunicação que se fazem nestes momentos tão íntimos, além das interferências trazidas por sentimentos e ações dos filhos mais velhos, do marido ou de outros familiares importantes no núcleo familiar. Aproveitamos estes encontros para detectar indícios de angústias nos diversos períodos gestacionais e histórias destas gestações, chamando a atenção destas mulheres para este universo de inquietações psíquicas que poderão se converter em desequilíbrios próprios do período gestacional, e que poderão ser acompanhados pela psicologia com foco na relação mãe/bebê. Aqui o trabalho de lutos e conflitos conjugais é bastante preventivo para vínculos mais saudáveis neste momento tão determinante do desenvolvimento psíquico do bebê.

A clínica com Rute

Rute, que havia participado num destes grupos, trouxe o bebê recém-nascido para a primeira consulta com a pediatra e veio bater em minha porta pedindo para conversar, pois estava muito abalada e triste com o recente abandono de seu marido e preocupada nas repercussões com a saúde de seus filhos. Apesar de boa qualidade de investimento libidinal nas crianças e muitos sinais de bom desenvolvimento, o filho mais velho apresentava fortes dores de cabeça e o bebê desde os primeiros meses vinha apresentando "sapinho" na boca que não cedia com nenhum tratamento, sinal atribuído pela pediatra a uma deficiência imunológica. Seguimos acompanhando semanalmente Rute nesta difícil experiência de luto e a pediatra intensificou suas consultas com a dupla mãe/bebê, realizando pesquisa clínica, orientações, mas também dando suporte a esta mãe tão fragilizada.

Após seis meses, Rute avaliou que seria menos sofrido mudar-se para perto de uma irmã e enfrentar a separação. Retomou o trabalho e segue cuidando muito bem das crianças e de si.

Também o momento das ações de planejamento familiar realizados com casais por uma ginecologista e outra colega psicóloga, tem sido ricos para reflexões e conhecimentos sobre o corpo e a sexualidade, as formas de prazer, sobre tabus na relação conjugal, sobre fantasias e ciúmes que muitas vezes movimentam novas demandas para elaboração de sintomas neuróticos ou psicossomáticos em suas interfaces com a sexualidade. Neste campo a novidade é a inclusão do parceiro neste momento de conhecimento da sexualidade e decisão de métodos contraceptivos, de como estes grupos mobilizam pensamentos sobre os seus lugares sociais de homens e mulheres, sobre valores do corpo e do prazer e suas interfaces com o adoecer ou com dificuldades para cuidar de filhos não desejados.

Na clínica médica de adultos realizada por clínicas, ginecologistas e um médico acupunturista, são freqüentes os encaminhamentos para psicologia a partir de descompensações de quadros clínicos, relacionados na consulta médica a perdas recentes, traumas, violência, situações de stress. Temos observado uma diminuição na tendência de medicalização da dor psíquica, com menor demanda por psiquiatria e maior valorização do trabalho psicoterapêutico que está sendo desenvolvido nesta unidade. Estas médicas promovem bons e longos vínculos com seus pacientes, que são fundamentais à clínica de famílias, conhecendo várias gerações de uma mesma família e o modo de adoecer de seus pacientes ao longo dos diversos ciclos de vida.

A prática em Acupuntura tem trazido novas referências à abordagem clínica como o relaxamento e a qualidade de vínculo médico-paciente durante as aplicações, onde há maior espaço para conversas com o médico e para o surgimento da história de vida.

Em nossa unidade de saúde, as médicas de clínica geral utilizam-se pouco dos recursos das dinâmicas familiares, dos aspectos transferenciais nos vínculos entre médico-paciente ou das possibilidades interdisciplinares para enriquecer sua escuta. Este segue sendo um desafio.

A clínica com Lúcia

Lúcia, 44 anos, apresentando dores por todo o corpo, alergias nas mãos e fortes hemorragias menstruais que durava quase todo o mês. Vem de longa peregrinação por especialistas, desde o Maranhão, há mais de quatro anos. Em São Paulo está empregada como doméstica há três anos e já passou por diversos especialistas. Chorava intensamente e nos dizia que os médicos não tinham paciência com ela, que todos a acusavam dizendo que seus problemas estão na cabeça. Nas pesquisas clínicas e resultados de exame, não encontraram alterações que definissem claramente patologias ou que justificassem os sintomas apresentados. Não havia mioma ou irregularidade ginecológica, não encontraram infecções, ou processos reumáticos. Após muitas consultas centradas nas dores e queixas físicas, aos poucos sua história vem: deixou marido e filhos adolescentes no Maranhão, por ter sido traída e humilhada em casamento de 20 anos, sua mãe e outras mulheres da família tiveram inúmeras internações psiquiátricas e ela mesma chegou a ficar internada por ter enlouquecido, quando implorou desesperadamente o amor do marido, sofrendo muitas humilhações. Conforme vai se apresentando, vai se configurando uma dinâmica muito impulsiva, com muitas repetições e atuações sem organização do pensamento e com uma intensa culpa por ter deixado os filhos longe. A distância real de Maranhão-SP parece ter sido a única maneira encontrada para pôr fim ao sentimento de que iria morrer de dor... surgem com o tempo metáforas às "hemorragias de dor" com o choro convulsivo que se mantém por meses, até que pode encontrar sentido para muitos acontecimentos vividos como traumáticos. A partir daí, vai conseguindo se reorganizar e pensar estratégias para trazer os filhos para junto de si; consegue retomar sua condição feminina e vai erotizando novamente seu corpo, percebendo o ressurgimento dos investimentos amorosos, sexuais e os sintomas somáticos desaparecem. Percorre um longo percurso em psicoterapia e ainda restam muitas questões psíquicas a serem elaboradas.

Especificidades da Psicossomática Psicanalítica que orientam o manejo clínico e o diálogo interdisciplinar

Temos levado para o campo de nossas práticas clínicas a noção de que o ser humano é psicossomático. Percebemos que pacientes sofrendo de desordens somáticas, *não nos apresentam, de um lado o corpo e seu desejos e, de outro, a psique e suas razões, mas sobre os mesmos lugares somáticos podem se opor forças contraditórias, como já enunciava Freud em seus escritos sobre as pulsões* (Freud, 1910 / 1915).

Pela escola Psicossomática de Paris, os fenômenos tanto psíquicos quanto somáticos, podem ser compreendidos como uma soma de interações dinâmicas que obedecem movimentos de organização e desorganização a serviço de uma economia libidinal.

O referencial psicanalítico nos ensina que o corpo faz histórias e tem também uma história, um romance em que o corpo é apenas suporte. Nesta história singular, o corpo é um corpo que grita, que sofre, que sangra, que goza ou que chora e as únicas zonas que a psique conhece são as zonas erógenas. Assim a queixa de um doente, não é geralmente de ter esta ou aquela doença, mas de sentir este ou aquele mal-estar. As enunciações que Bruna, Ana, Rute e Lucia puderam fazer de sua doença, estão bem distantes da realidade médica.

Ao longo de anos de trabalho com diversas equipes médicas em instituições de saúde, fui percebendo que os médicos se aproximam dos sinais no corpo procurando captá-los e integrá-los aos seus conhecimentos científicos. Estes conhecimentos se fundamentam na anatomia e patologia médica e daí se originam as classificações nosográficas e etiologias da doença. A partir de seus conhecimentos podem diagnosticar, prescrever e tratar, mas pouco conhecem do valor que o sintoma assume em psicanálise como sinal das pulsões, de seu percurso num circuito de satisfação e proteção psíquica, ou como modos de representações fantasiadas ou substitutivas, que movimentam realidade psíquica. Sabem pouco também que a doença pode adquirir valor relacional quando passa de um corpo puramente orgânico a um corpo erotizado e que as dimensões transferenciais construídas no vínculo, podem ser decisivas nas evoluções e processos de cura.

Com os sintomas neuróticos, nós psicoterapeutas de orientação psicanalítica, aprendemos a interpretar conflitos, a reconhecer os caminhos defensivos das representações ameaçadoras, a entender os processos do recalque e deslocamentos afetivos que fazem impactos no corpo como linguagem, a linguagem das conversões histéricas ou dos sintomas obsessivos.

Seguindo com a psicanálise pelo campo da clínica psicossomática, encontramos mais uma especificidade a demarcar: nesta clínica muitas vezes os fantasmas não estão organizados simbolicamente como os fantasmas originários. Podem não haver recalques bem consolidados e nem derivados do inconsciente revelando riqueza de representações. Nesta clínica predominam os fantasmas corporais e primários, onde há enorme predomínio da ação. Há um curto circuito na atividade psíquica secundária e não se estabelecem os sintomas de defesas psiconeuróticas habituais, sintomas estes que deixariam pistas dos conflitos emocionais, de suas representações ideativas, para o trabalho psicoterapêutico reorganizar.

Este agir compulsivo procura reduzir a intensidade da dor psíquica pelo caminho mais curto, o "ato sintoma", apresentado por Joyce McDougall em vários casos de sua clínica nos "teatros do corpo". Este ato sintoma, nos diz Joyce, ocupa o lugar de um sonho nunca sonhado e de objetos parciais. São atos que tomam o lugar do imaginário e da capacidade de sentir. Para a autora, o soma declara-se doente quando defesas neuróticas, psicóticas ou organizações perversionantes não dão conta. Nos diz também que como conseqüências da pobreza de representações, pode haver dificuldades por parte do terapeuta de conter e tolerar estas vivências de uma fase mais primitiva, na qual restam apenas manifestações corporais, que nos colocam na posição de participar de uma comunicação sem palavras, escuta de sensações, diálogo onde o corpo do terapeuta é muitas vezes solicitado a se expressar (McDougall 1983, 1991).

Nos fragmentos de clínica escolhidos, detectamos experiências psíquicas em que o trabalho de traduzir mensagens e de constituir ligações entre afetos e suas representações garantindo estabilidade psíquica falhou. Falhou quase sempre diante de experiências intensas, violentas, muitas delas relacionadas à degradação dos vínculos familiares, tornando o corpo vulnerável ao aparecimento de descargas somáticas importantes como as mencionadas afecções da pele, corrimentos ginecológicos, hemorragias, deficiência imunológica, ou quadro de Lupus.

Estar doente, por outro lado, pode ser a chance de ser olhado, investido, ter acesso a um lugar familiar mais valorizado a partir do adoecer. O adoecer pode inaugurar um movimento de criação psíquica, de significação erógena dos circuitos de prazer-desprazer, de conquista de atenção do outro e reorganização narcísica, além da conquista de benefícios trabalhistas e direitos sociais antes negados.

Na especificidade da psicoterapia e clínica psicossomática trata-se também de poder identificar como o paciente relaciona sua dor e doença em seu discurso com os referenciais do próprio romance familiar e como nos faz participar disto.

Se abrirmos campo na clínica, através do vínculo terapêutico com o médico ou o psicoterapeuta, detectaremos que alguns sujeitos já introduzem uma história ao falar de seus sintomas, e se há palavras, o destino já não é puramente somático, pode vir a ser também analítico. Aqui, o modo como o paciente nos apresenta seus sintomas e sentidos e nos faz participar de sua doença e de sua história, é também fundamental para indicar a qualidade do trabalho psíquico e para apontar sobre o desenvolvimento do processo terapêutico seja na direção médica, seja na direção psicoterápica.

Marty propõe que em geral ao primeiro tempo de desligamento psicossomático e distanciamento da realidade psíquica pode advir um segundo tempo, de religação a partir de novos recursos gerados pela situação pessoal e social da doença.

Pensando ainda na especificidade da clínica psicossomática sabemos que para nos tornarmos psicoterapeutas, precisamos aprender a escutar a partir de longo treinamento em supervisões, em nossa própria análise, em contato com nossos sonhos, com nosso corpo em sua dimensão erógena, com os lugares que ocupamos na nossa dinâmica familiar. Já os médicos e outros profissionais de saúde não são ativamente estimulados a pensar o paciente em sua integração psíquica e somática, nem a perceber o significado do adoecer para o paciente, ou ainda a conhecer as particularidades do funcionamento mental. Muitos desconhecem que todos nós recorremos aos diversos sintomas psicopatológicos como defesas aos conflitos emocionais, ou ainda às somatizações como único recurso de resistir aos excessos de excitação que podem estar em conflitos evidentes nas relações sociais ou familiares, mas sobretudo que estão nos ecos que estas circunstâncias atuais fazem nos fantasmas mais primitivos que organizam nossa dinâmica psíquica e nosso equilíbrio psicossomático.

Embora seja uma clínica que estamos fazendo na "Atenção Básica", trabalha com manejos bastante complexos, já que muitas patologias se configuram em contexto histórico marcado pelo trágico ou pelo enigmático de complexas tramas psíquicas e parentais. Neste sentido o Programa de Saúde da Família propõe um campo muito fértil para construção de ações de uma clínica ampliada e pesquisa em Psicossomática.

Conclusão

Apesar do Programa Saúde da Família ser um campo promissor para a articulação de ações de saúde da clínica médica ampliada às ações específicas em psicossomática psicanalítica, reconhecemos que o dispositivo clínico das psicoterapias tem hoje um lugar bastante frágil nas diretrizes do SUS.

Com estes fragmentos da clínica e do quanto estas ações podem provocar mudanças nas equipes e nos serviços, espero ter sensibilizado para a discussão de que estas práticas dialogam diretamente com o modelo de consulta médica, ou de acolhimento em saúde, para além da dimensão psicoterapêutica realizada com alguns indivíduos, famílias ou grupos. Espero estar contribuíndo para uma clínica que possa reconhecer as verdadeiras necessidades apresentadas pelos indivíduos quando buscam uma Unidade Básica de Saúde e na articulação de novos dispositivos que viabilizem ações mais qualificadas.

Em nosso campo específico, o das práticas da Saúde Mental, há pouca valorização deste tipo de prática, no modo como as políticas públicas estão se definindo e se organizando.

Temos convivido com reiterados convites a praticar uma "Psicologia de massas", realizada por indiscriminados terapeutas comunitários, em que o corpo, a história e o pensamento acabam correndo sérios riscos de não poderem se diferenciar ou sequer se constituir.

Referências bibliográficas

AISENSTEIN, M. Da medicina à psicanálise e à psicossomática. *Revista Brasileira de Psicanálise*, 28(1):99-110, 1994.

CAIN,J. Constratransferência e psicossomática. In MC DOUGALL,J.; GACHELIN,G.; AULAGNIER,P.; MARTY,P.; LORIOD,J. & CAIN,J. (orgs) *Corpo e história –IV encontro psicanalítico D'aix-En-Provance*-1985. São Paulo: Casa do Psicólogo, 2000.

CAZETO, S.J. Psicossomática e instituição hospitalar. In VOLICH, R.M.; FERRAZ, F.C.; (orgs.) *Psicossoma I: psicossomática psicanalítica*. São Paulo: Casa do Psicólogo, 1997.

FREUD, S. (1910[1909]) A concepção psicanalítica da perturbação psicogênica da visão.*E.S.B*. Rio de Janeiro: Imago, 1976; v.11.

_____. (1915) Os instintos e suas vicissitudes. *Op. cit.*, v.14.

MARTY P., *A psicossomática do adulto*. Posto Alegre: Artes Médicas, 1993.

McDOUGALL, J. A contratransferência e a comunicação primitiva. In *Em defesa de uma certa anormalidade: teoria e clínica psicanalítica*. Porto Alegre: Artes Médicas, 1983.

_____. Sobre a privação psíquica. In *Teatros do Corpo*. São Paulo: Martins Fontes, 1991.

VOLICH, R. *Psicossomática: de Hipócrates à psicanálise*. São Paulo: Casa do Psicólogo, 2000.

O corpo e o feminino

Nos confins das origens, a mão da mãe[71]

Maria Elisa Pessoa Labaki

Para Antônia

Breve história

Não foi sempre que a questão da maternidade e do materno ocupou lugar positivo, de destaque e valor na cultura. Elisabeth Badinter (1985), em seu livro notável *Um amor consquistado*. *O mito do amor materno*, mostra como e porque, nos séculos XVII e XVIII, as mães que se desocuparam da criação de seus filhos retomam, a partir do século XIX, a maternidade. Destaca que a imagem da mulher diaba, imperfeita, fraca e inválida da Idade Média continuou produzindo efeitos nos séculos das luzes, mas, desta vez, levando a uma desvalorização das tarefas maternas e degradando a figura da mãe num ser de segunda classe. Amamentar era visto como pouco digno para uma mulher, aproximando-se mais de uma atividade apropriada aos bichos do reino animal, seres da natureza. As que assim o faziam eram vistas como vulgares "vacas leiteiras" (Badinter, 1985, p. 97). Além disso, uma vez que a amamentação era vista como pouco pudica, se feita em público, as mulheres que a exerciam eram forçadas a se esconder na privacidade do lar, condição que era vivida como restrição e empecilho aos prazeres da vida mundana. Por fim, a formação reativa social contra estas representações, que denegriam a imagem da mãe, produziu nas mulheres, a começar pelas da nobreza francesa, seguida pelas burguesas, uma atitude de negação em relação a se submeterem às exigências da maternidade. Na prática, contratavam amas-de-leite para as quais entregavam o filho durante 3 ou 4 anos. As poucas famílias ricas da nobreza podiam pagar amas que residiam junto à família. No entanto, as mais pobres, que eram em maioria, não tinham

---

[71] Este trabalho representa parte de uma pesquisa que venho realizando sobre o tema do "Materno" no contexto do Grupo de trabalho e pesquisa, coordenado por Silvia Alonso, *O feminino e o imaginário cultural contemporâneo*, do Departamento de Psicanálise do Instituto Sedes Sapientiae, São Paulo/SP.

outra escolha se não enviar o filho para o campo para uma ama mercenária, em geral assoberbada com tantas crianças para cuidar ao mesmo tempo e, não raras vezes, portadora de sífilis ou outras doenças graves. A autora nos conta um caso policial de uma ama deste tipo que deixou morrer 31 crianças ao longo de 14 meses. Mas, o mais chocante neste caso nem é, a meu ver, o assassinato em si – fruto do descaso de uma relação estabelecida unicamente sobre bases comerciais. Mas, sobretudo, saber que mães e pais continuavam, após a morte de seus filhos, entregando os novos rebentos para a esta mesma ama. A conseqüência trágica desta debandada de bebês para o campo, vivendo em situação precária e de extrema negligência, era a morte prematura de boa parte deles. Curiosamente, a mentalidade social da época torcia a lógica materna, justificando que a indiferença das mães por seus filhos era uma resposta destas à fragilidade primária das crianças, marcadas quase sempre pelo destino da morte. Se, do lado dos adultos, a fragilidade infantil pode mesmo ser fonte de repúdio e horror, do lado das crianças, podemos afirmar sem muita hesitação que elas morriam "feito moscas" (Badinter, 1985, p. 87), justamente em função do desinteresse das mães pelos filhos aos quais davam à luz.

Hoje, a questão da maternidade vem sendo revalorizada na cultura e revisitada a partir de vários campos do conhecimento, como o das Ciências Sociais e Antropologia, Saúde, Educação, Comunicação, Psicanálise, Direito e tantos outros. Há pouco foi sancionada uma nova lei que estendeu a licença-maternidade em mais dois meses. Agora, as mães que derem à luz e possuírem um emprego poderão ficar em casa para cuidar de seu bebê recebendo remuneração durante seis meses. Fato, aliás, que está suscitando reações de revolta por parte de homens que se sentem em posição de desigualdade e desvantagem, tendo em vista a licença-paternidade vigente que permite ao pai se ausentar do trabalho por apenas cinco dias. As mulheres da atualidade, principalmente as cultas que podem escolher o momento em que desejam engravidar, gostam de amamentar seu filho no peito ao longo de vários meses. Este gosto não é pouca coisa, mas representa uma mudança nos hábitos da mãe, se comparamos com os exercidos nas décadas imediatamente precedentes. Isto é, após o impacto social da emancipação da mulher nas décadas de 1960 e 1970 – que não só dissociou sexo de reprodução, pelo advento da pílula, como também maternidade de amamentação e maternidade de maternagem –, a amamentação passa a ser reconhecida do ponto de vista da promoção de saúde e o leite materno considerado, segundo critérios da Saúde Pública, alimento completo e profilático para bebês até os seis meses. Única forma de alimentar os filhos pelas mães economicamente pobres, a amamentação passa a ser uma escolha *higiênica* entre as mais ricas. Embora algumas não dispensem ajuda de babás ou creches, quando se encontram impossibilitadas de conciliar as atividades de maternagem com o trabalho fora de casa, de uma maneira geral não abrem mão tão facilmente do vínculo de cuidado para com o filho. A criança é resgatada do limbo no século XIX e vem para o centro no século XX.

Na Europa, a retomada da maternidade pelas mulheres deu-se entre o final do século XVIII e início do XIX. A Revolução Francesa, com o movimento pela *Igualdade, liberdade, fraternidade*, elevou o lugar da mulher e da criança oferecendo a elas novo valor e importância. A maternidade adquiriu um *status* de reconhecimento e utilidade social. Vista naquele momento como algo específico da mulher e útil à sociedade, transfigurou-se numa função nobre impregnada de ideal. A mulher já não é mais uma criança fútil, a criança já não é mais um empecilho para os prazeres da mãe e a mãe passou a ser A Rainha do Lar. É na passagem entre este contexto e outro, contemporâneo, que nos encontramos. Se em algumas sociedades as atribuições da mãe ainda estão bastante associadas ao gênero feminino, noutras, como nos países escandinavos e na Holanda, o advento das novas conjugalidades se oficializando vem alterar este quadro. Famílias formadas por duas mães ou dois pais que revelam o desejo conquistado de casais homoeróticos pela maternidade ou paternidade, são apenas dois exemplos dentro da diversidade de possibilidades vislumbradas para este século XXI. Mas não deixemos de olhar para alguns exemplos aqui mesmo, no Brasil, país de raízes latinas e de tradição católica. Há poucos meses foi oficializada, em uma cidade do interior de São Paulo, a adoção de 3 irmãos por um casal de homens. Outros casos parecidos em cidades da região sul também ficaram conhecidos.

No exercício da escuta clínica psicanalítica, a mãe ocupa uma posição de grande importância, e nos relatos clínicos, orais e escritos, também, é sabido. No entanto, no âmbito da teorização, a figura da mãe se despersonaliza e dá lugar a conceitos referentes ao campo do Materno, ou à maternalidade. O que seria o materno? O termo resulta de uma operação de linguagem que transforma um substantivo em adjetivo e propõe um ser neutro, difuso, sem ligação diretamente a uma pessoa, a uma figura, a um sexo (Pontalis, 1999).

Por isso, não está vinculado somente à figura da mãe, não se reduzindo às condições de assunção do desejo de ser mãe, nem ao exercício da maternagem, ou, tampouco, à figura social da mãe, mas engloba todos estes aspectos. Portanto, quando fazemos teoria em psicanálise sobre o materno, o objeto da investigação deixa de ser a pessoa da mãe e passa a ser o materno enquanto função (Freud, Lacan, Winnicott), objeto (Freud, Lacan, Melanie Klein), ambiente (Winnicott), e por aí vai, de acordo com os eixos e recortes de cada teoria.

As teorizações sobre o materno podem se dar no interior de diferentes dimensões do campo psicanalítico. Do ponto de vista da psicopatologia, por exemplo, pode ser tomado em relação ao desejo da mulher de ser mãe nas situações de adoção, de reprodução assistida e nas novas relações de parentesco; além de seus efeitos patológicos como a psicose materna e a depressão puerperal, os maus tratos, a síndrome de Münchausen, como descreve Volich (2002)[72], entre outros fenômenos relativos às psicoses infantis e o autismo. Do lado das teorizações sobre o método clínico, as diferentes feições do materno são destacadas enquanto revelam-se ferramentas privilegiadas nos processos com pacientes que apresentam uma fraca coesão psíquica. Em outras palavras, com pessoas cujo sofrimento reflete um funcionamento psíquico precário em decorrência de uma frágil organização interna, que tenta manter-se pela intermediação de mecanismos de defesa primitivos, como as clivagens, dissociações, projeções, presentes em casos graves, como as psicoses, casos-limites, adicções, desorganizações somáticas e outros.

Apesar dos diferentes modelos que implicam as posições teóricas entre autores da psicanálise, é unânime nas teorizações a concepção de que a dimensão do materno, seja ela tomada enquanto função, objeto ou ambiente, esteja relacionada com o trabalho de construção dos alicerces do psiquismo. A concretude que acompanha a imagem de construção psíquica é análoga, como nos mostra Delouya (2005)[73], à realidade da engenharia

---

[72] Para os interessados em conhecer esta síndrome, e outras manifestações psicopatológicas, recomendo especialmente o item Refletir do capítulo 4 "Horizontes médicos" de seu livro *Hipocondria. impasses da alma, desafios do corpo*.

[73] O autor diferencia, na construção psíquica, dois planos distintos que recobrem o projeto e o programa de execução: os princípios constitutivos (psicanálise) e os do desenvolvimento (psicologia cognitiva). Comparar e imaginar os paralelos e superposições do trabalho de construção da vida psíquica com o da engenharia civil é, a meu ver, uma forma de oferecer inteligibilidade metapsicológica a concepções que podem parecer por demais abstratas.

civil, seus projetos e edificações. Seguindo as coordenadas de um projeto arquitetônico, esta analogia nos permite imaginar que um edifício é construído de baixo para cima e de dentro para fora sobre bases e alicerces que resultam de um esforço corporal e uso de materiais. Manejo, manuseio, sustentação: eis a mãe winnicottiana e seu corpo-a-corpo em ação. Em outra frente de trabalho, podemos vislumbrar a mãe freudiana, filha da feiticeira: nas escavações das fundações psíquicas – tópica – e na montagem das estruturas metálicas e tubulações hidráulicas e elétricas – dinâmica e energética. Da solda entre os materiais espicassa a faísca pulsional que vai marcando os caminhos que buscam o prazer, *facilitando* seus percursos e percalços.

É, pois, sobre a participação da intervenção materna na criação do sítio da vida psíquica que nossos esforços de inteligibilidade se dirigirão daqui para frente. Sítio, *lócus*, lugar são nomes que indicam um campo de conhecimento cuja dimensão é a tópica. Deste modo, as formulações que aqui serão apresentadas, sobre o trabalho de construção psíquica, privilegiarão figuras caras à metapsicologia dos limites (Green,1990)[74], tais como, as da delimitação, separação, diferenciação, e assim por diante. O esforço por uma narrativa sobre a origem do psiquismo leva a identificar os sinais de sua fundação a partir de tempos organizados entre si segundo uma ordem lógica e sucessiva. Primeiro, um tempo anterior à intervenção materna dentro do qual se instala a atividade sensorial. É o modo *stand by,* de espera. Depois, dar-se-á neste corpo ligado, pronto para o contato, a mistura, a cisão e o encontro com a mãe. A noção de plano, ou dimensão, no lugar da de tempo, talvez seja também profícua para nós, embora deixe de lado o caráter de processualidade. Assim, poderíamos substituir o recurso artificial, que põe em sucessão estes tempos da construção do psiquismo, por uma acepção de caráter espacial. Algo da ordem de uma tópica temporal, que concebe a existência de espaços sobrepostos e co-extensivos.

Espera ou o modo *stand by*

O que existe para o ser vivente no tempo mítico antes da intervenção materna? Talvez sensações internas, multiformes e fragmentárias, que atravessam, tomam e atacam este espaço somático. Geneticamente carregado,

---

[74] Refiro-me especialmente à 1ª. conferência de André Green "Conceituações e limites", pp.11-22.

morfológica e anatomicamente desenhado, funcionalmente organizado e subjetivamente desejado, este ser está destinado a crescer e precisa, para isso, de insumos adequados. Não podendo obter tais insumos por si só – dado que os órgãos de locomoção estão apenas começando a se aparelhar e que a identificação da necessidade ainda é precária neste começo – carece da dependência de outro corpo que realize no lugar dele a busca dos aparatos eficientes. Freud (1895)[75] chama este outro de *adulto atencioso* e seu ato de indulgência de *ação específica*. Em geral, a mãe que oferece o seio. Lançado quando nasce à condição de desamparo que o obriga à dependência ao outro, é no campo do conflito entre o desejo de bastar-se e a necessidade de ser amado que o sujeito tece e desfia suas mazelas ao longo da vida.

Se, do lado da mãe, nestes momentos após o nascimento de um filho, inúmeros acontecimentos de ordem material, psíquica e social estão se processando (sabemos a revolução que representa dentro de uma família o nascimento de um filho), o que se passa da parte do ser nascente? Para Piera Aulagnier (1985), que imaginou belamente este tempo iniciático, originário, este é o momento em que se instala a real ignorância acerca da própria existência e da existência de todas as outras coisas relativas ao entorno. A eficiência dos órgãos sensoriais capta os efeitos das excitações no corpo, mas estes não repercutem além da esfera reflexa. Em outras palavras, o tempo do originário só "conhece do mundo os seus efeitos sobre o soma" (Aulagnier, 1985, p.128), caracterizando uma situação de coincidência em que "os efeitos do encontro substituem o encontro" (Aulagnier, 1985, p.125). Isto é, nada do que é acolhido neste corpo excede seu espaço; ao contrário, é absorvido e re-absorvido na condição de produto engendrado neste corpo, por ele e dentro dele.

Em relação ao regime de circulação energética no plano das origens, há que se conceber a vitalidade da dimensão *auto*, própria ao tempo que precede o recorte da energia pré-pulsional[76] pelo objeto. No limite, trata-se de afirmar que, nesta dimensão mítica, antes do regime pulsional se organizar pela intervenção do objeto, corpo e fonte somática coincidem, não havendo espaço para o conceito de separável (que remete ao objeto/outro),

---

[75] Parte I, [1], [11] e parte III, [1].
[76] O termo pré-pulsional designa a energia vital que ainda não se subverteu em pulsão, dado que estamos nos referindo a um tempo que precede a intervenção do outro/ objeto. É por intermédio desta operação de recorte do corpo do bebê pelo outro/ objeto que a excitação automática pré-pulsional é transformada em pulsão.

nem para o sinal de relação (que remete à noção de função). Os sinais da vida são autoforjados e os órgãos do sentido não captam sons, cheiros, cores ou texturas, apenas variações no próprio soma que refletem as variações no próprio estado. O modelo psicopatológico é o do autismo. O que, nas palavras de Fédida (1992), implica uma subtração de *Eros* com excesso de *autos*. O autismo é um auto-erotismo sem Eros, afirma Berlinck (2000, p. 104)[77].

Do ponto de vista tópico-econômico, podemos adotar o modelo do arco-reflexo e conceber este corpo inicial como um pólo de reações motoras a estímulos oriundos do mundo externo e do interior do organismo. Rápidas e involuntárias, tais reações antecedem, em muito, as reflexivas – mediadas pelo pensamento, último estágio. Se recrutarmos aqui o modelo óptico de aparelho psíquico de Freud, de 1900, é como se, neste tempo das origens, a extensão do aparelho pudesse ser "mais curta" e coubesse num esquema "encolhido". Assim, haveria apenas dois lugares, ou sistemas, pelos quais atravessaria a excitação: o sensório e o motor. Ficaria de fora o sistema mnêmico, uma vez que não se trata, agora, de considerar o registro das impressões – este rigorosamente "psíquico" e responsável pelas memórias. Mas sim, e, sobretudo, de levar em conta o acontecer efêmero num corpo que é pura permeabilidade, receptividade e reação. Numa seqüência temporal, a excitação que atinge a extremidade sensorial vai desaguar no pólo motor, como sabemos. Temos aqui a direção progressiva desenhando uma trajetória rumo à motilidade. A menor faísca de excitação levará este psiquismo inicial a ativar processos progressivos, compondo ritmos, freqüências e padrões de respostas. Modelo este caro à Psicologia Experimental e Comportamental.

Embora a vida psíquica do bebê não esteja ativa neste tempo mítico das origens, podemos supor que é nele que algo da natureza do psíquico começa a ser instituído. Um primeiro reflexo dos sinais somáticos do corpo do bebê vai se chocar com um espaço externo de reverberação: mãe. Esperneios, gritos e um sussurrar que serão acolhidos pela mãe como fonte da demanda a ela. Continente de origem do pára-excitação, a mãe produzirá com o bebê um modo de existir, sentir, sofrer e manter-se vivo no tempo. Será a receptora subjetiva dos movimentos dele, sua tradutora consecutiva e a emissora de respostas, cujos efeitos de natureza gustativa, tátil ou sonora,

---

[77] Neste artigo o autor lembra que a origem do termo autismo deve-se a Bleuler que sugeriu pela subtração de Eros da expressão aut(ero)tismo.

serão alguns entre muitos que resultarão em criações da sensorialidade no bebê. Neste ponto, a pergunta que se impõe é a seguinte: qual nova ação deve ser adicionada para que o regime autoconservativo se converta em auto-erotismo? Em termos econômicos, a que se deve a passagem do domínio sensorial/motor para a constituição de zonas corporais de sensibilidade psíquica às qualidades de prazer/desprazer? Isto é, como o bebê se torna psiquicamente sensível às experiências de prazer?

A resposta é complexa e poderia ser tomada a partir de diferentes ângulos. Do ponto de vista econômico, sugiro que a percepção de prazer/desprazer vai sendo modulada pela alternância entre as respostas oferecidas pela mãe às necessidades do bebê e os intervalos em que, ou as necessidades estão ausentes, caracterizando plenitude, nirvana, ou faltam as respostas, recompondo o bebê a sua condição estrutural de desamparo[78].

Ao mesmo tempo em que um espaço interno, psíquico, junto ao contorno do corpo sensível, vai sendo delimitado pelos diferentes ritmos destes estados, suas intensidades e qualidades. Seria a instituição da função materna contemporânea ao nascimento da pulsão e do aparelho psíquico, tal como foi formulado em 1900 por Freud?

Para resumir, tentamos oferecer alguma inteligibilidade às operações de passagem do regime nirvânico ao regime da realidade prazer/desprazer. Da lógica autoconservativa à erógena. Do arco-reflexo ao funcionamento pulsional. E sobre a situação em que o corpo deixa de ser campo puramente somático para acolher o psíquico.

A entrada da mãe, sua abolição e fusão, início de separação

Quando nasce a mãe? Talvez pudéssemos ir aquém e perguntar: qual seria a primeira manifestação propriamente psíquica, se podemos imaginar

---

[78] Para uma articulação rigorosa entre desamparo e construção do terreno psíquico inicial, recomendo a leitura do ensaio "A depressão, a função depressiva e o objeto" de Daniel Delouya (2002, p. 55-106). Do ponto de vista da dimensão pulsional, lá o desamparo resulta, dinâmica e economicamente, de duas tendências opostas, uma centrífuga, de expansão, e outra centrípeta, de encolhimento. Equilíbrio móvel que gera a imagem da criação de um espaço. Interessante notar como o autor utiliza as especulações e paralelos biológicos de Freud (1920) sobre o início da vida, em que concorrem as pulsões de vida (expansão, complexidade) e as de morte (retração e isolamento), para conceber a construção do espaço psíquico original.

tal coisa? Sugiro serem os processos alucinatórios primários. Explico. A saciedade não é um estado permanente. Primeiro porque a fome volta e depois porque as respostas maternas faltam. Se, no começo, a motricidade reflexa é só o que o bebê sabe fazer diante da pressão da necessidade, com o tempo, a experiência positiva de apaziguamento proporcionada pela mãe vai deixando rastros, marcando e montando uma espécie de registro mnêmico. Os quais, por sua vez, serão associados às qualidades de prazer/ desprazer. Correspondente interno da mãe, tais impressões acumuladas serão utilizadas como material para o trabalho psíquico que buscará, pela via alucinatória, regressiva, restaurar a saciedade alcançada com a experiência de satisfação. Portanto, na qualidade de proto-representação, ou proto-pensamento, os processos alucinatórios oferecem um destino à pulsão, dão a ela poder de ligação psíquica e inauguram o início do funcionamento mental sob o signo da representação.

Ocorre que, quando este psiquismo inicial fracassa em auto-engendrar-se e desiste de repetir *auto*maticamente o percurso progressivo (motor/ esperneios) e/ou regressivo (alucinação), que ofereceram um destino à pressão pulsional, aí, neste átimo de tempo ocorreria a percepção de algo localizado lá fora, apartado dos limites da pele. Significa lembrar, com Freud, que, se a alucinação não satisfaz, mas decepciona, podendo matar, é em direção à percepção da mãe (mundo externo, ambiente) que o olhar vai se direcionando.

É a necessidade de sobrevivência que obriga o bebê a enxergar a mãe pela primeira vez, depois que ela já interviu. Em contrapartida, é o desejo de bastar-se, sua onipotência, que o leva, logo em seguida, à operação contrária que nega a presença dela no mesmo mecanismo que o funde a ela. Temos, nesta operação, contígua no tempo, de consideração e rejeição da mãe, as raízes pulsionais do ódio ao objeto (Freud, 1915) e o motor da ilusão fusional. O bebê fusionado a sua mãe expele tudo o que é sentido como desprazer, incorporando a si o prazer. Mundo externo coincide com mau e mundo interno com bom, tal como sugere a metapsicologia kleiniana sobre a posição esquizo-paranóide. Aqui, não podemos mais considerar como no tempo do originário em que nada além daquele organismo reflexo existia. Aqui, a não-existência da mãe, porque é mantida fusionada ao bebê, resulta de uma operação de apagamento e dissolução de sua imagem separada. Sua presença já foi considerada uma primeira vez e depois apagada, rejeitada. Talvez pudéssemos considerar a própria limitação dos órgãos da percepção do bebê, a prematuridade deste seu momento inicial, como fundo biológico de apoio ao psíquico para a percepção acontecer, não sustentar-se, e, simultaneamente, se desfazer, evanecer. Mas, ainda assim, se o apagamento da percepção da mãe traduz uma operação inconsciente de rejeição, de natureza psicótica, ela não pode, no entanto, excluir as marcas de sua presença que já foram gravadas, no inconsciente deste, sob o traçado da memória das experiências de satisfação. Por mais abolida que esteja nas vias da sensorialidade, por mais fusionada com o bebê, em algum lugar do inconsciente o registro da inscrição do objeto-mãe, alguém outro, já se deu, lá permanece e o leva a "concluir" o ditado popular que diz: "uma andorinha só não faz verão". Em algum lugar, portanto, ele pressente que não pode estar só e que não é tudo, mas parte. Movimentos de fusão se alternam com os de separação e a visão da mãe vai, aos poucos, deixando de surgir esmaecida, e por pequenos intervalos no tempo passa a tomar corpo revelando-se cada vez mais à mostra.

Daqui para frente, não haverá como não enxergar e considerar a existência de dois mundos separados e não abolidos. Naturalmente, esta aquisição é notável e espera-se que todas as crianças consigam-na com simplicidade. Mas sabemos que não é bem assim. Infelizmente, nem todas se separam; infelizmente, nem todas têm mães. Na situação do autismo, talvez a mãe esteja ausente para a criança. Na psicose infantil, embora esteja lá a mãe sendo vista, ela não é passível de ser considerada pela criança; não pode, portanto ser perdida e possibilitar a abertura de um espaço para novas identificações e triangulações. Fixada na fase especular, na melhor das hipóteses a criança se torna um simulacro, ou um reflexo, da psicopatologia familiar. E, do ponto de vista da psicossomática, por exemplo, a asma e a retocolite ulcerativa, ou mesmo a hipocondria, encenam no corpo o drama impossível da separação. Filhos únicos de pais sufocadores podem ter asma[79], enquanto que a ameaça de separação para outro faz sangrar o intestino (retocolite ulcerativa).

Presença materna

Enfim, o que leva a criança a notar a presença da mãe e tolerar ver-se separada dela sem sentir-se em perigo? Ter prazer com a separação e não

---

[79] Wagner Ranna cita, em suas aulas, estudos que indicam uma co-relação entre o aumento de casos de asma brônquica em crianças pequenas e o crescimento de filhos únicos nas famílias atuais.

precisar lançar mão da forclusão do período anterior? Como diz uma paciente, não tem como escapar, as mães vêm sempre antes dos filhos! Anterioridade que implica numa dissimetria estrutural entre a posição da criança e a da mãe. Submetida obrigatoriamente ao outro, a criança vai sofrer as vicissitudes relacionadas com as possibilidades de a mãe se adaptar bem, pouco ou nada, ou, ainda, mal a ela. A manutenção, portanto, do estado de separação, que salva a criança do estado fusional e inaugura seu eu, não se dará sem a colaboração materna. Antes, decorre da condição relativa à presença materna. A qual, por sua vez, pode ser conhecida enquanto positividade, se considerados os aspectos qualitativos; e negatividade, conquanto sua ausência produz representações.

Fazer-se positivamente presente, na proposta winnicottiana, é manter-se disponível em relação às necessidades do bebê e não resistir a isto. Imergir no estado fusional sem sentir-se anulada, carente ou exaurida. A preocupação materna primária (Winnicott, 1956) se baseia num contato quase sem esforço da mãe com seu bebê, cuja ação inibe, pela contenção que promove junto ao corpo dele, o desespero avassalador das excitações que o invadem, acalmando, assim, suas vivências primitivas. Trata-se de um encontro que também permite transformar as percepções subjetivas em objetivas.

Deixar-se mobilizar pelo bebê, *emocionar-se* com ele, reviver a dimensão erógena que a maternidade pode abrigar, traduz uma qualidade da presença materna que salva da fusão. Desfrutar com o próprio corpo do prazer do corpo do bebê que toca e da boca que leva ao seio. Escreve Aulagnier que a "emoção põe em ressonância dois corpos e lhes impõe respostas similares" (p.117). Para a autora, estamos nos referindo ao "componente somático da emoção materna (que) transmite-se de um corpo a outro". E que torna comovente o contato com um corpo comovido, da mesma forma que "uma mão que o toca sem prazer não provoca a mesma sensação que a de uma mão que vivencia o prazer de tocar" (p.134). Em Winnicott (1969), encontramos também no conceito de mutualidade a referência para esta comunicação mãe-bebê que precisa estabelecer-se. No contexto dos prazeres da nutrição, diz ele que "não existe uma comunicação entre o bebê e a mãe, exceto na medida em que se desenvolve uma situação de alimentação mútua" (p.198). Em outras palavras, se é verdade que a mãe nasceu antes, se ela é mãe, já foi filha e já brincou de alimentar bebês, é de se esperar que ela saiba o que são as delícias (ou a dor..) de ser alimentada. E que possa fazer deste seu conhecimento uma referência incluída na comunicação subjetiva sobre a qual a experiência a dois possa ser ancorada.

É a mãe com todo o seu corpo marcado que se entrega para o filho. No abraço, no brincar, nos toques durante os cuidados de higiene, é com o corpo dela que o toca, o sente, o aperta. A manutenção da vida do bebê está diretamente ligada com a capacidade da mãe de gostar e sentir prazer no seu corpo com estas experiências de trocas mútuas. Assim, a receptividade do corpo da criança ao contato com o corpo da mãe vai, aos poucos, embutindo na criança o *Eros* liberado do corpo da mãe pelo contato prazeroso. Em suma, o poder materno, seu dom, está em estabelecer o *Eros* que unifica ali onde "o poder dos sentidos afetam a psique, transformando uma zona sensorial ou somática em erógena" (Aulagnier, p.126).

Resistências maternas em brincar com o corpo e dialogar nele com seu bebê podem produzir efeitos nefastos. Impedido de instalar-se no espaço do *entre,* simbólico e transicional, o corpo se fixa no automatismo e sucumbe ao adoecimento. Dificuldades em relação à posse de si, despersonalização e desrealização são alguns dos estragos que resultam da despossessão do corpo erógeno ou de sua ausência desde o início. A impossibilidade de operar os processos de transformação que Christophe Dejours (1998) descreveu e denominou de subversão do corpo biológico em erógeno, pode representar um efeito desta falha inscrita no campo da função materna, alteridade. Conclusão: se o prazer ou o sofrimento faltam, a reação sensorial existe fisiologicamente, mas não terá existência psíquica, erógena.

O complemento da presença materna faz-se por sua ausência. A conhecida mãe suficientemente boa winnicottiana não é aquela que não falha. Diferente disso, é aquela cuja falha vem seguida por movimentos ativos de reparação, em relação aos quais a criança é sensível e os quais pode introjetar. Ao contrário do que se pensa erroneamente, a falha, seguida de reparação, cria a oportunidade de a criança diferenciar-se da mãe, ao mesmo tempo em que oferece a ela um modelo de tolerância passível de introjeção. Manter dentro aquilo do qual se separou e se perdeu, eis o mecanismo do luto pelo qual a criança internaliza a mãe, amadurece e se erogeniza na busca por novos objetos. A posição depressiva é outra aquisição que resulta da falha materna seguida de reparação. Além destas aquisições, a diferença entre o que ela espera da mãe e o que vê que a mãe lhe apresenta nesta falha, cria uma discrepância entre a representação e a percepção que pode tornar-se fonte para o nascimento do pensamento.[80] No entanto, reparem que, para ser vivida pela criança, tal defasagem, de natureza negativa e co-participante nos processos de separação, precisa, primeiro, ser reconhecida pela mãe em relação a seu próprio desejo pela criança. Enxergar objetos e viver experiências de prazer extrínsecas ao "seu bebê", isto é, que não são inteiramente recobertas por ele, leva a mãe a se diferenciar e, nesta operação, dar à luz um ser de desejo. Desta feita, o homem do desejo da mãe, a profissão dela, seu círculo social, cultural e demais interesses, reforçará para a criança sua presença separada e diferenciada, na medida em que revela um outro mundo desejável pela mãe e do qual ela está excluída. Paramos aqui. Desenvolvimentos em relação à função paterna e aos ideais serão deixados para uma outra oportunidade.

Referências bibliográficas

AULAGNIER, P (1985). "Nascimento de um corpo, Origem de uma história". In *Corpo e história – IV Encontro Psicanalítico D'Aix-en-Provence*. (2ª. edição) São Paulo: Casa do Psicólogo, 2001

BADINTER, E. *Um amor conquistado: o mito do amor materno*. (5ª. edição). Rio de Janeiro: Nova Fronteira,1985

BERLINCK, M. "Autismo: paradigma do aparelho psíquico". In *Psicopatologia fundamental*, São Paulo: Escuta, 2000

DEJOURS, C. "Biologia, psicanálise e somatização". In VOLICH, R. M.; FERRAZ, F. C. & ARANTES, M. A. C. (orgs.). *Psicossoma II. Psicossomática Psicanalítica*. São Paulo: Casa do Psicólogo, 1998

DELOUYA, D., *Torções na razão freudiana: especificidades e afinidades*. São Paulo: Unimarco, 2005

_____ "A depressão, a função depressiva e o objeto". In *Depressão, estação psique. Refúgio, espera, encontro*. São Paulo: Escuta, 2002

FÉDIDA, P. "Auto-erotismo e autismo: condições de eficácia de um paradigma em psicopatologia." In *Nome, figura, memória*. São Paulo: Escuta, 1992

---

[80] Segundo Freud (1895), a atividade de pensamento na criança pequena é fruto de uma discrepância entre a representação de desejo, seu anseio, e o que ela encontra (percepção) do objeto. Pensar, portanto, é uma habilidade que se desenvolve para permitir descobrir aquilo que mais se assemelha ao desejado, pondo fim à defasagem que decepciona.

FREUD, S. (1895) Projeto para uma psicologia científica. *Edição Standard Brasileira da Obras Psicológicas Completas de Sigmund Freud*. Rio de Janeiro: Imago, 1976, v. 1

_____ (1900) Interpretação dos sonhos, *Op. cit.*, v. 5

_____ (1915) Os instintos e suas vicissitudes, *Op. cit.*, v.14

_____ (1920) Além do princípio de prazer, *Op. cit.*,v. 18

GREEN, A. *Conferências Brasileiras de André Green. Metapsicologia dos limites.* Rio de Janeiro: Imago,1990

PONTALIS, J. – P. Acerca de la madre, lo materno. *Revista Abierta de Psicoanalisis y pensamiento contemporâneo. Zona erógena. Figuras actuales de lo femenino de la clinica al imaginário social.* 1999 (42): 22-23.

VOLICH, R. *Hipocondria:Impasses da alma, desafios do corpo*, São Paulo: Casa do Psicólogo, 2002 (coleção Clínica Psicanalítica)

WINNICOTT, D. (1969) "A experiência mãe-bebê de mutualidade". In: WINNICOTT, C.; SHEPERD, R. & DAVIS, M. (orgs.) *Explorações psicanalíticas*, Porto Alegre: Artes Médicas, 1994

_____ (1956). "Preocupação materna primária". In: *Da pediatria à psicanálise. Obras escolhidas.* Rio de Janeiro: Imago, 2000.

A maternidade como função simbólica. Precisamos de novos postulados metapsicológicos para compreender os filhos da procriação assistida?

Ana Maria Sigal

A intenção deste trabalho é nos perguntarmos se as mudanças que a gravidez assistida imprime no psiquismo de nossos pacientes atacam o fundamento de nossas ferramentas teóricas de compreensão da subjetividade, tanto no momento da consulta de um adulto, como ao atender uma criança que está em pleno processo de formação de sua vida subjetiva. Podemos nos perguntar também se este tipo de procriação dá origem a novas estruturas psicopatológicas que não são abordáveis a partir da bagagem teórica de que dispomos. Pergunto-me se a fragmentação dos dados da herança biológica distorce as bases da sexualidade infantil e do Édipo tal como a psicanálise as apresenta.

Será necessário contar com novos postulados teóricos? Ou, pelo contrário, o que se impõe é infundir aos postulados analíticos toda sua potência libertadora, abandonando preconceitos que se instalam quando aparecem questões novas ou desconhecidas?

Quando encaramos a maternidade como uma questão natural, nós a pensamos como uma função específica do biológico e não como um fenômeno da cultura. Também, quando pensamos que existe um instinto materno, este seria mais determinado pelas características da espécie, que não oferecem grande variabilidade entre indivíduos. No conceito de instinto há uma soldadura entre este e o objeto que o satisfaz, o que determina que as condutas que decorrem dele estejam preanunciadas, sejam fixas e uma vez iniciadas dificilmente possam ser interrompidas ou desviadas.

Quando pensamos a maternidade como uma função biológica ou instintiva da mulher, supomos que não é necessário investigar os imaginários, nem a função simbólica que a determina. Também não interessa saber de que modo a cultura, os fenômenos históricos, sociais e econômicos influenciaram na função materna. Praticamente se pensa em um *pattern* de conduta, que não tem grande variabilidade de um humano a outro.

Esta forma de entender a maternidade, sem considerar os complexos processos que a atravessam, nos mostra um uso ideológico do conceito, estranho ao campo da psicanálise, que pretende deixar a mulher com sua existência amarrada à pura função de procriação, limitando seriamente as aberturas possíveis da subjetividade.

Na naturalização da maternidade, a mãe está atada por laços de sangue à sua cria. É isto o que desperta seu amor: ela está imersa numa condição na qual se defronta com um vínculo indissolúvel, inefável e que a sociedade pretende que seja sempre intenso e positivo. Não estamos no campo do desejo inconsciente e de suas vicissitudes e, sim, no campo de uma natureza e suas cartas marcadas.

Se tomamos o campo da pulsão, conceito psicanalítico que humaniza o instinto, o caminho torna-se inseguro, pois não podemos falar de um saber herdado, de uma conduta fixa; a pulsão é errática e nela tudo é variável. Segundo Freud, o objeto da satisfação é contingente, ou seja, suscetível de todas as substituições possíveis, a meta é passível de intercâmbios, modificações e inibições, e, por fim, as fontes estão conectadas umas às outras e são vicariantes. Tudo é evanescente. As garantias são perdidas e sobrevém o desamparo. Citando Eva Giberti (1980): "Os filhos do instinto nos remetem à ilusão de estarmos inscritos na ordem da necessidade, os filhos do desejo nos defrontam com a contingência na qual se inscrevem todos os fatos da ordem do humano."

Quando consideramos a clivagem entre natureza e cultura, percebemos a existência da arbitrariedade do código, e vemos que feminino e masculino, maternidade e filiação são acidentes do discurso que não coincidem necessariamente com os acidentes da biologia. As marcas que o corpo imprime na psique entram no desfiladeiro da linguagem e tornam-se cenas de representações fantasmáticas, que dão albergue ao desejo. O simbólico faz do homem um animal fundamentalmente regido pela linguagem, o que determina as formas de seu laço social e suas escolhas sexuadas.

É nesta fenda que, para a psicanálise, inscreve-se a mulher-mãe. A maternidade se descola da natureza, imersa na ordem simbólica dos laços de parentesco, da circulação das mulheres e dos bens, da posse dos filhos, que será regulada por leis de palavra, na qual descansam seus fundamentos.

Se o amor materno fosse da ordem do instinto, não poderíamos entender as mulheres que não amam ou não desejam seus filhos, nem tampouco as que amam um filho que não é de sangue; também não seria possível entender os corpos que se recusam a fecundar, tendo as condições para isto.

Só pensando a maternidade e a filiação como uma operação simbólica, é que entendemos que, no ser humano, o conceito de instinto fica subvertido e perverte a função biológica.

Apoiamos nos *Três ensaios para uma teoria sexual* (Freud, 1905) para enunciarmos esta afirmação, e considerarmos que, segundo a psicanálise, não há obrigatoriedade de coincidência entre corpo biológico e psicológico. Na maternidade não haveria necessariamente coincidência entre a gravidez anatômica e a função materna e na sexualidade não há identidade entre sexo e sexualidade. O desejo de ser mãe não está necessariamente determinado pelos órgãos sexuais que a mulher possui para a maternidade, assim como a identidade de gênero ou de sexo não correspondem à posição em que um sujeito goza[81].

Pensando a partir da psicanálise, uma mulher, para ter um filho, deverá organizar de determinada maneira tanto a imaginarização de sua anatomia quanto seus posicionamentos edípicos e suas identificações, organizações estas que serão singulares e dependerão de cada história, variando de mulher para mulher, tanto no que se refere à função materna quanto à significação do filho.

A palavra sexo corresponde à biologia: designa os seres vivos a partir da formação biológica e cromossômica. Diferencia indivíduos, dentro de uma mesma espécie, entre machos e fêmeas, segundo conformações específicas decorrentes de diferenças genéticas, fisiológicas, químicas e morfológicas. Utiliza-se também a palavra sexo para referir-se ao modo de reprodução que consiste na união de duas células especializadas.

Sexo e sexualidade começam a encontrar suas diferenças, e o homem, por estar inserido na cultura, tendo um pé no biológico, deste se descola para aparecer sob novas formas e modalidades.

Os conceitos de apoio (Anlehnung) e de pulsão nos auxiliam a caracterizar o fundamento do biológico na psicanálise. Neste sentido, o corpo oferece uma base que entrelaça as pulsões de autoconservação às sexuais. A teoria do apoio é indissociável da teoria pulsional e da sexualidade, na qual as funções vitais servem de suporte para as pulsões.

---

[81] Pode-se ser anatomicamente homem e gozar com a fantasia de ser penetrado pela mulher com pênis.

É preciso retomar o conceito de apoio a fim de frisar que o biológico, que consideramos na pulsão, se oferece não como algo endógeno, mas como algo que vai adquirir seu valor sexual a partir da presença do outro. É o outro que imprime através do toque, da fala, do olhar, da voz, um sentido específico e diferente à inervação somática.

Seria incorreto afirmar que a psicanálise nada tem a ver com o biológico-corporal, mas não é dele que ela se ocupa e, sim, da forma em que este se imaginariza a partir das várias formas que adquire a satisfação pulsional.

O corpo da mulher parece ser determinante na fecundação, nas funções de aninhamento e amamentação que facilitam a reprodução, mas, se Freud nos fala do desencontro entre o natural e o destino do sexual no sujeito, temos que reforçar que na maternidade existe também este desencontro.

Já faz anos que se aceita que a função da amamentação pode ser desligada do corpo da mulher, quando esta tem dificuldades para levar a cabo esta função. Já nos parecem até naturais os modos substitutivos de alimentar uma criança quando falha a função orgânica e não se culpabiliza uma mãe por não ter leite para amamentar. Nos dias de hoje, uma interpretação de rejeição feita para uma mãe que não pode amamentar cairia no ridículo. Assim também será, dentro de alguns anos, em relação à ruptura do nexo obrigatório entre cópula e fecundação. Interpretar a renegação da castração para aquelas mulheres que buscam a ciência para resolver as limitações que o corpo lhes impõe não terá o menor sentido. Entendemos que há forte rejeição e preconceito com o que é novo, com o que desestabiliza e ameaça, motivo pelo qual há uma tendência conservadora nos imaginários coletivos que nos protegem do desconhecido. Devemos recordar que só nos últimos 30 anos foi possível conceber a fecundação sem ser mediada pelo ato sexual.

Há dois processos diferentes, que até correspondem a momentos históricos diversos. A inseminação artificial, processo que ainda se realiza no corpo da mulher, desligada do coito, e que de fato oferece menos resistência, e a fecundação *in vitro*, que provoca mais estranhamento cultural, indicando que a fecundação se faz possível, também, fora do corpo da mulher. Esta técnica acrescenta inúmeras variantes, já que é possível realizar este processo com gametas, femininos ou masculinos, estrangeiros à mulher que as aninhará. Mas, sejam quais forem as formas de concepção, de fecundação, de procriação, de parição as perguntas sobre "quem sou", "de onde venho" e "para onde vou" serão sempre perguntas acerca da origem, do masculino, do feminino, do desejo e das identificações.

A procriação para a psicanálise repousa na lógica das representações das origens, nas fantasias originárias, complementadas com: as teorias sexuais infantis e os fantasmas que as organizam; as teorias sexuais adultas, singulares ou coletivas, junto a determinações edípicas. As relações entre sexos e gerações são simbólicas e não biológicas.

Será que as "fantasias originárias" (*Urphantasien*) serão tocadas ou modificadas pelas novas representações sobre a fecundação e a concepção? Lembremos que Freud as coloca na base da herança filogenética, como um resto mítico e estrutural. Os fantasmas são "originários" no sentido de que estariam na origem de todos os fantasmas individuais, constituindo um cenário possível, que tem como característica o fato de não precisarem ser vividos pelo indivíduo. Laplanche & Pontalis (1986) as definem como "estruturas fantasmáticas típicas (vida intra-uterina, cena primária, castração e sedução) que a psicanálise reconhece como organizadores da vida fantasmática, quaisquer que sejam as experiências pessoais dos indivíduos, mas que tomarão seu particular colorido na singularidade de cada história" (p.487). Segundo Freud, a universalidade destes fantasmas se explica pelo fato de que constituiriam um patrimônio transmitido "filogeneticamente". Estes fantasmas estariam nas bases da civilização[82].

Seja qual for a origem destas fantasias[83], já que aqui discutimos a validade do conceito de herança filogenética, elas funcionam como universais, e não teriam por que verem-se afetadas ou modificadas pelas diversas formas de concepção. Poderão variar os argumentos das mesmas, mas sempre serão tentativas de dar resposta para os enigmas das origens.

Freud se preocupa em vários textos em nos mostrar de que modo o sujeito se confronta com a forma pela qual foi engendrado e sua relação com a sua sexualidade e a dos progenitores. Assim, como nas "fantasias originárias" e "nas teorias sexuais infantis", na "novela familiar do neurótico" Freud (1909) fala de seqüências típicas e cenas imaginárias, por intermédio das quais o homem tenta responder aos grandes enigmas da vida.

---

[82] Devo dizer que esta conceituação não deixa de nos inquietar, já que definimos a pulsão como aquilo que não é da ordem da espécie e, sim, do singular. Portanto, ao introduzir os fantasmas originários, entramos em conflito, lembrando que Freud nos diz que se existe no homem alguma coisa análoga ao instinto são as fantasias originárias.

[83] À luz das idéias de Laplanche, prefiro pensar que são os significantes enigmáticos e a *teoria da sedução generalizada* os que inscrevem as origens da fantasia. Outros autores referem a compreensão que a criança tem do coito parental, como se apoiando nas próprias experiências pré-edípicas com sua mãe e nos desejos que dela resultam.

Seja qual for o modo de concepção, a criança elabora fantasias em que modifica imaginariamente os laços com seus pais e se debate com a demanda de amor. Por exemplo, a criança pode imaginar a si mesma como sendo uma criança achada, nascida de outros pais, pode se imaginar como único filho legítimo da família, assim como pode colocar seus irmãos no lugar de estranhos ou adotivos, e isto independe do modo de procriação. Por que não pensar então em novas "novelas"? À luz dos novos conhecimentos que chegam às crianças através da televisão, das aulas de ciências, das histórias dos amigos, nas quais as diversas formas de engendramento se fazem mais "familiares", histórias nas quais a procriação de um irmão com um óvulo de outra mulher poderia entrar no repertório da nova "novela familiar".

Entendo que seja qual for a especificidade do meio familiar, qualquer que seja a forma em que foi fecundado, a construção de sua subjetividade e de sua identidade o colocará defronte de provas inevitáveis que dizem respeito ao desejo e à sua proibição.

Tive oportunidade de acompanhar uma família com três filhos, que se consultam pelo modo simbiótico com que a mãe se ligava a estas crianças.

Por meio das sessões, vemos uma mãe que se manteve ligada à sua própria mãe, a quem sentia que não podia abandonar, porque seu pai a tinha traído. Seu marido, o pai das crianças, tinha um bom vínculo e participava ativamente do trabalho analítico; gostava de sua mulher e se incomodava com a falta de espaço que deixavam para ele. A mãe tinha o fantasma de repetir a história materna e, quase como uma profecia autocumprida, expulsava o marido do relacionamento. Este casal teve um primeiro filho, logo depois do casamento, com uma concepção dentro dos moldes habituais. A mãe estava muito dependente da criança e era possível observar a simbiose advindo. Quando o bebê contava dois anos, um problema no aparelho genital da mãe obrigou-a a tirar os dois ovários, o que a deixa estéril. Os pais solicitam ao médico o congelamento de alguns óvulos para que possam tentar *a posteriori* uma fertilização *in vitro*, o que se realiza, e anos depois nasce desta fecundação uma criança. Passado algum tempo, resolvem ter outro filho, mas não tendo mais óvulos congelados, optam pela doação de óvulo, a ser fecundado com o esperma do marido. Nasce assim um terceiro menino.

O que se podia observar é que, nas brincadeiras, as crianças tratavam a questão da fertilização assistida com naturalidade, e brigavam por quem era mais filho, o que era ser o mais desejado, em quem os pais investiram mais... E era esta a conversa que circulava entre eles. Não eram mais que novelas familiares, que tratavam de dar conta da exclusão na situação edípica, só que o argumento tinha novos coloridos.

Pude concluir que o problema desta família não era determinado pela forma pela qual a mãe engravidou e, sim, pelo modo em que a mãe via-se determinada pelos seus fantasmas e por sua relação edípica com sua própria mãe. Se a forma de concepção operava, não era diferente do que qualquer outro elemento da sua história. Um pensamento esquemático poderia levarnos a cair na interpretação infantil de que a simbiose decorria da dificuldade que esta mãe havia tido com o modo de fertilização, ou que o acidente orgânico havia sido determinado pelos conflitos psíquicos, mas estes elementos nada tinham a ver com a complexidade que a situação nos oferecia. O problema na função materna aparecia do mesmo modo com os três filhos.

A "novela familiar", "as teorias sexuais infantis" e "as fantasias originárias" têm como origem a sexuação, os significantes enigmáticos do inconsciente parental, o complexo de Édipo e seu desenlace no caminho identificatório, que não corresponde necessariamente aos fatos vividos em relação às formas biológicas da concepção. Portanto, estas elaborações podem ou não depender das novas formas de reprodução. O que podemos dizer, sim, é que novos cenários se abrem para a colocação em cena do desejo inconsciente, seja em filhos concebidos por técnicas assistidas ou não. Enquanto existe lei há interdição, a função da castração persiste e a proibição do incesto permanece. "Não dormirás com tua mãe" e "não reintegrarás teu produto" são proibições no estrito sentido simbólico e não da realidade biológica. Tanto na novela familiar, como nas teorias sexuais, encontramos fundamentos que sustentam os elementos simbólicos e imaginários da concepção, da gravidez e do nascimento imersas num mundo de representações, dominadas pela linguagem. Sem dúvida, a psicanálise não deixa de nos colocar armadilhas que nos obrigam uma e outra vez a reconsiderar os fatos.

Há pouco tempo se publicou a notícia de que uma mãe se dispôs a guardar seus óvulos congelados para que sua filha, que hoje tem 9 anos, possa engravidar no futuro, porque a criança tem a Síndrome de Turner que a faz estéril. Há problemas nesta atitude? No meu entender, sim. A questão que se poderia fazer é: por que razão se preocupar com a origem do produto biológico se estamos trabalhando no campo do simbólico?

Partimos da idéia de que mantemos o conceito de Édipo, com seu valor estruturante, como ordenador dos intercâmbios, já que entendemos como proibição essencial do edípico o limite que se impõe ao adulto de fazer uma apropriação gozosa do corpo da criança e a criança um gozo recíproco, o que traria por conseqüência a fixação, para sempre, do desejo a um único objeto. Eu diria que neste caso se subverte a lei simbólica. Podemos caracterizar esta situação como a de ter um filho com sua própria filha. Haveria reintegração do produto, invertendo o sentido da proibição edípica. Realiza-se o desejo infantil de ter um filho com a mãe. O fazer a própria filha mãe, transcende o limite da proibição do gozo intergeneracional.

A proibição é uma condição necessária para a repressão de uma parte do desejo inconsciente e coloca um limite necessário à onipotência deste desejo, cuja realização ilimitada nos aproxima da psicose. Sem dúvida, o limite do que é possível será dirimido no campo da ética que nos orienta, uma ética que, incluindo o semelhante, supere o gozo incestuoso e mortífero. Temos que nos manter fiéis ao espírito transgressor da psicanálise que não se deixa afetar pela moral sexual da época e convoca-nos como analistas a aprofundar as teorias, ampliar o leque do mundo fantasmático com que nossos pacientes montam suas histórias, aceitando os subsídios que a ciência e os novos modos de vida nos oferecem, para acolher e acompanhar as novas subjetividades, as novas vicissitudes daqueles que nos consultam, sem deixar que o preconceito deturpe a escuta. É necessário manter o espírito freudiano que permitiu que conceitos tão escandalosos como "sexualidade infantil" fertilizassem e trouxessem fundamento ao nascimento de um pensamento novo.

Referências bibliográficas

FREUD, S. (1905) Tres ensayos para una teoria sexual. *Obras Completas*. Madrid: Biblioteca Nueva,1973.

_____ (1909) Novela familiar de los neuroticos. *Op. cit.*

GIBERTI, E. Comunicação apresentada nas *Jornadas sobre Mulher, Cultura e Sociedade* (apostila). Buenos Aires: Centros de Estudo da Mulher, 1980.

LAPLANCHE, J. & PONTALIS,. J.-B. *Vocabulário da psicanálise*. São Paulo: Martins Fontes, 1986.

SIGAL, A.M. "A organização genital infantil". In ALONSO, S.L. & LEAL, A.M.S. (orgs.) *Freud: um ciclo de leituras*. São Paulo: Escuta, 1997.

_____ "A mulher não nasce mãe, pode tornar-se mãe: a psicanálise, o feminino e as novas técnicas de fertilização assistida". In FUKS, L.B. & FERRAZ, F.C. (orgs.) *Desafios para a clinica contemporânea*. São Paulo: Escuta, 2003.

_____ "O lugar do filho e o desejo da mulher: considerações sobre a inveja ao pênis". In ALONSO, S.L., GURFINKEL, A. & BREYTON, D.M. *Figuras clinicas*

Os ideais e seus impasses

As mulheres, o corpo e os ideais

Maria Helena Fernandes

> "Il y a des moments dans la vie où la question de savoir si on peut penser autrement qu'on ne pense et percevoir autrement qu'on ne voit est indispensable pour continuer à regarder ou à réfléchir" [84]
>
> Michel Foucault, *Histoire de la sexualité II*

Se com freqüência ouve-se dizer que a época vienense de Freud teve na histeria um subproduto clínico da cultura, quais seriam então os subprodutos clínicos engendrados nessa passagem da modernidade para a pós-modernidade? Ou, ainda, que velhas formas psicopatológicas, conhecidas de todos há séculos, vêm se destacando nas últimas décadas, cumprindo, assim, a mesma exigência de sempre – a de se fazer *escutar*?

Estas duas questões irão nortear o que pretendo apresentar neste artigo, pois parece evidente que as figuras clínicas evocadas pela anorexia, mas também pela bulimia e pela sutil diversidade das problemáticas alimentares vêm ocupando um lugar de destaque na atualidade, engajando o corpo e, por sua prevalência entre as mulheres, solicitando uma reflexão a respeito da especificidade do mal-estar feminino na contemporaneidade.

Referindo-se particularmente à anorexia, G. Raimbault e C. Eliacheff (1989) salientam que "a soma dos trabalhos que lhe são consagrados pode ser comparada a dos personagens míticos como Antígona, Dom Juan ou Hamlet! 250 casos descritos até 1950, mais de 5000 observações em 1981, e a progressão do número de publicações é quase exponencial" (p.11). Embora se encontre descrições de casos de anorexia desde a Idade Média, os primeiros relatos propriamente clínicos começaram a aparecer no século XVII. Além disso, sabe-se que, mesmo com o aumento significativo desses

---

[84] "Existem momentos na vida em que a questão de saber se é possível pensar diferentemente do que se pensa, e perceber diferentemente do que se vê, é indispensável para continuar a olhar ou a refletir" (p.15-16).

casos entre as décadas de 50 e 80, a incidência de casos femininos é ainda consideravelmente maior do que a de casos masculinos.

De fato, os primeiros estudos epidemiológicos confirmaram a prevalência da anorexia e da bulimia em mulheres, na faixa entre 15 e 24 anos, de raça branca e pertencentes às camadas mais favorecidas das sociedades industrializadas do Ocidente. No entanto, desde a década de 90, mesmo persistindo sua prevalência entre as mulheres, os estudos transculturais apontam a evidência dessas patologias nas sociedades orientais, assim como naquelas menos desenvolvidas. Apontou-se, ainda, sua evidência também nas minorias raciais dos países ocidentais, bem como seu aparecimento em todos os estratos sociais.

A partir daí, os epidemiologistas têm se interessado, cada vez mais, em investigar a prevalência do desejo de emagrecer, o nível de insatisfação com o corpo, a história das dietas e outros tipos de comportamento ligados à perda de peso, assinalando que seus estudos confirmam a impressão atual de que grande parte das mulheres fazem dieta e se sentem insatisfeitas com o próprio corpo, mesmo quando não se encontram acima do peso normal. Enfatizam ainda que esses comportamentos têm se manifestado cada vez mais cedo, inclusive em pré-púberes e crianças. Eles assinalam também que certos grupos ocupacionais, como modelos, atrizes, bailarinas e nutricionistas, parecem mais vulneráveis à anorexia e à bulimia que outros grupos de mesma idade e nível social.[85]

Essas informações já nos permitem desconstruir algumas idéias veiculadas de maneira apressada e ingênua. A anorexia e a bulimia são quadros clínicos descritos há séculos e não se pode mais dizer que sejam doenças exclusivas dos ricos e ocidentais.

Na sociedade do novo milênio, tendo como marca registrada o permanente convite ao consumo, é notória a imensa quantidade de produtos à venda para fazer emagrecer. O sucesso de vendagem destes só reafirma o quanto a imagem e a aparência são maciçamente investidas. No Brasil, 53% da população feminina faz regime. Nos últimos 5 anos, o uso de remédios para perder peso cresceu 500%, assim o Brasil é hoje o 3º maior consumidor de medicação para emagrecer no mundo. É também o 2º país em número de cirurgias plásticas, a maioria realizada em pessoas jovens, entre 20 e 34 anos, para as quais ainda não são significativas as marcas do avanço da idade (Volich, 2005).

---

[85] Cf. O primeiro capítulo ("Um breve passeio pelo terreno alheio") do meu livro *Transtornos alimentares: anorexia e bulimia* (2006a).

Pode-se dizer que a Magreza é hoje objeto de um verdadeiro culto. Os estudos sobre a evolução dos costumes mostram, conforme afirma C. Vindreau (1991), "que esse ideal de magreza da sociedade ocidental se acentuou nessas últimas décadas e domina em todas as classes sociais" (p. 67).

Essa amplitude dos valores ocidentais permite pensar que, talvez, mais importante do que a tentativa ingênua de atribuir à anorexia e à bulimia uma causalidade social, seja a constatação da incidência dessas patologias no mundo todo, o que coloca em discussão justamente os efeitos da globalização. O mal-estar decorrente dos processos de homogeneização da cultura, através de uma espécie de ocidentalização do mundo, encontra na emergência dos problemas alimentares uma de suas formas de expressão, entre outras. Talvez uma forma privilegiada, por engajar diretamente o corpo, alvo dos ideais de completude e perfeição veiculados pela pós-modernidade.

Se é evidente que a anorexia e a bulimia não são uma expressão sintomática exclusiva das mulheres, não se pode negar que a nítida prevalência desses quadros clínicos entre as jovens de nosso tempo solicita uma reflexão a respeito das vicissitudes do mal-estar feminino na contemporaneidade.

Desde a década de 50 as transformações no modo de vida das mulheres vêm se processando de maneira cada vez mais acelerada. A radicalidade dessas mudanças parece solicitar um espaço de discussão que certamente transcende, e muito, o âmbito da clínica psicanalítica. No entanto, o que pretendo trazer para a discussão com este artigo são alguns questionamentos que foram se construindo ao longo dos anos a partir da escuta clínica das queixas femininas.

Não se pode deixar de constatar que, em geral, os consultórios dos analistas parecem ser habitados por uma maioria feminina, assim como não se pode deixar de observar que o cotidiano das mulheres de hoje em dia é sensivelmente diferente do de suas avós. Sendo assim, o meu objetivo neste texto é propor um questionamento sobre as vicissitudes do universo feminino tal qual ele se dá a conhecer na clínica psicanalítica contemporânea, isto é, tal qual ele é experimentado na vida cotidiana das mulheres.

O corpo em negativo da anoréxica

Como testemunha a invenção da psicanálise a partir da escuta das histéricas, sabemos que cabe às mulheres um papel não negligenciável como porta-vozes das mazelas da dimensão subjetiva de seu tempo. Sabemos também que as mulheres, ao longo dos séculos, recorreram aos seus corpos para expressar as vicissitudes de sua subjetividade e as mazelas do ser mulher que cada época lhes propõe. Desde as santas e beatas da Idade Média, a recusa alimentar e o brutal emagrecimento do corpo aparecem não apenas como uma forma de comunicação, mas também de resistência e reação frente às estruturas patriarcais do mundo medieval (Weinberg & Cordas, 2006).

Freud, por sua vez, localizou inicialmente o mal-estar do seu tempo na repressão da vida sexual devido à moral civilizada daquela época. De saída, ele compreende que a neurose atingia mais as mulheres do que os homens – embora esteja certamente presente também nestes últimos – justamente porque elas eram o alvo privilegiado dessa moral repressora (Freud, 1908).

Ora, recorrer à repressão dos desejos sexuais já não é mais necessário para as mulheres da mesma forma que o foi antes da revolução sexual, do feminismo e mesmo da invenção da psicanálise. Talvez, por isso, a forma clássica da histeria, tal qual era descrita no século XIX, apareça numa freqüência menor, sem, no entanto, ter deixado de existir. De fato, como salienta Sílvia Alonso (2000), assim como a expressão do mal-estar varia de um momento histórico a outro, ela também varia nas diversas micro-culturas de uma mesma época. No entanto, não podemos deixar de constatar que os ataques, desmaios e chiliques, que antes despertavam no público uma curiosidade respeitosa, parecem atualmente evocar um olhar de desprezo e reprovação, encontrando eco no uso pejorativo do adjetivo "histérico". Destituída de um certo *glamour*, a crise histérica perdeu sua potencialidade engendradora do interesse público, ou seja, engendradora do enigma, daquilo capaz de capturar o olhar do outro.

Se o corpo das histéricas deu voz à problemática feminina do século XIX, o corpo em negativo da anoréxica parece ocupar, em nossos dias, esse lugar, exercendo interesse e fascínio. Portanto, não é nada surpreendente constatarmos hoje o aumento dos sintomas anoréxicos de tipo histórico. Sabe-se bem que a histeria busca habilmente situar-se no lugar do objeto de algum saber constituído e atual para ser reconhecida. Sendo assim, parece ser o corpo emagrecido e amenorréico da anoréxica que, mais pela falta do que pelo excesso, evoca o mal-estar feminino na contemporaneidade (Fernandes, 2007).

Assim, Éric Bidaud (1998) enfatiza que "poderíamos conceber a anorexia como a forma "moderna" e exemplar de um conflito específico da mulher. Ela se une também, tanto por seu impacto como por seus aspectos de escândalo, à histeria, que foi, em seus anos dourados, objeto de espanto e princípio de subversão.(...) Se a histérica pode ser 'teatral e encantadora', a anoréxica, dando-se a ver descarnada, exalta um fascínio gelado. Provocando o olhar, ela o perturba. A magreza é mais indecente que a gordura, diz Baudelaire" (p. 11).

Indo na mesma direção, S. Alonso e M. Fuks (2002) salientam que atualmente os "modelos femininos de perfeição dominam a cena midiática, exercendo um efeito identificatório de alto potencial de captura quando escolhem como alvo, por exemplo, a imagem corporal. É nessa medida que a versão contemporânea do recalque da sexualidade, por exemplo, não se manifesta tanto por meio dos 'sintomas recortados' que caracterizaram as histerias de conversão do fim do século XIX mas, sim, por meio da tentativa de 'apagar' o corpo inteiro, ilustrada pela figura clínica das anorexias atuais" (p. 327).

Desse modo, a fecundidade da escuta analítica da anorexia e da bulimia, assim como das queixas femininas em geral, reside, a meu ver, em pelo menos três aspectos: na possibilidade de apontar a necessidade de uma abertura da escuta psicanalítica para acolher novas formas de expressão e defesa perante os conflitos, na possibilidade de assinalar o que emerge na atualidade dos discursos das mulheres e na possibilidade de contribuir para questionar a teoria psicanalítica sobre o feminino.

Pois, não se deve esquecer que as produções teóricas do pai da psicanálise foram construídas a partir de um imaginário social dominante naquela época, e, mais ainda, que sua teoria, como qualquer outra, será sempre tributária das marcas do seu tempo. Sendo assim, não se deve perder de vista, como insiste Silvia Alonso (2002), que é próprio das teorias uma certa tendência a essencializar os mitos, absolutizar as crenças, universalizar e atemporalizar o que, via de regra, é próprio de um determinado momento histórico.

Há muito vêm sendo enfatizados os problemas que decorrem do fato de Freud ter insistido em compreender a feminilidade a partir da masculinidade, construindo uma imagem das mulheres caracterizada pela passividade, pelo masoquismo e pela inveja do pênis (Volich, 1995, Kehl, 1996; Birman, 1999; Fernandes, 2000; Rocha, 2000, Gurfinkel, 2001; Fuks, 2002, Sigal, 2002). Não irei me deter aqui em uma crítica da abordagem freudiana do feminino, pois isso já foi amplamente realizado.

A literatura psicanalítica envolvendo as questões relativas à mulher, ao feminino, à sexualidade feminina e à feminilidade é vastíssima, com um significativo aumento nos últimos anos que antecederam o final do século 20. Trata-se de uma literatura plural, na qual encontramos, além da produção masculina, uma vasta gama de autoras, mulheres psicanalistas que, na escuta de si mesmas e de suas analisandas, produzem questionamentos teóricos significativos para o manejo clínico das queixas femininas.[86]

A fecundidade dessa produção atesta o compromisso dos psicanalistas com a premissa de que, se a psicanálise também nasceu para dar voz ao emergente, como diz Maria Rita Kehl (1998), "para a escuta do emergente, do que ainda não foi dito e procura uma formulação" (p.329), torna-se sempre fundamental apurarmos os ouvidos para escutar nossos analisandos, homens e mulheres, sem a surdez da pretensão de encaixá-los, apressadamente, nas formulações teóricas conhecidas.

Tal compromisso requer uma *escuta flutuante,* que não busque confirmar reiteradamente as teorias às quais aderimos, mais ou menos apaixonadamente, mas apenas escutar o que emerge de novo na disparidade das formas e dos movimentos do sujeito, imerso simultaneamente no seu universo simbólico e pulsional. A meu ver, a clínica da anorexia e da bulimia ilustra de forma exemplar as formas de expressão do sofrimento atual que têm, na diversidade e plasticidade da experiência da mulher com seu corpo, uma imagem privilegiada dos seus contornos pós-modernos.

Silvia Alonso (2002) destaca que Freud, ao assinalar que para a psicanálise o que interessa é o processo do tornar-se mulher, "inaugura uma perspectiva diferente para perguntar e responder pela diferença dos sexos, que não coincide com as determinações biológicas, nem com as determinações culturais, e sim num "entre elas", espaço dos movimentos libidinais e

---

[86] Mesmo sabendo que, para destacar essa produção escrita das mulheres psicanalistas, seria impossível citar nomes sem cometer injustas omissões, ainda assim, gostaria de citar algumas colegas que têm publicado e contribuído, de forma expressiva, para a compreensão psicanalítica da feminilidade em suas diversas facetas e acepções: Aline Gurfinkel, Ana Maria Sigal, Lucía Barbero Fuks, Maria Aparecida Aidar, Maria Angela Santa Cruz, Maria Cristina Ocariz, Maria Rita Kehl, Miriam Chnaiderman, Purificacion Barcia Gomes, Renata Cromberg e Silvia Alonso. Além disso, vale salientar que o Departamento de Psicanálise do Instituto Sedes Sapientiae mantém, desde 1997, sob a coordenação de Silvia Alonso, um Grupo de Trabalho e Pesquisa sobre *o feminino e o imaginário cultural contemporâneo,* que produziu uma coletânea de textos cuja diversidade e riqueza mais uma vez testemunha a qualidade dessa produção (Cf. *Figuras clínicas do feminino no mal-estar contemporâneo,* organizado por S. L. Alonso, A.C. Gurfinkel e D.M. Breyton, 2002).

dos caminhos identificatórios: sexo além da materialidade da carne, mas nela apoiado, corpo marcado, cortado e recortado pela cultura; processo de tornar-se mulher que só pode ser pensado na singularidade, pois são caminhos guiados pela dialética do desejo que contarão no corpo sua história, num momento particular da história e da cultura" (p. 14).

Ora, para a psicanálise, essa dialética do desejo é marcada pela posição única do sujeito na ordem familiar, pelo que cada um representa no inconsciente dos pais, pelo que se herda das gerações anteriores, mas também pelo movimento singular do sujeito, ao longo de sua vida, de maneira a se movimentar da posição inicial de objeto no desejo do outro para a posição de sujeito do próprio desejo.

É na irredutível singularidade da combinação desses diversos elementos que reside a especificidade da compreensão psicanalítica ao processo de tornar-se mulher; portanto, trata-se de uma compreensão que não pode deixar de lado a investigação do que se passa justamente nesse espaço, *"entre"* as determinações biológicas e culturais. Eis aí o desafio que se coloca a todo psicanalista, particularmente àquele que se defronta, em sua clínica, com a evidência da prevalência feminina em certos quadros psicopatológicos, tal como na anorexia e na bulimia.

As jovens anoréxicas e bulímicas nos ensinam que enfrentar esse desafio em termos metapsicológicos implica, a meu ver, a necessidade de uma reflexão que, ao considerar esse corpo recortado pela cultura, priorize o processo de construção das instâncias ideais (ego ideal/ ideal de ego/ superego), levando em conta as vicissitudes da construção da identificação primária, do auto-erotismo, do narcisismo e da objetalidade, sem deixar de lado sua articulação com a sexualidade e a pulsão, para que não tentemos fazer da psicanálise uma mera sociologia do corpo. A aplicabilidade teórico-clínica dessas noções, constrói as fronteiras epistemológicas que demarcam a singularidade da contribuição psicanalítica ao debate atual a respeito da participação e do lugar do corpo da mulher nas formas de apresentação do mal-estar contemporâneo.[87]

Sendo assim, pretendo tomar como ponto de partida a abrangente adesão ao ideal de magreza na cultura contemporânea e a prevalência das instâncias ideais como reguladoras da economia psíquica, para propor uma reflexão sobre as especificidades do mal-estar feminino na contemporaneidade.

---

[87] A respeito da especificidade epistemológica da psicanálise recomendo o memorável texto "Sobre a epistemologia da psicanálise", de Renato Mezan (2002).

A magreza em destaque

Nas antigas descrições clínicas da anorexia, como as clássicas descrições de Lasègue e Gull, realizadas respectivamente na França e na Inglaterra do século XIX, o medo de engordar não é citado. Isto permite associar o medo de engordar ou o desejo de emagrecer, tão amplamente veiculado pelas anoréxicas de hoje em dia, aos ideais de magreza que só começaram a vigorar a partir das décadas de 20 e 30. De fato, tal desejo só foi sistematicamente considerado como principal motivação para a recusa alimentar das anoréxicas por volta de 1930.

Se a anorexia e a bulimia são quadros clínicos conhecidos há séculos, só podemos constatar que a mudança nas suas formas de apresentação apenas retira da cultura o material de base que lhes dá hoje sua imagem pós-moderna. Uma imagem que atribui ao corpo magro um lugar de destaque.

A hipervalorização da magreza na atualidade tem acentuado a relação entre a auto-estima e a imagem do corpo magro, particularmente para as mulheres. Há 20 anos, os modelos pesavam 8% a menos que a média das mulheres; atualmente essa diferença subiu para 20%. Embora a aparência física seja um elemento fundamental na imagem da mulher em diversas épocas e culturas, a magreza nem sempre foi o ideal almejado. Muito pelo contrário.

A história da arte testemunha que a Renascença valorizava mulheres de corpo farto, quadris grandes e abdomens avantajados. Embora se saiba que a exigência de magreza nas mulheres tenha começado por volta dos anos 20, em sintonia com o início do movimento de liberação da mulher, nas décadas de 40 e 50 as estrelas de Hollywood, como Rita Hayworth, por exemplo, encarnavam o modelo das mulheres de seios fartos e corpos curvilíneos, valorizadas por sua sensualidade. Essa exigência de magreza parece se intensificar a partir dos anos 60 e se acentua consideravelmente nos anos 70. A imagem do corpo ideal começa a centrar-se na imagem de um corpo magro e de formas menos arredondadas.

Ainda que os padrões estéticos tenham se modificado consideravelmente com o tempo, a luta para atingir o ideal de beleza vigente é algo que marca a relação da mulher com seu corpo em todas as épocas e culturas. Michel de Montaigne (1969) em seus ensaios, escritos em 1580, chama a atenção para o fato de as mulheres desprezarem a dor em função da vaidade. É assim que, ao longo dos tempos, as mulheres escravizam seus corpos em nome do ideal de beleza ao qual aspiram em cada época.

Houve o tempo em que esfolavam a pele para adquirir a tez mais fresca, ou buscavam propositalmente estragar o estômago para conseguir a palidez valorizada na ocasião ou, ainda, apertavam o ventre em duros espartilhos para exibir um corpo delgado. Qualquer semelhança com a submissão das mulheres atuais aos tratamentos estéticos e cirúrgicos, muitas vezes bastante dolorosos, ou a especial dedicação às dietas alimentares para emagrecer, muitas vezes radicais e perigosas para a saúde, não é uma mera coincidência.

Essa preocupação com a magreza, mas sobretudo com a aparência corporal, revela-se hoje uma espécie de tirania; imperfeições e defeitos, às vezes mínimos, são experimentados como catástrofes, mostrando que o que se encontra ameaçado é o sentimento de identidade e de integridade corporal, escondendo às vezes uma verdadeira angústia de despersonalização. Portanto, o que está em jogo na castração é a imagem do próprio corpo.

As jovens anoréxicas e bulímicas nos ensinam que mais do que a um superego herdeiro do complexo de Édipo, esses casos nos confrontam com um ego ideal verdadeiramente tirânico, que concentra suas exigências na experiência do corpo. Essas jovens parecem se perder no espelho mortífero de seu ego ideal, que reflete a imagem de um corpo imortal, fálico, indestrutível. Pode-se dizer que o ego ideal, herdeiro do narcisismo primário, encarna-se hoje no corpo para assegurar, por meio da magreza, um mínimo de auto-suficiência e auto-estima, deixando entrever, assim, que *esse ego ideal é, antes de tudo, corporal*.

Para as jovens anoréxicas, possuir um corpo magro é uma espécie de exaltação e de satisfação que possibilita sentimentos de onipotência e de invulnerabilidade. O controle exercido sobre o corpo parece indicar que ele é vivido permanentemente como lugar de risco e precisa estar submetido ao discurso higienizador da medicina e às regras de bem-estar apregoadas, insistentemente, pela mídia.

Se parece evidente que a adesão aos ideais vigentes é algo que marca a existência do sujeito contemporâneo, não se pode negar que, no que diz respeito particularmente às mulheres, essa adesão parece ser especialmente complexa. Assim, a escuta clínica das queixas femininas nos convida a refletir sobre as vicissitudes do universo no qual transitam as mulheres com o objetivo de movimentar um questionamento a respeito das especificidades do mal-estar feminino na atualidade.

Ao restringir a sexualidade ao casamento, a sociedade da época de Freud organizava-se para manter a mulher no espaço privado, longe da "tentação" do espaço público, fonte de saber e de autonomia. Desde a década de 50, as transformações no modo de vida das mulheres vêm se processando de maneira mais acelerada. A entrada no mercado de trabalho e o acesso à formação universitária e às novas formas de erotismo organizaram a luta feminina em defesa dos seus direitos. A pílula anticoncepcional e as mudanças nos contratos matrimoniais foram, aos poucos, igualmente organizando a saída da mulher do âmbito doméstico, e do exclusivo cuidado dos filhos, para o espaço público, antes reservado ao mundo masculino.

Essa progressiva conquista do espaço público trouxe para a mulher uma infinidade de ganhos que, como não poderia deixar de ser, exigiu seu preço. Um preço que solicita uma mudança na posição subjetiva da mulher, o que certamente exige a passagem pelo luto das perdas de garantia das antigas posições. Caminho tortuoso e difícil, pois a estrada em direção à autonomia, única via de acesso ao encontro com novas realizações, exige que a mulher assuma o preço da responsabilidade de uma posição de sujeito, propriamente desejante.

A mudança dos tempos traz sempre consigo a transformação dos ideais, com o abandono de interesses antigos e a descoberta de novos interesses e necessidades. No entanto, para as mulheres a mudança dos tempos trouxe também uma *ampliação* dos ideais. Ou seja, no que diz respeito à sua inserção na cultura, as mulheres confrontam-se hoje não apenas com as transformações dos ideais, mas com um verdadeiro acúmulo deles.

Presas à necessidade de corresponderem ainda aos ideais do espaço doméstico, reinado de suas mães, as mulheres se vêem hoje tendo de corresponder também àqueles próprios do espaço público, antes reinado exclusivo dos homens. Às voltas com a necessidade de percorrer o difícil caminho que qualquer mudança de posição subjetiva exige, as mulheres parecem ter hoje diante de si um espectro amplo de ideais a buscar alcançar.

Ideais ampliados

Esticadas entre uma identificação passiva e materna e outra ativa e fálica, as mulheres vão tentando lidar com o excesso que caracteriza as demandas do seu cotidiano. Resulta daí um verdadeiro acúmulo que exige uma *elasticidade* nunca antes sequer possível de ser imaginada. Se a necessidade de perseguir ideais constrói a trajetória cultural do ser humano ao longo do tempo, a trajetória das mulheres nos permite constatar que, ao ideal de santidade e beleza, veio juntar-se também o ideal de sucesso, tão caro a nossa cultura contemporânea.

Assim, a meu ver, a melhor representação do ideal da mulher contemporânea é a figura da *mulher-elástico*, tão magistralmente ilustrada no filme infantil *Os incríveis*. Para tentar corresponder ao seu amplo espectro de ideais, a mulher atual precisa ter um funcionamento verdadeiramente *elástico*. Deve desempenhar-se, com sucesso, numa gama tão variada de funções que só mesmo uma *elasticidade originária* poderia lhe garantir, ao menos, algum êxito numa empreitada tão incrível, própria dos super-heróis! (Fernandes, 2006b).

Não posso deixar de pensar aqui que se a particularidade da relação da menina com a castração, tal como destacou Freud, assegura a esta uma dificuldade de acesso à sublimação e à construção do superego, é essa mesma particularidade que parece lhe garantir a *elasticidade* de sua organização libidinal e, conseqüentemente, a diversidade de suas possibilidades identitárias.

Se, por um lado, a experiência da mulher com seu corpo encontra na irredutibilidade da sexualidade perverso-polimorfa uma diversidade de possibilidades de gozo sexual, por outro, a diversidade identitária garante às mulheres uma *elasticidade* considerável de seus interesses, não apenas sexuais. Fala-se com freqüência nessa capacidade que têm as mulheres de fazerem muitas coisas ao mesmo tempo e de conservarem, simultaneamente, investimentos genuínos em interesses diversos. No entanto, para além dessa *elasticidade originária*, não existiria também nessa amplitude de exigências que caracteriza o cotidiano feminino, uma dimensão essencialmente conflitiva?

Em busca de corresponder a essa amplitude dos ideais próprios de sua época, a *mulher-elástico* precisa *ser* não só a mulher ideal, mas precisa também *ter* o corpo ideal. Além de mãe dedicada, compreensiva e bem-humorada, a *mulher-elástico* deve conservar-se sempre jovem. Amante ardente e bem disposta, apresenta uma tal diversidade de interesses que consegue perseguir, com igual obstinação, os exercícios físicos necessários à manutenção do corpo ideal, assim como seus interesses culturais nos destinos da humanidade.

Mantendo um pé na academia de ginástica e o outro na última mostra de cinema do momento, a *mulher-elástico* é medianamente culta. Bem-informada, fala de qualquer assunto, mesmo que deixando entrever uma certa mediocridade em muitos deles. Realizada e bem-sucedida profissionalmente, a *mulher-elástico*, além de magra, bonita e bem-cuidada, é também economicamente independente. Assiste a um filme de Godard com o mesmo entusiasmo que entra em uma churrascaria, embora se veja privada de boa parte do *menu* disponível. Serena e controlada, a *mulher-elástico* come carne, mas só se for acompanhada de salada!

O ideal de magreza domina a cena contemporânea, tendo se constituído não somente como sinal do corpo ideal, mas também como sinal de sucesso. Constituindo-se até como sinal de perfeição moral, o corpo magro é a senha do sucesso, passaporte para se conseguir beleza, poder e dinheiro. Assim, o ideal do corpo magro e de formas bem-esculpidas exige da *mulher-elástico* disciplina e firmeza, só desse modo poderá permanecer no ringue da luta em busca da beleza fetichizada pelo seu tempo.

Engajada na busca da beleza magra, do corpo fino e rígido, lança-se a *mulher-elástico* na corrida insana para não perder o bonde do seu tempo. Escrava da amplitude e diversidade dos ideais, dos quais precisa ao menos conseguir se aproximar, a *mulher-elástico*, vitimada pelo excesso e pelo cansaço diante de suas incríveis atribuições, vive culpada frente à constatação da impossibilidade de ser tudo isso que se exige dela.

Endividada consigo própria e com os outros que a cercam, a *mulher-elástico* é, ao mesmo tempo, por definição, culpada e impotente. Experimentando sempre uma dolorosa sensação de que algo lhe escapou, de que algo transborda sempre do seu cotidiano impossível, a *mulher-elástico* constata, desamparada, que seu corpo dói!

Cabe aqui uma segunda pergunta: para *que* tudo isso? Às vezes é no ponto limite da dor que se pode encontrar, ou reencontrar, o próprio limite a essa espécie de tirania velada que nos leva, freqüentemente, a nos posicionarmos como *objeto* no desejo do outro. Ora, se a psicanálise não nos oferece respostas, ela certamente nos ensina a formular perguntas. Poder reinventar, a cada dia, os caminhos do próprio desejo, e seguir construindo um discurso próprio supõe uma mudança de pergunta: para *quem* tudo isso? Essa mudança de pergunta supõe a existência de um *sujeito* a quem se destinam os esforços realizados e, certamente também, os prazeres das vitórias conquistadas. Isso exige que a mulher se pergunte, a cada vez, se *é ela mesma* o destinatário desses esforços, se *é ela mesma o sujeito* dessa pergunta.

Todas nós, mulheres, experimentamos *na carne* as diversas formas de manifestação da angústia que essa exigência de elasticidade acaba por despertar no cotidiano. Se abandonar o terreno das certezas não é nem mesmo uma escolha para a mulher contemporânea, visto que há muito as certezas já se foram, nos resta entretanto a possibilidade de reconhecer a dimensão essencialmente conflitiva colocada em cena pelas nossas próprias conquistas em direção à autonomia.

Obviamente, não se trata de culpabilizar as conquistas e os avanços obtidos através delas, nem muito menos de defender um retrocesso a posições anteriores. Sem ilusões, devemos admitir que o que tínhamos antes certamente não era melhor do que o que temos hoje. Devemos, ao contrário, usufruir prazerosamente de tudo que foi conquistado. Trata-se, então, de nos colocarmos no interior mesmo do conflito para poder problematizá-lo, para circunscrevê-lo através da *circulação de perguntas* e não da enunciação de ingênuas certezas.

E, assim, em nosso caro mundo contemporâneo seguiremos adiante, todas nós, *mulheres-elástico*, cansadas, doloridas, culpadas e cheias de incertezas, porém, sem jamais perder um certo brilho que insiste em sobreviver, que insiste em *clarear* as perguntas. Uma espécie de testemunho de rebeldia, que nos constitui e nos habita. Herdeiras da Fênix, somos consumidas pelo fogo com mais freqüência do que seria desejável, no entanto... renascemos das cinzas! talvez somente por teimosia ou, simplesmente, por insistir em sustentar a esperança de viver meramente, como diz Caetano, sabendo "a dor e a delícia de ser o que é".

Referências bibliográficas

ALONSO, S. "O que não pertence a ninguém..." e as apresentações da histeria. In FUKS, L. B. & FERRAZ, F.C. (orgs.) *A clínica conta histórias*. São Paulo: Escuta, 2000.

ALONSO, S.L. « Interrogando o feminino ». In ALONSO, S. L., GURFINKEL, A.C. & BREYTON, D.M. (orgs.) *Figuras clínicas do feminino no mal-estar contemporâneo*. São Paulo: Escuta, 2002.

ALONSO, S. L., GURFINKEL, A.C. & BREYTON, D.M. (orgs.) *Figuras clínicas do feminino no mal-estar contemporâneo*. São Paulo: Escuta, 2002.

ALONSO, S.L. & FUKS, M. P. *Histeria* (Coleção "Clínica Psicanalítica"). São Paulo: Casa do Psicólogo, 2004.

BIDAUD, E. *Anorexia mental, ascese, mística: uma abordagem psicanalítica*. Rio de Janeiro: Companhia de Freud, 1998.

BIRMAN, J. *Cartografias do feminino.* São Paulo: 34, 1999.

FERNANDES, M.H. "Uma clínica psicanalítica do corpo: auto-erotismo e feminilidade". *Estudos de Psicanálise,* 23:7-21, 2000.

FERNANDES, M. H. *Transtornos alimentares: anorexia e bulimia.* São Paulo: Casa do Psicólogo, 2006a.

FERNANDES, M. H. "A mulher-elástico". *Viver: mente&cérebro,* 161:28-33, 2006b.

FERNANDES, M. H. "O corpo fetiche: a clínica espelho da cultura". In MILNITZKY, F. (org.) *Narcisismo: o vazio na cultura e a crise de sentido.* Goiânia: Dimensão, 2007.

FOUCAULT, M. *Histoire de la sexualité II: l'usage des plaisirs.* Paris: Gallimard, 1984.

FREUD, S. (1908) « La morale sexuelle 'civilisée' et la maladie nerveuse des temps modernes ». In *La vie sexuelle.* Paris: PUF, 1995.

FUKS, L.B. "Diferentes momentos da evolução feminina". In ALONSO, S. L., GURFINKEL, A.C. & BREYTON, D.M. (orgs.) *Figuras clínicas do feminino no mal-estar contemporâneo.* São Paulo: Escuta, 2002.

GURFINKEL, A. C. "Sexualidade feminina e fobia". In: *Fobia* (Coleção "Clínica Psicanalítica"). São Paulo: Casa do Psicólogo, 2001.

KEHL, M.R. *A mínima diferença: masculino e feminino na cultura.* Rio de Janeiro: Imago, 1996.

KEHL, M.R. *Deslocamentos do feminino.* Rio de Janeiro: Imago, 1998.

MEZAN, R. "Sobre a epistemologia da psicanálise". In *Interfaces da psicanálise.* São Paulo: Companhia das Letras, 2002.

MONTAIGNE, M. *Essais. Livre 1* (1580). Paris: Garnier-Flammarion, 1969.

RAIMBAULT, G. & ELIACHEFF, C. *Les indomptables: figures de l'anorexie.* Paris: Poches Odile Jacob, 1989.

ROCHA, Z. "Feminilidade e castração: seus impasses no discurso freudiano sobre a sexualidade feminina". *Revista Latinoamericana de Psicopatologia Fundamental,* 5(1): 128-151, 2002.

SIGAL, A.M. "Algo mais que um brilho fálico: considerações acerca da inveja do pênis". In ALONSO, S. L., GURFINKEL, A.C. & BREYTON, D.M. (orgs.) *Figuras clínicas do feminino no mal-estar contemporâneo.* São Paulo: Escuta, 2002.

VINDREAU, C. « La boulimie dans la clinique psychiatrique ». In BRUSSET, B, COUVREUR, C. & FINE, A. (orgs.) *La boulimie. Monographies de la revue française de psychanalyse.* Paris: P.U.F., 1991.

VOLICH, R. M. "O eclipse do seio na teoria freudiana: a recusa do feminino". Percurso, 14:55-64, 1995.

VOLICH, R.M. "Formas fabricadas". *Viver: mente&cérebro,* 149:28-36, 2005.

WEINBERG, C. & CORDÁS, T. A. *Do altar às passarelas: da anorexia santa à anorexia nervosa.* São Paulo: Annablume, 2006.

Morrer de amor:
Os ideais e as desorganizações psicossomáticas

Rubens Marcelo Volich

Em uma cidade da Holanda, nos anos 20, um jovem bem trajado sobe apressado as escadas de um velho armazém. Ao chegar, pára e mira ao fundo o vulto de um homem volumoso, de sobretudo e chapéu, debruçado sobre uma mesa anotando seus livros contábeis. O jovem toma impulso, apressa o passo, aproxima-se rapidamente do vulto e crava com força seu canivete na mesa, em frente ao homem. Recua. Lentamente, o vulto levanta a cabeça. O jovem diz:

"Vim lhe dizer que hoje colei grau como advogado.... Você deve lamentar, mas eu me formei". Silêncio. O homem baixa a cabeça para seus livros. O jovem acrescenta: "... e esta é a última vez que venho aqui..."

Sem pronunciar uma palavra, o homem gira sua cadeira, dando as costas para o jovem que, surpreso, esboça um movimento de aproximação. Porém, dá meia volta e no mesmo passo apressado com que chegou, toma a direção da saída. Quase à porta, escuta às suas costas: *"Parabéns..."*.

Surpreso, o jovem interrompe seus passos e se volta: *"Está me parabenizando?..."* Ele vê ao longe o vulto, novamente girando a cadeira, dessa vez, em sua direção. O homem se levanta e lhe estende a mão. Sem se mover o jovem declara, exaltado: *"Não posso apertar a mão que sempre me perseguiu..."*. Volta-se novamente para a saída e escuta às suas costas a voz grave do homem: *"... ou ajudou..."*. O jovem volta-se mais uma vez, desconcertado. E a voz repete, mais clara: *"Ou ajudou..."*

Sem mais nada dizer, o jovem desce apressado as escadas, segue pela rua, pára e se volta para olhar as janelas do armazém. Não vê ninguém. Ao alcançar o meio da praça, ele pára novamente dá meia volta e, correndo, retorna para o armazém, subindo as escadas de par em par, cada vez mais rápido. Ao fundo do galpão enxerga novamente o vulto do homem, ainda de pé.

Lá fora, troveja. Começa a chover. O jovem toma impulso, acelera, corre e se lança no ar na direção do vulto, voando sobre mesa, sobre os livros contábeis, sobre o canivete encravado na mesa...

Corte. Tela escura. Na cena seguinte, acompanhamos o jovem Jacob William Katadreuffe, do nome de sua mãe, caminhando sob a chuva, com as mãos ensangüentadas. Nesse memento, nada sabemos, ainda, do que ocorreu no alto daquele armazém.

Com essas imagens, o diretor Mike van Diem nos introduz, no filme *"Caráter"*[88] (1997), ao universo silencioso, misterioso e sufocante de Jacob Willy, de Joba, e do temido oficial de justiça Dreverhaven. Acusado de assassinato, Jacob Willy é preso e, aos poucos, revela aos investigadores os fios que o ligam a essas pessoas. Lembranças breves, úmidas e cinzentas como o clima daquele país, de suas roupas, de suas lágrimas. Lembranças de Joba trabalhando durante anos como doméstica do oficial de justiça Dreverhaven sem que trocassem palavra. Lembranças do dia em que, atraído pelo ruído de uma xícara que ela deixara cair, Dreverhaven olha para ela e caminha em sua direção se despindo, sempre em silêncio, enquanto nós, espectadores, somos abandonados à nossa imaginação até a próxima cena, quando surgem as primeiras e únicas palavras de Joba para Dreverhaven: *"Estou grávida. Vou embora"*. Não recebe resposta.

Nos dias e meses seguintes, enviadas pelo correio, sempre acompanhadas de dinheiro as primeiras, econômicas e datilografadas palavras de Dreverhaven para Joba: *"Quando será o casamento?"* Palavras e dinheiro sistematicamente devolvidos ao remetente, sem nenhuma resposta.

Na escola, para o pequeno Jacob Willy, as insinuações, os risos, os bilhetes, também econômicos: *"Bastardo!"* E as brigas. E as provocações e as lágrimas contidas no olhar suplicante dirigido à mãe após cada um desses episódios. Um dia, chegou a perguntar: *"Quem é meu pai?"*. *"Não precisamos dele"*, respondeu sua mãe, calando-se em seguida, como sempre.

Um episódio no porto faz com que descobrisse sozinho a resposta. Dreverhaven avista Joba com Jacob Willy e a chama. Impassível, ela se volta e se vai sem responder. Assim, de longe, Jacob Willy e Dreverhaven são apresentados um ao outro. Ele passa a seguir o pai, a se interessar por ele, sempre de longe. Certa feita, envolvido por acaso por outras crianças em um roubo de pães que não cometera, diz aos policias ser filho de Dreverhaven. Avisado, ele vai até a delegacia. Sob o olhar surpreso e temeroso dos guardas, ele pega o menino pelo pescoço conduzindo-o até onde eles

---

[88] Baseado no livro *Karakter* de Ferdinand Bordewijk, publicado em 1938.

se encontravam e declara: *"Lamento, nunca vi esse menino antes"*. Jacob Willy consegue fugir e, recebido em casa pelo olhar sempre silencioso de sua mãe ele diz: *"Não precisamos dele"*. Nem mais uma palavra. A mãe serve a sopa.

Acompanhamos o crescimento de Jacob Willy, suas primeiras iniciativas profissionais, seus golpes de sorte e de azar, seu sucesso sempre permeados pelo silêncio e pela imagem enigmática daquele homem que nunca conheceu e que, no entanto, é - lhe tão familiar, tão presente, opressivamente presente. Depois de muitos anos, aparentemente por acaso, os caminhos de pai e filho se encontraram. Jacob Willy contrai sem saber uma dívida com Dreverhaven. Ele não consegue pagar, mas seu pai faz questão de cobrá-la integralmente. Dreverhaven se dirige pessoalmente à casa de Joba e, quando ela abre a porta, pergunta: *"Quando é o casamento, Joba"*? E ela retruca: *"Por que você não deixa nosso filho em paz?"*, ao que ele responde: *"Aquele rapaz... Estrangularei 9/10 dele. O último 1/10 o fortalecerá"*. Ao que Joba responde: *"Jamais me casarei com você, mas garanto que nunca houve um outro homem"*. Dreverhaven parte, afirmando: *"Talvez eu estrangule seu último 1/10 também"*.

Precisamos despertar desse transe no qual somos capturados pela intensidade do silêncio e da violência que marcaram a vida de Jacob Willy. Mesmo que não possamos relatá-los detalhadamente neste contexto, mesmo que tenhamos de suportar o suspense de não conhecermos o final surpreendente desse drama, podemos perceber a força e a intensidade da influência de Dreverhaven sobre a vida de um filho com o qual quase não teve contato. Apesar das atitudes e do silêncio da mãe, que dedicou sua vida a afastar e a negar a existência daquele homem, a sombra de Dreverhaven acompanhou todos os passos de seu filho, marcando suas decisões, seus afetos, seus atos. Através do silêncio que buscava aniquilar a presença do pai, Joba ausentava-se propiciando que surgisse, dentro de seu filho, o imenso espaço onde floresceu a figura aterrorizante que ela buscava a todo custo esconder.

Primeiros encontros

Longe da anatomia humana, antes mesmo que ela se constitua, um corpo toma forma através do sonho e do desejo. Natureza e destino humanos são assim marcados por momentos imemoriais, anteriores à existência do sujeito. Tanto o desejo como o "acidente" de uma gestação forjam as marcas de histórias parentais e familiares que buscam às vezes se resgatar, se redimir, se superar, ter uma nova chance e uma nova forma através do projeto do ser que está por vir. Porém, ao mesmo tempo, esse mesmo projeto pode também se organizar em formas menos felizes, que destinam àquela criança a cenários sombrios de desafios impossíveis, de dívidas que não assumiu, de expiações e culpas por faltas que não cometeu.

Nos desdobramentos do encontro da criança com essas cenas, marcada por alegrias e frustrações, dores e prazeres, esperanças e desamparos configura-se o drama humano. Cenas necessárias à vida, à existência de um sujeito cuja própria sobrevivência depende dos projetos que, inconscientes, foram traçados para ele por aqueles que o conceberam, por aqueles que dele cuidaram, por aqueles que o educaram. Momentos constituintes e fundadores, onde se decide entre a liberdade e a servidão, entre a possibilidade de existir por si ou a alienação no projeto de outros.

Ao descrever o estágio do espelho, Lacan aponta para a importância do olhar da mãe, de um outro, para a estruturação da vivência fragmentada que o bebê tem de seu corpo e do mundo (J. Lacan, 1949). Entre os 6 e 18 meses de idade, essa experiência da integração não resulta apenas do encontro da criança com sua imagem refletida no espelho. Essa experiência, que constitui os primórdios do ego e do narcisismo, só é possível graças à relação estabelecida entre o bebê e um outro, à mediação do olhar desse outro e que, no limite, pode, inclusive, prescindir do próprio "espelho". Através da interação entre a mãe e a criança, da dialética de desejos, sensações, satisfações e frustrações estruturam-se, a partir da vivência especular, os primórdios das instâncias psíquicas, modalidades relacionais e organizações psicossomáticas.

No início da vida, a criança não se vê com os próprios olhos mas através do olhar, das palavras e dos desejos daquela (ou daqueles...) que a amam, mas que também, muitas vezes a odeiam. Da mesma forma, através das experiências de satisfação e de frustração também ela, a criança, passa a amar e a odiar aqueles que dela cuida. Esses desejos, o amor e o ódio presentes nessa relação forjam a representação que o filho constrói de si, de seu corpo, da realidade, do outro.

E. Salducci (1993) lembra que ao descobrir sua imagem no espelho, a criança se volta para a mãe pedindo que ela legitime aquela descoberta.

Apontando para a imagem, ela pronuncia hesitante à mãe, seu nome na terceira pessoa : « *Bebê* »? Ao que a mãe responde « *Sim, é você, meu filho...* », o que em certo momento permite à criança ousar pela primeira vez formular « *Aquele* sou *eu...* ». É na imagem do outro – o outro no espelho, mas também na realidade – que a criança pode se reconhecer. Inicialmente, antes de tudo, ela se vive, se experimenta enquanto parte do outro. As primeiras relações do bebê com a mãe são marcadas pela simbiose e pela indiferenciação. Como aponta Freud, em função do desenvolvimento das vivências edípicas da mulher, o bebê ocupa para a mãe um lugar privilegiado. Ele representa o objeto narcísico, símbolo imaginário do falo recuperado, defesa contra a angústia de castração da mãe (Freud, 1924). Tanto para a mãe como para o pai a criança ocupa um lugar narcísico, de ser ideal e perfeito. Freud (1914) sublinha: *"O amor dos pais por sua criança é fruto da emergência do próprio narcisismo dos pais"*. Em sua fantasia, os pais revivem através do filho seu próprio narcisismo, atribuindo a ele todas as fantasias de perfeição, integridade e completude às quais eles próprios, pais, tiveram que renunciar. Assim, a criança é destinada a viver e experimentar todos os desejos aos quais os pais tiveram que abdicar, destinada a assegurar a perpetuidade do ego, da subjetividade, do narcisismo dos pais. Esse cenário imprime às primeiras organizações psicossomáticas da criança, através dos olhares parentais, as marcas dos ideais.

Porém, é importante desidealizar o ideais, não considerá-los exclusivamente pela perspectiva da perfeição, de anseios idílicos e idealizados. Além das marcas de plenitude, harmonia e grandeza, as fantasias narcísicas dos pais referentes a seus filhos trazem também as marcas de suas dores, de suas frustrações de sua própria subjetividade que, apesar do sofrimento, também são perpetuados através dos filhos. Naturalmente ambivalentes, os pais desejam para a criança, ao mesmo tempo, a perfeição que não tem, sem que possam tolerá-la. Mas também suas dores, que, mesmo sofridas, são *suas* e que não deixam de ser, também, quando vividas pela criança uma forma de se sentirem perpetuados através dela.

A imagem antecipada da criança pelos pais é uma primeira forma organizadora que pode acolhê-la, tranqüilizá-la e integrá-la quando ela vive experiências de desamparo, de fragmentação de terror e de desorganização. Entretanto, essa forma necessária, apaziguadora, é, antes de mais nada, constituída pelo desejo de um outro, o que marca o caráter alienante e ortopédico dessa organização, como aponta Lacan. Nesses primeiros estágios de organização o sujeito e seu ego incipiente dependerão, inevitavelmente da antecipação, da forma, do reconhecimento e da legitimação pelo outro daquilo que experimenta de si e do mundo.

Entre a escravidão e a liberdade

É conhecida na psicanálise a polêmica em torno dos conceitos ego ideal (*Ichideal*) e ideal do ego (*Idealich*). Como apontam Laplanche e Pontalis (1977), as definições de Freud dessas expressões são imprecisas. Coube a autores pós freudianos como Nunberg, Lagache e Lacan, entre outros, a tentativa de estabelecer essa distinção. Em muitas passagens de sua obra, Freud utilizou indiferentemente os dois termos, fato complicado pela deficiência de algumas traduções, inclusive para o português.

Costuma-se definir o *ego ideal* como a instância oriunda das primeiras experiências de organização narcísica do ego através das identificações primárias, como as que descrevemos acima, e o *ideal do ego* como uma evolução dessa instância que, a partir das identificações secundárias, dá origem ao superego. O próprio Freud muitas vezes utiliza ideal do ego e superego como sinônimos, e, até nossos dias, é freqüente a confusão em torno desses termos. Essas imprecisões contribuíram para o não reconhecimento da importância clínica da observação e da intuição freudianas sobre o papel distinto de cada uma dessas instâncias, ego ideal, ideal do ego, superego na organização não apenas do aparelho psíquico do sujeito mas também da economia psicossomática e suas perturbações.

Quando, em 1914, Freud formula pela primeira vez a noção de *ego ideal* ele acentua ao mesmo tempo o caráter primitivo indiferenciado dessa instância psíquica com relação às vivências narcísicas da infância em sua relação com os desejos parentais. Através de imagens, palavras, fantasias e mesmo atos, os desejos parentais configuram as primeiras formas do narcisismo primário, uma experiência de onipotência compartilhada entre a fantasia parental e a organização subjetiva emergente da criança.

> Esse ego ideal é agora o alvo do amor de si mesmo (*self-love*) desfrutado na infância pelo ego real. O narcisismo do indivíduo surge deslocado em direção a esse novo ego ideal, o qual, como o ego infantil, se acha possuído de toda perfeição de valor. Como

acontece sempre que a libido está envolvida, mais uma vez aqui o homem se mostra incapaz de abrir mão de uma satisfação de que outrora desfrutou. Ele não está disposto a renunciar à perfeição narcisista de sua infância; e quando, ao crescer, vê-se perturbado pelas admoestações de terceiros e pelo despertar de seu próprio julgamento crítico, de modo a não mais poder reter aquela perfeição, procura recuperá-la sob a nova forma de um ego ideal. O que ele projeta diante de si como sendo seu ideal é o substituto do narcisismo perdido de sua infância na qual ele era o seu próprio ideal"[89].

Em torno dessa noção, Freud vislumbra a existência de uma *"instância psíquica especial"* que teria por função *vigiar* o ego real e comparando-o ao ego ideal ou ideal do ego. Essa instância seria também responsável pela *consciência normal*, pela *censura do sonho* e por *certos delírios paranóicos*. Em 1917, ele também atribui a ela a responsabilidade pelos *"estados patológicos de luto"*, e, através das identificações narcísicas, as *"auto-censuras dos melancólicos"*[90].

O desenvolvimento do ego e do sujeito ocorre a partir da possibilidade de superar o narcisismo primário, para orientar-se para outros objetos e para o mundo. Porém não apenas para a criança, mas também para os pais essa superação é difícil pois ela pressupõe o reconhecimento da ilusão da perfeição sobre a qual ela se sustenta. É o reconhecimento da Castração

---

[89] Freud, S. (1914), *Narcisismo*: uma introdução.
[90] Freud, S. (1917), *Luto e melancolia*.
Em sua conferência sobre o narcisismo e a teoria da libido (1916-17), Freud descreve: "[...] Partindo da análise dos delírios de observação ['*Beobachtungswahn*'], tiramos a conclusão de que há realmente no ego uma instância que incessantemente observa, critica e compara, e desse modo se contrapõe à outra parte do ego. Acreditamos [...] que o paciente nos está revelando uma verdade, ainda não suficientemente valorizada, quando se queixa de estar sendo espionado e observado em todos os seus passos e de que todos os seus pensamentos são denunciados e criticados. Seu único erro consiste em considerar ele essa incômoda capacidade como algo alheio a si próprio e colocado fora dele. Percebe uma instância que assume o domínio do seu ego e que mede seu ego real a cada uma de suas atividades mediantes um ego ideal que ele, paciente, criou para si próprio no decorrer do seu desenvolvimento. [...]. Conhecemos a instância auto-observadora como o censor do ego, a consciência; é este que exerce a censura de sonhos durante a noite, é dele que procedem as repressões aos inadmissíveis impulsos plenos de desejos. Quando, nos delírios de referência, essa instância censora se decompõe em suas partes, ela nos revela sua origem nas influências dos pais, dos educadores e do ambiente social numa identificação com algumas dessas figuras-modelo."

que, em meio à dor e à decepção, torna possível essa superação. Para que ela se processe, também a mãe e o pai devem reconhecê-la. Nesse momento, rompe-se a relação fusional indiferenciada, instala-se o reconhecimento da falta, o contato com o desamparo que promove, ao mesmo tempo, o desejo de reencontrar a perfeição narcísica e a abertura para alteridade, aquela que permite que a busca pela satisfação possa ser feita para além dos horizontes parentais. Ao se romper a ilusão fusional do narcisismo primário, ao se passar de uma relação dual para uma em que um terceiro está implicado, o ego buscará recuperar o amor do outro através de identificações com seus objetos constituindo o *ideal do ego*.

Freud (1923) aponta que o superego surge na fase de superação do Complexo de Édipo. Como conseqüência da interdição da realização do desejo incestuoso com os pais, por medo da ameaça de castração, a criança renuncia à satisfação incestuosa e incorpora a seu ego um conjunto de proibições e de imperativos morais aos quais ela passa a se submeter. Mais uma vez, por amor e por identificação, ela interioriza a autoridade parental, formando assim o *ideal do ego*, posteriormente denominado superego. Essa instância, que se diferencia do ego, passa a mediatizar as relações do ego com o id e com a realidade, determinando as exigências de uma moral a ser seguida e de ideais a serem atingidos[91].

É importante lembrar que essa conhecida dimensão da função superegóica coexiste com outra, geralmente pouco considerada. Ao lado das funções de interdição e de moderação do superego com relação às pulsões, aos desejos e à realidade, existe também uma outra dimensão mais primitiva e imperativa que, operando em sentido contrário, em detrimento da realidade, da lei e mesmo do desprazer, exorta à realização de todo e qualquer desejo. Como aponta Freud (1923), o superego não é apenas um representante da

---

[91] Freud, S. (1923), *O ego e o id*.
"O amplo resultado geral da fase sexual dominada pelo complexo de Édipo pode [...] ser tomada como sendo a formação de um precipitado no ego, consistente dessas duas identificações [paterna e materna] [...]. Esta modificação do ego [...] se confronta com os outros conteúdos do ego como um ideal do ego ou superego. O superego, contudo, não é simplesmente um resíduo das primitivas escolhas objetais do id; ele também representa uma formação reativa enérgica contra essas escolhas. A sua relação com o ego não se exaure com o preceito: 'Você deveria ser assim (como o seu pai)'. Ela também compreende a proibição: 'Você não pode ser assim (como o seu pai), isto é, você não pode fazer tudo o que ele faz; certas coisas são prerrogativas dele.' Esse aspecto duplo do ideal do ego deriva do fato de que o ideal do ego tem a missão de reprimir o complexo de Édipo; em verdade, é a esse evento revolucionário que ele deve a sua existência".

autoridade parental e da realidade, mas também um representante do id. Com o mesmo caráter imperativo que o caracteriza, ele exorta muitas vezes de forma tirânica, não à interdição, mas à realização do desejo.

Nasio sublinha que o superego representa os três movimentos que pontuaram o declínio do complexo de Édipo: *renúncia* ao gozo proibido, *exaltação* do desejo por um gozo impossível e *defesa da integridade* do ego contra a ameaça de castração, mas também contra o perigo do temível gozo do incesto. Pela perspectiva do afeto, ele constitui ao mesmo tempo um movimento de *desprezo* (ódio) pelo gozo proibido, de *atração* (amor) pelo gozo impossível, de *repulsa* (medo) frente ao gozo temido (p. 194).

Naquela longínqua e úmida cidade da Holanda, no final dos anos 20, o balé angustiante de Jacob Willy, suas hesitações, suas idas e vindas, seus gestos encetados e interrompidos revelam de forma dramática o titânico combate vivido dentro dele entre seu ego ideal e seu ideal do ego. Uma dança funesta, entre o desejo de reconhecimento pelo pai e o mandato imperativo e silencioso da mãe para aniquilá-lo. Deixo à curiosidade do leitor a descoberta do desenlace dessa luta dilacerante. Veja o filme...

Tirania do ego ideal e desorganizações psicossomáticas

As transformações do ego ideal para se organizar enquanto ideal de ego e se constituir *juntamente com ele* (é fundamental lembrar) no superego, seus enlaces com o narcisismo, com a constituição do sujeito e dos objetos, revelam os traços da perspectiva evolutiva da economia psicossomática ressaltada por Pierre Marty (1990). Destacando que o desenvolvimento humano é marcado por estruturas, funções e dinâmicas que se orientam do mais simples para o mais complexo, e do menos organizado para o mais organizado, ele descreveu as íntimas articulações entre funções psíquicas e somáticas que podem, em função do grau de organização do sujeito, resultar em manifestações psicopatológicas, em doenças orgânicas ou em descargas por atos e comportamentos (Marty, 1998; Volich, 2000).

As dinâmicas características do ego ideal e do ideal de ego como *duas* dimensões do superego revelam diferentes graus de organização da economia psicossomática e, na clínica, são importantes sinalizadores para a compreensão e o tratamento dos pacientes.

As características narcísicas, onipotentes e indiferenciadas do ego ideal e as dificuldades de sua superação para a constituição do ideal do ego, mais diferenciado e aberto para a alteridade constituem uma fragilidade do desenvolvimento que representa uma condição de risco para a economia psicossomática. Da mesma forma, é notável o parentesco entre as dimensões tirânicas e cruéis do superego e a organização primitiva do ego ideal, que se manifestam claramente através dos sintomas do paciente. As tiranias do superego são herdeiras diretas do ego ideal e correspondem ao núcleo narcísico do superego.

Como aponta Marty (1990), o ego ideal revela uma insuficiência evolutiva parcial do aparelho mental que entrava a "organização temporo-espacial individual, o pré-consciente e o ego, desconsiderando o princípio de realidade. Marcado pela desmedida, ele pode resultar seja de uma deficiência do desenvolvimento ou aparecer apenas em momentos de desorganização progressiva ou de regressões psíquicas. Ele se manifesta como um sentimento de onipotência do sujeito com relação a si mesmo, bem como, eventualmente, com relação ao mundo exterior. (p. 46/7). Marcado pelo narcisismo dos pais, ele não é fruto de interiorizações do aparelho psíquico, e se encontra em um nível evolutivo primitivo que impossibilita a organização de um superego pós-edipiano. Clinicamente, o ego ideal se manifesta como um poderoso traço de caráter e de comportamento.

Ao longo de toda a vida, o ego ideal continua presente em diferentes medidas para o sujeito. Ele se manifesta sobretudo como um estado de exigências do sujeito com relação a si mesmo sem nuances e sem ambivalência, sem negociação, sem possibilidade de adaptação a circunstâncias exteriores a não ser as de uma realidade ou mesmo de relações interpessoais "operatórias". A dimensão onipotente desses funcionamentos marcam o funcionamento do sujeito por dicotomias do "tudo" de invulnerabilidade ou do "nada" de impotência absoluta.

Por se tratar de uma organização primitiva da economia psicossomática, são parcos e frágeis os recursos para lidar com os níveis de exigência dessa instância[92]. O fracasso em responder a essas exigências é vivido pela pessoa como uma ferida narcísica insuportável que pode provocar

---

[92] Como aponta Freud (1921), "em muitos indivíduos, a separação entre o ego e o ideal do ego não se acha muito avançada e os dois ainda coincidem facilmente; o ego amiúde preservou sua primitiva autocomplacência narcisista."

desorganizações algumas vezes graves na esfera somática, ou descargas impulsivas pelo comportamento colocando em risco a própria vida do sujeito. É nesse sentido que podemos constatar o caráter mortífero do ego ideal, como aponta Marty, na linhagem de Freud[93] e de Melanie Klein[94], que destacam o papel da pulsão de morte e da destrutividade nas tiranias do superego. Compreendemos então a dimensão cruel e feroz de muitas das manifestações do sofrimento contemporâneo. Manifestações que ameaçam a integridade do sujeito, em que o imperativo do ego ideal organizado em torno da predominância tirânica do superego comandam a busca do gozo absoluto em detrimento de qualquer consideração com o bem individual ou social. Encontramos aqui tanto as manifestações de culpa, autodepreciação e violência dirigidas contra si mesmo, como nos quadros melancólicos, nas anorexias, nas automutilações corporais, nos comportamentos de risco, no suicídio, mas também aquelas de destrutividade dirigidas contra o outro e contra o grupo, como o assassinato, o vandalismo, a violência social. O sujeito obedece cegamente aos imperativos do gozo prometido por um outro indiferenciado em si mesmo, sem mesmo considerar os riscos de perda e de destruição daquilo que lhe é mais precioso.

A clínica revela as dificuldades daqueles que, cada vez mais numerosos em nossa época, recusam-se ou não conseguem renunciar ou superar as promessas mirabolantes de amor e de gozo prometidas e exigidas pelo ego ideal. A precariedade de seus recursos internos e sua extrema dependência do desejo do outro constituem uma combinação explosiva que torna o sujeito presa fácil de qualquer pessoa, imagem, produto ou ideologia que

---

[93] Questionando a natureza do sentimento de culpa e a severidade do superego com relação ao ego encontrada em alguns quadros clínicos como na melancolia, Freud (1923) destaca: "o superego excessivamente forte que conseguiu um ponto de apoio na consciência dirige sua ira contra o ego com violência impiedosa, como se tivesse se apossado de todo o sadismo disponível na pessoa em apreço. [...] diríamos que o componente destrutivo entrincheirou-se no superego e voltou-se contra o ego. O que está influenciando agora o superego é [...] uma cultura pura do instinto de morte e, de fato, ela com bastante freqüência obtém êxito em impulsionar o ego à morte, se aquele não afasta o seu tirano a tempo, através da mudança para a mania".

[94] Analisando as manifestações primitivas do superego, M. Klein (1933) aponta que este "primeiro superego era desmedidamente mais rigoroso e cruel que o da criança mais velha e o do adulto e que, literalmente, esmagava o fraco ego da criança pequena". [... sua] excessiva violência nessa primeira etapa ficaria assim explicada pelo fato de que é um produto de intensíssimos instintos destrutivos e de que contém, juntamente com certa proporção de impulsos libidinais, quantidades muito grandes de impulsos agressivos" (pp 336 e 338).

lhe prometa a possibilidade de afastar-se de seus terrores, de suas dores, de seu sofrimento. Presa fácil de qualquer um que lhe ofereça uma identidade, um corpo, uma vida que mascare seu desamparo e suas dolorosas feridas narcísicas. Face a formas de subjetivação cada vez mais precárias, olhares e ideais primitivos se reproduzem e se transmutam socialmente em imagens, ideologias e objetos que se oferecem como miragens que fascinam para melhor aprisionar. Para alcançá-los, para adquiri-los, para a responder às condições e exigências para seu usufruto, o sujeito se dispõe a qualquer sacrifício. Ele se lança assim em uma luta sem fim, na qual por mais que seja remodelada, sua aparência é sempre insatisfatória, qualquer conquista, insuficiente. Uma escalada na qual, a cada vez, algo mais deve ser acrescentado, apresentado, consumido, sacrificado: uma nova casa, um novo milhão, uma nova mulher, um novo corpo, um novo recorde. Escalada que sistematicamente confronta o sujeito à impossibilidade insuportável das promessas amorosas que ele imaginava satisfazer através desses gestos. É quando, algumas vezes, diante dessas decepções inevitáveis, o sujeito faz sua última aposta, desesperada, oferecendo em sacrifício ao outro, sua liberdade, seu corpo, sua própria vida.

Referências bibliográficas

BORDEWIJK, Ferdinand, *Character a Novel of Father and Son*, ATL Book Network, 1999

CARRÈRE, E., Cinq meurtres pour une double vie. in *Nouvel Observateur*, n° *1650*, 20-26/06/96, p.43-45.

FREUD, S., Narcisismo : Uma Introdução (1914), in *Obras Completas XIV*, Rio de Janeiro, Imago.

_____ Luto e Melancolia (1917), in *Obras Completas XIV*, Rio de Janeiro, Imago.

_____ Psicologia de Grupo e análise do ego (1921), in *Obras Completas XVIII*, Rio de Janeiro, Imago.

_____ Conferência XXVI – A teoria da libido e o narcisismo: (1916-17), in *Obras Completas XVI*, Rio de Janeiro, Imago.

_____ O Ego e o Id (1923), in *Obras Completas XIX*, Rio de Janeiro, Imago.

_____ A Dissolução do Complexo de Édipo (1924), in *Obras Completas XIX*, Rio de Janeiro, Imago.

KLEIN, M., O desenvolvimento inicial da consciência a criança (1933), *in* *Contribuições à Psicanálise*, Rio de Janeiro, Mestre Jou, 1981.

LACAN, J, Le stade du miroir comme formateur de la fonction du Je (1949), *in* *Ecrits I*, Paris, Editions du Seuil, 1966.

LACAN, J., *Séminaire I – Les écrits techniques de Freud*, Paris, Editions du Seuil, 1975.

LAPLANCHE J. e PONTALIS J.B., *Vocabulário de Psicanálise*, Lisboa, Moraes Editores, 1977.

MARTY P., (1990), *A Psicossomática do Adulto*, Porto Alegre, Artes Médicas, 1994.

_____ *Mentalização e psicossomática*, São Paulo, Casa do Psicólogo, 1998.

NASIO J. D., *Enseignement de 7 concepts cruciaux de la psychanalyse*, Paris, Payot, 1992.

ROSENFELD H. A. (1962), O superego e o ideal do eu. In. *Os Estados psicóticos*, Rio de Janeiro, Zahar, 1968, pp 166-177.

SALDUCCI, Edmond, Stade du miroir *in* CHEMAMA, Roland (org.), *Dictionnaire de la Psychanalyse*, Paris, Larousse, 1993.

VOLICH, R.M., *Psicossomática, De Hipócrates à psicanálise*, São Paulo, Casa do Psicólogo, 2000.

A doença somática e os ideais

*Rosangela P. da Fonseca, Cristiana R. Rua,
Clara C. Castro, Ana Maria Soares, Vanderlei
C. Freitas, Ali I. Ayoub, Anna Sílvia B. P.
Rotta, Claudia Mello, Maria Ester Nascimento,
Monica Moronizato*[95]

Este trabalho pretende apresentar algumas relações entre a questão dos ideais e a clínica psicossomática. Essas articulações serão baseadas na apresentação de alguns elementos de um caso da nossa clínica que nos permite pensar a respeito de um tipo de funcionamento psíquico em que notamos a predominância das instâncias ideais.

Este caso clínico foi acolhido no âmbito de um projeto de atendimento em psicossomática que funciona na Clínica Psicológica do Instituto Sedes Sapientae. A paciente em questão chegou a este projeto por intermédio do médico que a atendia em um importante hospital público da cidade de São Paulo. O projeto foi criado há sete anos e tem como integrantes psicólogos e médicos com formação em psicossomática psicanalítica pelo Instituto Sedes Sapientae. Recebe pacientes com queixas somáticas, que nos são encaminhados por instituições e profissionais da área de saúde.

A paciente, a qual chamaremos de Teresa, chegou até nós com o diagnóstico de Esclerodermia Sistêmica Difusa, que é uma enfermidade crônica caracterizada por fibrose difusa da pele e órgãos internos, cuja causa é desconhecida, embora se saiba que aspectos auto-imunes estão envolvidos. Nessa paciente, associavam-se a essa enfermidade a síndrome de Raynaud e a síndrome de Hashimoto. Quando ela iniciou o tratamento psicológico já havia perdido parte de seu pulmão, devido à enfermidade. A equipe médica, inclusive, já estava alerta em relação aos danos nas vísceras e à possibilidade de seu esôfago enrijecer e não poder mais se alimentar normalmente.

---

[95] Membros do Projeto de atendimento clínico em Psicossomática da Clínica Psicológica do Instituto Sedes Sapientiae.

Um dos médicos que a acompanhava lhe deu como prognóstico apenas mais dois anos de vida, o que não se confirmou, pois só no projeto ela permaneceu por quatro anos após este prognóstico sombrio! O primeiro contato com a paciente, que na época tinha 46 anos, gerou na terapeuta surpresa, pois teve a impressão de estar diante de uma criança. O seu modo de sentar, de falar, em nada se aproximavam de sua idade cronológica, e seu rosto também parecia bem jovem. Mais tarde, descobrimos que essa doença, em função do enrijecimento da pele, trazia esse efeito; sendo assim, a paciente não tinha marcas de expressão e nem rugas, daí a aparência jovial. Ela dizia que sua pele encolhia e estourava, pois não comportava os ossos. Com relação às vísceras, essas poderiam perder a função, daí o prognóstico tão pessimista do médico.

As primeiras sessões foram bem interessantes: rapidamente a paciente começou a contar sua história, porém não fazia associações. A impressão era de que vinha de um longo período de solidão e desamparo. Nas sessões, apenas "despejava" seu sofrimento, muitas vezes ainda, não nomeado, nem percebido, mas extremamente desorganizador.

Durante o primeiro ano de atendimento falou muito sobre sua doença e todo o transtorno que a mesma causava em sua vida. Teresa sustentava toda sua família. Embora durante seu casamento o marido também trabalhasse e tivesse boa situação financeira, o sustento da casa sempre ficou a seu cargo. A doença a impedia de trabalhar, mas mesmo assim esforçava-se para continuar sendo a provedora da casa.

Inicialmente, sua fala focalizava-se na doença, mas após algum tempo passou a falar da relação com seu marido, de quem estava se separando judicialmente. Casou-se aos 16 anos, logo após a separação dos seus pais, assumindo um lugar nessa família nova que era bastante familiar para ela, como veremos mais adiante no relato. Suas queixas eram bem atuais e concretas, por exemplo, a doença, a traição por parte do marido, além das agressões verbais e físicas que sofria por parte dele. Queixava-se também das agressões de seu filho mais velho contra sua filha mais nova, que pareciam reproduzir assim as cenas de violência dos pais. Em uma dessas brigas, interpôs-se corporalmente entre os filhos, e foi atingida por um cinzeiro na cabeça.

Para defender-se das agressões do marido tornou-se faixa preta no caratê. Entretanto não conseguia se defender dos ataques verbais, vivendo em uma situação de tensão constante, extremamente desorganizadora, campo fértil para as manifestações somáticas. Embora a busca pelo caratê tenha sido uma tentativa de defender-se, notava-se a insuficiência desse recurso, pois na verdade havia uma precariedade das defesas psíquicas, o que a deixava desprotegida. Chama a atenção a implicação de seu corpo nas situações de violência, e a conseqüente exposição ao risco, apontando para uma insuficiência da função egóica no que concerne à autoconservação.

Nesse período do tratamento, Teresa apresentava-se muito angustiada e assustada; muitas vezes gerando a impressão de que as sessões não bastavam para acalmá-la. Teresa começou a pedir ajuda por telefone, e por um período este meio de comunicação foi um fator importante no tratamento. Durante as ligações foi escutada, em alguns momentos tranqüilizada com dados da realidade, recebendo continência à sua excitação e sendo auxiliada na nomeação de seus sentimentos. Tal conduta era necessária tanto nas ligações telefônicas quanto nos atendimentos.

Com o decorrer de seu processo terapêutico, Teresa acalmou-se e conseguiu contar a história da sua infância. Sua vida atual parecia ser uma repetição de sua história familiar. É a segunda filha de quatro irmãs; seus pais viviam em brigas constantes durante toda sua infância. Seu pai era alcoolista e quando bebia acusava sua mãe de traição e também ficava muito agressivo. A paciente desde os nove anos de idade trabalhava para ajudar a família, tendo aprendido a mesma profissão de sua mãe, que era costureira. Ocupava o lugar de "matuta casca grossa" da família, como sua mãe a nomeava. Relatava que se sentia muito desvalorizada e não reconhecida em seu esforço e era por meio de seu trabalho que conseguia o afeto dos pais. Relatava também que as agressões físicas entre os seus pais eram constantes e lembra dois episódios de sua infância: um deles ocorre quando seu pai chega alcoolizado, tenta abordar a mãe sexualmente e esta a empurra sobre o pai para defender-se dele. O pai reconhece a filha e a larga. Constantemente Teresa era colocada na cama ao lado da mãe para protegê-la do marido, servindo de escudo de proteção da mãe contra a aproximação do pai, seja no sentido sexual ou agressivo.

Outra lembrança que surge nesse momento é que a partir daí, Teresa começa a se colocar corporalmente entre os pais para proteger sua mãe; passava noites sentada no batente da porta para impedir que seu pai entrasse. A paciente parecia não ter noção sobre as limitações corporais desde a infância, ocupando o lugar da matuta da casa e protetora de sua mãe. Segundo Teresa, essa proteção se dava corporalmente. Dizia: "Eu punha meu corpinho lá".

Na transferência, o conteúdo violento era muitas vezes difícil de ser trabalhado e os sentimentos gerados pela violência ficavam somente com a terapeuta que sentia o medo e o terror que a paciente ignorava no seu discurso desafetado e onipotente.

Com esses pacientes é importante o lugar do terapeuta como aquele que sustenta e oferece continência aos afetos ainda não nomeados. Ao mesmo tempo, o terapeuta torna-se o agente de um tipo de interdição que visa à possibilidade de instaurar a percepção dos limites, inclusive os corporais, uma vez que era patente nessa paciente a recusa dessa percepção. Como quando a paciente chega à sessão contando que subiu na laje de sua casa em um dia frio para pintá-la, sendo que a Síndrome de Raynaud implica numa intolerância ao frio; esse ato teve como conseqüência uma internação hospitalar.

Os olhos arregalados, a expressão de espanto e o tom de voz do terapeuta são fundamentais para que a interdição possa ser assimilada pelo paciente. Há um empréstimo corporal do terapeuta no sentido concreto para que haja uma melhor assimilação da noção de limite. Diante dessa questão, podemos notar toda a importância do posicionamento face a face, que é um recurso da técnica da psicossomática psicanalítica.

André Green (1988) afirma que os narcisistas são pessoas feridas, justamente carentes do ponto de vista do narcisismo. A decepção, cujas feridas ainda estão em carne viva, freqüentemente refere-se às duas figuras parentais. Green questiona: "que objeto lhes resta para amar senão eles mesmos?" (p.17). Recuperar-se da ferida narcísica infligida à onipotência infantil é algo que diz respeito a todos nós, porém alguns parecem nunca se recuperar, mesmo depois da análise. Nas palavras de Green, "em tais casos a análise permite que se sirvam melhor de seus mecanismos de defesa para evitarem as feridas, na falta de poderem ter adquirido este couro que parece ter ocupado o lugar de pele para os outros." (p.17).

No caso dessa paciente, após os anos de tratamento, e do investimento do terapeuta, foi possível que ela desenvolvesse uma espécie de película de proteção psíquica por meio do fortalecimento egóico e da conseqüente mudança em seu equilíbrio psicossomático, o que levou a uma estabilização da doença orgânica. Era como se ela não precisasse mais fabricar o couro da própria pele para defender-se.

Nesse caso clínico há uma nítida dificuldade de lidar com limites, inclusive aqueles impostos pela vulnerabilidade somática inerente a qualquer ser humano. Chama também a atenção, a discrepância entre a sua imagem debilitada, frágil e o seu discurso onipotente. Nota-se um predomínio da onipotência, de características narcísicas e de uma recusa da realidade do corpo, pois essa paciente parece só ter podido entrar em contato com suas vulnerabilidades, dentro da terapia, a partir de acontecimentos muito graves no registro somático.

Leclaire (1977) nos lembra que a morte da criança onipotente é realizada durante toda a vida. Esse autor nos fala de uma necessária destruição do que ele nomeia de representação narcísica primária; essa não é uma tarefa fácil já que se refere a um representante inconsciente. Diz Leclaire:

> A representação narcísica primária (a criança em nós), como todo representante inconsciente, é indelével; além disso, o fato de chamá-la com muita propriedade de inconsciente quer dizer que ela não oferece, nem nunca ofereceu, nenhum acesso a uma tomada de consciência" (p.21).

Conclui que só é possível ter acesso aos representantes inconscientes através de seus efeitos, de seus derivados. Mesmo no trabalho analítico, só teremos acesso a esses representantes por meio dos efeitos produzidos sobre a organização do sintoma ou da fantasia. Podemos pensar que no caso relatado só foi possível se aproximar desses representantes após a eclosão do sintoma somático. Como a paciente é aparentemente adaptada à realidade externa, só é possível ter acesso a essa criança onipotente através do sintoma no corpo. É curioso neste caso, assim como em vários de nossa clínica, essa ocorrência do que parece ser uma boa adaptação à realidade e por outro lado a recusa da percepção corporal. Essa recusa da realidade dos limites corporais levou a paciente a se colocar em situações de risco, nas relações em que a violência aparece, assim como em outras circunstâncias, como, por exemplo, no episódio da laje. A paciente parece ter correspondido cegamente ao lugar idealizado pela figura materna, desenvolvendo-se progressivamente no lugar da "matuta casca grossa".

Após algum tempo do término do tratamento, a terapeuta entrou em contato com a paciente e a mesma encontrava-se bem, com a doença estabilizada e, nessa ocasião, disse que tinha se sentido mais ajudada com o que a terapeuta fez do que com o que ela falou durante seu tratamento e ainda disse: "mas ainda não arrumei um namorado".

Essa última comunicação parece confirmar a importância nesse tipo de tratamento dos aspectos físicos e comportamentais do *setting*, e dos manejos que o terapeuta é capaz de fazer durante o tratamento.

Por outro lado a frase "eu ainda não arrumei um namorado", chama a atenção. Ela fala de um projeto, de um tempo e um espaço entre ela e a realização de um desejo. Parece apontar para a possibilidade de ela ter um ideal, ao invés de ser o ideal.

Também nos remete a Freud (1914), no texto "Introdução ao narcisismo", no qual ele nos aponta: "temos que começar a amar para não ficarmos doentes" (p. 101).

Referências bibliográficas

FREUD. S. (1914) Sobre o narcisismo: uma introdução. *Edição Standard Brasileira das Obras Psicológicas Completas*. Rio de Janeiro: Imago, 1994; v. 14

GREEN, A. *Narcisismo de vida Narcisismo de morte*. São Paulo: Escuta, 1988.

LECLAIRE, S. *Mata-se uma criança: um ensaio sobre narcisismo primário e a pulsão de morte*. Rio de Janeiro: Zahar, 1977.

Narrativas do corpo

O corpo-identidade numa cultura sem destino

Nelson da Silva Junior

Trata-se aqui de considerar as relações que podem ser estabelecidas entre três processos históricos que afetam os discursos na Modernidade: a dissolução das meta-narrativas, a fragilização da modalidade narrativa do destino e a função identitária que a corporeidade tem assumido na cultura. Para tanto, primeiramente iremos procurar estabelecer algumas relações entre os dois primeiros elementos, isto é, entre a dissolução das meta-narrativas, isto é, as grandes narrativas abordadas por Freud enquanto visões de mundo sob a noção de *Weltanschauungen* (visões de mundo) com a dissolução da narração do destino. Em seguida, vamos buscar estabelecer relações entre os dois últimos elementos da tríade, isto é, a dissolução do destino e aquilo que consideramos ser uma função identitária da corporeidade relativamente nova, isto é, a tomada do corpo como signo privilegiado da identidade.

Gostaríamos de dar um exemplo dessa função a partir da fala de uma paciente em sua análise: "A tatuagem não vem de fora para dentro, ela vem de dentro para fora. Se eu fosse um tatuador, não iria usar as agulhas que eles usam, mas uma agulha de crochê, era só enfiar a agulha e tirar a tatuagem lá de dentro da pele".

Nessa inquietante imagem, a questão identitária do sujeito se desvincula de toda história, a identidade que era, sobretudo, narração da própria história, passa a se referir privilegiadamente ao corpo enquanto seu fundamento. O verdadeiro corpo está em uma imagem corporal que não coincide com sua aparência natural. Esse corpo deve então ser esculpido, moldado de modo a corresponder a sua verdade. De que modo o corpo veio a ocupar esta função de suporte material de uma imagem corporal? Gostaríamos de apresentar algumas reflexões a respeito deste deslocamento do corpo para o centro do discurso sobre a identidade do sujeito moderno a partir da metapsicologia freudiana.

Comecemos, então, a partir da designação da expressão de um *funcionamento metodológico do inquietante* em face da *nova função identitária dos corpos* em nossa cultura. Se as práticas do corpo fazem parte da cultura em geral, e, sobretudo em uma função reguladora das relações sociais, não se pode negar o fato de que várias destas práticas colocam sob tensão a idéia mesma de regulação, e, por extensão, a de equilíbrio. Pensemos, nesse sentido, em dois extremos de modificações corporais, por um lado, os grupos de suspensão corporal (Lírio, D. R.; Silva Junior, N; 2005) e por outro, o número crescente de jovens que se submetem às cirurgias estéticas no Brasil e na Venezuela, por exemplo. Esses «extremos» são suscetíveis de ser considerados opostos com relação a sua posição de adesão ou de crítica em face da cultura na qual eles se inserem. No entanto, é sem dúvida uma curiosa coincidência o fato de que ambos empenham o sujeito no sacrifício de seu corpo nesta tomada de posição para ou contra o *establishment*. Ora, se a preocupação curativa que estas novidades sociológicas podem despertar alimenta-se da vocação normativa do pensamento, é, por outro lado, o sentimento do inquietante que estes eventos suscitam que estimula o interesse de investigação. Pois, tal como dizia Freud (1919), este sentimento só poderia ter origem em um *conflito de julgamentos*. Seria, nesse sentido, um *afeto epistemológico* por sua própria natureza. Tomemos, então, o inquietante enquanto método espontâneo do psiquismo ocidental moderno de problematizar o que se passa despercebido tanto na sombra do cotidiano quanto nessas eventuais aberrações e debrucemo-nos agora sobre suas origens históricas.

Em Freud (1919/1982) o inquietante é o resultado de um conflito entre o que é julgado como real e o que é julgado como pertencendo à ficção. Entretanto, se voltarmos às origens etimológicas da palavra "ficção", encontraremos uma oposição aparentemente homóloga ao inquietante em si mesmo:

Segundo o *Dicionário histórico da língua francesa*, "ficção é um empréstimo do latim imperial *fictio* 'ação de fabricar, criação' e, por ilustração 'ação de fingir e seu resultado'. Termo jurídico em baixo latim medieval; *fictio* deriva de *fictum*, supino de *fingere*, 'inventar'". (Rey, 1995, p.793). A oposição que a história definiu entre esses dois sentidos da palavra ficção parece ter preparado o centro mesmo dos conflitos atuais sobre as narrações do corpo, tal como veremos em seguida.

Enquanto *ação de fabricar, ficção* refere-se também, curiosamente, à origem da palavra *fetiche*, pelo viés da palavra em português feitiço. Os marinheiros portugueses nomeavam assim a imagem religiosa das culturas tribais que eles encontravam durante suas viagens. A *adoração de uma imagem feita*, eis a origem histórica da palavra fetiche. Além disso, a amplitude da noção de *fabricação artificial* poderia nos surpreender. Para Santo Agostinho, por exemplo, a alma é *fabricada:* "anima factitia est", (Agambem, 1988, p.18).

Chegamos neste ponto à espessura ontológica da diferença entre duas significações da criação, uma natural, outra artificial. Em Aristóteles, a diferença entre *poiésis* e *techné* equivale também ao ato de um sujeito: a primeira sendo o que aparece por si mesma e a segunda estando ligada às aparições que precisam de uma intervenção precisa. A técnica, nesse sentido, não cria, portanto, verdadeiramente seu objeto, ela simplesmente o retira da sombra, resgata-o do esquecimento. Produzir artificialmente alguma coisa desde a origem foi aparentemente muitas vezes experimentado pela inteligência das línguas como um poder exclusivamente divino, um poder que, entretanto, e sob algumas condições pode passar para os lados do humano.

Ora, precisamente o que define a Modernidade é a dissolução da religião como organização simbólica privilegiada da cultura e sua substituição pela idéia da Razão. Nesse sentido, podemos falar de uma substituição da idéia que Deus criou o homem pela idéia que o homem pode se criar a si próprio.

O sujeito da modernidade: entre a onipotência e o desamparo

Entretanto, essa substituição não se faz jamais sem tensão, sem conflito. Pois desde que o sujeito se apropria do poder de criar a si mesmo, poder que inaugura a Idade Moderna, ele se vê imediatamente lançado no estado de um órfão sem recursos. Ou seja, o discurso da modernidade obriga-o, e segundo uma necessidade inteiramente lógica, a perder ao mesmo tempo a segurança até aqui confiada a uma ordem transcendente e protetora. O decreto filosófico de Nietzsche: «*Deus está morto*» é, nesse sentido, tanto aquele de uma liberdade compulsória quanto o de uma sentença de solidão e abandono. Se não há mais meta-narrativas, toda biografia moderna parece condenada a estar à deriva enquanto narração sem origem, e, portanto, sem fundamento. É nesse sentido que *a morte de deus* foi um grave abalo que atingiu as estruturas metas-narrativas de cada biografia, de cada destino. Se uma biografia é sempre uma aposta simbólica do sentido em face do não-sentido, na Idade Moderna cada sujeito é lançado a um princípio de exposição radical ao acaso, a exemplo das tragédias gregas.

Examinaremos agora de que modo tal dissolução das meta-narrativas pode afetar a narração do destino segundo a compreensão psicanalítica.

Proposições teóricas sobre os novos sintomas

Segundo nossa direção de investigação, um dos efeitos mais importantes da nova economia de mercado diz respeito ao aumento das problemáticas concernentes aos processos de fusão e desfusão pulsional. É preciso observar previamente que esses dois processos inauguram no pensamento freudiano uma nova lógica de inteligibilidade dos sintomas, e isto na medida em que o modelo etiológico fundamental da psicopatologia psicanalítica se vê transformado. A causalidade dos processos psíquicos não segue mais um movimento circular, regulando todas as formações de compromisso, isto é, um movimento que parte do recalcamento e que leva ao retorno do recalcado conforme um modelo de economia psíquica conduzindo sempre ao equilíbrio. De acordo com este primeiro modelo é a noção de conflito que é posta em evidência, o que convida primordialmente o registro dinâmico para a descrição clínica.

Com o modelo da fusão e desfusão pulsional, cujas origens remontam ao *Além do princípio do prazer*, o registro dinâmico parece se deslocar para trás da cena. Isto de acordo com o deslocamento do recalcamento como chave da inteligibilidade clínica pela recusa e seu correlato, a clivagem do eu, ambos impostos pela clínica da perversão. Aquilo a que as noções de fusão e desfusão pulsional respondem são as problemáticas derivadas dos fenômenos de ordem econômica dominadas pela compulsão à repetição.

Assim, é preciso notar que o registro econômico muda de sentido em Freud ao longo do tempo, e que diferentemente de seu funcionamento circular nas formações de compromisso, ele é marcado, na sua última versão, pelo signo de uma disjunção radical entre as intensidades pulsionais e a capacidade de elaboração destas pela palavra. É nesse sentido que uma nova relação se impõe entre a linguagem e a economia pulsional na obra freudiana, uma relação na qual a espessura simbólica perde seu peso relativo em face da sua função de atualização.

Por uma metapsicologia do destino

Esperamos mostrar em seguida que a queda narrativa na modernidade atinge a economia subjetiva de uma maneira direta se pensarmos nas funções psíquicas do destino. Em Freud (1915/1982), além do seu emprego quase conceitual no título, *As pulsões e seus destinos,* a palavra destino *"Schiksal"* indica também a *neurose de destino.* É a partir desta inquietante neurose que um esboço metapsicológico do destino se delineia em sua obra segundo o modelo das formações de compromisso. Por um lado, o destino teria, segundo ele, uma função de substituição de nossos afetos em relação aos nossos pais. "O Super-eu, diz Freud (1923/1982) em *O eu e o isso,* representa a mesma função protetora e de salvamento que conduzia antes o pai, depois a Providência e o destino" (p.288). Viver é nesse sentido, sinônimo de ser amado e se alguém se vê repentinamente diante de um grande perigo, é possível que ele se sinta abandonado pelas forças protetoras e que ele se deixe morrer sem reação.

Deste ponto de vista o destino é homólogo às *Weltanschauungen,* ou seja, às visões totalizantes do mundo. Nesses dois casos, uma história preenche a função de recalcar a angústia com a ajuda da evocação indireta de uma ordem superior. A diferença a esse respeito é que, enquanto uma *Weltanschauung* narra a história de todo mundo, o destino o faz para o indivíduo. O destino conta seja a minha história, seja aquela de um outro, o importante é que nesta modalidade de narração biográfica se deixe entrever uma certa relação com o além. Na narração do destino sempre há um momento de queda da autonomia do sujeito, e é precisamente ali que poderemos descobrir a marca da inquietante intencionalidade do além cercando o acaso de sentido e de significação.

Em *O problema econômico do masoquismo,* vemos definir-se o outro lado da formação de compromisso constituída pelo destino. Freud (1924/1982) escreve que "a última forma desta cadeia que começa com os pais é aquela da forma obscura do destino, a qual pode ser tomada impessoalmente ao menos por alguns entre nós" (p.381). A modalidade narrativa do destino depende, portanto, de um universo discursivo essencialmente laico, no qual a influência das forças obscuras não deve exceder o ponto de uma sugestão indireta de sua presença. O destino se constrói somente a partir de uma separação entre a autonomia individual adquirida pela modernidade, e a dependência do sujeito em relação às forças transcendentes, esta última certamente oriunda da herança de um passado essencialmente religioso. Mas é preciso que esta separação seja incompleta, pois do ponto de vista da economia psíquica, o destino serve para manter no adulto a ilusão de que ele é sempre velado por alguém poderoso, tal como ele era por seus pais durante sua infância.

O contrário desta proteção indireta é, entretanto, segundo Freud (1924/ 1982), um dos maiores flagelos de nossa civilização, notadamente a submissão dos sujeitos às autoridades supostas onipotentes. Este preço seria suscetível de ser reconhecido na disposição dos sujeitos a sacrificar sua liberdade individual cada vez que um *líder,* ou a massa que o segue oferecem sua proteção. Ora, a estrutura psíquica prévia a tal servidão voluntária é compreendida em Freud (1924/1982) como sendo aquela do masoquismo moral.

Segundo Freud (1924/1982), o masoquismo moral seria "de um certo ponto de vista, a forma mais importante da expressão do masoquismo" (p.345). Via, portanto, no masoquismo moral o grande mal de nossa época. Isto é bastante comprovado por suas últimas grandes obras como O mal na civilização e Moisés e monoteísmo. A civilização estaria na origem de um mal-estar relacionado à agressividade no sujeito e em suas relações com os outros. Seguindo seu argumento bastante conhecido, a renúncia maciça das satisfações pulsionais implicada pelo processo civilizatório estaria na raiz de uma dessexualização generalizada da vida erótica, e, portanto, de um processo de desfusão entre as pulsões da vida e a pulsão de morte. O homem civilizado seria assim alguém dividido por um impasse mortal: "Seja eu te mato, seja eu me mato". Freud (1924/1982) é categórico nesse assunto: quanto mais civilizada será uma cultura, tanto mais seus membros renunciarão à exteriorização da destruição. "A repetição por detrás do sadismo contra a própria pessoa", diz Freud, "acontece regularmente sob a *repressão pulsional cultural* (...)". (Freud, 1924/1982, p. 353). Ora, este sujeito não teria, segundo Freud (1924/1982), outra saída senão aquela de padecer pelos efeitos do sadismo em seu próprio interior sob a forma do masoquismo moral.

Este breve e trágico esquema pode resumir sem injustiça o centro das reflexões de Freud sobre a civilização. Nossa hipótese, entretanto, coloca em questão a premissa freudiana de que o masoquismo moral seja inevitavelmente a saída de tal impasse. Mudanças culturais aconteceram desde a época de Freud e mudanças que atingem precisamente o papel do Superego. Sob a necessidade de aumentar o consumo (Rifkin, 2006), a cultura industrial aparentemente desinvestiu o Superego de sua função interditora. Segundo as teses do economista e sociólogo Zygmunt Bauman (1998), por exemplo, a cultura moderna teria paulatinamente deslocado o superego social em direção ao papel de um promotor do imperativo ao gozo, empregando-o, portanto, como um instrumento de produção do consumo. Assim, mais que uma simples dissolução do Superego a partir da dissolução das meta-narrativas na modernidade, estamos aparentemente confrontados a um progressivo obscurecimento da instância Superegóica, particularmente em sua função proibitiva, ao mesmo tempo em que se assiste ao seu emprego enquanto instância promotora do gozo. Nosso objetivo se limita aqui a experimentar situar certos efeitos ao nível subjetivo, principalmente ao nível dos recursos simbólicos da construção identitária. Segundo nossa hipótese, seria necessário considerar que a partir das dissoluções de metanarrativas na modernidade, haja efeitos ao nível subjetivo, notadamente, ao nível dos recursos simbólicos da construção da identidade.

O declínio da identidade narrativa na atualidade e seus efeitos

Com efeito, tais mudanças da economia geral do discurso modificam as estruturas do discurso cotidiano sobre o corpo e suas significações para a vida do sujeito. As fronteiras entre o natural e o fabricado, o sujeito e seu corpo, os interditos e os ideais, são recolocadas em questão de modo inédito. A título de exemplo, citamos a declaração de uma jovem dançarina muito conhecida há alguns anos no Brasil: *A Feiticeira*. Questionada se seus seios eram realmente dela, ela responde sem pudor e, o que é ainda pior, sem nenhum traço de ironia "É claro que sim, eu os comprei!". Trate-se aqui, sem dúvida, de uma inquietante modalidade discursiva do sujeito não somente sobre seu corpo, mas, sobretudo sobre o seu si-mesmo. Propomo-nos, a seguir, descrever conceitualmente esta nova modalidade discursiva de modo a articular *narração* e *identidade*.

Segundo Paul Ricoeur (1990), em seu livro *O si mesmo como um outro* podemos conceber a identidade narrativa como resultante de uma relação dialética de duas formas de negatividade da questão identitária, a *ipseidade*, que engaja o sujeito em sua estabilidade em relação aos outros, e a *mesmidade* que o engaja em sua permanência ao longo do tempo. Até aqui, defendemos que, no destino, a evolução do sujeito no tempo se vê interpelada por uma constante intencionalidade do acaso, em outras palavras, o sujeito constantemente exposto à ameaça proveniente de sua finitude se protege imaginariamente desta ameaça através da evocação de uma alteridade transcendente. Ora, deste ponto de vista, a estrutura narrativa do destino implica uma tomada em questão da identidade a partir das duas formas da negatividade definidas por Paul Ricoeur (1990), e não seria ousado considerá-la enquanto uma modalidade de seu conceito de "identidade narrativa".

Ora, a dissolução das meta-narrativas na Idade Moderna afeta diretamente a estrutura da intencionalidade do destino, e conseqüentemente o pólo de alteridade da identidade narrativa, isto é, sua *ipseidade*. Se a identidade narrativa não pode mais se desdobrar a partir desta forma de negatividade, podemos conceber que uma tendência de monopolização da narração identitária fundada sobre a *mesmidade* esteja em curso. Nessas condições, a identidade tende a limitar-se à relação semântica entre o signo e seu referente. A espessura discursiva da linguagem seria assim reduzida, e também seus recursos de elaboração psíquicos. É, em nosso ponto de vista, tal estreitamento da identidade narrativa à *mesmidade* uma das razões que levam o corpo a ocupar o centro da problemática identitária do sujeito contemporâneo. Privada de sua referência ao outro, a narração do corpo funciona não mais como abertura do sujeito à finitude, isto é, enquanto lugar dos traços que narram a história do sujeito em suas evoluções e metamorfoses ao longo do tempo, mas sobretudo como um suporte mudo de sua identidade, sempre igual a ela mesma.

Tal mudança da geografia lingüística da identidade não poderia ocorrer sem provocar efeitos na economia psíquica do sujeito contemporâneo. O enfraquecimento dos recursos narrativos afeta necessariamente as fronteiras simbólicas da identidade até aqui sustentadas pela cultura. Quatro direções de pesquisa nos parecem se apresentar como as facetas do sujeito em suas relações com o corpo privilegiadamente concernidas por tal processo: a temporalidade, a espacialidade, a alteridade e a pulsionalidade.

1.Temporalidade:

Com o obscurecimento dos sinais coletivos da história individual, abre-se um abismo simbólico oportunamente suprido por um alargamento da extensão da adolescência. Não por acaso, a adolescência é a idade de passagem por excelência, o que foi excelentemente demonstrado por

David Le Breton (1995). É então, o não-lugar das passagens adolescentes que parece dar o sentido à narração do destino no sujeito durante a maior parte de sua vida.

2. Espacialidade:

Com o estreitamento da questão identitária à mesmidade, o corpo só pode oscilar entre dois pólos da relação semântica, a saber, o signo e seu referente. Esta relação é traduzida por aquela entre a imagem ideal do corpo e sua referência concreta. As fronteiras simbólicas entre os de dentro e os de fora até aqui sustentadas pelas narrativas tradicionalmente construídas, parece assim se diluir.

É desse modo que o corpo se vê invadido em seu próprio interior pelos signos exteriormente valorizados, perdendo seu estatuto de autor das transformações e sendo reduzido àquele de material do signo, simples suporte concreto das idéias de perfeição designadas pela cultura. Esta aproximação pode esclarecer a orientação que a arte contemporânea tomou em artistas tais como Damien Hirst e Mark Quinn. Este último fez uma escultura de si mesmo com seu próprio sangue congelado, que ele denomina *Self*. Nesses dois artistas, com efeito, a coincidência entre o corpo enquanto coisa e sua representação é incessantemente colocada em primeiro plano (Minerbo, 2007). Por outro lado, podemos também encontrar na cultura usos não críticos do corpo como suporte material do signo, como é o caso das cirurgias estéticas e algumas práticas de modificação corporal, usos que são bastante inquietantes em seus atuais excessos.

3. Alteridade:

A queda da dimensão divina das narrativas do destino parece privar o sujeito não somente de um horizonte de proteção imaginária, mas também sobrecarrega seu semelhante de uma função referencial absoluta. Desde então, os ideais culturais não são somente representados pelos semelhantes, mas dominados por eles. O abandono da alteridade se articula assim à submissão ao outro imediatamente ao lado. Diante de tal poder, não é espantoso que o sujeito moderno oscile entre submeter-se totalmente à lógica do semelhante, tal como podemos notá-lo nos efeitos de moda, ou cercar-se de cordões virtual de isolamento, afastando-se, assim, das ameaças de intrusão dos semelhantes. É sem dúvida uma configuração bastante próxima dos sofrimentos dos estados-limite, fixados em suas relações aos outros entre o abandono e a invasão, o que seria interessante investigar.

4. Pulsionalidade:

A fragilização das narrativas do destino implica uma diminuição da capacidade da rede simbólica para elaborar as intensidades pulsionais. Isto implica também que o masoquismo moral encontra-se igualmente enfraquecido. O que poderia ser julgado como efeito favorável desta fragilização, resulta, entretanto, em novas configurações masoquistas que parecem encarregar o masoquismo erógeno de funções identitárias. Nas práticas de modificações corporais, a dor enquanto tal parece ser chamada a reconstruir as fronteiras da identidade do sujeito, e assim atenuar sua exposição aos excessos pulsionais (Lírio, D. R.; Silva Junior, N; 2005). Aí estão algumas das direções de pesquisa que nos parecem importantes do ponto de vista psicanalítico.

Referências bibliográficas

AGAMBEM, G.. La passion de la facticité. In AGAMBEN, G.; PIAZZA,V. *L'ombre de l'amour: Le concept d'amour chez Heidegger*. Paris: Payot. 1988. p.9-107.

BAUMAN, Z. *O mal-estar da pós-modernidade*. Rio de Janeiro: Jorge Zahar, 1998.

FREUD, S. *Das Unheimliche* 1919, Frankfurt am Main: Fischer Taschenbuch Verlag, Studienausgabe, Band IX, 1982.

_____ *Jenseits des Lustprinzips*, 1920, Frankfurt am Main : Fischer Taschenbuch Verlag, Studienausgabe, Band III,1982.

_____ Freud, S. *Das Ich und das Es*, 1923, Frankfurt am Main : Fischer Taschenbuch Verlag, Studienausgabe, Vol III 1982.

_____ *Das Ökonomische Problem der Masochismus*, 1924, Frankfurt am Main : Fischer Taschenbuch Verlag, Studienausgabe,Vol III, 1982.

LE BRETON, D. *Anthropologie du corps et modernité*. Paris : P.U.F. 1995.

LÍRIO, D.R.; SILVA JUNIOR, N. As Destruições intencionais do corpo. Sobre a lógica do traumático na contemporaneidade In FRANÇA, C. P. (Org.). *Perversão: variações clínicas em torno de uma nota só*. São Paulo: Casa do Psicólogo, 2005. p. 131-144.

MINERBO, M. Crimes contemporâneos: uma interpretação, ou O Inumano. *Percurso*, São Paulo, n. 38 p., 2007.

SILVA JUNIOR, N. A sublimação na contemporaneidade. O imperialismo da imagem e os novos destinos pulsionais. In: FUKS, LUCIA B; FERRAZ, FLAVIO C. (Orgs.). *Desafios para a psicanálise contemporânea*. São Paulo: Escuta, 2003. p. 239-249.

REY, A. *Dictionnaire historique de la langue françai*. Paris: Dictionnaires Le Robert, 1995.

RIFKIN, J. *La fin du travail*. Paris : Découverte, 2006.

RICOEUR, P. *Soi-même comme un autre*. Paris: Seuil, 1990.

Cicatrizes em narrativas do corpo: tortura intencional

Maria Auxiliadora de Almeida Cunha Arantes

Por que a guerra?

Entre os atos demasiadamente humanos, a tortura intencional prevalece como um inquietante enigma para a ciência, para a arte, e para a política que preside a relação dos homens em sociedade. Parte deste enigma pode ser decifrado com subsídios das construções da psicanálise. Freud, respondendo ao físico Einstein, em 1932, em correspondência sobre os motivos que poderiam explicar a guerra diz: "é um princípio geral que os conflitos de interesses entre os homens são resolvidos pelo uso da violência. É isto o que se passa em todo o reino animal, do qual o homem não tem motivo por que se excluir.(...) No início, numa pequena horda humana, era a superioridade da força muscular que decidia quem tinha a posse das coisas ou quem fazia prevalecer sua vontade. A força muscular logo foi suplementada e substituída pelo uso de instrumentos: o vencedor era aquele que tinha as melhores armas ou aquele que tinha a melhor habilidade em seu manejo. A partir do momento em que as armas foram introduzidas, a superioridade intelectual já começou a substituir a força muscular bruta; mas o objetivo final da luta permanecia o mesmo (...) e, de modo mais completo, se a violência do vencedor eliminasse para sempre o adversário, ou seja, matasse o (...). O vencido não podia restabelecer sua oposição e o seu destino dissuadiria outros a seguirem seu exemplo" (Freud, 1969, (1932), p. 246).

Mais adiante, no mesmo texto, Freud apresenta a lei como expressão da vontade de uma comunidade, com os mesmos e primeiros objetivos, a liquidação do inimigo. Não é mais a violência de um contra um, mas a violência de uma comunidade, que deve se manter, organizar-se e estabelecer regulamentos e a autoridade que garanta a aplicação da lei. Institui-se, a partir de então, a execução de atos de violência legalizados pelas comunidades, com o propósito de se defender do inimigo interno ou do inimigo organizado externo. O que era crime, se praticado isoladamente, passa a ser um gesto legal e às vezes exigido pela comunidade, que espera ser protegida contra quem foi considerado criminoso ou que se pensa ser um criminoso. Este tipo de organização entre os homens só se tornou possível e duradouro pelos interesses e vínculos emocionais entre os membros do grupo, pela existência de sentimentos comuns que são na verdade a fonte de sua força. É a função agregadora a que se refere Freud (1932) como característica da pulsão de vida, a força de Eros, que exerce este papel de unir em unidades cada vez maiores, o que está separado. Há sempre um objetivo comum agregador. As comunidades se organizaram mais amplamente a partir de pressupostos também sociais, políticos, culturais, econômicos, consolidando a formação dos Estados. Embora a hipótese freudiana se mantenha em relação às forças aglutinadoras e às destrutivas, a concepção de Estado ultrapassa-a, não é uma concepção única e incorpora conteúdos de outras áreas do conhecimento que se debruçam sobre as formas de organização dos homens. Neste momento me refiro à concepção formalista jurídico/institucional, segundo a qual o Estado é uma formação jurídica, que tem um modelo institucional de Estado, com um poder soberano, com sua realidade social, seu território e seu povo nele residente, e que responde à indagação: o que legitima o poder? Ao transferir ao Estado o que é do indivíduo, transfere-se igualmente a possibilidade de executar atos que, exercidos individualmente, seriam considerados crime. A violência praticada um a um é ampliada e sua repetição em escala maior é alimentada com os primitivos ingredientes dominados pela pulsão desagregadora, a pulsão de morte. Ao longo da história haverá nova distribuição do poder, e o poder de legislar irá mudando de mãos, mantendo o mesmo objetivo: eliminar o que está fora dos laços instituídos pela comunidade. Há uma terceira fonte, diz Freud (1932), da qual podem surgir modificações da lei, e que invariavelmente se exprime por fins pacíficos: consiste na transformação cultural dos membros da comunidade, e essa transformação é atribuída ao processo de evolução cultural "ao qual devemos o melhor daquilo em que nos tornamos, bem como boa parte daquilo de que padecemos" (p. 257). Ao final do texto, retomarei esta terceira via.

Nesta arquitetura do pensamento freudiano estão entrelaçadas as duas pulsões de Eros e Thanatos: a de amor, que une os membros do grupo com objetivos comuns e a pulsão de morte que o grupo exerce na busca da eliminação e liquidação de quem está fora do grupo ou em desacordo com ele.

Ao transferir para o Estado a representação de todos, transfere-se igualmente a possibilidade de o Estado executar legalmente, por exemplo, o ato de assassinato que se praticado individualmente é considerado crime. O cidadão pode "com horror, convencer-se do que ocasionalmente lhe cruzaria o pensamento em tempos de paz: que o Estado proíbe ao indivíduo a prática do mal, não porque deseja aboli-la, mas porque deseja monopolizá-la, tal como o sal e o fumo" (Freud, 1969, (1915), p. 315-316). O Estado passa a ter o monopólio da violência legalizada retirando do cidadão a culpa que este pudesse sentir, ao praticar, individualmente, um ato de violência. O linchamento, por exemplo, é crime se praticado por um grupo; sendo uma atribuição do Estado, torna-se legal, torna-se pena de morte: pune com morte aquele que matou. Exemplos deste paradoxo estão no dia-a-dia, publicados, revelados e exibidos, fazem parte do cotidiano, e, de tão repetidos, tornam-se banais.

Cumprindo ordens

A *Folha de S. Paulo* publicou em agosto de 2007 matéria com o seguinte título: "SP condecora oficial PM do Massacre do Carandiru". Em contato telefônico da FSP com o vereador que fez a indicação da concessão do titulo de "Cidadão Paulistano" ao tenente coronel aposentado da PM, este informou que o título era pelo trabalho do tenente na implementação da lei seca para combater a violência. Em relação à participação do mesmo militar no Massacre do Carandiru, o vereador disse, conforme a FSP: "Para mim, era só o coronel Ubiratan. Pelo que sei, ele era apenas um comandado cumprindo ordens" (FSP, 22/08/2007, p. C-5).

Os acontecimentos nos quais o tenente-coronel da PM cumpriu ordens, ocorreram em Outubro de 1992 na Casa de Detenção de São Paulo, conhecido como Massacre do Carandiru. Os 111 presos foram mortos no confronto com o batalhão de choque da Polícia Militar. A operação envolveu cerca de 400 policiais além de cães treinados para o ataque. Presos foram posteriormente encontrados, muitos deles, despedaçados. Os que puderam ser expostos à imprensa e nas mídias eletrônicas e digitais, apareceram fotografados literalmente nus, vestidos apenas com uma tatuagem, sua mortalha. Dos 120 supostos autores do massacre, apenas um foi julgado. O Coronel Ubiratan, principal responsável e coordenador dos policiais, pessoalmente presente na chacina, foi condenado a 632 anos de prisão. Não ficou preso, recebeu o benefício de recorrer da sentença em liberdade, por ser réu primário. Acabou sendo assassinado, em 2006, em sua própria casa em São Paulo. Foi encontrado semi-nu, envolto apenas, da cintura para baixo, por uma toalha de banho. Um dos outros policiais, réu no processo que condenou o coronel Ubiratan, e acima referido, recebeu o título de Cidadão Paulistano, conforme a matéria citada.

A absorção sem restrições destes fatos, semelhantes a outros divulgados pela mídia, bem como a fala, "cumprindo ordens" são desdobramentos explícitos da banalidade do mal, expressão formulada por Hanna Arendt ao final de seu livro *Eichmann em Jerusalém: um relato sobre a banalidade do mal* (2006 a). Em *Origens do totalitarismo* escrito em 1949 (2006 b) Arendt diz que os campos de nazistas se tornaram um laboratório onde as mudanças da natureza humana foram postas em jogo; os campos não mudaram o homem, conseguiram destruí-lo, criando uma sociedade na qual a banalidade da afirmação *hobbesiana, homo hominis lupus* é consistentemente realizada, rompendo qualquer parâmetro até então conhecido. "Apenas uma coisa parece discernível: podemos dizer que este mal radical surgiu em relação a um sistema no qual todos os homens se tornaram igualmente supérfluos" (2006 b, p. 510).

O paradigma da banalidade do mal é exemplificado no livro sobre o julgamento de Eichmann, ocorrido em 1961 e descrito minuciosamente por Arendt que o retrata como um homem sem consistência, medíocre, sem qualquer capacidade de discriminação moral e diretamente envolvido na Solução Final. Suas últimas palavras exprimiram mais uma vez a terrível compreensão, explicitada durante todo o julgamento, "de que o longo curso da maldade humana desafia as palavras e desafia o pensamento, consubstanciando o que há de mais temível: a banalidade do mal" (2006 a, p. 274).

Arquitetura do extermínio

O programa nazista de extermínio foi antecedido pelo programa de eutanásia aplicado aos doentes mentais na Alemanha, considerados por Hitler, "pessoas incuráveis que devem receber uma morte misericordiosa" (2006 a, p. 124).

Antes das câmaras de gás, nos caminhões de gás foram assassinadas mulheres e crianças, cumprindo a determinação de que todos os judeus deveriam ser exterminados fisicamente. A partir de 1941 além dos judeus foram condenados às câmaras de gás: comunistas, guerrilheiros, opositores, homossexuais, doentes mentais, ciganos. A morte por gás foi defendida pelos advogados de Eichmann, como um assunto médico. "Os homens que haviam sido empregados no programa de eutanásia na Alemanha foram mandados ao Leste para construir as novas instalações para extermínio de todo um povo, e esses homens saíram ou da Chancelaria de Hitler ou do Departamento de Saúde do Reich e só então foram postos sob a autoridade administrativa de Himmler" (p.124). O nazismo tornou-se o precursor de um amplo processo científico de segregação e os conhecimentos da ciência foram usados para otimizar a política de extermínio, na construção das câmaras de gás e fornos crematórios. A ordem para a eliminação física dos judeus, como Solução Final, foi incorporada pelos executores, como política vigente, e como exercício bem visto, de um ato sobre-humanamente desumano, conforme Himmler. O mais revelador é que estes executores não tinham histórico de condutas socialmente desviantes ou de despreparo intelectual, ao contrário, pertenciam à elite da SS. O que se esperava deles é que extinguissem "a piedade animal que afeta todo homem normal em presença do sofrimento físico" (p.122). Himmler propôs que o raciocínio fosse: ao invés de dizer: "que coisas horríveis eu fiz com as pessoas" deveriam pensar: "que coisas horríveis eu tive que ver na execução dos meus deveres, como essa tarefa pesa sobre os meus ombros" (p. 122).

Arendt se pergunta quanto tempo é necessário, no plano psicológico, para que uma pessoa comum venha a vencer sua repugnância inata ao crime, e uma vez atingido esse patamar o que acontece na sua cabeça? Os ingredientes do conceito de banalidade do mal, como em um quebra cabeças, vão sendo construídos ao longo do relato de Arendt sobre o julgamento em Jerusalém (2006 a) e lançam os fundamentos para a concepção de tortura, em que, de alguma forma, a piedade animal e a repugnância inata ao crime vai sendo anestesiada, até permitir uma cisão no mesmo homem que tortura, entre o assassino e o cidadão. Eichmann declarou à exaustão, durante seu julgamento, estar cumprindo ordens e se alheou totalmente de qualquer traço e sutil gesto que exprimisse culpa frente à maquinação mortífera na execução de milhares de homens, mulheres e crianças. O regime nazista foi além, considerou que inúmeras experiências com prisioneiros de guerra ou com os segregados em guetos eram práticas médicas e científicas. Os relatórios apresentados pelos advogados de defesa não só recorreram a este raciocínio como relataram que também em outros países, como nos

Estados Unidos, práticas semelhantes com presos condenados à morte eram consideradas práticas científicas. Arendt afirma: "foi só com a eclosão da guerra, em 1° de setembro de 1939 que o regime nazista tornou-se abertamente totalitário e abertamente criminoso. Do ponto de vista organizacional, um dos passos mais importantes nesta direção foi um decreto assinado por Himmler que fundia o Serviço de Segurança da SS, ao qual Eichmann pertencia com a Polícia Regular do Estado, da qual fazia parte a Polícia Secreta do Estado, a Gestapo." (2006 a, p. 82). Durante o julgamento, Eichmann, ao se referir aos campos, usava linguajar objetivo: os campos de concentração eram tratados em termos de "administração" e os campos de extermínio, em termos de "economia", algo de que se orgulhava: a objetividade da SS. Porém a prova de objetividade máxima foi dada pelo Dr. Servatius, advogado, que embora nunca tenha se filiado ao partido nazista, superou a expectativa dos presentes ao tribunal dando uma lição sobre o que significa ser não emocional. "Esse momento, um dos poucos grandes momentos de todo o julgamento ocorreu durante a breve exposição oral da defesa, depois da qual a Corte entrou em recesso de quatro meses para redigir a sentença. Servatius declarou o acusado inocente das acusações que o responsabilizavam pela "coleção de esqueletos, esterilizações, assassinatos por gás e questões médicas similares", (p. 83) diante do que o juiz Halevi o interrompeu:

- "Dr. Servatius, presumo que tenha sido um deslize seu afirmar que a execução por gás é uma questão médica". Ao que Servatius respondeu:
- " Era efetivamente uma questão médica, uma vez que era preparada por médicos; era uma questão de morte e a morte também é uma questão médica" (p. 83). Entre outras afirmações Eichmann disse que a Solução Final era uma idéia básica "já enraizada nas mentes dos altos líderes ou dos homens máximos" (p. 93).

A hipótese de Freud de que os homens não teriam dificuldades em exterminar uns aos outros é um dos atalhos para a compreender a construção do novo paradigma civilizatório, o *Estado de exceção*, (2004) exposto por Agamben autor da trilogia: *Homo sacer: o poder soberano e a vida nua I; Notas sobre a política; O que resta de Auschwitz* (2004). Ao estudar a vida, em *Homo sacer*, Agamben (2004) diz que a vida não pode mais ser tomada como noção médica ou científica, e é impossível distinguir entre vida animal e humana, entre vida biológica e contemplativa. Seu estudo diz respeito ao ponto de intersecção entre o modelo formalista jurídico-institucional e o modelo biopolítico do poder. Homens de vida nua são os anônimos e sem identidade que foram exterminados porque conveio ao poder. "Colocando a vida biológica no centro dos seus cálculos, o Estado moderno não faz mais, portanto, do que reconduzir à luz o vínculo secreto que une o poder à vida nua" (p. 14). A vida nua do *homo sacer* é aquela vida que pode ser matada, a vida matável, sem que alguém seja punido pela sua morte. O termo *sacer*, sagrado, refere-se ao que é solene e que pertence aos deuses. Como adjetivo, *homo sacer* parece designar um indivíduo que, tendo sido excluído da comunidade, pode ser morto impunemente. Ligando *homo sacer* e vida nua, Agamben (2004) retoma a concepção de vida nos gregos, que recorriam a diferentes termos para expressar vida. Usavam *Zoé*, que se referia ao simples viver, comum aos animais, aos homens, aos deuses. *Bios* referia-se à vida em grupo ou uma maneira determinada de viver. A *Zoé* é confinada à casa; a *Bios* se exerce na *polis*, é a vida politicamente qualificada.

No desenvolvimento da sociedade dos homens e nos limiares da Idade Moderna a vida simples, natural, começa a ser incluída nos mecanismos e nos cálculos do poder estatal e a política torna-se uma biopolítica. Agamben incorpora e cita a concepção de Michel Foucault (2005) que em *A vontade de saber* diz: "Por milênios o homem permaneceu o que era para Aristóteles: um animal vivente e, além disso, capaz de existência política; o homem moderno é um animal em cuja política está em questão a sua vida de ser vivente" (p. 134). O indivíduo, enquanto simples corpo vivente, torna-se objeto de apostas das estratégias políticas do poder soberano, que passa a dispor, através deste biopoder, de corpos dóceis nas suas manobras. Controlando a saúde, o nascimento, a morte, os corpos estarão disponíveis para defender o poder soberano, entregando-lhe suas vidas de viventes.

As conseqüências do conceito de biopolítica e a entrada da *Zoé* na esfera da *pólis* constituiu o evento decisivo da modernidade e a relação entre vida nua e política torna-se principal ingrediente para os enigmas do século XX, com a eclipse da fronteira entre vida natural e vida política, protagonizada pelo nazismo e sua política de extermínio. Agamben (2004) aproxima as concepções de Foucault à *Zoé* dos gregos e se apropria do conceito de vida nua que se manifestou, maciçamente, nas decisões do Estado Nacional Socialista. Homens de vida nua são eliminados nos campos de extermínio, colocando em questão a qualidade de homem e estabelecendo uma fenda entre o homem e seu pertencimento ao gênero humano. Paradoxalmente, nas experimentações com humanos houve um desmoronamento definitivo do limiar entre o humano e o desumano, embora muitas vezes dois humanos estivessem face a face. Nos laboratórios dos campos de extermínio e mais paradoxalmente, nas experimentações ditas científicas com os presos, tornados cobaias humanas, os VP-*Versuchepersonen*, a radicalidade do avesso do humano se materializa em experiências relatadas em Nuremberg e transcritas por Agamben: "Em 15 de maio de 1941, o doutor Roscher, que havia tempo conduzia pesquisas para o salvamento a grandes alturas, escreveu a Himmler para perguntar-lhe se, dada a importância que os seus experimentos assumiam para a vida dos aviadores alemães (...) e considerando, por outro lado, que os experimentos não poderiam ser conduzidos proveitosamente em animais, seria possível dispor de "dois ou três delinqüentes de profissão para seu prosseguimento" (p. 161). O que o doutor queria saber era sobre os riscos de morte para o piloto em caso de a cabine sofrer despressurização e o cálculo do tempo para sua ejeção em pára-quedas. A consulta feita a Himmler resultou na instalação em Dachau de uma câmara de compressão para continuar os experimentos. Agamben publica um protocolo de um experimento conduzido em uma VP hebréia de 37 anos, com boa saúde, a uma pressão correspondente a 12.000 metros de altitude. Após 4 minutos a VP começou a suar e a menear a cabeça. Depois de cinco minutos produziram-se câimbras, entre 6 e 10 minutos a respiração acelerou e a VP perdeu a consciência; entre 10 e 30 minutos a respiração diminuiu até três inspirações por minuto, para depois cessar de todo. O colorido tornou-se cianótico e apresentou-se baba em volta dos lábios" (p. 161).

Os experimentos conduzidos pelos médicos e pesquisadores alemães, nos campos de concentração, apresentados em Nuremberg, dos quais o acima relatado é um entre muitos, foram considerados como um capítulo dos mais infames da história do regime nacional-socialista. Agamben denuncia que o mais trágico é que, além de embaraçosa, a atrocidade de Dachau foi ampliada pela proposta dos advogados dos nazistas, de anexar substantiva literatura considerada científica, informando sobre experimentos ocorridos com prisioneiros e detentos condenados à morte, em larga escala, durante o séc.XX, em particular nos Estados Unidos – país de onde provinha a maioria dos juízes de Nuremberg.

Novela antecipa a realidade

Os experimentos com as cobaias humanas em 1941 parecem ter sido profetizados por Kafka, trinta anos antes, e descritos na novela *Na colônia penal* de 1914. A novela tem quatro personagens principais: o viajante, o oficial, o condenado e um soldado. O personagem principal do texto é o aparelho, "uma máquina de tortura e ao mesmo tempo de execução" (Gagnebin, 2004, p. 83).

O aparelho é composto de três partes, a de baixo tem o nome de cama, a de cima de desenhador e a do meio, que oscila entre as duas, se chama rastel, onde as agulhas estão dispostas como as grades de um rastelo. (Kafka, (1914),1996)

Sobre a cama o condenado é deitado nu, em uma camada de algodão e um feltro é colocado dentro da boca para que não grite ou morda a língua. A cama começa a vibrar e o rastelo com pontas de cristal vai se aproximando do corpo até se fincar nas costas do condenado, "e qualquer um pode ver através do vidro como se realiza a inscrição no corpo" (p.18). Umas agulhas esguicham água para lavar o sangue que vai escorrendo que é absorvido pelo algodão de tal forma que a escrita no corpo seja bem limpa e fique visível: o que se escreve é a sentença dada ao condenado. À medida que o corpo vai se virando enrolado e desenrolado pelo algodão que cobre a cama, o texto vai sendo cuidadosamente tatuado pelo desenhador, e enxugado pelo algodão que serve de mata-borrão. O procedimento todo dura 12 horas, explica o oficial ao visitante. "O condenado começa a decifrar a escrita, como se estivesse escutando (...) não é fácil decifrar a escrita com os olhos; o nosso homem a decifra com os ferimentos" (p. 22). Gagnebin, convidada a escrever um trabalho sobre escrituras do corpo, tomou esta narrativa de Kafka, que aproxima a escrita da memória e a memória da escrita. "Não se trata simplesmente de uma tortura que leva à morte. O processo de agonia também é, simultaneamente, um processo de aprendizado: com seu corpo, o condenado aprende a sentença que ele não conseguiu, durante sua vida, realizar com seu comportamento. A escrita interior, essas palavras inscritas na alma ou no coração, que a tradição filosófica chamou de consciência, tinha falhado no decorrer de sua vida; agora, essa escrita se exterioriza e se revela nas feridas do suplício" (Gagnebin, 2004, p. 89). Não será preciso forçar a aproximação da descrição de Dachau à ficção da novela de Kafka, pois ambas estão coladas como cara-e-coroa da mesma moeda. O rastelo imaginado por Kafka, que grava na pele de suas vítimas a sentença de morte, remete de maneira impressionante à tatuagem dos presos em Auschwitz, este número indelével, que fazia sentir, segundo Primo Levi, sua condenação escrita na sua carne. (*In:* Gagnebin, 2004, p.106). O comentário do cientista político Zimmermann, reitera o caráter premonitório de Kafka:

"Pela primeira vez veio à existência esta ligação entre racionalidade técnica e barbárie extrema que louva o oficial de *Na colônia penal*. Esta narrativa, que não trata da guerra, apresenta a constelação que determina a guerra moderna: o acoplamento entre técnica e barbárie, diante do qual a humanidade européia sucumbiu." (*In:* Gagnebin, 2004, p.106).

Tortura intencional

A tortura é um ato humano, sua banalização é um choque frontal contra os dogmas éticos estabelecidos. A banalização da tortura quebra e enfraquece a capacidade de indignação e des-constrói o que pode ser o crescimento de nossa sensibilidade moral. Marcas, rastros e cicatrizes estão envolvidos na tortura que, usando o corpo, como palco estabelece tramas indeléveis de memória e de lembrança. A distinção entre memória e lembrança é feita por Christophe Dejours (1988) que diz que a memória refere-se a uma história quase contínua do ego, que enlaça experiência e vivência, tem ancoragem no passado mesmo que inconsciente. A memória tem um lastro próprio inesgotável porque parcialmente inconsciente e transita à margem da realidade sendo atingida por ela e às vezes sem ser tocada. Talvez pudéssemos pensar no movimento das águas sempre em ondas às vezes inundando a margem e às vezes silenciosas em seu leito. A lembrança por outro lado é essencialmente descontínua, feita de acontecimentos que às vezes se perdem, porque fugazes. Sem importância se perdem, sem lastro, afundam. Tanto memória quanto lembrança são tingidas pelo afeto; desafetá-las abre o flanco para as desorganizações descritas pela psicossomática como origem dos comportamentos robotizados, desvestidos de afeto, desafetados e que sustentam o quadro das patologias psicossomáticas tão bem descrito por Joyce McDougall (1989). As personalidades desafetadas atravessam como que sonâmbulas as catástrofes e podem perpetrar desatinos sem que sejam alcançados pelo rumor de seus atos. Estão surdas e anestesiadas. Pode-se pensar nestas figuras que descrevem como diários-de-bordo os fatos sem nele se implicarem. O oficial de *Na colônia penal* se enquadra nesta descrição, está mais preocupado com o detalhe da máquina do que com o ato de matar; Eichmann, fiel cumpridor de ordens, é considerado por Arendt a manifestação radical da banalidade do mal.

A partir da situação de tortura o que acontece na memória

À psicanálise interessa a memória e a maneira como os fatos restam vívidos e tingidos pelo afeto. Haverá um tipo de elaboração do pré-consciente e estes fatos e estas experiências vão retornar como elaborações psíquicas nas formações do inconsciente: nos sintomas, nos atos falhos, nos chistes e nos sonhos. A memória que interessa à psicanálise é a memória do que foi esquecido e o trabalho da cura vai seguir as pegadas dos restos dos vividos ainda vívidos. Para construir e elaborar um passado, para conservá-lo no interior do aparelho psíquico é preciso fazer a memória passar por um processo de digestão para que seja acumulada como um estoque a ser pouco a pouco resgatado na reconstrução da história psíquica própria. Na situação de tortura esta operação fica radicalmente destruída; primeiro porque a violência do submetimento e da aniquilação psíquica introduz um ingrediente diabólico na relação entre o algoz e a vítima. O corpo acostumado a ser o guardião da vida, mutilado e estraçalhado, tenta no último gesto possível, tentar entender a dor; o prisioneiro passa a tentar ler com o sofrimento a sentença que está sendo escrita na sua carne. A tentativa de aniquilar a articulação primária entre o corpo e linguagem é a meta do torturador. Por que submeter o sujeito a tanta dor? A resposta parece singela, diz Maria Rita Kehl: "a tortura existe porque a sociedade implícita ou explicitamente, a admite. Por isso mesmo – porque se inscreve no laço social – não se pode considerar a tortura desumana. Ela é humana; não conhecemos nenhuma espécie animal capaz de instrumentalizar o corpo de um indivíduo da mesma espécie, e de gozar com isso, tanto quanto a espécie humana" (Kehl, 2004, p.13).

A tortura é experiência indizível. O registro psíquico é abortado, o relato factual, *a posteriori* é tentativa de recuperar a inteireza fragmentada no torturado. A cunha entre o corpo e a mente exige do prisioneiro que ele lembre fatos que quer esquecer, que diga coisas que não pode dizer. A prática da tortura que envolve três personagens, o torturado o torturador e a sociedade, em última instância, rebaixa o torturador e a sociedade que a tolera. Laços sociais são rompidos e a sociedade adoecida convive com a tortura como um recurso tornado banal, às vezes incentivado, às vezes aceito, muitas vezes estimulado. A tortura sob responsabilidade de Estado é um pacto sinistro que pulsa nos escondidos porões e também em palcos públicos.

"São esses aí os astros do show?"

Quem fez a pergunta foi um cabo do Exército Brasileiro frente a uma coluna de dez presos políticos na tarde de 8 de outubro de 1969 na base da 1ª Companhia do Batalhão de Polícia do Exército da Vila Militar, no bairro de Deodoro no Rio de Janeiro. Quem conta é Elio Gaspari, (2002):

> "Eram oficiais do Exército, da Marinha e da Aeronáutica. Numa das extremidades do salão havia uma espécie de palco, e nele o 'tenente Ailton' presidia a sessão com um microfone e um retroprojetor: 'Agora vamos dar a vocês uma demonstração do que se faz clandestinamente no país'. Com a ajuda dos slides, mostrou desenhos de diversas modalidades de tortura. (...) Mauricio Vieira de Paiva, 24 anos, quintanista de engenharia, foi ligado a um magneto pelos dedos mínimos das mãos. Era a máquina de choques elétricos. Depois de algumas descargas, o tenente-mestre ensinou que se devem dosar as voltagens de acordo com a duração dos choques. Chegou a recitar algumas relações numéricas, lembrando que o objetivo do interrogador é obter informações e não matar o preso." (p. 361).

Os demais presos foram também tornados cobaias humanas e usados durante a demonstração de esmagamento de dedos, uso da palmatória, instrumento com o qual se pode bater horas a fio, com toda a força, principalmente nos pés e nas mãos, e também durante sessões no pau-de-arara associadas ao choque elétrico no corpo molhado. Diz o militar: "Começa a fazer efeito quando o preso já não consegue manter o pescoço firme e imóvel. Quando o pescoço dobra, é que o preso está sofrendo, ensinou o tenente professor" (p. 361).

Izaias Almada (1997) relata o que ocorreu com ele em janeiro de 1969: "Fui levado da minha casa em Pinheiros até as dependências do REC/MEC, do II Exército na rua Abílio Soares. Ali fui torturado como todos os que eram presos na época. Houve um fato, em particular, que me chamou a atenção, em meio àquela selvageria e que me marcou para o resto da vida. Recrutas (...) foram chamados para assistir à minha tortura. Estavam ainda sem fardas com trajes civis. É curioso perceber inclusive como este fato foi ganhando importância para mim com o correr dos anos. Porque os meus filhos cresceram e eu passei a pensar no episódio sob a ótica dos filhos, da educação dos filhos (...). Eu estava dependurado no pau-de-arara e eu via aqueles meninos assistindo àquilo tudo ali, apavorados, uns meninos de 17,18 anos que acabaram de ser recrutados" (p.18).

Embora tenhamos acesso à tortura praticada durante a ditadura militar no Brasil, a partir de 1964, na história ainda contemporânea, sabemos que a tortura continua em vigor dentro do aparelho de Estado.

O laudo psicológico apresentado pelo psicólogo e psicanalista Paulo Endo relata o caso de Sidnei, um interno da Febem, morto em conseqüência das reiteradas torturas a que foi submetido. Reproduzo fragmentos deste laudo elaborado em 2004, apresentado em junho de 2007, em Brasília, durante o "Curso de capacitação de multiplicadores em perícia em casos de tortura", organizado pela Secretaria Especial de Direitos Humanos e pelo Conselho Britânico.

"Após um ano e três meses de internação e vários episódios de espancamentos e tratamento degradante e vexatório em diferentes unidades do Complexo Estadual FEBEM – Fundação para o Bem Estar do Menor, Sidnei Moura de Queiroz, então com 18 anos, é encontrado numa cela de uma das unidades do complexo FEBEM, com a parte frontal do tronco e os pés com queimaduras de terceiro grau. Levado ao hospital, permanece 17 dias no Centro de Terapia Intensiva, onde veio a falecer. (...) As explicações para o incidente que levou Sidnei à morte, por parte dos funcionários da FEBEM, afirmavam que ele havia ateado fogo no colchão e se queimado. Tais afirmações queriam fazer crer que Sidnei havia tentado o suicídio. (...) Solange, nas visitas ao filho é por ele informada da constância de maus-tratos e espancamentos como prática comum na instituição. Vê os sinais dos espancamentos no corpo de Sidnei e recebe, impotente, os pedidos de seu filho: *"Mãe, eu não acredito em inferno, mas aqui é o inferno! Mãe me tira daqui, se não eu vou morrer aqui, mãe!"* (...) Diversas vezes Solange o aconselhou a "ficar quieto", sugerindo o silêncio como estratégia para manter-se vivo.(...) Solange expressa claramente a impossibilidade psíquica em deixar Sidnei partir quando diz: – "Quando me perguntam digo que tenho quatro filhos, Felipe, Viviam, Rodrigo e Sidnei. Não entendo, eu enterrei o Sidnei mas ainda não acredito que ele está morto." (Endo, 2004)

Além da impossibilidade psíquica de enterrar Sidnei, Solange durante muito tempo conviveu com a culpa pela sua morte. A tortura e a execução do filho se derramaram sobre sua vida como um pesado manto, como tantas histórias que vão passando de uma a outra geração, tingidas pela dor de mortes sob tortura. O trans-geracional retrocede, como em outras situações de filhos e de netos atingidos, que levam pais e avós à pública indignação, na busca de respostas e de justiça. A tortura é um acontecimento que, em um curto espaço de tempo, aporta ao aparelho psíquico uma quantidade tão grande de excitação que impossibilita o indivíduo elaborá-la pelos meios normais, dando lugar a diversos tipos de transtornos. Isto pode ocorrer a partir de um só acontecimento muito violento ou a partir de uma sucessão de vários acontecimentos, alterando a economia do psiquismo e os princípios que regem a vida psíquica. Tais efeitos não podem ser simbolizados e, portanto, não podem ser expressos em palavras. A tortura psicológica não deixa marcas visíveis e estabelece uma fissura entre o corpo e a mente, tentando dividir o indivisível. A violência sobre o corpo deixa uma repercussão devastadora na tentativa de des-construção da unidade psíquico-somática. Impõe a devastação do pensamento e da capacidade de devanear e de sonhar e de continuar a ser dono de sua vontade e juízo. Considerando que não há divisão entre corpo e mente, que um e outro são um, um corpo humilhado, amordaçado e roubado a seu controle é um corpo

"que não pertence mais a si mesmo e transformou-se em objeto nas mãos poderosas de um outro, seja o Estado ou o crime; um corpo objeto do gozo maligno de outro corpo; mesmo um corpo torturado continua sendo um corpo" (Kehl, 2004, p. 9).

As cicatrizes lembram o evento que as motivou, a memória armazena o afeto que as tingiu, ambos, marcas indeléveis. Esta memória sempre presente tece continuamente a trama de vidas individuais e dos laços sociais. Por isso é que, o tempo, mesmo decorrido apresenta-se pujante no momento da rememoração destes acontecimentos. É uma reparação? É um ato estético?

Um campo vermelho

Retomo o que deixei anunciado ao iniciar este texto, a suposição freudiana de que há uma terceira fonte, além das pulsões de vida e das pulsões de morte, da qual podem emergir modificações da lei e que se exprime na transformação cultural dos membros da sociedade.

A *Documenta de Kassel* que ocorreu entre 16 de junho e 23 de setembro de 2007 na Alemanha, propiciou um espetáculo surpreendente aos que a visitaram. Kassel é uma pequena cidade no interior da Alemanha e abrigou fábricas de equipamentos bélicos para uso dos nazistas durante a Segunda Guerra. Em sua praça central, onde está o Museu *Fredericianum*, principal prédio da mostra de arte, reuniram-se em outros tempos as tropas do Império Germânico e mais tarde as tropas que serviram ao regime, nazista. Nessa enorme e mesma praça, a *Friedrichsplatz* foram queimados, em 1933, livros, obras, textos considerados pelo regime hitlerista maléficos e danosos aos princípios que o sustentavam ou simplesmente porque eram obras escritas por judeus, entre estes as obras de Marx, de Freud, entre milhares. A destruição da cidade ao final da Segunda Guerra Mundial deixou em ruínas castelos e edificações medievais sepultando juntas a história de uma cidade e a ignomínia do regime hitlerista que a consumiu.

A primeira *Documenta*, em 1955, surgiu como um desejo de reconciliar a desmoralizada sociedade civil da Alemanha com a arte moderna. Realizada a cada cinco anos, durante 100 dias, é hoje uma referência necessária no campo estético. O espaço agora resgatado pelos organizadores da *Documenta* celebra a aliança entre a arte e a tecnologia pródiga na denuncia da violência, do horror das guerras, da tortura.

Os artistas selecionados pelos curadores para a mostra estão na vanguarda do compromisso de fazer frente ao desmedido exercício do poder sobre territórios e sobre corpos. Entre as obras que sustentaram a proposta curatorial o *Campo de Papoulas* da artista croata Sonja Ivekovic é surpreendente. A obra consiste em um vasto campo de papoulas vermelhas e roxas que a artista semeou a tempo de as flores se abrirem à época da instalação da XII Documenta. A multiplicidade dos significados da papoula se ancora na antigüidade, mitologizada como a flor do sono, da morte e do esquecimento. A delicada presença das papoulas não é inocente, em tempo pós-moderno. A artista jogou com o paradoxo ao escolher a obra, a mostra e o tema. A criação de papoulas está essencialmente ligada à guerra contra o Afeganistão, principal produtor de papoulas e conseqüentemente principal fonte de 90% ópio mundialmente comercializado. A presença dos Estados Unidos na busca do esconderijo de Bin Laden, no Afeganistão está urdida nas tramas da legalização do comércio do ópio. A *Folha de S. Paulo* publicou opinião do polêmico escritor Christopher Hitchens sobre os campos de papoula do Afeganistão, mais uma vez invocando a ciência para encobrir perversas intenções: "Nós queimamos e destruímos o que na verdade é a única cultura do país, enquanto sofremos com a falta de medicamentos nos EUA. Porque em vez disso não compramos a colheita afegã e a usamos para produzir analgésicos?" (FSP, 2/9/2007, p. A-26).

Entre papoulas, ópio, guerra e arte, a instalação de Ivekovic em Kassell surpreende e evidencia que a arte protagoniza rupturas ou pode, como em Kafka antecipar a catástrofe.

Fiquemos, ao final deste texto, com o sonho de um terceiro e possível destino pulsional, que aposta no entrelaçamento entre os humanos.

Referências bibliográficas

AGAMBEN, G., *Estado de Exceção*. São Paulo: Boitempo, 2005

_____ *Homo sacer – o poder soberano e a vida nua*, Belo Horizonte, UFMG, 2004

ARENDT, H. *Eichmann em Jerusalém, um relato sobre a banalidade do mal*, São Paulo: Companhia das Letras, 2006 a

_____ *Origens do totalitarismo*, (1949). São Paulo: Companhia das Letras, 2006

DEJOURS, C., *O corpo entre a biologia e a psicanálise*, Porto Alegre: Artes Médicas, 1988

ENDO P, *Relatório Psicológico de Sidnei Moura de Queiroz*, (2004), In Curso de capacitação de multiplicadores em perícia em casos de tortura, Brasília, 2007

FOUCAULT, M. *História da sexualidade* I: *A Vontade de saber*, São Paulo: Graal, 2005.

FREIRE A., ALMADA, I., PONCE, G. (orgs.), *Tiradentes um presídio da ditadura*. São Paulo: Scipione Cultural, 1997

FREUD, S. (1932) Por que a guerra? In: *Edição Standard Brasileira das Obras Psicológicas Completas*. Rio de Janeiro: Imago, 1969, v. XXII

_____ (1915) Reflexões para os tempos de guerra e de morte. *Op. cit*, v. XIV

GAGNEBIN, J. M., Escrituras do Corpo, In: KEIL, I. TIBURI, M. (orgs.), *O corpo torturado*. Porto Alegre: Escritos, 2004

_____ ZIMMERMAN, H.D. In: *Op. cit*

KEHL, M. R., Três Perguntas sobre o corpo torturado. In: KEIL, I, TIBURI, M. (orgs.) *O corpo torturado*. Porto Alegre: Escritos, 2004

GASPARI, E., *A ditadura envergonhada*. São Paulo, Companhia das Letras, 2002

KAFKA, F. (1914) *Na colônia penal*, São Paulo: Paz e Terra, 1996

McDOUGALL, J., *Em defesa de uma certa anormalidade: teoria e clínica psicanalítica*. Porto Alegre: Artes Médicas, 1989

Periódico

FOLHA DE SÃO PAULO. SP condecora oficial PM do Massacre do Carandiru. 22/08/2007, p. C-5

_____ 2/09/2007, p. A-26

O corpo, o adoecer e o não (dito)

Éline Batistella

"Nosso corpo é tudo que temos para lutar contra a ocupação sem-fim".

Frase de um personagem palestino do filme *Paradise Now*, referindo-se aos ataques suicidas, na forma de homens-bomba

Na prática clínica em instituições de saúde, um dos valores condutores subjacentes é um forte apelo à defesa da vida, à luta pela manutenção da vida biológica. Enquanto profissional atuante no campo da saúde pode-se ser tomado por sentimento de impotência quando o paciente não responde em conformidade com os referenciais teóricos e terapêuticos. Resgatar uma certa potência pode ser que implique em colocar em risco os próprios referenciais, fazendo questionar os ideais e valores subjacentes à atuação e pensamento clínicos.

O pender para o lado da vida – e aí incluo a regulação dos modos de vida – não é exclusivo do campo da saúde, mas perpassa o imaginário contemporâneo. Pretendo aqui articular a idéia do controle sobre a vida, que vai igualmente modelando as relações com os outros e consigo próprio, a partir da proposição de biopolítica de Michel Foucault, com a criação de uma força de resistência ao mesmo, que pode encontrar no corpo uma via privilegiada de manifestação.

"A ocupação define a resistência"

Lembrando desta frase, também extraída de *Paradise Now*, começarei falando de Silvia.

"Agora já vim armada" assim conclui Silvia ao descrever sua posição frente a suas experiências na UTI: "O médico me fez assinar 60 cheques, pegou minha filha e bateu nela com ferro". Em outro momento, Silvia via caírem bolinhas vermelhas pelas entradas de ar que estouravam e o chão ficava todo vermelho. Os médicos guardavam as bolinhas que não estouravam na gaveta e depois as comiam. Havia também uma luz que ficava passando e ia esquartejando os pacientes. "São os médicos que fazem isso" diz. Mas Silvia percebe que são produções de sua cabeça, referindo-se às alucinações que tinha no período de sua internação na UTI, após ter sido submetida a sua terceira cirurgia de válvula cardíaca, em decorrência de doença que vinha desde sua adolescência.

Na época de sua internação, Silvia estava com 70 anos, era casada, mãe de três filhos também casados. Há poucos meses, seu filho do meio havia se separado da esposa e foi morar com Silvia e seu marido. Este filho abusava do álcool e eram constantes as agressões verbais dirigidas à Silvia que, apesar disso, lhe defendia.

Podia-se dizer que Silvia era uma mulher ativa e culta. Professora, após sua aposentadoria arrumou um jeito de continuar lecionando.

Meu primeiro contato com Silvia foi através da fala de uma estagiária que eu supervisionava. Esta me disse que o pedido de atendimento psicológico para Sílvia fora feito pelo médico por que não sabia mais o que fazer com ela, pois Silvia, segundo o médico, não queria cooperar com o tratamento e não aceitava o uso do respirador de jeito nenhum. No contato com ela, contratransferencialmente, a psicóloga estagiária sentia-se predominantemente usada por Silvia para conseguir coisas na UTI que favorecessem seu maior conforto físico, ou reduzissem seu desconforto, não se engajando na sua bem-intencionada proposta psicoterapêutica, falando pouco de si. Sentia-se, igualmente ao médico, impotente.

Após o término do período do estágio, assumi o atendimento de Silvia. O que a equipe dizia na época era que a cirurgia de Silvia havia sido um sucesso e que seu problema era com a respiração: não recuperava sua função pulmonar, motivo pelo qual permanecia na UTI, onde os médicos variavam os procedimentos, ora forçando-lhe uma autonomia, ora oferecendo um suporte externo para a respiração, com o uso do respirador.

Os profissionais da equipe de forma geral – médicos, enfermeiros e fisioterapeutas – eram unânimes em dizer que estava se constituindo uma dependência de Silvia em relação ao respirador. Precisava libertar-se dele e ganhar autonomia respiratória para que pudesse ter alta. À medida que o tempo foi passando, Silvia foi adquirindo conhecimento frente ao funcionamento dos aparelhos e das interpretações dos dados efetuadas pela equipe, que acabava por entender determinadas atitudes de Silvia como simulações de mal-estar para conduzir a equipe ao que desejava, que, em geral, era pela manutenção do uso do respirador inicialmente tão recusado. Descreviam-na como teimosa.

Durante o período em que a acompanhei, Silvia conseguiu, por algumas vezes, permanecer longamente sem o respirador. Toda a equipe ficava esperançosa e logo Silvia piorava, voltava a demandar o respirador, precisando por vezes até mesmo ser reentubada. Os períodos de melhora da autonomia respiratória foram ficando menos freqüentes e curtos. Seu quadro clínico foi-se complicando, foi traqueostomizada, teve infecção e acabou por falecer após uma permanência de aproximadamente três meses na UTI.

Evidenciava-se nas alucinações de Silvia o caráter traumático da intervenção cirúrgica e o lugar transferencial dos médicos e da medicina como agentes da agressão vivida, sendo as vivências emocionais de desamparo e dependência expressas mediante a presença/ausência do respirador, temáticas que, por algum tempo, tornou-se central nos atendimentos psicológicos.

Quanto tive a oportunidade de acompanhar Silvia durante algum procedimento efetivado pela equipe, ela costumava se queixar de um desconforto que se mostrava impossível de ser aliviado, apesar dos esforços do profissional em atendê-la, terminando numa atitude de desistência e desânimo de ambas as partes. Da mesma forma, quando Silvia não se sentia compreendida, incrementada pela dificuldade na fala imposta pela traqueostomia, ficava brava e se retirava fechando os olhos, recusando-se a continuar tentando a comunicação. Com freqüência essa atitude era acompanhada por um balbuciar de um "deixa pra lá". "Deixa pra lá" que não era acompanhado por uma posição geral de desinvestimento na vida. Apesar da longa permanência na UTI, Silvia era contundente ao falar que não desejava morrer.

Quando já traqueostomizada, durante o atendimento psicológico, Silvia falava muito pouco, não queria escrever para se comunicar e às minhas intervenções respondia muitas vezes dando de ombros – nem aceitando nem recusando o que eu dizia – expressando uma espécie de "quem sabe" ou "pode ser". Nenhuma tentativa de intervenção terapêutica surtia mais algum efeito, era a percepção, compartilhada pela equipe.

Certo dia, quando fui vê-la, lá estava sua filha que, num tom próximo à bronca, falava a sua mãe: "A senhora está acomodada, sente-se protegida aqui na UTI e deve se esforçar para sair daqui". Ouvi, naquele momento, na tensão da cena assistida, por trás da acusação de uma acomodação um posicionamento que percebi ativo. Tomei um susto: se até então a minha escuta trazia de fundo uma compreensão e concomitante preocupação com o efeito traumático da intervenção cirúrgica e da permanência prolongada na UTI, como poderia pensar um estado de acomodação, um não esforço que não fosse a expressão de um desinvestimento? Ao contrário de um quadro de tonalidade depressiva, na cena presenciada entre mãe e filha entrevi ali uma força, uma forma de potência de Silvia, ancorada no corpo.

Poder e potência: no e do corpo

Lugar de onde nasce o sujeito e de passagem do outro que o constitui, o corpo serve de suporte para a relação do sujeito consigo próprio e com o outro. Preocupando-se com a questão da liberdade do sujeito na constituição da relação consigo e com os outros, Foucault falará que o corpo é o lugar onde o poder é exercido sobre a força da sociedade, pois as forças são entendidas como as potências do corpo. Para Foucault, é sobre os corpos que incidem as relações de poder.

O filósofo entendeu o corpo, segundo Cardoso Jr. (2005), não como sinônimo de organismo, que é uma determinada disposição do corpo que visa adaptar uma potência de transformação ou de criação que também é o corpo. Esse corpo transformacional ou criativo se delineia como linha de resistência ou fuga à captura de sua potência. Nesse sentido, resistir não se refere somente ao ato de dizer não – que seria a forma mínima de resistência – mas também um processo de criação: criar, transformar a situação, participar ativamente no processo.

Segundo Foucault (2005), se até os séculos XVII e XVIII as técnicas de poder eram exercidas sobre o corpo individual, a partir de meados do século XVIII estas técnicas irão se aplicar ao corpo em sua multiplicidade, ao homem enquanto espécie, aos modos de vida dos homens, o que Foucault irá chamar de biopoder. Resumidamente, o biopoder refere-se à tomada da vida pelo poder. Aplicar-se-á aos processos de conjunto próprios à vida: nascimento, morte, doença e produção. Para tal, tornam-se objetos de saber e alvos de controle desse biopoder os processos de natalidade, de mortalidade, a fecundidade e, a partir da industrialização, a velhice, acidentes, enfermidades, anomalias – tudo o que acarreta incapacidades, que tira o ser humano do circuito. Os mecanismos úteis para o exercício do biopoder serão os mecanismos reguladores: previsões, estimativas estatísticas, medições globais.

O saber técnico próprio da medicina será de valor considerável para o biopoder, uma vez que incidem igualmente sobre o corpo individual e sobre a população. Isto é, sobre aquilo que diz respeito às medições e controles do modo de vida da população, mas também à responsabilidade individual de cada um sobre sua própria saúde. Dessa forma, a medicina adquire função de higiene pública, assumindo a coordenação dos tratamentos médicos, centralizando as informações e normalizando o saber. Como conseqüência dá-se uma campanha de aprendizado da higiene e a medicalização da população. A medicina transforma-se em estratégia biopolítica.

No entanto, a vida, então investida de poder, não se deixa apreender plenamente pelo poder. Irá ancorar a resistência a ele. Segundo Peter Pal Pelbart (2003), ao poder *sobre* a vida responde o poder *da* vida, a potência da vida.

O não e o corpo

Encontrei nas palavras de Lapoujade, uma forma de pensar esse poder da vida. Lapoujade (2002) diz que o corpo não agüenta mais. O que ele diz é que o corpo não agüenta mais tudo aquilo que, por fora ou por dentro, o coage. Diz respeito ao adestramento, à disciplina, bastante explorados por Deleuze e Foucault, mas também ao martírio e à narcose elaborados pelo cristianismo e posteriormente pela medicina para lidar com a dor – novamente aqui a medicalização da vida. A dor, que é própria do corpo no encontro com a exterioridade, impõe-se ao dentro e cria um agente. O corpo então, sofre de ser afetado pelas forças do mundo exterior e de um sujeito que o age, que o organiza e o subjetiva. Submetido constantemente, o corpo mostra uma certa impotência, e vai extrair uma potência ao libertar-se da forma, do agente. Como estratégia de resistência, subtrai-se ao poder. Diante do sofrimento, o corpo potencializa uma força de resistência que pode até resultar na morte (Pelbart, 2003). Em relação ao biopoder, o desejo de não viver desmonta sua pretensão de fazê-lo viver.

A contribuição de Natalie Zaltzman (1994) com sua formulação de *pulsão anarquista* articulada ao conceito de pulsão de morte a meu ver se aproxima, pela vertente da psicanálise, dessa posição dos filósofos citados. Se o conceito de pulsão ancora a psique no corpo, segundo a autora, a pulsão de morte tem relação mais estreita ao apoio corporal do que as pulsões sexuais, à medida que faz um apelo a realidade biológica e apresenta um corpo que não é apenas um fantasma, mas que tem limites próprios que se furtam à ascendência mental.

Está no intrincamento entre Eros e Thanatos a modulação das relações entre eu-outro, indivíduo-sociedade. Enquanto Eros aglutina, esforçando-se para garantir uma relação com o objeto, seja ele externo ou interno, Thanatos objetiva um desligamento, numa função desobjetalizante, atacando a relação com o objeto, mesmo que seja o próprio eu e até mesmo o próprio investimento.

Nesse sentido, intrínseca a Eros está a tendência à anulação da alteridade, estabelecendo no laço libidinal uma relação de forças em que cada um torna-se refém de uma potência que não é sua. Enquanto a exigência destruidora, que arruína toda relação fixa, é obra de uma categoria da pulsão de morte – que ela chamará de pulsão anarquista, que tem como objetivo abrir uma saída vital em que uma situação crítica se fecha sobre o indivíduo e o destina a morte.

Desta forma, fala Zaltzman:

"o recurso aos limites do corpo, às vezes, é o único que resta a um sujeito para se subtrair ao excesso de ascendência mental de um outro, potencialmente mortífera, por que exclusiva de uma escolha ou de uma recusa de vida apropriada por um outro que não o sujeito".

Conforme a autora, numa relação de forças sem saída – e aqui podemos pensar em Silvia em relação a sua posição subjetiva frente a sua condição cardíaca e as suas relações familiares – só a resistência nascida das próprias fontes pulsionais de morte seria possível de afrontar o perigo da morte. Com a idéia da pulsão anarquista atribui-se à pulsão de morte um caráter mais libertário, mais individualista, que tenta garantir a possibilidade de escolha. Trata-se de uma resistência ativa da pulsão de morte.

Aqui observamos o corpo como campo de ação da pulsão de morte, numa posição de resistência à morte psíquica do sujeito, numa função de individuação.

Conforme Zaltzman, quando só a prova da força da morte pode assegurar que se está vivo por sua própria vontade e não de um outro arbitrário, a função de autoconservação pode pender em direção a efeitos mortíferos, contrários a sua intenção.

Retomo aqui a idéia de Lapoujade do corpo que não agüenta mais. Idéia que, ao invés de significar uma fraqueza, exprime a potência de resistir do corpo. Onde ele declara que toda doença do corpo é, ao mesmo tempo, a doença de ser agido: ter uma alma-sujeito não necessariamente a nossa, que age nosso corpo e o submete às suas forças. Envolvida em meus referenciais analíticos, talvez tardiamente percebi essa força em Silvia e sua provável – e essa é minha hipótese – atitude de resistência à ascendência do outro, ou outros, representados aqui pelas figuras familiares dos filhos, pela doença, pelos médicos, pela medicina, e que morre numa tentativa de sobrevivência. Com Silvia, pude me recordar de outras vidas que conheci que, colocadas num impasse entre vida e morte arriscaram suas vidas numa espécie de salto, que poderia ser (e alguns o foram) mortal. Para tal é necessário resgatar uma força que tem no corpo a sua morada. Talvez fosse a essa força que Silvia se referia quando, em sua construção alucinatória, disse que desta vez viera armada. Tentativa de não se deixar esquartejar, escondendo-se nos intervalos da luz cortante, fazendo-se fugidia, inapreensível. Sem saída, morre no entroncamento entre a dependência do respirador e o respirar por sua própria conta. Como diz Pelbart, uma espécie de conjunção impossível entre o moribundo e o embrionário.

Referências bibliográficas

CARDOSO JR, H. R.Para que serve uma subjetividade? Foucault, Tempo e corpo. *Psicologia: Reflexão e Crítica*, 18(3):343-349, 2005.

FERNANDES, M. H. *Corpo*. São Paulo: Casa do Psicólogo, 2003.

FOUCAULT, M. *Em defesa da sociedade.*São Paulo: Martins Fontes, 2005.

LAPOUJADE, D. o corpo que não agüenta mais. In LINS, D. & GADELHA, S. *Nietzsche e Deleuze: que pode o corpo*. Rio de Janeiro: Remule Dumará, 2002.

LAZZARATO, M. Del biopoder a la biopolitica. http://multitudes.net/spip.php?article298, publicado originariamente em *Multitudes*, 1,março 2000.

PARADISE NOW (2005) – Co-produção: Alemanha/França/Holanda/Israel/Palestina. Direção: Hany Abu-Assad

PELBART, P. P. *Vida capital: ensaios de biopolítica*. São Paulo: Iluminuras, 2003.

PINHEIRO, C. V. Q. Saberes e práticas médicas e a constituição da identidade pessoal. *Physis: Revista de Saúde Coletiva*, Rio de Janeiro, 16(1):45-58, 2006.

ZALTZMAN, N. *A pulsão anarquista*. São Paulo: Escuta, 1994.

Corpo e sexualidade

Sexualidade masculina: somatizações e impasses teóricos

Cassandra Pereira França

> Aquelles que por excesso de trabalho physico ou intellectual perderam a resistência orgânica, que se traduz pela saúde e pelo vigor; aquelles que por esse motivo são victimas da decadência nervosa, que se manifesta por symptomas mil entre os quais figuram a neurasthenia, a dyspepsia, impotencia viril, falta de memória, espermatorrhea, nervosismo, malancolia etc., encontrarão o mais seguro e efficaz remédio no VINHO CARAMURÚ DO DR. ASSIS: INFALLIVEL E INOFFENSIVO[96]

O citado vinho Caramurú, segundo a publicidade apregoa, tem um forte traço de panacéia universal, uma vez que combate "symptomas mil" – o que, convenhamos, não é empreitada para um vinho qualquer. Entre os males a derrotar, a impotência masculina, tema de nosso interesse nesse momento.

O anúncio do V.C. diz mais do que aparenta: ele traz, indiretamente, a informação de que, já naquela época (1900), as falhas sexuais masculinas preocupavam e demandavam solução, mesmo que ilusória. Tal qual se vê hoje, quando são oferecidos, a cada esquina, os panfletos de promessas curativas feitas por curandeiros das mais variadas ramificações. A bem da verdade, pode-se concluir que a existência mesma desses panfletos é a prova de que o tão decantado "Vinho Caramurú" não venceu os males que anunciava derrotar.

---

[96] Propaganda publicada no jornal o *Estado de S. Paulo* em 1900, em exposição no Museu do Ipiranga em São Paulo. Anúncio que atesta seu vastíssimo consumo e lisongeiro acolhimento por parte de todo o corpo médico da União Brasileira, República Oriental, República Argentina e Portugal, alardeadas nas propagandas de produto oferecido pela "Casa Lebre", uma loja fundada na capital paulista em 1858.

A ciência, no entanto, acabou descobrindo e lançando os vasodilatadores penianos, comprovadamente eficazes naquilo a que se propõe: uma forma de ereção, desde que a libido esteja preservada. Todos sabíamos que um elixir que efetivamente combatesse qualquer uma das duas maiores feridas narcísicas do ser humano, a impotência ou o envelhecimento, teria um sucesso retumbante. Mas, mesmo assim, ficamos surpresos quando o Viagra, que começou a ser comercializado nas farmácias do Brasil em 1998, tivesse seu estoque esgotado em poucos dias. Mais, ainda, quando se publicou que, ao longo dos doze primeiros meses de comercialização, o nosso país transformou-se no segundo maior consumidor mundial (perdendo apenas para os EUA), o que permite a alarmante estimativa de que um em cada dez brasileiros tem algum grau de disfunção erétil, informação que, sem dúvida alguma, abriu questionamentos acerca da sexualidade do homem brasileiro. Seria ele mais frágil por causa do forte apelo sexual de nossa sociedade? Haveria alguma marca no processo educacional que o tornaria mais suscetível? Perguntas que só poderão ser respondidas por quem é de direito, os cientistas sociais, que, aliás, já falavam e, como vimos, com propriedade, sobre as crises das identidades masculinas na contemporaneidade.

De fato, o fármaco havia chegado na hora exata em que o homem sofria os efeitos do desaparecimento das referências de autoridade, dos valores morais e das ideologias, tendo que enfrentar a instabilidade e o desemprego, que dificultam uma identificação ao ofício. Atualmente, sequer é o único ou principal provedor da família, pois vê-se cada vez mais mulheres chefes de famílias monoparentais. Restou-lhe apenas a possibilidade de provar sua virilidade na alcova. Mas, afinal, que estranha necessidade é essa que o homem tem de provar, constantemente, a sua virilidade? Essa pergunta ingênua abre, para o campo psicanalítico, uma discussão abortada, desde os primórdios da psicanálise, acerca da constituição da masculinidade – um assunto que havia sido dado por assentado, como nos diz Bleichmar (1992) questionando a lógica freudiana de uma linearidade na constituição da identidade sexual masculina, uma vez que há uma relação de contigüidade entre o objeto primário e o objeto sexual. Estabilidade teórica que viria ser frontalmente abalada pelo sucesso mundial das drogas vasodilatadoras, que denunciam haver, enquistada na constiuição da masculinidade, uma questão muito séria sobre a qual a psicanálise ainda não teorizou. Grave a ponto de desmanchar a ilusão de que esse campo não oferece interrogações ao freudismo, mas suficientemente fecunda para afirmarmos, com Bleichmar (2006, p. 35), que ser como o pai com relação aos traços secundários não é difícil quando a cultura e o desejo da mãe assim o permitem, a questão complexa é a da maneira como o menino irá se identificar com o pai sexuado, genitalmente potente e possuidor da mãe. Então, antes que a indústria farmacêutica faça calarem as questões que a psicanálise precisa responder, é necessário ampliar e acelerar as pesquisas sobre o tema. E não adianta recomendar aos nossos clientes que se abstenham da medicação: todos já tomaram, com ou sem a bênção do/a analista ou da companheira. Mas, pelo menos, quando a droga não funciona, o homem reconhece a ausência da libido e tem até mais facilidade de compreender o ponto de vista psicanalítico na abordagem da sexualidade: a busca da vinculação entre a sexualidade (atividade consciente) e a vida libidinal (atividade inconsciente)[97].

Também não adianta pensar que teremos muito tempo para tais investigações, pois, graças ao *boom* de vendagem, as verbas direcionadas ao assunto pelos laboratórios são ainda mais vultosas e bombardeiam os homens – para isso existe a mídia – com múltiplas e requintadas opções de drogas: cada vez mais "personalizadas", seu tempo de atuação é adaptado à rotina de cada usuário. Vale lembrar que acabou de ser lançado um verdadeiro par da pílula anticoncepcional: o sildenafil em doses diárias, de 2,5 ou 5,0 miligramas, que permite ao homem "desligar-se" do seu problema de ereção. Portanto, o breve tempo que temos para recuperar esse campo de somatizações para o divã corresponde ao tempo que durar o alto custo dessas medicações, pois muitos homens ainda estão fazendo uma ilusória contabilidade matemática, típica do raciocínio capitalista: "Se eu tomar x comprimidos, durante x anos, vou gastar tanto... Então, sai mais barato fazer análise!"

De minha parte, achei ótimo o fato de ter vindo à tona um problema coletivo inconfessável: a insegurança dos homens diante de seu papel socio-sexual. Doze anos atrás, quando comecei minhas pesquisas no campo da andrologia, parecia que só eu tinha clientes com esses sintomas, ou seja, os homens não confessavam nem ao próprio analista esse tipo de problema. Agora, posso trocar reflexões sobre o tema com os colegas.

---

[97] Sobre esse assunto, sugiro a consulta ao verbete 'sexualidade' do *Dicionário Enciclopédico de Psicanálise*: o legado de Freud e Lacan, de Pierre Kaufmann (Rio de Janeiro: Jorge Zahar Ed.,1996)

Além do mais, foi dada uma lição na própria técnica psicanalítica: afinal, que história era aquela de os pacientes não se queixarem de suas disfunções sexuais? Teríamos assinado o pacto da sexualidade desencarnada, a ponto de os pacientes julgarem que o terreno da sexualidade genital não era assunto para psicanalista? Com certeza extrapolamos o cuidado que a psicanálise precisou ter ao inscrever o sexual na infância e no inconsciente, em não confundir o sexual com o genital, reservando a palavra *sexual* para designar um conjunto de atividades presentes em todos os aspectos da vida de um sujeito, independentemente das ligações com os órgãos genitais. A meu ver, foi esse esforço para estabelecer essa diferenciação entre o ponto de vista psicanalítico e o ponto de vista comum acerca da sexualidade que levou a psicanálise a se desinteressar pela sexualidade genital, aquela que produz excitação e orgasmo num ato sexual convencional. Desinteresse que, sem dúvida alguma, permitiu que o campo de investigação dos distúrbios sexuais fosse totalmente dominado por outras abordagens psicoterápicas, principalmente pela psicoterapia comportamental. Portanto, agora que o imbróglio está esclarecido, evidenciando a diferença entre sexual e genital, e os vasodilatadores penianos ajudaram nesse esclarecimento popular, é mais do que justo que lutemos para que a ciência psicanalítica – que acredita, a rigor, que todo sintoma tem um sentido sexual inconsciente, tenha ou não relação com a sexualidade – recupere para o seu campo de trabalho as patologias da sexualidade genital, que têm uma vinculação tão direta com a vida libidinal.

Mas o grande mérito da farmacoterapia, inesperado a meu ver, foi o de ter levado aos consultórios homens que eram totalmente refratários a qualquer modalidade de psicoterapia – refiro-me aos portadores do sintoma de ejaculação precoce, que se sentiram prejudicados, pois a droga, além de nada lhes adiantar, ainda por cima, na lógica fálica, aumenta o tempo de ereção dos possíveis rivais. Apesar de a ejaculação precoce ser, basicamente, um distúrbio de fundo psicológico, que dispara a ansiedade e faz com que o sujeito ejacule prematuramente, a indústria farmacêutica tem envidado todo esforço para encontrar uma droga para o tratamento dessa disfunção, que, segundo as estatísticas, atinge 30% dos homens no mundo. Os pesquisadores da Universidade de Minnesota, nos EUA, têm testado, com algum êxito, a dapoxetina nos pacientes, conseguindo retardar por dois minutos a ejaculação – o que traz uma certa esperança no acerto da dosagem ideal. Quando isso acontecer, que oportunidade terão esses homens de continuar refletindo sobre suas angústias mais primitivas, como a de se vincular numa relação afetiva profunda ou, literalmente, ficar dentro do corpo de uma mulher? Provavelmente nenhuma! É preciso, então, demarcarmos, de tempos em tempos, os campos em que precisamos avançar, para aprofundarmos o estudo da sintomatologia das disfunções sexuais masculinas. Neste momento, demarcarei dois desses campos: o primeiro, constituído pelas minhas conclusões, que inserem tais distúrbios no eixo das patologias narcísicas; e o segundo, composto pelas conclusões a que chegou Silvia Bleichmar acerca da constituição da masculinidade.

A constituição narcísica

O primeiro ponto que chama a atenção para o comprometimento narcísico, presente tanto na ejaculação precoce quanto na disfunção erétil, é a vulnerabilidade do eu – sujeito a um verdadeiro "desmanche" a qualquer momento. Freud, de fato, já havia reconhecido, em *O mal-estar na civilização*, que o sentimento da unidade do eu era mesmo muito frágil, "senão falacioso", mostrando ao longo de sua obra como a natureza traumática da sexualidade invadia o eu. "Na verdade, a sexualidade é a única função do organismo vivo que se estende além do indivíduo e se refere à relação deste com sua espécie" (1916-17, p. 481) – o que a torna, sem dúvida alguma, ponto privilegiado para observarmos tanto o vértice narcisista da construção identificatória quanto o vértice objetal das relações do sujeito.

As pesquisas clínicas que realizei, acerca das disfunções sexuais masculinas, convenceram-me de que o adoecimento simbólico dos genitais masculinos é a mais pura expressão de uma ferida narcísica que se reabre porque a demanda de penetração no corpo do outro instiga a fragilidade dos limites corporais e psíquicos. Portanto, esses sintomas são tentativas às avessas de dar expressão ao que não pode ser dito: é impossível ficar dentro de você porque não suporto a desilusão de não formarmos um todo. O desejo/ temor de ficar contido no outro faz com que o narcisismo refloresça com vigor e cobre do sujeito um distanciamento defensivo do objeto que lhe inflige descentramentos e desmentidos sobre sua onipotência. Exige, ainda, que se fixe apenas em suas demandas eróticas primitivas, fazendo com que o imperativo categórico seja novamente o de girar em torno de si mesmo, reconstruindo, de maneira alucinatória, o todo perfeito que o nascimento desfez.

Submetidos a tal imperativo, ficarão principalmente os ejaculadores precoces, a quem parece ter faltado um processo de "narcisação" suficiente para torná-los capazes de constituir uma auto-imagem coesa e uma identidade que reconheça a alteridade. Por "narcisação", entendemos, com Bleichmar (1985, p. 92), aquele processo em que o outro significativo vivencia a relação com prazer, fazendo uma valoração positiva do sujeito, que, por sua parte, irá se identificar com essa valoração e com esse prazer. A ausência de narcisação e a respectiva falta de libidinização corporal costumam ser acompanhadas por uma falha no papel materno, seja como continente (Bion) ou como intérprete (Aulagnier). Superpostas, essas falhas podem gerar no sujeito uma fragilidade potencial frente aos traumatismos inerentes à vida psíquica, expressa pela sensibilidade extrema diante da frustração.

A esse psiquismo sem contornos, restará a possibilidade de se agarrar, ilusoriamente, à completude narcísica possibilitada pela vivência da fase fálica. Ilusão que, para se sustentar, exigirá do objeto que tenha adjetivos superlativos. Restará ao sujeito, ao longo da vida, vigiar para que não perca nada que tenha colocado no lugar do objeto fálico: o dinheiro, a fama, a mulher mais bonita, a força erétil – enfim, o que quer que seja. Entretanto, as relações objetais poderão ter apenas um cunho utilitarista, e terão que ser superficiais e fugidias, para que não haja tempo de o objeto acenar com sua alteridade.

Esta posição teórica me aproxima do pensamento de Joyce McDougall[98], para quem a sintomatologia narcísica coloca-nos em confronto com manifestações de castração sutilmente disfarçadas pelo fato de se tratar de sexualidade primitiva, arcaica, muito mais próxima da ameaça de castração primitiva, em que o espedaçamento é projetado no sentimento de perda da identidade psíquica, e muito mais distante das interdições edipianas.

Aos impotentes, no entanto, é a possibilidade de fusão com o objeto que acenará como a opção mais fascinante: fascínio encoberto pela extensão da fixação do sujeito ao objeto primário. E, apesar de termos ciência de que

---

[98] No presente texto, optei por privilegiar a colaboração de Joyce McDougall para as situações clínicas em que o narcisismo está no cerne do conflito, mas gostaria de indicar outras leituras de igual importância:
LAPLANCHE. *Vida e morte em Psicanálise*, p. 71-88; GREEN. *Narcisismo de vida, narcisismo de morte*, p. 44-73; ROSOLATO. *Nouvelle Revue de Psychanalyse*, p. 8-36; BLEICHMAR. *Narcisismo: estudo sobre enunciação e a gramática do inconsciente*; ROCHA. *Narcisismo: abordagem freudiana*.

tanto a falta de amor quanto o excesso podem provocar essa fixação, as reminiscências dos pacientes com disfunção erétil evidenciam que a grande maioria deles recebeu um olhar materno que os ajudou a se reconhecer como sujeito com um lugar e um valor próprios, desenvolvendo, parcialmente, uma identidade psíquica diferenciada do outro, capaz de fazê-lo respeitar essa alteridade em todas as interações humanas – menos no campo sexual, território onde a sedução parental que permeou o excesso de amor elevou à quinta potência a angústia proveniente dos riscos decorrentes do fascínio da trama edípica, levando o sujeito a dessexualizar as relações homem/mulher e mergulhar numa fusão primitiva com o objeto.

Apesar de acreditar no postulado freudiano segundo o qual a angústia de castração jamais libera o homem para uma vivência tranqüila de sua sexualidade, concordo com Bleichmar (2006, p. 16), quando diz que a teoria da angústia de castração é insuficiente para analisar esses casos, e por isso precisamos fazer progredir essa teoria. Vejamos de que modo as deduções de nossa observação clínica corroboram tal afirmação: todos os homens que apresentam disfunções sexuais, relatam a presença do sintoma apenas diante da mulher, ou seja, se estiverem sozinhos, com desejos e/ou fantasias eróticas, vão ter ereções duradouras e controlarão a ejaculação pelo tempo que desejarem. Observação que nos remete, de antemão, à dedução óbvia de que a mulher está diretamente implicada na questão. Mas de que maneira?

Tenderíamos a cogitar a possibilidade de que algumas mulheres, apesar de atraentes, são capazes de precipitar quadros de impotência, tal como o fazem as mulheres fortes, ameaçadoras, as Medusas, verdadeiras representantes da mulher-castradora, que paralisa o órgão genital masculino com um simples olhar. Suspeitando desse poder, o homem impotente, invariavelmente, testará a sua capacidade erétil com outras mulheres, de preferência totalmente diferentes, mas encontrará o mesmo fracasso, o que o levará a admitir que o problema está dentro dele e não na mulher.

E se acaso pensarmos nas outras duas representações que Freud faz, a da mulher-invejosa ou da mulher-mãe[99], o desfecho será o mesmo? A realidade mostra que sim, pois, como nelas está presente a idéia da mulher faltosa, invejosa da potência masculina, e que para se completar precisa

---

[99] A esse respeito, consultar a visão de Silvia Alexim Nunes, apresentada em seu artigo *O feminino e seus destinos: maternidade, enigma e feminilidade*, em que ela organiza os vários esboços espalhados na obra de Freud em torno desses três referenciais.

substituir o objeto invejado por um filho, os nossos pacientes se sentirão convidados a rivalizar com elas ou com os filhos que tiverem, alegando que tais movimentos tira-lhes a libido.

Assim, seremos levados a reconsiderar nossa posição *a priori*, e concluir que a vulnerabilidade excessiva diante da angústia de castração é o grande mote que teremos de perseguir, uma vez que nossos pacientes vêem a força fantasmagórica da grande mãe em toda mulher com que se relacionam, e, tal como no mito grego da Medusa, precisam colocar a cabeça dela no escudo de Atena, para lembrarem que existe pelo menos uma mulher que é inabordável e diante de quem todos os desejos sexuais devem ser repelidos: a mãe[100]. Mas por que haverá essa projeção do olhar da Medusa sobre todas as mulheres? Se pensarmos que esse olhar continua tendo poder de paralisar as criaturas sobre as quais incide – porque Medusa não está morta, aliás, está é muito viva dentro da construção identitária dos nossos clientes –, poderemos convocar as idéias bleichianas que formam um novo aporte epistêmico.

A constituição da masculinidade

Uma reflexão antropológica acerca das práticas rituais iniciáticas de meninos realizada pelos povos primitivos da Nova Guiné, país da Oceania, serviu de referência para as reflexões de Silvia Bleichmar acerca dos processos de incorporação da masculinidade. Na cultura *sambia* haviam provas severas para o acesso à virilidade, que começavam na idade de sete a dez anos e chegavam a durar dez ou quinze anos. Uma dessas provas era constituída por ritos de iniciação homossexual como via de acesso à masculinização. Nesses ritos, os jovens eram obrigados a praticar a felação com o adulto, não por prazer, mas para ingerir seu sêmen, considerado como a essência masculina, portadora da força, da agressividade, da capacidade de casar e de ter filhos. O ritual de felação, que acontecia durante vários anos, era considerado como um equivalente masculinizante da latência materna, sendo acompanhado de hemorragias e vômitos destinados a produzir uma expulsão do leite e do sangue feminino que estariam no corpo do homem.

---

[100] Um exemplo clínico que ilustra a paralisação diante do olhar da mulher como um temor de ser engolfado pelo objeto maternante pode ser lido no livro *Ejaculação precoce e disfunção erétil: uma abordagem psicanalítica*, de minha autoria, p. 209-216.

Em nossa cultura, totalmente carente de rituais iniciáticos da sexualidade, haveria uma purgação da feminilidade introduzida pelo objeto maternante e por todos os seus sucedâneos, avós, babás e primeiras professoras? Provavelmente, não! Fato que reforça o ponto de vista de Stoller, que pensa "diferentemente de Freud, que a verdadeira pergunta residiria em se saber através de quais vias a criança, originariamente identificada simbioticamente com a mãe, e por esse fato fundamentalmente mulher, torna-se homem" (Millot, 1992, p. 48).

Para Bleichmar (2006), a masculinidade não é dada junto com a identidade de gênero que é conferida ao menino: ela será um objetivo a ser conquistado em processo altamente conflitivo, pois a identificação só ocorrerá se houver um enlace de amor com o pai-rival. As correntes ternas e eróticas para com o pai são enquistadas nos primórdios do desenvolvimento, quando os cuidados precoces do corpo do filho ocupam um lugar não apenas de interdição do gozo materno, mas também de satisfação do gozo auto-erótico do pai. Essas inscrições precoces constituem a base erógena sobre a qual se inscreverão os desejos eróticos pelo pai, ressignificados *a posteriori* pelos fantasmas de masculinização.

Se toda identificação remete a uma introjeção, e esta a um modo de apropriação simbólica e fantasmática do objeto do qual o outro é portador – no caso, a potência –, ficamos diante de um outro paradoxo: se o protótipo de toda identificação é o seio, "como poderia o menino receber o pênis de um homem que o torne sexualmente potente, se não for a partir de sua incorporação? Incorporação introjetiva que deixa a masculinidade fundamentada para sempre sobre o fantasma paradoxal da homossexualidade" (Bleichmar, 2006, p. 35).

Para Bleichmar, a psicanálise tem, inclusive, uma dívida com seus clientes, por ter tantas vezes interpretado os fantasmas de masculinização como se fossem desejos homossexuais inconscientes. É bom lembrar que o inconsciente obedece às leis do processo primário, é despojado de subjetividade e, portanto, não conhece a separação que levaria à diferença homossexualidade/heterossexualidade.

A fim de explanar a visão de Bleichmar (2006), apresento a sua sistematização acerca dos três tempos de constituição sexual masculina:

Um primeiro tempo, no qual se institui a identidade de gênero, uma identificação oferecida pelo outro. Momento constitutivo, identitário em sentido estrito, e que será o núcleo egóico das identificações secundárias.

A identidade sexual articula-se com a identidade ontológica que, ao reconhecer o caráter humano da criança, atribui-lhe um nome próprio que lhe impõe o pertencimento ao sexo masculino ou feminino. Ocasião em que será marcado "o que se é" no núcleo do ego, instalando-se os atributos que a cultura, na qual a criança irá se inserir, considera pertinente para um ou outro sexo. Tempo anterior ao reconhecimento da diferença anatômica, mas coexistente com o polimorfismo perverso, ou seja, com a sexualidade chamada pré-genital.

Um segundo tempo, no qual se estabelece a descoberta da diferença anatômica dos sexos. Para o menino, a presença do atributo real, biológico, existente em seu corpo, não é suficiente para constituir a masculinidade genital e a potência fálica em geral. Para tanto, é necessário que o pênis se invista de potência genital, a qual se recebe através da incorporação do pênis paterno, movimento que, paradoxalmente, irá instaurar a angústia homossexual presente nos homens. A isso irá se somar a busca de indícios do valor atribuído pela mãe ao pênis do qual é portador o "infantil sujeito" – articulação complexa, proveniente, na mulher, da valoração do pênis do homem e de sua relação com o do filho.

Um terceiro tempo no qual se definem as chamadas identificações secundárias que fazem as instâncias ideais. No caso do menino, trata-se de saber de que classe de homem ele deverá ser, o que será articulado nas proibições e mandatos que constituem a consciência moral e os ideais.

Narcisismo e masculinidade

De que maneira, contudo, poderemos articular esses dois campos de conclusões acerca da constituição do narcisismo e da masculinidade? A primeira ponderação promissora é a de pensarmos na diversidade de representações da mãe para o menino: nos tempos de constituição narcísica, ela é investida de todos os atributos de completude; quando se instala o reconhecimento da diferença sexual anatômica, as teorias sexuais infantis criam a castração feminina, e a mãe então é despojada de sua completude. Há, portanto, uma quebra na linha de continuidade do objeto primordial, o que para Bleichmar (2006) jogará sob o signo da derrota narcisista tanto o sujeito como o objeto, instalando-se, então, a ambivalência em relação à figura da mãe. Essa queda narcísica do objeto materno será o movimento que arrastará consigo a angústia de castração do próprio menino. E, se pensamos que as disfunções sexuais masculinas representam uma vulnerabilidade extrema à angústia de castração, esse é o momento que devemos estudar de modo mais aprofundado. O material clínico da análise de adultos que ecoa esse momento não tem sido suficiente para elucidar a trama fantasmática; tenho, então, procurado dar seqüência a essa meta através de material clínico proveniente da análise de meninos pequenos que apresentam distúrbios de identidade sexual[101], pois sabemos que, quando a mãe se mostra numa posição fálica, confundindo a teoria sexual infantil acerca da castração feminina, e não temos a presença do pai de modo efetivo, todo o processo de constituição da identidade sexual irá se arrastar lentamente, produzindo fantasias ricas de significação. A oportunidade de observar o descaminho da identificação masculina talvez nos ajude a identificar melhor os percalços desse enigmático movimento que lança o menino da identificação com a mãe à sua eleição como objeto de desejo.

Referências bibliográficas

BLEICHMAR, H. *O narcisismo: estudo sobre a enunciação e a gramática do inconsciente*. Porto Alegre: Artes Médicas, 1985.

BLEICHMAR, S. *Nas origens do sujeito psíquico: do mito à história*. Porto Alegre: Artes Médicas, 1993.

_____. *Paradojas de la sexualidad masculina*. Buenos Aires: Paidós, 2006.

FRANÇA, C. P. *Ejaculação precoce e disfunção erétil: uma abordagem psicanalítica*. 2 ed. São Paulo: Casa do Psicólogo, 2004.

_____. *Disfunções sexuais*. São Paulo: Casa do Psicólogo, 2005.

FREUD, S. (1916-17) Conferências introdutórias sobre psicanálise. *Edição Standard Brasileira das Obras Psicológicas Completas*. Rio de Janeiro: Imago, 1976, v. 16.

_____. (1930 [1929]) O mal estar na civilização. Op. cit., v. 21.

_____. (1940[1922]) A cabeça de Medusa. Op. cit. v. 18.

---

[101] No meu Pós-doutorado na PUC/SP estou desenvolvendo, sob a orientação do Prof. Dr. Renato Mezan, um estudo intitulado "O terror à mãe como obstáculo à identificação masculina".

GREEN, A. *Narcisismo de vida, narcisismo de morte*. São Paulo: Escuta, 1988.

KAUFFMANN, P. *Dicionário Enciclopédico de Psicanálise: o legado de Freud e Lacan*. Rio de Janeiro: Jorge Zahar, 1996.

LAPLANCHE, J. *Vida e morte em psicanálise*. Porto Alegre: Artes Médicas, 1985.

Mc DOUGALL, J. *Em defesa de uma certa anormalidade: teoria e clínica psicanalítica*. Porto Alegre: Artes Médicas, 1983.

MILLOT, C. *Extrasexo: ensaio sobre o transexualismo*. São Paulo: Escuta, 1992.

NUNES, S. A. O feminino e seus destinos: maternidade, enigma e feminilidade. In: BIRMAN, J. (org) *Feminilidades*. Rio de Janeiro: Contracapa, 2002.

ROSOLATO, G. *Le narcisisme*. Nouvelle Revue de Psychanalyse, 13: 7-36, 1976.

Violência sexual e somatização

Kátia Cristina Tarouquella R. Brasil
Fernanda C. Fontoura Roque

A violência tem sido objeto de investigação em diversos campos de saber, o que implica em dificuldades teóricas evidentes. Sem a pretensão de sermos exaustivos em relação a essa temática, abordaremos neste trabalho uma discussão sobre as relações entre a experiência da violência sexual e a expressão somática.

Abordar a experiência da violência no âmbito da vida familiar significa tirar da clandestinidade a violência vivida no espaço privado. A dificuldade em relação a essa prática é que ela ocorre entre pessoas que possuem laços afetivos e que, ao invés de proporcionar proteção e cuidado, colocam o sujeito diante do antagonismo de ter que se proteger daqueles de quem esperaria receber cuidados.

A violência intrafamiliar revela-se de forma física, psicológica, sexual ou mesmo por negligência. A violência física ocorre quando alguém causa ou tenta causar dano por meio da força física; a violência psicológica inclui ação ou omissão que possa danificar a identidade ou o desenvolvimento da pessoa; a negligência dá-se pela omissão de responsabilidade para com aqueles que precisam de ajuda; a violência sexual, quando uma pessoa imputa a realização de práticas sexuais à outra que não possui meios de contestar ou manifestar-se, nem mesmo de escolher ou decidir por essas práticas. (Day, Telles, Zoratto, & al., 2003). Trata-se de um problema complexo, uma vez que se passa em um contexto de intimidade em que coabitam afetividade, violência, dependência e vulnerabilidade. Além desses aspectos, soma-se o segredo que, aliado à vergonha, constitui-se em obstáculo para que a vítima busque ajuda (Silva, 2002).

A violência sexual mais praticada contra as mulheres é o estupro que, atualmente, é considerado um problema de saúde pública, tendo em vista as graves conseqüências para a saúde da mulher: traumas emocionais e físicos, doenças sexualmente transmissíveis, gravidez indesejada e outros problemas (Oshikata; Bedone & Faundes, 2005).

Nesse contexto, é importante ressaltar como o sujeito lida psiquicamente com a violência a que foi submetido e de que modo esta situação mobiliza sua própria violência inconsciente. Entendemos que o sofrimento mobilizado pelo confronto do sujeito com sua própria violência faz com que este se aproprie, inconscientemente, de estratégias defensivas pelas quais ele procura se proteger desse encontro. Com efeito, os sujeitos constroem rumos diferentes para lidarem com a experiência da violência, a clivagem seria um desses rumos. A discussão do caso clínico proposto evidenciará a experiência da violência da paciente, sua relação com a clivagem e com a expressão somática.

A experiência da clivagem na psicanálise revela-se na perspectiva do conflito infantil. Foi justamente em relação a este conflito que Freud (1938) abordou a noção de "clivagem do eu" em que a criança é submetida a uma poderosa exigência pulsional. Sendo assim, a criança deverá gerenciar essas exigências pulsionais e as interdições da realidade. Mas uma solução não é algo tão simples, assim, abdicar de uma satisfação por reconhecer um perigo é o caminho mais provável. Entretanto, se o eu rejeitar a realidade e convencer-se de que não há razão para medo, a satisfação poderá ser realizada sem que o eu se sinta ameaçado. Mas tudo deve ser pago de uma maneira ou de outra. Essa realização é alcançada ao preço de uma fenda no eu, a qual nunca se cura e aumenta à medida que o tempo passa.

Nessa perspectiva, como poderíamos representar dois funcionamentos psíquicos no interior da mesma tópica? Este setor do Inconsciente denominado de "sem pensar" nos convoca a tratar o inconsciente como clivado. A clivagem dos pacientes com sintomas somáticos se caracteriza por um modo de pensar bastante articulado com a realidade.

Nesse sentido, a clivagem seria o resultado da separação interna da tópica entre dois registros no qual o sujeito poderia funcionar de dois modos diferentes. Assim, ao abordar a clivagem no inconsciente, Dejours (2001) utilizou como apoio para suas discussões a clivagem de sujeitos que participavam de guerras, de atos de violência e até mesmo de tortura. Esses sujeitos, graças a uma clivagem suficientemente edificada, exerciam uma forma de perversão "normal", tanto assim que após seus atos bárbaros, voltavam para casa e assumiam o lugar de bons maridos e bons pais. Contudo, mesmo que a clivagem esteja estável, resta uma zona de fragilidade no inconsciente, na qual o sujeito corre o risco de encontrar uma situação real que esteja acima de suas forças e que o conduza a uma crise. Certamente o sujeito não é totalmente ignorante em relação a esta zona de fragilidade, por isso mesmo, ele procura proteger-se evitando as situações que podem ser perigosas para a estabilidade de sua clivagem.

A compreensão da clivagem na perspectiva da terceira tópica proposta por Dejours (2001) – ou tópica da clivagem, apoiada nos trabalhos de Freud sobre a perversão – concebe o inconsciente dividido em duas partes: o inconsciente sexual, referente ao material recalcado e o inconsciente amencial, ou inconsciente sem pensar. A revelação deste inconsciente se faz presente na violência, na passagem ao ato, na perversão ou em certas formas de somatização. O autor chamou a atenção para o fato de que todos os sujeitos, mesmo os ditos normais, não estão livres de uma clivagem interna.

A formulação desta concepção, chamada de terceira tópica, refere-se aos últimos trabalhos de Freud sobre a divisão do eu, particularmente entre ao conflito ligado à exigência pulsional e à experiência de que esta satisfação resultará em um perigo intolerável. De modo que o eu deve assumir uma posição, seja de renunciar à satisfação pulsional, seja de rejeição à realidade sem reconhecer as razões que o levariam a sentir medo e, assim, preservar a satisfação. O preço do sucesso desta experiência é uma fenda no eu (Freud, 1937).

A tópica da clivagem proposta por Dejours (2001) integra a concepção de Fain (1981) sobre a zona de sensibilidade do inconsciente, na qual o inconsciente pode ser estimulado diretamente pela realidade perceptiva. Esta situação mobiliza um mecanismo de negação (Verleugnen) da percepção de um fato que se impõe do exterior, como uma realidade traumática ou perturbadora. Assim, a zona de sensibilidade do inconsciente é também chamada de zona de fragilidade, na perspectiva da terceira tópica, sendo protegida pela negação da realidade que pode ser perturbadora.

Nesse contexto, o aparecimento dos sintomas relacionados ao encontro com uma situação na realidade que ativa o inconsciente amencial, revela que a negação não se mostra mais eficaz. Este modelo de clivagem, evidencia a existência do inconsciente amencial em cada sujeito, de modo que uma questão apontada por Dumet (2002) seria onde se coloca a linha de clivagem que vai organizar a clínica psicológica e psicopatológica. É preciso destacar que, quanto mais a barra da clivagem se desloca para a esquerda, mais a normalidade ganha contornos *Standard* e conformistas. Inversamente, quanto mais ela se coloca à direita, mais os conteúdos relacionados ao Inconsciente recalcado estarão povoando a vida psíquica do sujeito, como podemos observar nas figuras a seguir:

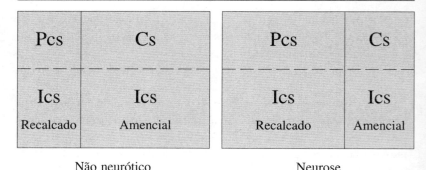

Figura 1: Inconsciente recalcado e Inconsciente amencial (Dejours, 2001, p.89).

Nessa perspectiva, na neurose, os sintomas aparecem como relacionados ao Inconsciente sexual recalcado. Com isso, o Inconsciente amencial, sem pensar, encontra-se compensado pelos fantasmas sexuais inconscientes. Na somatização, por sua vez, o inconsciente amencial é descarregado na realidade somática, sem expor o sofrimento psíquico do sujeito pela via dos fantasmas inconscientes, como ocorre na neurose e na psicose. Para compreender este modelo teórico, é preciso considerar duas formas de abordar o inconsciente, são elas: o Inconsciente recalcado e o Inconsciente amencial. Este setor do Inconsciente denominado de "sem pensar" ou inconsciente amencial nos convoca a tratar o inconsciente como clivado. A clivagem dos pacientes com sintomas somáticos dá um espaço maior para o inconsciente chamado de amencial, que se caracteriza por um modo de pensar bastante articulado com a realidade. Entretanto, não se trata de um modelo de pensar relacionado ao pré-consciente e às associações como no caso da neurose.

As crises da doença revelam a suspensão, mesmo que provisória, desta clivagem interna. Assim, a clínica psicossomática sugere que os distúrbios do funcionamento psíquico alteram a economia do corpo erótico e que esta alteração faz aparecer o risco de uma descompensação somática.

O conceito de clivagem interna irá subsidiar as discussões que serão fomentadas a partir do caso clínico de Bárbara, uma paciente que vivenciou uma situação de violência sexual e, que anos mais tarde, apresentou sintomas em que o corpo foi atingido de modo importante na sua integridade somática. Situação que nos aponta para as relações entre a descompensação somática, clivagem, sexualidade e violência que serão discutidas neste trabalho à luz de um caso clínico.

Ilustração clínica

A paciente, aqui chamada de Bárbara, 30 anos, foi atendida no Programa de Psicossomática do Centro de Formação em Psicologia Aplicada (CEFPA), do curso de Psicologia da Universidade Católica de Brasília.

Bárbara chegou para atendimento psicoterápico encaminhada por seu médico endocrinologista, tendo em vista uma disfunção hormonal que lhe trazia muitas dificuldades relacionadas ao seu corpo e ao convívio social.

O primeiro encontro com Bárbara foi marcado por certa estranheza. Ao chamá-la na sala de espera, eis que avisto uma pessoa alta que veio em minha direção com passos lentos, ombros curvados e olhar prófugo. Caso não estivesse atenta às informações sobre a paciente, expostas no prontuário, eu a teria confundido com um homem, tendo em vista que a paciente apresentava em sua face pêlos curtos e grossos, como que cortados por lâmina, além disso, a obesidade lhe mascarava os prováveis traços femininos também protegidos pelo uso de roupas largas e escuras.

Ao início da primeira sessão Bárbara abordou o encaminhamento médico para o atendimento psicológico e discorreu sobre os vários sintomas que a atingiram a partir da adolescência. A desestabilização somática de Bárbara estava relacionada, nos relatos médicos, à síndrome de ovários micropolicísticos e virilização com efeitos andrógenos excessivos. Diante das alterações corporais que a masculinizavam, Bárbara saía pouco de casa, para evitar os olhares curiosos e estupefatos dos desconhecidos, que comentavam e até faziam piadas pejorativas a seu respeito.

Nas primeiras sessões psicoterápicas de Bárbara foram marcadas por sua posição de desconfiança e de um evidente desconforto para falar de si a uma pessoa que não lhe era familiar. Posteriormente compreendi que esta posição de desconfiança revelava o medo de que eu também a frustrasse, assim como as outras pessoas nas quais confiou. Sua posição desconfortável diante de mim parecia também estar relacionada ao meu olhar que atingia seu corpo. Entretanto, o desejo de Bárbara de se fazer ouvir, permitiu-lhe receber o acolhimento do espaço psicoterápico, ainda que por diversas vezes parecesse testar minha capacidade em acolhê-la em sua insegurança, desconforto e desconfiança em relação a mim.

Durante o processo psicoterápico, Bárbara discorreu sobre sua vida marcada por situações de violência, rupturas e abandonos. Sua mãe apaixonara-se por um homem casado e, fruto desse envolvimento, gerara dois filhos. O pai, temendo expor sua relação extraconjugal, negou-lhes a paternidade. Nessas condições a mãe deixou Bárbara sob os cuidados de familiares até completar sete anos e ficou apenas com o filho mais novo, pois esses familiares viram-se em dificuldades e sua mãe precisou colocá-la em uma família substitutiva recorrendo, então, a um programa apoiado pelo governo no qual donas de casa – Mães Crecheiras – cadastravam-se para que suas residências funcionassem como pequenas creches. Cuidar, proteger e educar, esses eram os propósitos para os quais o governo remunerava as mães crecheiras, entretanto, durante os quatro anos em que Bárbara esteve nesse programa, viveu as piores experiências de sua vida: foi estuprada pelo pai e pelo filho dessa família e não recebeu a proteção da mãe substitutiva. Essas lembranças, resgatadas durante a psicoterapia, emergiram carregadas de sofrimento e de uma forte angústia, além de um estranho sentimento de culpa por não ter sido capaz de proteger-se dessas sucessivas violências.

A violência sexual do pai e do irmão substituto, só teve fim quando, aos doze anos, Bárbara passou a morar na casa de seus pais (que assumiram a relação) – embora esta tentativa de recomposição familiar lhe causasse certa estranheza –, uma vez que ela não concebia os membros da sua família como pessoas próximas e que além disso, ressentia-se por ter sido abandonada por esses pais. Conforme relatou: "eles não estavam lá quando eu mais precisei..."

Seus sintomas de expressão somáticas iniciaram-se aos 13 anos, quando, após a menarca, seu ciclo menstrual foi interrompido, seus seios não se desenvolveram e seu corpo apresentava excesso de peso. Bárbara se sentia diferente das outras meninas da sua escola e esta diferença passou a ser alvo de piadas e chacotas, o que contribuiu para abandonar a escola. Esse abandono antes do término do ensino fundamental inaugurou um profundo isolamento na vida de Bárbara.

Com o passar dos anos os sentimentos de tristeza e de vazio a precipitaram em uma depressão sem precedentes. Anos mais tarde reiniciou um convívio social ao freqüentar uma igreja. Nesse espaço ela se sentia amada, respeitada e protegida: "lá eu era amada pelos meus amigos e protegida por Deus". Todavia, exatamente nesse ambiente protetor ocorreu um encontro desastroso. O encontro com o homem do passado que a estuprou, pois veio a freqüentar a mesma igreja. Ao vê-lo, Bárbara reviveu todo sofrimento de sua infância. Uma semana depois desse encontro, iniciou-se um processo de descompensação somática com a emersão de infecções intestinais e ginecológicas, agravamento do distúrbio hormonal com significativo aumento da produção de testosterona e um aumento brusco de peso, que em um mês transportou-a de 80kg para 126Kg, além de um princípio de diabetes.

Desestabilização somática e clivagem

A intensidade da desestabilização somática de Bárbara levou-a ao hospital da Universidade, contudo, os profissionais responsáveis por sua saúde perceberam que seus sintomas somáticos estavam intimamente relacionada com sua vida psíquica e encaminharam-na ao atendimento psicoterápico.

A escuta dos pacientes com expressão somática nos convocam a dar ao corpo um lugar particular, um corpo construído a partir dos fantasmas das percepções sensoriais, dos traços deixados pela experiência de prazer e desprazer, fundamentalmente construído na relação intersubjetiva. A escuta clínica, na perspectiva psicossomática, faz-se na medida em que a história do sujeito se espacializa e se temporaliza na construção do seu discurso por intermédio de um corpo que sofre. Nessa perspectiva, ao falar desse corpo adoecido e "estrangeiro", o sujeito ultrapassa a evidência cognoscível presente na semiologia natural da referência médica e revela um corpo histórico ecoado na linguagem, sendo que "o eu é a efetivação semiótica da presença do corpo" (Martins, 2003, p. 58). Assim, a fala, numa perspectiva simbolizadora, pode dar sentido ao corpo e efetivar uma transformação do seu registro essencialmente fundado no biológico em um registro também marcado pelo pulsional.

A escuta psicoterápica de Bárbara passou pelo acolhimento do seu corpo marcado pela experiência do adoecimento, mas também pela experiência da violência. Seu corpo não legitimava sua feminilidade, situação que evidenciou as experiências de sofrimento vividas durante sua vida por meio das relações intersubjetivas.

A desorganização hormonal de Bárbara colocou seu corpo em um impasse em relação a sua feminilidade. Durante a adolescência, obtivera sinais de que seu corpo iria se feminilizar, contudo este processo se estagnou. O comprometimento de sua feminilidade realmente ocorreu quando os distúrbios hormonais se agravaram e o corpo de Bárbara, que ainda tinha registros de feminilidade, foi se virilizando. Vale a pena destacar que esta situação ocorreu logo após o encontro de Bárbara com o abusador do passado, um homem que investiu sobre seu corpo que na época se insinuava como um corpo feminino e que se legitimava nesta condição na relação intersubjetiva. Entretanto, esta legitimação se deu pela violência.

A fala de Bárbara na psicoterapia confirmava seu sofrimento psíquico e somático e nos lançou ao desafio de melhor compreender sua vida psíquica. Entendemos que o encontro com o abusador ativou seu inconsciente amencial. O que solicitou do psicanalista uma escuta que pudesse qualificar esta forma de pensar e considerar as conseqüências para o sujeito da suspensão da clivagem interna daquilo que, vivido como um sofrimento sem palavras, eclode desestabilizando o sujeito até que ele possa encontrar uma via possível de elaboração (Brasil, 2005).

A destabilização somática de Bárbara, revelou que a negação da realidade sustentada anteriormente por uma clivagem bem sucedida que a separava da violência sofrida, e da sua própria violência, não se mostrava mais eficaz. Assim, ao ter encontrado o abusador, na igreja – lugar considerado até este encontro como um espaço de proteção –, Bárbara teve perfurada a barreira da negação do abuso e toda a sensação de vulnerabilidade e de violência a ele associada. Seguindo-se a esse encontro, uma disfunção hormonal se instala trazendo como conseqüência efeitos andrógenos excessivos que fragilizaram sua feminilidade e a jogaram em uma virilidade corporal que se contrastava com a experiência de sua identidade de gênero feminina.

O setor do inconsciente, denominado de "sem pensar" ou inconsciente amencial, convoca-nos a tratar o inconsciente como clivado. Assim, entendemos que a suspensão da clivagem interna de Bárbara, precipitou-a em uma crise somática sem precedentes. Na somatização, o inconsciente amencial é descarregado na realidade somática. Ele é formado a partir da reação à violência exercida pelo adulto contra o pensar da criança. Esse setor do inconsciente, formado sem passagem pelo pensar da criança, é a réplica ao nível tópico das zonas do corpo excluídas da subversão libidinal e do corpo erógeno. O corpo erótico é o resultado de um diálogo, em torno do corpo da criança e de suas funções, que possui o apoio nos cuidados corporais assumidos pelo adulto. Desse modo, as funções psíquicas do adulto, seus fantasmas, sua sexualidade, sua história e sua neurose são elementos que vão marcar de forma singular o diálogo que se inscreve no corpo da criança e deixam as marcas do seu inconsciente (Dejours, 2002).

O caso clínico apresentado ilustra uma situação de abuso, relatado pela paciente como um acontecimento, um fato. A situação relatada por Bárbara trouxe o elemento de uma violência sexual, em que o adulto se posicionou de modo violento, impedindo-a de pensar. O pensar é aqui compreendido como um recurso psíquico para lidar com as excitações provindas da relação com o adulto, a saber: o contato corporal, as separações, as fantasias, enfim, todos os impasses vividos na relação com o outro no processo de construção do corpo erógeno (Dejours, 2001).

Descompensação somática e escolha da função

A desestabilização somática de Bárbara ilustra uma discussão dentro dos trabalhos em psicossomáica sobre a escolha do órgão. A escolha do órgão é designada em psicossomática, como a hipótese de que a descompensação somática não atingiria o organismo cegamente, mas seria orientada por uma via "escolhida", em função das moções inconscientes. O aumento da testosterona de Bárbara, virilizou-a e protegeu-a de possíveis investidas sexuais que na sua história de vida estiveram marcadas pela violência e, portanto, impossíveis de serem pensadas ou traduzidas, diria Laplanche (1992). Na perspectiva psicossomática, a descompensação apresenta uma falha das possibilidades representativas e simbólicas: o transbordamento da capacidade de ligar e de perlaborar, em outros termos da "mentalização da excitação". Na descompensação somática, o caminho assumido pela doença no corpo é psiquicamente indiferente e resulta de determinações biológicas objetivas. Nesse contexto, não existe possibilidade de escolha do órgão, ou seja, o sintoma e sua localização não possuem um sentido: "O sintoma psicossomático é burro" como diria M'Uzan (1960). Contudo, como podemos descartar uma discussão sobre a perspectiva da "escolha do órgão" quando a clínica psicossomática nos impões uma reflexão nesta direção? Nesse sentido, o caso clínico de Bárbara evidencia duas discussões fundamentais, uma em relação ao inconsciente amencial e outra sobre a particularidade da escolha do órgão, contudo, a discussão teórica da escolha do órgão é proposta por Dejours (2002), com uma maior abrangência, uma vez que não seria apenas um órgão alvo da descompensação somática, mas toda uma função que atinge o corpo e o fragiliza.

Considerações finais

Assim, nossa discussão nos encaminha para a compreensão de que o corpo possui uma vocação intersubjetiva, ele é o lugar pelo qual podemos nos reconhecer e nos relacionar com os outros, uma vez que é por intermédio do corpo que se efetuam as grandes experiências humanas como o amor e o sofrimento. Nesse contexto, é importante destacar o papel da intersubjetividade e o modo como esta está fundamentalmente enraizada na corporalidade.

As crises somáticas de Bárbara transformaram seu corpo, distanciando-o de sua identidade de gênero, um corpo que apesar de possuir uma vagina, não se permitia feminilizar-se. Nesta crise hormonal, o corpo se manifestou e mobilizou a violência sofrida na relação com os adultos. Consideramos que as alterações do corpo de Bárbara possibilitaram um trabalho psíquico de ligação para a integração da sua clivagem e a busca de uma significação.

Uma outra discussão teórica na qual fomos lançados a partir deste caso clínico, refere-se à decompensação somática, esta por sua vez não seria cega, mas se dirigiria de forma privilegiada em relação à função. No caso de Bárbara a função mais atingida seria aquela relacionada à função dos caracteres de sua identidade de gênero. Nessa perspectiva, não se trata de um órgão escolhido diretamente, mas da escolha de uma função marcada pelos impasses psíquicos inconscientes de Bárbara em relação a sua feminilidade e toda a ameaça que ela comporta. Assim, um corpo não reconhecido pelo outro como feminino e desejável, a protegeria de possíveis investidas sexuais das quais ela se sentira ameaçada.

Referências bibliográficas

BRASIL, K.T. *Corpo e Sensação na clínica psicossomática: uma investigação teórico-clínica exploratória dos pacientes portadores de psoríase.*Tese de doutorado em Psicologia- Instituto de Psicologia, Universidade de Brasília, 2005. 243f.

DAY, V. P. TELLES, L. E., ZORATTO, P. H. et al. *Violência doméstica e suas diferentes manifestações.* Rev. Psiquiatria. Rio Grande do Sul. Porto Alegre, 25, (1): 9-21, 2006. Disponível em: http://www.scielo.br/scielo.php?script=sci_arttext&pid= S010181082003000400003&lng=pt&nrm=iso>. Acesso em: 22 Ago 2007.

DEJOURS, C. *Le corps, d'abord.* Paris: Petite bibliothèque Payot, 2001

_____. *Le corps entre séduction et clivage.* Laboratoire de psychologie du travail et de l'action.

Paris, 2002, 35f. Trabalho não publicado.

DUMET, N. *Clinique des troubles psychosomatiques: approche psychanalytique.* Paris : Dunod, 2002.

FAIN, M. *Vers une conception psychosomatique de l'inconscient.* Revue Française de Psychanalyse.

Paris, 45, (2) 281-292, 1981.

FREUD, S. (1937). Construções em análise. *Edição Standard Brasileira das Obras Psicológicas Completas.* Rio de Janeiro, Imago, 1980; v. 23.

_____. (1938) A divisão do ego nos processos de defesa. *ição Standard Brasileira das Obras Psicológicas Completas..* Rio de Janeiro, Imago, 1980; v. 23.

LAPLANCHE, J. *Novos fundamentos para a psicanálise.* São Paulo: Martins Fontes, 1992.

MARTINS. F. *Psicopathologia II – semiologia clínica: Investigação teórico-clínica das síndromes psicopatológicas clássicas.* Brasília: ABRAFIPP/Laboratório de Psicanálise e Psicopatologia, UnB, 2003

M'UZAN, M.& DAVID, C.: Préliminaires critiques à la recherche psychosomatique. *Rev. Fr. Psychanal.*

24,19-40, 1960.

OSHIKATA, C. T.; BEDONE, A. J.; FAUNDES, A. Atendimento de emergência a mulheres que sofreram violência sexual: características das mulheres e resultados até seis meses pós-agressão. Cad. Saúde Pública, Rio de Janeiro, 21(1): 465-469, 2005. Disponível em: <http://www.scielo.br/scielo.php?script=sci_arttext&pid= S0102311X2005000100021&lng=pt&nrm=iso>. Acesso em: 22 Ago 2007.

SILVA, M. A. Violência contra crianças: quebrando o pacto do silêncio. In FERRARI, D. C. A., VECINA, T. C.C. (orgs.) *O fim do silêncio na violência familiar: teoria e prática.* São Paulo: Agora, 2002.

Trauma, elaboração psíquica e desorganização somática

Lucía Barbero Fuks

Tentarei neste trabalho relacionar o trauma, a elaboração psíquica e a doença orgânica a partir da hipótese – verificada a meu ver na clínica – de que, quando há um aumento da excitação não-metabolizada, a enfermidade somática surge como uma conseqüência, mas também como uma saída alternativa diante da falha, da diminuição ou da falta de mecanismos de ligação e trabalho elaborativo. Como hipótese auxiliar consideraria a imagem inconsciente do corpo como um dos pivôs fundamentais em torno do qual giram e se apóiam os processos elaborativos, mas que condiciona também o modo, a localização e o grau de alteração em que se faz presente a doença somática.

As situações mais freqüentes em que surge um transtorno psicossomático são as perdas narcísicas, como os lutos pela perda de um ser querido, as feridas narcísicas dos fracassos amorosos, as decepções com os ideais laborais ou profissionais, as perdas patrimoniais: de posições ou bens que são sentidos como partes de si mesmo.

Pode-se estabelecer, além disso, uma ligação entre transtorno psicossomático e depressão. Nas situações de perda, o trabalho do luto também compromete o corpo, o que se evidencia na ocorrência da insônia, na inibição motora, na perda de apetite, todos componentes expressivos das vivências de tristeza, pesar e dor.

Entretanto, a impressão que transmitem os doentes que estamos considerando é que seus sintomas somáticos são o oposto de uma elaboração. A impressão de que, por meio deles, conseguem anular toda vivência de luto, como se seus mal-estares somáticos, únicos mal-estares que reconhecem e sobre os quais aceitam falar, permitissem-lhes evitar toda dor psíquica. Quanto maior o peso da economia narcísica, mais frágil fica o eu, mais incapacitado para integrar a percepção da perda (e aí sobrevém o mecanismo da recusa), de elaborar a dor e de contar com o outro para o alívio da tensão. Nessas condições, diz Galende (1997), cresce a *vulnerabilidade somática*.

Quando esses sujeitos aceitam entrar em análise e começam a mexer com os lutos congelados que só sentiam como enfermidade corporal, surgem idéias de afetos incontroláveis, de não suportar o vivido porque os levaria a uma explosão ou a uma desintegração, com sensações persecutórias intensas pela ameaça que sentem pairar sobre sua integridade corporal fálica (p.291).

Passemos a ver como se iniciam esses processos.

Na infância, corresponde aos pais cumprir uma dupla função de preservação da vida somática e da vida psíquica, transformando em informação psíquica os estímulos que chegam do mundo externo e sendo então parte ativa tanto no prazer como no sofrimento.

A mãe é quem dá o sentido às expressões de prazer ou sofrimento — experiências que precisam ser reconhecidas como tais e não ser invertidas ou desviadas em sua intencionalidade; essa decodificação materna é vital para o *infans*. Vale notar, também, que é preciso haver coerência na percepção do que acontece com o bebê, na relação entre o que sente e o que transmite, caso contrário o transmitido será indecifrável — a mãe deverá perceber essas variações que expressa o bebê para poder cuidar dele.

O sentido e a forma da experiência corporal acham-se condicionados pelo modelo da linguagem. É do "corpo-a-corpo" entre a mãe e o bebê que surge a palavra, inicialmente como algo sonoro, depois como índice, como signo, e por fim como significante.

Em conseqüência disso que vimos observando, o sofrimento no corpo, seja proveniente de uma alteração orgânica ou devido à participação somática numa patologia psíquica, necessariamente implicará a mãe. Exigirá dela uma resposta que possa mudar esse sofrimento.

Inúmeras são as situações em que a mãe "não escuta" o sofrimento psíquico, não está atenta à tristeza, ao retraimento, à sensação de abandono. Frente ao sofrimento orgânico, sabemos, não acontece o mesmo: ele adquire um caráter de evidência que em geral impede a negação, e essa percepção pode até ser exagerada, razão pela qual a mãe dificilmente ficaria indiferente.

Precisamente por isso, em muitos momentos a criança tentará comunicar-se através de um sofrimento de origem somática, como reação à falta de resposta e de compreensão de seu sofrimento psíquico. Trata-se de um tipo de comunicação que, quando internalizado, facilita a reprodução desse modelo na relação dela com seu corpo, repetindo o vínculo com a mãe e abrindo uma nova forma de instalação da "potencialidade somática". O que se verifica é o recurso da doença como demanda.

Françoise Dolto (2001) mostra como a imagem inconsciente do corpo intervém nos processos de "saúde" e "doença". Trata-se da imagem própria, de cada indivíduo. Está ligada ao sujeito e a sua história. É a síntese viva de nossas experiências emocionais, inter-humanas, repetitivamente vividas através das sensações erógenas. É a encarnação simbólica inconsciente do sujeito desejante, e guarda em seu interior a linguagem memorizada da comunicação entre sujeitos.

O corpo insere-se e inscreve-se num mundo simbólico que o precede e o significa: necessita sempre de um outro que lhe outorgue qualidades diferenciais que incidem na construção de sua imagem inconsciente. Nessa construção, a família desempenha um papel fundamental que pode, às vezes, deixar marcas geradoras de patologia.

É por meio da palavra que desejos pretéritos podem se organizar em imagem do corpo. As palavras, para adquirir sentido, precisam ter corpo[102], isto é, precisam ser metabolizadas em uma imagem de corpo relacional. O nome próprio, que reafirma a coesão narcísica do sujeito, contribui desde o nascimento para estruturação das imagens desse corpo. Essa pregnância da palavra, de que o nome próprio é um exemplo típico, mostra que a imagem inconsciente do corpo é a marca mnêmica estrutural da história emocional de um ser humano.

É uma estrutura que provém da "memorização" olfativa, auditiva, gustativa, visual, tátil, de percepções experimentadas como linguagem de desejo do sujeito em sua relação com o outro, percepções que se apóiam sobre as tensões sentidas no corpo, produto das necessidades vitais. Para a psicanálise, o corpo não coincide com o organismo: é uma construção em que participam fundamentalmente as palavras, tramitadas por via do desejo do outro (no início, principalmente pelo desejo da mãe). Corpo erógeno, marcado pela pulsão e percorrido pela sexualidade, que o transporta além da necessidade biológica, na busca de uma satisfação mais complexa, como é a sexual – na qual corpo, pulsão e linguagem juntam-se em torno ao desejo do outro.

Em relação ao conceito de apoio, Flávio C. Ferraz (2007) afirma que o corpo somático fica fora da área de ação do apoio, permanecendo, portanto,

---

[102] "Oh, matemáticos, esclareçam seu erro! O espírito não tem voz, porque onde há voz, há corpo" (Leonardo da Vinci).

como corpo somático propriamente dito, sem se "converter" em corpo erógeno. Dejours (1991) dirá: "sem sofrer o processo de subversão libidinal".

Ninguém duvida do papel protagônico que a família desempenha na estruturação da subjetividade de um indivíduo. Mas ela tem também importância pelo lugar que ocupa na construção da *imagem corporal inconsciente* e, em geral, da unidade psicossomática. É um dos organizadores fundamentais para garantir, de certa forma, a saúde psicofísica ao longo da vida. Vale observar que temos que entender esses processos como fatores que predispõem ou possibilitam a saúde ou a doença, não como fenômenos causais, já que devemos considerar também o imprevisível no devir de um sujeito.

O conceito de *atuação somática* tem seu antecedente no sentido dado ao termo *Agieren*, usado por Freud e traduzido ao inglês como *acting-out* e ao português como "passagem ao ato". Na análise, um *acting-out* pode significar uma chamada, um desafio, uma réplica que encena uma falha no dizer, que responde a uma intervenção no real ou significa o que resta intocado pela interpretação (Kaufmann, 1996). Mas é também aquilo que está pedindo ter acesso à interpretação e abertura de espaço para a palavra.

Como sabemos, para Freud, as formas de recuperação do passado são basicamente a repetição e a rememoração. Quando a lembrança está recalcada, o sujeito está condenado a se repetir de diversas maneiras, às vezes atuando esse passado no *acting-out*. É por isso que a psicanálise tenta modificar os processos de repetição por meio da rememoração.

Em geral, a expressão *passagem ao ato* é utilizada para nomear atos violentos, impulsivos, agressivos e/ou delitivos – "o sujeito passa de uma representação de uma tendência, ao ato propriamente dito" (Laplanche, 1979).

Lacan estabeleceu uma diferença entre passagem ao ato e *acting-out*. O primeiro supõe uma saída de cena, uma fuga do outro, em que a simbolização parece impossível. No *acting-out*, o sujeito permanece em cena, tem uma mensagem, um apelo ao outro. Quando falamos de *atuação somática*, a idéia que temos é de algo que não pôde entrar no processo simbólico da elaboração e se degrada através de transtornos corporais.

O *ato-sintoma*, postulado por Joyce McDougall (1999) não é nem uma comunicação neurótica nem uma restituição psicótica. É uma descarga que produz um curto-circuito no trabalho psíquico. A ausência de elaboração e a falta de simbolização, com um atuar de caráter compulsivo para aliviar a dor, ocupa o lugar de um sonho que não foi sonhado. Para esta autora, os atos-sintoma compreendem as adicções, os processos de somatização, a sexualidade adictiva, o vínculo adictivo como relação de objeto. Trata-se de um curto-circuito na mentalização e na simbolização. No lugar da elaboração mental (palavra, pensamento, fantasia, representação), aparece essa ação (o atuar como um bebê, sem palavra, pura descarga). Trata-se de pessoas que têm dificuldades para conter o afeto; não suportam as representações ligadas aos afetos, produzindo-se assim a descarga no ato (seja de caráter adictivo ou através de um adoecer no corpo). A alteração ou a diminuição do princípio de realidade, ao que se pode acrescentar a prevalência do ego ideal, é o que determinaria a dificuldade do sujeito em estabelecer limites a suas possibilidades em diferentes situações: trabalho, sexualidade, atividade esportiva. A tendência excessiva para a ação coloca-o em risco e aumenta a possibilidade de acidentes.

Os atos-sintoma driblam o trabalho de elaboração psíquica, mas são uma tentativa de controle de conflitos, ainda que possam significar uma ameaça para a vida. Esses fatores permitem falar de "uma estrutura somatopsíquica vulnerável". A idéia de um sujeito suscetível a contrair doenças frente a situações de conflito de difícil resolução tem sido uma preocupação constante nas investigações e nos desenvolvimentos dentro do campo psicossomático.

Quando usamos a metáfora *linguagem corporal* estamos nos referindo às manifestações corporais que acompanham a palavra ou que às vezes a substituem. Dizemos, por exemplo, que o corpo *encarna* um conflito, um drama vital, em referência à expressão que ele consegue fazer desse conflito.

O corpo é uma realidade que se constrói – o organismo é diferente do que em psicanálise chamamos corpo. Para construir um corpo, necessita-se de um organismo vivo, somado a uma imagem aprendida no especular e investida libidinalmente pelo outro (Lacan, 1976).

Para a compreensão e a explicação da enfermidade somática é importante o ponto de vista econômico. Relaciona-se com a hipótese segundo a qual os processos psíquicos consistem em circulação e distribuição de uma quantidade, ou seja, de uma energia pulsional suscetível a aumentos ou diminuições.

Essa energia pode: ligar-se a determinadas representações constituindo investimentos, tentar vencer o recalque ou, de maneira diversa, produzir alterações quando o caminho está bloqueado. Para Freud, isso se especifica no conceito de *neuroses atuais*.

A tentativa de relacionar trauma, elaboração psíquica e doença somática responde a esses critérios econômicos. O trauma significa um aumento poderoso e disruptivo de excitação num breve período de tempo, o que produz uma interrupção do processo elaborativo e transforma-o em algo não-metabolizado; conseqüentemente, num fator de perturbação se não conseguir uma via de expressão. A qualidade do trauma está diretamente relacionada com a incapacidade do indivíduo para estabelecer contracatexias que permitam fixar e ligar o *quantum* de excitação de acordo com o princípio do prazer.

O trabalho de elaboração permite integrar as excitações pulsionais e estabelecer entre elas conexões associativas, o que levaria à recuperação do equilíbrio. O que confere ao acontecimento seu valor traumático, entre outras coisas, é a impossibilidade de integrar no psiquismo a experiência por que se passou. Desse modo, os traumatismos poderiam ser definidos pela quantidade de desorganização que produzem, e não pela qualidade dos acontecimentos que os produzem.

Por meio da repetição, o aparelho tratará de dominar ou ligar as excitações que, pelas circunstâncias da sua gênese, foram traumáticas – o sonho traumático é um exemplo disso, um esforço de domínio.

A doença orgânica, assim como a atuação, implicaria uma resposta por meio de mecanismos primitivos, modificando as funções e/ou os órgãos ante a dificuldade de organizar o pensamento para a elaboração da situação angustiante. André Green afirma: "podemos dizer que reações somáticas e passagem ao ato teriam a mesma função: uma descarga defensiva frente a realidade psíquica".[103]

O interjogo entre corpo, pulsão e linguagem produzirá efeitos sobre esse mesmo corpo, alinhavando sintomas conversivos, quando estão sustentados numa cena fantasmática, ou simples descargas pulsionais que carecem de um texto, de uma cena que as sustente, que procuram ligações com palavras que coloquem limite a sua insistência compulsiva: os fenômenos psicossomáticos revelam um grito silencioso, e a ausência de um registro significante que signifique esse corpo.

---

[103] Levkowicz (1997) diz, fazendo a comparação entre trauma, catástrofe e acontecimento, que o trauma é concebido como um impasse na lógica que põe em funcionamento certos esquemas prévios, o acontecimento como invenção de invenção de esquemas diferentes diante desse impasse, e a catástrofe como retorno ao não ser.

O corpo é uma realidade reveladora da história pessoal, que desde um primeiro momento reage, transforma-se, adapta-se ou se revela frente às pressões familiares, que por sua vez são porta-vozes dos diferentes discursos culturais a que se submetem. Lacan dizia que a anatomia se constrói segundo as idéias, claras ou confusas, que cada cultura tem sobre as funções corporais. Corpo heterogêneo, corpo histórico-social, biológico, político, erógeno, da cultura, da linguagem, sexualizado. Não se trata de um corpo único, mas de vários na mesma pessoa.

Existe, também, uma correlação entre a desmentida ou recusa, a cisão do ego como resultado dela e a vulnerabilidade somática à qual o indivíduo poderia ver-se exposto pelo uso prevalente e reiterado desse mecanismo defensivo. O ego cindido é um estado favorável ao aparecimento de doenças somáticas desorganizativas.

Esse mecanismo de recusa, que surge por ocasião de uma realidade intolerável, pode operar em relação aos estímulos provenientes do próprio corpo. O paciente que recusa parece não perceber os sinais que lhe chegam de seu interior: cansaço, dores, incômodos. No caso da neurastenia e da neurose de angústia, tanto como se pode verificar nas neuroses atuais em geral, o característico é a falta ou falha no processamento psíquico, mais do que a presença de um mecanismo de recusa.

A resistência física de um sujeito às agressões depende da solidez de sua constituição mental; a desorganização das defesas psíquicas coincide com a desorganização das defesas biológicas. São, assim, estruturas psíquicas vulneráveis aquelas que propiciam a desorganização somática ante agressões diversas. Quando não conseguem um restabelecimento através de uma elaboração psíquica, podem cair na desordem somática.

O trabalho de teorização metapsicológica em torno às questões suscitadas pelos sintomas psicossomáticos pode contribuir para afinar e ampliar nossa escuta em relação a esses chamados, fechados às vezes a toda compreensão. Dessa escuta e do acolhimento psíquico por parte do analista surge a possibilidade de uma redução da vulnerabilidade somática, e de uma ampliação dos recursos elaborativos dos pacientes, tanto no que se refere ao desbloqueio dos lutos congelados quanto no enriquecimento de sua vida representacional com produções do inconsciente que permitam transformar sua atualidade estagnada e sofrida. Finalmente, também, na possibilidade de construção de uma história significativa e assim, no limite, redentora ou transformadora.

Referências bibliográficas

DEJOURS, C. *Repressão e subversão em psicossomática: pesquisas psicanalíticas sobre o corpo*. Rio de Janeiro: Jorge Zahar, 1991.

DOLTO, F. *A imagem inconsciente do corpo*. São Paulo: Perspectiva, 2001.

FERRAZ, F.C. "A tortuosa trajetória do corpo na psicanálise". *Revista Brasileira de Psicanálise*, 41(4): 66-76, 2007.

GALENDE, E. *De un horizonte incierto*. Buenos Aires: Paidós, 1997.

KAUFMANN, P. (org.) *Elementos para una enciclopédia del psicoanálisis*. Buenos Aires: Paidós, 1996.

LACAN, J. *Escritos I*. México: Siglo XXI, 1976.

LAPLANCHE, J. *Problemáticas I: la angustia en las neurosis*. Buenos Aires: Nueva Visión, 1979.

LEVKOWICZ, I. Comunicación interna. APPG, 1997.

McDOUGALL, J. *Teatros do corpo: o psicossoma em psicanálise*. São Paulo: Martins Fontes, 1999.

A escuta do corpo

Corpo e transferência na clínica dos sintomas alimentares

Aline Camargo Gurfinkel

"O trabalho do analista é conflituoso. É o produto de uma luta constante entre o ouvir, o mal-ouvido, o nunca ouvido, o inaudível – porque não perceptível – e o horror pela audição" (Green, 2004, p.34).

O objetivo deste trabalho é refletir sobre alguns aspectos da transferência na clínica com pacientes que apresentam sintomas somáticos, em particular aqueles ligados à situação alimentar. Incluo aqui também as manifestações do comportamento que observamos nas adições e nos transtornos alimentares, e que nos remetem a um funcionamento psíquico que deve ser ouvido em suas raízes somáticas. A minha abordagem terá como foco a percepção e o uso do corpo do analista e do analisante na sessão como objetos de expressão, instrumentos de escuta e meio de intervenção. Apresentarei, assim, alguns aspectos técnicos, como o uso do silêncio, a inclusão da sensorialidade do analista na atenção flutuante e certas mudanças no *setting* – tais como o uso da disposição face-a-face –, discutindo-os através de algumas vinhetas clínicas.

Um sofrimento sem representação

Muitas vezes, na clínica, entramos em contato com uma dor psíquica impedida de ser vivida na esfera mental, que toma a forma de um ato ou de problemas somáticos. Como sabemos, o que se observa aqui é uma falha de funcionamento psíquico, que se faz notar pelo uso de uma linguagem que não cumpre sua função de representabilidade. Esta característica se evidencia desde o primeiro encontro entre o analista e seu paciente: um encontro motivado por uma dor que não pode ser dita e que, portanto, será vivida no corpo de ambos, marcando desse modo a transferência.

Alguns dos pacientes que aqui descrevo chegam ao analista com uma atitude de indiferença ou de estranha neutralidade com relação a tudo que relatam. Outros, trazidos pela família, apresentam uma atitude de recusa ao tratamento, mesmo encontrando-se em situações de grave comprometimento somático e psíquico. Em ambos os casos, não aparece angústia, e esta acaba sendo vivida pela família e pelos profissionais que se ocupam do caso. A hipótese à qual o analista é conduzido, nestas situações, é a de uma defesa dissociativa, devido à qual a angústia só pode ser vivida no corpo do outro. Deparamos-nos, nas entrevistas, com o *negativo*[104] expresso em uma série de ausências: de angústias, de conflitos familiares, de relações significativas (de amizades e eróticas) e mesmo de um relato de história de vida – já que não há movimento de historicizar possível devido a uma espécie de congelamento do tempo e do pensamento.

No campo da transferência que aqui se delineia, não contamos com um investimento pulsional característico das condições de trabalho da clínica da neurose. Em um de seus artigos sobre a técnica, Freud (1913) coloca que "a força motivadora primária da análise é o sofrimento do paciente e o desejo de ser curado que deste se origina. A intensidade desta força motivadora é diminuída por diversos fatores" (p.157). Ora, se o sofrimento não aparece, não podemos contar com esse elemento importante na instalação do dispositivo analítico; por decorrência, este deve sofrer, necessariamente, algumas modificações.

A clínica com pacientes que apresentam falhas das funções de representação psíquica é nomeada de diferentes modos, conforme o enfoque de cada autor, visto que cada um ressalta diferentes aspectos nela implicados.

Assim, Mario Fuks (2003) aborda o tema através do conceito freudiano de neuroses narcísicas, e discute a metapsicologia destas estruturas pelo modelo da melancolia: "entre a neurose e a psicose, fica estabelecida (...) uma terceira linhagem de estruturas psicopatológicas, que remetem ou se explicam pela problemática do narcisismo" (p. 203). Fuks ressalta o processo de identificação narcísica, que remete a uma "reativação regressiva do modo oral-incorporativo da relação primeira com o seio, correlativa dos processos de identificação mais precoces e fundantes com a figura do semelhante" (p. 206).

---

[104] Refiro-me aqui às idéias de André Green (1988) sobre a *Clínica do negativo*.

Joyce McDougall (*apud* Fine, 2003), por sua vez, também entende que o funcionamento psíquico descrito está ligado à problemática da relação com o objeto primário, que o sujeito não pode aceitar como perdido. Uma de suas importantes contribuições é a proposição dos chamados "atos sintomas", manifestações clínicas que surgem como conseqüência de um mau funcionamento do pré-consciente, ocupando, desse modo, o lugar da elaboração mental. Os "atos sintomas" são manifestações nas quais se descarrega a tensão dos acontecimentos internos e externos, seguindo-se um padrão típico da criança que busca o equilíbrio por meio do agir ou do somatizar. Nestes casos, McDougall afirma que ocorre uma transformação do objeto de prazer em objeto da necessidade, em um movimento contrário do que se espera de um objeto primário.

A etiologia da bulimia e das adições é, pois, encontrada nas primeiras transações entre a mãe e o lactante, o que sem dúvida compreende a relação com o pai também. A angústia da perda do objeto primário – que é vivida como a perda da própria vida – constitui o protótipo da castração; a angústia não pode ser transformada pela introjeção do objeto perdido como objeto interno, e o sujeito fica à mercê dessa busca incansável para encontrar o objeto ausente. "A problemática da primeira infância, a da diferença fundamental da alteridade, tem mais a ver com a dimensão narcísica do ser e corre o risco de aumentar a vulnerabilidade psicossomática tanto quanto a potencialidade psicótica. Seguindo minhas hipóteses, há uma ligação entre psicossomatoses, adições e psicoses" (McDougall apud Fine, 2003, p.190). É nesse sentido que McDougall utiliza o termo "objetos transitórios", para indicar certa relação de objeto na qual encontramos uma falha na instalação da área transicional.

Os aspectos clínicos que esboçamos aqui, embora mais evidentes nos funcionamentos psíquicos dos quadros das neuroses narcísicas e das configurações correlatas que incluem a somatização, não são exclusividade destes. Como ressaltou Márcia de Melo Franco (2003), é preciso lembrar que, "mesmo na clínica da neurose, os analistas estendem hoje sua atenção para as áreas não simbolizadas de seus pacientes". E, para trabalhar com estas questões, "o analista dispõe dos efeitos que um certo tipo de comunicação bastante primitiva pode produzir em seu psiquismo e mesmo em seu corpo, ele também imerso nesse campo transferencial" (p.379).

Entendendo que em uma análise entram em jogo situações nas quais lidamos com diferentes níveis de funcionamento mental em um mesmo paciente. Desse modo, a discussão que ora trazemos sobre os aspectos apontados da transferência não se limitam aos quadros psicopatológicos nos quais se apresentam de modo mais típico.

O materno na transferência: "um corpo para dois"

O que e como ouvir essa clínica sem som e sem sonho? Entendo que é preciso poder ouvir, além da fala do paciente, o seu e o nosso corpo na situação transferencial, incluindo no trabalho psicoterapêutico a função que a mãe exerce junto a seu filho, em cujos cuidados está envolvida em toda a sua sensorialidade. Retomando nesse funcionamento o laço estreito entre psique e soma, no qual a palavra não se distingue do seu som, donde a importância da voz e do cheiro da mãe para a criança.

Quais as características do trabalho clínico neste contexto? Trata-se, segundo André Green (2004), de operar a narcisização do eu pela operação de ligação. Que consiste em uma atitude distinta da atenção flutuante na neurose, pois ao invés de "deixar o filme ou o fio associativo desenrolar-se, pontuará o discurso de suas intervenções – que não são todas elas interpretações. Ele ligará farrapos do discurso (....), a clivagem processa-se entre cada fragmento associativo (...) é a simbolização que está em causa. A ligação operada pelo analista tem por meta religar os elementos desligados, para poder, em determinado momento, interpretar e não somente intervir. Dois tempos de simbolização: o primeiro reúne, o segundo usa as ligações estabelecidas para reatar com o inconsciente clivado" (p. 33).

Ele acrescenta que esse trabalho, para ser eficaz, tem que ser superficial. Entende que as interpretações profundas ou sistematicamente transferenciais reforçam a clivagem. "Esse trabalho na superfície, na base das associações, tem por objetivo constituir um pré-consciente que geralmente não cumpre sua função de mediador ou de filtro nos dois sentidos, entre consciente e inconsciente" (p.33).

Philippe Jeammet (1999), ao tratar da clínica dos transtornos alimentares, aponta que os movimentos de investimento por parte do paciente têm que ser respeitados e suportados em suas oscilações de tudo ou nada, ora o investimento maciço ora o nada. E muitas vezes é o pouco investimento que predomina. Nas palavras de Alessandra Holcberg (2002), "o analista é responsável por manter o campo analítico aquecido e alimentado, ainda que isso se restrinja à sua própria pessoa, nesse primeiro momento" (p.133).[105] Como isso se dá na clínica? Como ouvir o próprio corpo no trabalho analítico de escuta? Concordamos com Volich (2000), para quem a escuta passa pelo sentido de "ouvir" nosso próprio corpo nos insistentes silêncios das sessões ou num discurso que impregna o corpo do analista. Ele nos remete ao pensamento de Marty, para quem o trabalho deve se encaminhar da função materna à psicanálise, posto que o tratamento destes pacientes contém uma delicadeza na maneira de "recebê-los e na forma de acolher e trabalhar as demandas e comunicações (...) pela intensidade de seu desamparo (...) e a precariedade de recursos para lidar com eles" (p.160).

Marty (1993) propõe a situação clínica de face a face, pois permite ao terapeuta intervenções não verbais "sob a forma de expressões, de excitação ou pára-excitações gestuais e mímicas" (p.58), mudança do *setting* que tem como objetivo justamente a inclusão do corpo no fazer clínico.

Com Fedida (1988) temos que é na delicada sintonia com o funcionamento do paciente que o analista pode, através de seu corpo, viver as emoções contraditórias, transbordantes, ou de mal-estar físico, por exemplo.

"Se a contratransferência é entendida globalmente – e de um ponto de vista econômico – como um pára-excitações, a particularidade deste seria não apenas a de manter um nível de regulação estável da atenção ("equiflutuante"), mas também de representar um instrumento de percepção do qual se requer uma fina mobilidade adaptativa" (p.71).

Isso permite que o analista evite "a irrupção violenta dos afetos do paciente e os seus próprios, permitindo-lhe reinstaurar a situação analítica caso esta seja perturbada ou momentaneamente destruída, formando o lugar *de ressonância* e de tradução em palavras de tudo o que pode ser experimentado no tratamento" (p.71).[106]

---
[105] A respeito do manejo técnico remeto o leitor ao meu texto *A mesa posta: alguns aspectos da transferência na clínica dos sintomas alimentares* (2008), no qual desenvolvo mais longamente esta questão.
[106] Sobre o ponto de vista de Fedida, recomendo o texto de Fernandes (2002). A autora lembra Fedida ao apontar que o corpo do analista é o cenário onde atuam os fantasmas do paciente, de acordo com a economia primitiva da troca com o corpo dos pais.

Como isso se dá no aparelho psíquico do analista? A impossibilidade de viver a experiência de regressão,[107] por parte de alguns pacientes, levaria o analista a ingressar nesse modo de funcionamento, conduzindo esse processo a partir de sua atividade psíquica. Sobre as percepções do corpo nos processos transferenciais, Eliana Borges Pereira Leite (2005), citando Green, diz que fatores extraverbais produzem efeitos que se combinam com a linguagem na sessão. Desse modo, acrescentam efeitos de sentido que se distribuem em diferentes registros. Assim, o analista deve incluir em sua atividade psíquica a regressão formal.

Essa autora coloca que, "na situação analítica, o corpo se inscreve como uma superfície de recepção e de passagem da pulsionalidade não ligada, *uma interface de afetação* ativada na regressão alucinatória do analista, acompanhando a regressão do analisando e alimentando sua *atividade figural* de nomeação e construção" (p.9). Em sua leitura de Fédida, ela trata da importância da percepção endopsíquica e das transformações que realiza em sua atividade interna, o que vem da capacidade alucinatória do analista, na forma hipnóide de sua atenção flutuante.

Algumas vinhetas clínicas

Em primeiro lugar, gostaria de me reportar a dois casos da literatura psicanalítica envolvendo o olfato. O primeiro é de Anzieu (1989), em seu livro *O eu-pele*, com seu paciente Gethsêmani, que, ao tratar do envelope olfativo, conta dos efeitos sobre ele do odor, mal-cheiroso, de seu paciente, que invadia o seu corpo. Delicadamente, ao tocar neste tema, abriu caminho para a história daquilo que seria essencial para a análise daquele. Pôde elucidar a função de pára-excitação do suor e do odor mesclados pelas histórias de vida do paciente em termos de riscos de morte pelo qual passara, da vivência de desamparo e erotização na relação com os pais e com uma babá de odores mal-cheirosos.

O outro caso é de Aisenstein (2003), no qual a percepção da mudança de perfume por parte da analista fez com que sua paciente, uma jovem anoréxica, pudesse vivenciar um episódio de muita raiva na relação transferencial, que

---

[107] Sobre a impossibilidade de alguns pacientes de ingressar nos movimentos regressivos da análise, indico o texto do Decio Gurfinkel (2003), que trata com maestria este fenômeno, distinguindo-o do retraimento.

se apresentava maciça e idealizada, e com isso pudesse nomear seu desejo de controlar o corpo da analista, bem como os aspectos da sua relação com seu próprio corpo.

Vemos nestes casos como um aspecto importante da análise só pode ser tocado em uma cena que se desenrola no espaço intermediário entre os dois corpos na situação analítica. Em ambas havia uma violência intensa e primitiva que não poderia se expressar de outra forma. A percepção olfativa e a nomeação desta, de modo distinto em cada caso, pode proteger a análise das atuações pela tradução em palavras do que era insuportável e não passível de representação.

Descreverei, agora, dois casos por mim atendidos.

Maria é uma paciente que apresentava obesidade com episódios de compulsão alimentar. Ela procurou análise aos 19 anos, trazida por sua mãe, muitíssimo empenhada em seu tratamento. Nada impede que essa dupla de mulheres seja inseparável, falo com uma, a outra responde.

Quando inicia sua análise, Maria também não tem nada a dizer, e só depois de algum tempo é que sua boca, tão preenchida, começa a falar, pondo para fora uma intensa raiva da mãe. Só depois dessa situação ela pôde trazer sua solidão e sua falta de recursos para se relacionar.

Com esta paciente eu sentia um intenso sono no início da análise, ao mesmo tempo em que me parecia que olhar para ela e para o seu corpo tinha um importante papel. A presença do seu corpo na sessão se dava pela relação que ela mantinha com as roupas: estudava para ser estilista e vinha de uma família que se estabelecera na área da confecção de roupas. Esse tema vestia suas sessões. Outro modo desse corpo se fazer presente era hábito que ela tinha de tocar e cutucar a pele do corpo, o que também fazia durante as sessões, bem como as falas que se referiam ao seu corpo, pele e cabelo. Falar do corpo e enfrentar com ela aquela espécie de sonolência e passividade na qual minha paciente estava entregue, foi o que pôde abrir caminhos para ela falar de si e da possibilidade de começar a se separar da mãe.

O outro caso é de uma paciente anoréxica e diabética, de 21 anos. Cleusa vem trazida pela mãe, preocupada com o seu emagrecimento. Ela inicia a análise como uma menina obediente que cumpre uma determinação materna. As sessões são preenchidas com minhas perguntas sobre sua vida. Depois de alguns meses, começa a falar, "aprende" que deve relacionar fatos e, assim, apresenta suas conclusões racionais, agora que está bem empenhada na análise, do mesmo modo que obedecia a mãe. Com o passar do tempo ela passa a falar de manifestações de afetos, brigas e enfrentamentos com diferentes personagens. Cleusa tem uma profissão ligada à atividade corporal que realiza de modo adicto, vive para trabalhar, este é o único sentido da sua vida: manter o corpo realizando essa atividade.

Com esta paciente vou percebendo que apresento uma necessidade de controlar minha alimentação antes das sessões para que não esteja nem saciada, nem faminta. Passo a compreender o quanto este tema está perpassado pelas vivências da paciente com relação às questões de preencher ou ser preenchida, na mesma medida em que doso cuidadosamente minhas falas e meus silêncios na sessão. Algumas vezes a sessão toma a forma de uma exibição da sua agilidade, agora do pensamento, em processos muito racionais de reflexão.

Os desafios da clínica: o corpo em sua função reguladora da situação analítica

Nos casos acima referidos, observa-se a importância do olhar para a constituição subjetiva. Esta dimensão evidencia-se já na escolha das profissões: uma estilista, e a outra ginasta. Na relação transferencial, as pacientes buscam uma imagem de si no olhar do outro, a fim de restaurar a imagem desintegrada; ao se olharem no espelho, elas buscavam uma função de integração de si, mas não a encontravam, experiência que só pode se dar através do olhar do analista. Enquanto a distorção da imagem corporal da anoréxica guarda em geral um caráter delirante, no caso da paciente obesa se trata de uma imagem baseada em uma concretude dos excessos do corpo.

Em ambos os casos, considero imprescindível a posição face a face, pois o rosto do analista cumpre um papel fundamental. O rosto é fonte de formas expressivas que agem como intervenções não verbais; ele comunica e espelha, integrando imaginariamente a parcialidade pulsional vivida pelo sujeito.

Dosar a sonolência e a fome, nesses casos, foi como regular um aparelho receptor. O corpo do analista serve, aqui, como um amplificador. Tal qual a função hipocondríaca do sonho proposta por Freud (1915), ao ampliar sensações somáticas e transformá-las em imagens figuradas, a experiência psicossomática do analista dá início a um processo de simbolização do corporal.[108]

---

[108] Sobre a função hipocondríaca do sono e sua função psicossomática remeto novamente o leitor ao texto de Fernandes (2002) e (2003).

O trabalho de simbolização do corporal é também propiciado pela percepção, por parte do analista, da suas próprias experiências corporais na transferência. É necessário que ele possa se deixar levar pela fantasmática de "um corpo para dois", na bela expressão de McDougall (1991). É necessário, ainda, intervir com uma certa dinâmica de falas e silêncios que possibilita um "pensar junto", uma vez que a capacidade de pensamento do paciente está profundamente danificada; assim como um corpo para dois, constitui-se aqui uma espécie de aparelho psíquico compartilhado. Isso se dá através do movimento regressivo que é paulatinamente instaurado na análise, no qual é acionada uma capacidade alucinatória que, tal como no sonho, produz imagens que servem como um guia para o processo da análise.

O corpo do analista torna-se então o corpo materno regulador que, por uma sensibilidade sutil, busca evitar excessos, transbordamentos e atuações; este corpo se mostra, em tal contexto, necessário para a instauração da situação analítica. Trata-se, aqui, das bases do processo de simbolização: um trabalho de análise que, ao acompanhar a regressão do paciente, utiliza o próprio corpo do analista como aparelho receptor e amplificador, a partir do qual se faz possível a emergência de imagens e de outras formas sensoriais.

Referências bibliográficas

AISENSTEIN, M. Face a face, corpo a corpo. *Trieb – nova série*, 2(1), pp. 145-155, 2003.

ANZIEU, D. *O eu-pele*. São Paulo: Casa do Psicólogo, 1989.

FÉDIDA, P. *Clínica psicanalítica: estudos*. São Paulo: Escuta, 1988.

FERNANDES, M. H. A hipocondria dos sonhos e o silêncio dos órgãos: o corpo na clínica psicanalítica. In: AISENSTEIN, M., FINE, A. & PRAGIER, G. (orgs.) *Hipocondria*. São Paulo: Escuta, 2002.

_____ *Corpo*. São Paulo: Casa do Psicólogo, 2003.

FINE, A. Sobre a bulimia. Entrevista com Joyce McDougall. In BRUSSET, B., COUVREUR, C. e FINE, A.(orgs) *A bulimia*. São Paulo: Escuta, 2003.

FRANCO, M. de M. O dispositivo analítico e a clínica psicossomática. In: VOLICH, R. M; FERRAZ, F. C. & RANÑA, W. (orgs.). *Psicossoma III: interfaces da psicossomática*. São Paulo: Casa do Psicólogo, 2003.

FREUD, S. (1913) Sobre o início do tratamento (Novas recomendações sobre a técnica). *Edição Standard Brasileira das Obras Completas*. Rio de Janeiro, Imago, 1980, v. XII.

_____ (1917) Adição metapsicológica à teoria dos sonhos *Edição Standard Brasileira das Obras Completas*. Rio de Janeiro, Imago, 1980, v. XIV

FUKS, M. P.. Nos domínios das neuroses narcísicas e suas proximidades. In FUKS, L. B. e FERRAZ, F. C. *Desafios para a psicanálise contemporânea*. São Paulo: Escuta 2003.

GREEN, A. O trabalho do negativo. *IDE*, 16:24-8, 1988.

_____ O silêncio do analista. *Psychê*, 8 (14), pp. 13-38, 2004.

GURFINKEL, A C. A mesa posta: alguns aspectos da transferência na clínica dos sintomas alimentares. In ALONSO, S. L., BREYTON, D. M. e ALBUQUERQUE, H. M. F. M. *Interlocuções sobre o feminino na clínica, na teoria, na cultura*. São Paulo: Escuta/Instituto Sedes Sapientiae, 2008.

GURFINKEL, D. Sono e sonho: dupla face do psicossoma. In VOLICH, R. M., FERRAZ, F. C. e RAÑNA, W. (orgs) *Psicossoma III: interfaces da psicossomática*. São Paulo: Casa do Psicólogo, 2003.

JEAMMET, P. Abordagem psicanalítica dos transtornos das condutas alimentares. In: URRIBARRI, R. (org.) *Anorexia e bulimia*. São Paulo: Escuta, 1999.

HOLCBERG, A. S. Da desmesura à restrição. In ALONSO, S. L.; GURFINKEL, A. C. & BREYTON, D. M. (orgs.). *Figuras clínicas do feminino no mal-estar contemporâneo*. São Paulo: Escuta, 2002.

LEITE, Eliana B. P. *A escuta e o corpo do analista*. Tese de Doutorado em Psicologia Clínica pela PUC/SP. São Paulo, 2005.

MARTY, P. *A psicossomática do adulto*. Porto Alegre: Artes Médicas Sul, 1993.

McDOUGALL, J. Um corpo para dois. In: *Teatros do corpo: o psicossoma em psicanálise*. São Paulo: Martins Fontes, 1991.

VOLICH, R. M. *Psicossomática, de Hipócrates à psicanálise*. São Paulo:Casa do Psicólogo, 2000.

Transferência e interpretação na clínica da somatização

José Atilio Bombana

Este texto dirige-se às questões transferenciais que surgem no atendimento de pacientes que caracteristicamente apresentam somatizações. Portanto, em se tratando de um olhar em direção à transferência, refere-se à abordagem dentro do *setting* analítico. Pretende-se trazer questões surgidas em vivências clínicas, e partindo delas estabelecer ligações com aportes teóricos; será portanto um olhar que privilegiará algumas vicissitudes clínicas de um analista, quando confrontado com o campo das somatizações. Serão circunscritos alguns aspectos de pacientes em diferentes contextos terapêuticos: tanto o ambiente institucional público, como o do consultório privado, abrangendo pacientes de diferentes meios sócio-econômicos, permitindo assim um olhar mais amplo.

Se o estudo das relações mente-corpo é extremamente rico e cada vez mais atrai muitos de nós, a experiência do atendimento prolongado em psicoterapia de situações clínicas onde essa questão ocupa lugar central, desperta múltiplas vivências, por vezes bastante difíceis e tensas.

Embora o conceito mais restrito de transferência diga respeito ao "processo pelo qual os desejos inconscientes se atualizam sobre determinados objetos no quadro de um certo tipo de relação estabelecida com eles e, eminentemente, no quadro da relação analítica" (p.668) segundo Laplanche & Pontalis (1986), também de acordo com os mesmos, faz-se freqüentemente um entendimento ampliado dele "ao ponto de designar o conjunto dos fenômenos que constituem a relação do paciente com o psicanalista e que, nesta medida, veicula, muito mais do que qualquer outra noção, o conjunto das concepções de cada analista sobre o tratamento, o seu objeto, a sua dinâmica, a sua tática, os seus objetivos" (p.669). Diante de um campo que permite tamanha magnitude, pretendo apenas destacar certas questões clínicas que me parecem relevantes, sem almejar percorrer tantos outros desenvolvimentos possíveis.

Uma abordagem das questões transferenciais pode ser feita através da observação das manifestações dos pacientes diante das interpretações ou intervenções do analista. Pode-se começar assinalando que duas configurações clínicas aparentemente opostas se manifestam amiúde na relação transferencial: uma que descreverei como a da *desconsideração* e outra como a da *supervalorização*. Na primeira, ocorre uma retirada da importância do que é formulado pelo analista, propiciando que suas colocações fiquem freqüentemente esvaziadas e sem continuidade, principalmente se o mesmo não permanece dentro do contexto proposto pelo paciente, e se formula uma interpretação. Na segunda ocorre o contrário, com fortes tonalidades superegóicas presentes nas manifestações dos pacientes. Aí então a fala do analista é tomada ao pé da letra, sem que o paciente possa "dialogar" com ela, sendo frequentemente ouvida como uma crítica definitiva, sugerindo a ação de um superego primitivo cruel.

Para tornar essas idéias mais vivas será utilizada uma experiência que vivo há anos no atendimento de um grupo psicoterápico com pacientes que apresentam importantes quadros de somatização num serviço público universitário, o qual foi motivo de relato anterior (Bombana & Duarte, 1997). Dentro da primeira configuração citada (de desconsideração), percebe-se que freqüentemente o grupo de certo modo começa a acontecer antes que o analista o inicie, estando os pacientes aguardando o início do atendimento envolvidos em temas de seu interesse, sendo necessária uma manifestação clara do analista para que possa "entrar e iniciar efetivamente a sessão". São também comuns as tentativas de interpretação ou mesmo de assinalamentos que são como que ignoradas. Os pacientes continuam a conversa com naturalidade, como se nada tivesse sido formulado. Pode-se argumentar que eles são intrinsecamente resistentes às interpretações, mas a desconsideração referida tem uma marca particular.

Já do *setting* do consultório privado, mencionarei uma paciente que será chamada de Rosa, com histórico clínico de hipertiroidismo de difícil controle, que resultou num exoftalmo (protrusão anormal de um ou de ambos os olhos) que necessitou de repetidas correções cirúrgicas, e que atualmente apresenta um quadro de retocolite ulcerativa, que demanda tratamento clínico bastante rigoroso. Nota-se que a mesma desconsideração é a resposta a inúmeras intervenções feitas, embora a análise como um todo ocupe lugar central em sua vida. Durante as sessões, Rosa repetidamente mostra-se crítica em relação às amigas que "fazem qualquer coisa para ter ou manter um namorado". As colocações de que essa irritação pode se ligar às suas angústias por estar só e se criticar por isso, não promovem novas questões ou associações.

A vivência oposta e talvez complementar também se evidencia no segundo modelo citado (da supervalorização). Integrantes do grupo mencionado repetem que permanecerão no mesmo "até o fim da vida", causando inquietação no analista, capturado por sentimentos de impotência e aprisionamento. Em alguns episódios a fala do mesmo parece ser tomada como uma lei, que pode desencadear crises de choro nos pacientes, que se sentiriam duramente repreendidos, como na infância difícil de muitos deles, marcadas por abandonos e maus tratos.

Já a paciente Rosa, conta depois de uma sessão difícil, onde surgiram insatisfações com colocações do analista, ter ficado doente, ter sentido todo o corpo doendo, "como se tivesse apanhado". Também relata ter telefonado para a irmã para saber dos sentimentos daquela e comparar com os seus, já que fora questionada quanto a determinadas vivências na sessão anterior; quis ter um parâmetro externo para saber "se estava errada", modo como captou os questionamentos feitos. A conotação superegóica que podem tomar as intervenções do analista fica evidenciada nesses exemplos.

Pode-se lembrar das considerações de Winnicott (1964), a respeito da necessidade de uma sustentação ao longo do tempo para que os pacientes psicossomáticos se recuperem, implicando portanto, na necessidade de tolerância por parte do analista, mais do que de suas interpretações.

A transferência nos textos freudianos pode ser entendida numa perspectiva entre outras, através de três vertentes: enquanto *repetição* (talvez a mais citada), como *resistência* e como *sugestão* (Miller, 1984). A configuração clínica mencionada da desconsideração pode representar uma forma de resistência, uma vez que os pacientes através dela evitam os efeitos das intervenções feitas pelo analista, enquanto que a supervalorização pode aludir à repetição, em que modelos superegóicos primitivos se atualizam no acontecer das sessões.

As modalidades de respostas apresentadas frente às intervenções do analista podem também sugerir possíveis mecanismos de defesa. Se não se pode precisar um mecanismo específico para os pacientes somatizadores, pode-se ao menos perceber um distanciamento do modelo do recalque, próprio das neuroses.

Pode-se questionar se o padrão transferencial estabelecido apenas seguiria àquele próprio aos pacientes com organizações psíquicas primitivas, como os psicóticos. A experiência não parece confirmar tal idéia, pois nestes a dificuldade de acesso a um código comum é mais imediata, a manifestação dos chamados sintomas produtivos (delírios, alucinações) e o desconforto produzido despertam vivências contratransferenciais de outro matiz. Para um analista, embora igualmente difícil, a limitação das trocas possíveis na análise dos psicóticos pode resultar mais evidente e assim tolerável do que com os somatizantes, estes em sua aparente (e questionável) "normalidade".

Mas, se surgem da parte dos pacientes essas modalidades transferenciais, quais vivências elas despertam nos analistas?

Observa-se algo que pode ser descrito como um *medo de se tornar operatório*, começar a funcionar psiquicamente como os próprios pacientes. Ao se abrir mão de recursos habituais ligados à simbolização, instaura-se a impressão de que se pode deixar de ser analista, para ser apenas "companheiro de conversas" (que amiúde parecem fúteis). Um certo modelo idealizado de analista parece exercer um papel superegóico, agora do lado deste, que fica com a sensação de "não ter feito nada", não ter exercido sua função – o "tédio operatório" é vivido contratransferencialmente. Perde-se a noção de que, ao invés de não se estar sendo psicanalistas, àqueles que se propõe ao atendimento dos pacientes ditos somatizadores, impõe-se além de uma função analítica consistente, o desenvolvimento de capacidades que permitam transitar para além do contexto mais habitual (o dos pacientes neuróticos). Referindo-se à psicanálise do paciente psicossomático Santos Filho (1994) diz:

> "relacionam-se mais com disposições verdadeiras, interiores do analista, do que com as palavras que diz... Será através do pré-consciente do analista que se organizará a capacidade simbólica do analisando somatizante. Isto requer um trabalho lento e cuidadoso, no qual a intuição e os afetos do analista serão melhor bússola do que sua inteligente capacidade interpretativa" (p.127).

Outro receio freqüente e paralisante é o medo de adoecer fisicamente, *um medo hipocondríaco*, como se o contato próximo com esses pacientes pudesse contaminar fisicamente. Se por acaso ocorre do analista de fato adoecer, surge uma desconfiança de que essa atividade seja o seu desencadeante. Ao longo do trabalho institucional com pacientes somatizantes já mencionado, observei em colegas e também em mim esse temor, quando da eclosão de doenças orgânicas ou então de sintomas vagos, que levaram alguns a abandonar o trabalho ou outros a considerar essa possibilidade. Pode-se lembrar da colocação feita por Bleger (1991) de que "qualquer organização tem tendência a manter a mesma estrutura do problema que ela tenta enfrentar e pelo qual foi criada...nossas organizações psiquiátricas, nossas terapias, nossas teorias e nossas técnicas também têm a mesma estrutura do fenômeno que tentamos enfrentar..." (p.49). O medo de se tornar operatório ou de adoecer fisicamente encontram eco nessa reflexão.

Sente-se às vezes como que se tivéssemos que emprestar o próprio aparato psíquico para que os pacientes pudessem pensar. O funcionamento dito operatório mostra-se desse modo exigente para quem o acompanha, despertando cansaço e incômodo. Uma sensação de imobilidade freqüentemente invade o analista, que se vê como que identificado com as impossibilidades tão freqüentes dos pacientes.

Aqui se pode conectar uma questão relativa à "escuta do corpo". Mas que corpos são esses na clínica da somatização? Pode-se dizer que são corpos sujeitos a vivências masoquistas à medida que repetem insistentemente para si e para os que estão próximos suas dores e sofrimentos, e ainda que essas vivências são mal formuladas verbalmente uma vez que a chamada alexitimia (etimologicamente: sem – palavras – para as emoções) atribuída aos somatizadores limita essa possibilidade. O analista pode então escutar esses corpos com desconfiança e medo. Entretanto existe aqui também uma possibilidade de tirar proveito do que é aflitivo, se se puder escutar nas nossas próprias experiências (o medo de se tornar operatório e a contratransferência hipocondríaca) o que pode estar sendo vivido física e psiquicamente pelos pacientes. Assim como se está atento às vivências psíquicas despertadas em nós durante as sessões e procura-se discernir aquelas de ordem pessoal das que emergem do trabalho de análise, nossas sensações físicas também devem ser detectadas nas situações de análise de um modo geral, mas de modo privilegiado quando se trata de pacientes caracteristicamente somatizadores. Referindo-se a fenômenos contratransferenciais, Leal (2000) diz: "Com freqüência eles se fazem representar por meio de manifestações psicossomáticas observadas na mente e no corpo do analista. Como exemplo podemos citar a sensação de sonolência e enfado, alterações do ritmo e freqüência respiratória e cardíaca no analista; tensão ou relaxamento muscular; sensação de fome ou sede; excitação sexual; alteração do peristaltismo intestinal, etc. O corpo do analista é utilizado como palco para as expressões do mundo subjetivo do analisando" (p.84). A observação constante e cuidadosa desse palco, a escuta do corpo (próprio e dos pacientes) faz-se necessária e frutífera na clínica da somatização.

Muito já se escreveu sobre a inadequação de métodos ortodoxos da psicanálise na abordagem aos somatizantes. Particularmente sobre a limitação das interpretações simbólicas, já que haveria justamente uma carência de simbolização. Neste sentido, a *interpretação da transferência* fica inadequada ou limitada como se depreende dos exemplos citados, o que não impede um trabalho de *interpretação na transferência*, ou seja, os aspectos e vivências transferenciais serão atentamente observados, levados em conta e produzirão efeitos, mas não necessariamente serão interpretados direta e verbalmente. Sabe-se que a distinção entre esses dois conceitos ganhou relevo em teorizações da escola lacaniana que extrai daí muitas conseqüências, sendo uma delas a evitação de se permanecer num registro dual imaginário quando se interpreta a transferência. Diz Nasio (1999):

"Mas o ponto a que desejo chegar...que a interpretação não é uma interpretação sobre a transferência, mas uma atualização da transferência. A interpretação é a expressão mais pura, mais direta, mais imediata, mais nua do fato de que, efetivamente, há um laço transferencial" (p.157). Sem limitar as proposições a uma determinada escola teórica, no contexto do trabalho com pacientes somatizantes pareceu útil tomar parte desses desenvolvimentos ao enfatizar as possibilidades (e impossibilidades) de inclusão da transferência no tratamento, via interpretações.

Ao menos uma menção deve ser feita a outra função fundamental do analista além do uso que possa fazer da interpretação: servir de suporte para as transferências de seus pacientes. Se o processo transferencial ocorre especialmente no âmbito da relação analítica, é necessário que exista um analista disposto a assumir essa difícil função de suporte transferencial. Na clínica da somatização essa necessidade se faz presente incluindo tanto a psique como o corpo do analista.

A experiência de uma mãe cuidando de seu bebê, convivendo pacientemente com suas incapacidades e ensinando-lhe progressivamente o código compartilhado da linguagem, pode servir como modelo para o papel necessário ao analista num atendimento a pacientes que somatizam. Esse modelo também se mostra pertinente, pois a mãe diante de seu bebê, não podendo contar apenas com suas expressões verbais, torna-se especialmente sensível às suas manifestações corporais: seu ritmo lento ou acelerado, sua inapetência ou o apetite aumentado, seu choro que nada acalma ou o sono excessivo, a temperatura do corpo, a própria disposição para se relacionar etc. Nossos pacientes também nos comunicam seus estados internos, psíquicos, através do que se passa com seus corpos: queixas de dores, de piora ou melhora das doenças, da maior ou menor procura por atendimentos médicos e da própria atenção que fixam no corpo. No atendimento ao grupo anteriormente citado, aconteciam certos movimentos recorrentes: as sessões frequentemente iniciavam com menções a questões corporais, os pacientes como que atualizando os demais da evolução de seus quadros clínicos. Com o passar da sessão, outros assuntos iam sendo inseridos, o que dá a impressão de que as dificuldades do recomeço do grupo se fizeram presentes através do corpo. Também se observou que diante da entrada de novos participantes, os antigos faziam um relato pormenorizado de suas mazelas físicas. Esse funcionamento particular necessita uma escuta do corpo muito atenta, que não negligencie as mensagens autênticas e que necessitam de providências, mas que também não amplifique o que pode ter um sentido defensivo.

Se a ênfase nesta reflexão até aqui levou em conta o funcionamento de pacientes caracteristicamente somatizadores, gostaria de ampliar este enfoque para considerar a escuta não só deste grupo particular, mas dos pacientes em análise de modo geral. Pode ser proveitoso observarmos esse modo de operar prioritariamente somático, e de algum modo levá-lo em conta no atendimento dos pacientes como um todo. Pois se aqui alguns mecanismos são mais evidentes, o fenômeno psicossomático também pode se manifestar na vida e na análise dos pacientes que transitam preferencialmente pelo campo simbólico, e pode ser enriquecedor aprender com os pacientes somatizantes, representantes de *organizações pré-simbólicas*, assim como ao aprofundar o entendimento do bebê muito se ganha em compreensão do adulto. Della Nina (2004) a esse respeito registra: "Na clínica psicanalítica a palavra substitui a ação, mas não elimina o gesto nem a atitude, e será sobre a conjunção de todas essas expressões que creio assentar-se a base de nossa experiência emocional na clínica. Talvez a atenção voltada ao "psicossomático", como forma de observação totalizante do ser, possa nos levar também a uma função psicanalítica mais integrada em nós mesmos" (p.707). Os pacientes somatizantes expondo mais claramente algumas formas particulares de seu funcionamento favorecem assim o desenvolvimento da teoria e da técnica psicanalíticas como um todo. Foram ressaltadas algumas questões presentes na clínica da somatização familiares aos que nela operam. Saber dos seus impasses pode propiciar novas reflexões e desenvolvimentos.

Referências bibliográficas

BLEGER, J. O grupo como instituição e o grupo nas instituições. In KAËS, R.(org.) *A instituição e as instituições: estudos psicanalíticos*. São Paulo: Casa do Psicólogo, 1991.

BOMBANA, J. A. & DUARTE, C. S. Somatizadores: a possibilidade de uma abordagem grupal. *Percurso*, 19:65-72, 1997.

DELLA NINA, M. O psicanalista, a clínica e o "psicossomático". *Revista Brasileira de Psicanálise*, 38(3):693-710, 2004.

LAPLANCHE, J. & PONTALIS, J.-B. *Vocabulário da psicanálise*. São Paulo: Martins Fontes, 1986.

LEAL, C. O esforço da elaboração psíquica nas organizações pré-simbólicas. *Revista Brasileira de Psicanálise*, 34(1):69-88, 2000.

MILLER, J. - A. La transferencia de Freud a Lacan. In *Recorrido de Lacan*. Buenos Aires: Editorial hacia el tercer encuentro del campo freudiano, 1984.

NASIO, J. - D. *Como trabalha um psicanalista*? Rio de Janeiro: Jorge Zahar, 1999.

SANTOS FILHO, O. C. Psicanálise do "paciente psicossomático". *Revista Brasileira de Psicanálise*, 28(1):111-28, 1994.

WINNICOTT, D. W. (1964) A enfermidade psicossomática em seus aspectos positivos e negativos. In *Explorações psicanalíticas*. Porto Alegre: Artes Médicas, 1994.

A experiência do "outro em si": o corpo transplantado

Maria Lívia Tourinho Moretto

A questão abordada neste texto construiu-se a partir do início do meu trabalho com pacientes hepatopatas, em 1990, na qualidade de membro da equipe de profissionais da Disciplina de Transplante e Cirurgias do Fígado do Hospital das Clínicas da Faculdade de Medicina da Universidade de São Paulo.

Naquela ocasião coube a mim a implantação do serviço da Psicologia, o desenvolvimento e a supervisão dos trabalhos do mesmo, a execução e a orientação de pesquisas na área, e a transmissão e troca de saberes produzidos.

O inegável avanço científico-tecnológico no campo da pesquisa médica convida o homem contemporâneo a se deparar com oportunidades que, ao mesmo tempo em que se configuram como soluções para alguns problemas, colocam-no diante de novas formas de sofrimento (Moretto, 2006).

A proposta do transplante de fígado é a proposta de viver com o órgão de um outro, é a proposta do "outro em si". É preciso dizer: isso não é simples.

O que se sabe sobre isso? Várias pessoas podem descrever e até mesmo escrever sobre o sofrimento acarretado pela situação do transplante. Mas, é preciso enfatizar: só sabe deste sofrimento específico quem por ele passa.

No entanto, nós sabemos, existem diversas formas de abordagem do sofrimento humano, o que não é a mesma coisa de dizermos que existem várias formas do tratamento do mesmo.

Em nossa pesquisa clínica cotidiana, sustentados pela teoria e pela ética da Psicanálise, na busca de interlocução com colegas de diversos centros de transplante – dentro e fora do Brasil –, constatamos que é enfática a abordagem do sofrimento por meio da proposta de *racionalização* do mesmo, às vezes por meio da *negação* do mesmo, num afã desenfreado de *adaptar* o doente a uma nova realidade, cujo preço é, de comum acordo, o apagamento do sujeito, o menosprezo da angústia.

É claro que a presença de um psicanalista numa equipe médica está diretamente relacionada à presença do sofrimento psíquico de alguém (doente/ equipe), e que, portanto, a clínica psicanalítica é esta que toma o homem como um sujeito de linguagem, que trata do sujeito do Inconsciente; é o tratamento de falantes que sofrem (Moretto, 2005).

Mas para isso é bom que fique claro que a situação do transplante não é apenas um momento difícil, durante o qual a pessoa precisa de reforço egóico para suportar a situação, para ajudá-la a se adaptar à nova realidade.

É algo que vai muito além, pois se trata de posicionamento subjetivo diante de uma situação marcada pela iminência da morte, convocando o sujeito com todo o seu aparato psíquico a se posicionar em vida, que convoca o sujeito a se deparar com sua posição na alteridade.

Desta forma a proposta de apagamento do sujeito não é o que um psicanalista tem a ofertar frente ao sofrimento, pelo fato mesmo dele ser um psicanalista.

O trabalho clínico na instituição coloca o analista, necessariamente, frente a outros discursos, e já sabemos que um psicanalista só tem como introduzir e sustentar o discurso analítico na instituição se for psicanalista, a partir de sua formação. Mas sabemos também que essa é a condição necessária, longe de ser suficiente.

Então fica a questão: a experiência do "outro em si", do que se trata e como se trata? O que nos revela a clínica psicanalítica? Que corpo é transplantado?

No Hospital Geral, a experiência psicanalítica é sustentada, enfaticamente, pelos conceitos de corpo – a escuta do corpo – e transferência – o manejo da transferência.

Se, como fruto dos avanços da ciência, e com o nobre objetivo de salvar vidas, a proposta do transplante de fígado é feita com naturalidade pela equipe médica que o realiza, é fato que não é com a mesma naturalidade que esta proposta é recebida pelo paciente que dele precisa.

Queiramos ou não, é uma proposta que nos remete à noção de um "corpo-máquina" (Novaes, 2003) e foi graças à condição de pensar o organismo como "corpo-máquina" que a Medicina pôde, com dedicação e entusiasmo, oferecer um procedimento terapêutico àqueles que antes, sem o transplante de fígado, estavam condenados à morte.

Cabe aqui a lembrança da frase de um residente médico em reunião: "Feliz é aquele hepatopata terminal que tem a chance de fazer um transplante de fígado, de trocar a 'peça' que 'não presta' por uma seminova que, ao menos, funciona".

Sim, mas não é com o mesmo "corpo-máquina" que o sujeito escuta a proposta, mesmo aqueles que apresentam com o seu corpo uma relação do tipo mecânica. Só é possível entender, por fim, esta diferença entre a naturalidade da equipe *versus* o estranhamento do sujeito, se lembrarmos da diferença do conceito de corpo em Medicina e em Psicanálise.

Em função disso, foi tão importante para nós fazer a diferença do conceito de corpo para a Psicanálise e para a Medicina, pois essa diferença oferece subsídios teóricos ao trabalho do analista com os pacientes e com a equipe do programa de transplante de fígado.

O "outro em si" não é estranho à equipe pela noção de corpo com a qual a Medicina opera. O médico se ocupa de um organismo e suas funções, e é com alguma naturalidade que aprende em Anatomia que o corpo funciona como um conjunto de peças, que se compõem de forma mais ou menos harmônica e se decompõem quando isto se faz necessário. A proposta do transplante conta com a decomposição do conjunto e sua restituição a partir de uma nova peça.

Para o sujeito, a experiência do "outro em si" é da ordem do estranhamento, pois não só o convoca a se deparar com a idéia da fragmentação de seu corpo, como também com a angústia que isso provoca. Se objetivamente a saída é esta única, subjetivamente isso costuma ser um drama, porque não é com um organismo puro que o sujeito humano lida.

O médico se ocupa do corpo biológico, este que podemos chamar de "organismo", objetivado pela Ciência e por ela estudado em termos de suas funções (digestão, respiração etc.), do funcionamento específico dos vários órgãos e seus tecidos, do funcionamento das células. O psicanalista trata um corpo que funciona, primordialmente, em suas dimensões Imaginária, Simbólica e Real, tecido pela sexualidade e pela linguagem.

É importante aqui lembrar que justamente o corpo, enquanto linguagem, é afetado pelas palavras. Do contrário, todo o trabalho psicanalítico seria inviável em sua dimensão clínica. E que, portanto, é no ato da clínica médica que um médico verifica, se assim puder fazê-lo, que suas palavras não são enunciadas sem efeito no corpo de seus pacientes (Fernandes, 2003).

Se pela sonhada soberania da razão o transplante de fígado é a solução para a morte, a clínica evidencia que não se recebe a notícia da "salvação" sem sofrimento, não se atravessa esta experiência sem estranhamento.

A clínica da subjetividade nos trouxe dados importantes que devem ser levados em conta pela equipe: nunca recebemos um só hepatopata terminal que, num primeiro momento, ficasse de fato feliz pela chance com a qual foi "presenteado" de fazer um transplante. Por quê? Por que o estranhamento? O que a experiência psicanalítica com estes pacientes nos permite saber da experiência do "outro em si"? O que está em questão aí? O que é arrancar um órgão doente do corpo? Tem a ver com castração? E o que é arrancar parte de um órgão sadio para doar a outro? O que está em questão quando um filho, por exemplo, é convidado a doar parte de seu fígado para seu pai em estado terminal? A situação de transplante intervivos se acena como uma possibilidade, ainda que imaginária, de saldar a dívida simbólica contraída no Édipo? E quem recebe um órgão, não contrai mais uma dívida?

O estranhamento e o conceito de corpo

Isso nos convoca a rever o conceito de corpo em Psicanálise para que possamos entender que corpo é transplantado, que sofrimento é esse. É neste sentido que rever o conceito de corpo em Psicanálise é, antes de ser uma revisão teórica, uma necessidade clínica, não só porque uma análise tem efeitos sobre o corpo, mas pelo fato de que, se um profissional não consegue "escutar" esse corpo, pode fazer um paciente abandonar a tentativa sofrida de falar dele (Fernandes, 2003).

Em Psicanálise, corpo não é organismo, e isto tem a ver com a própria constituição da subjetividade humana. Na teoria freudiana, o conceito de corpo está intimamente ligado aos conceitos de eu, de identificação e de narcisismo, portanto, só podemos entender o conceito de corpo em psicanálise tomando como chave a *alteridade*. Não há corpo sem o Outro, assim como não há *eu* sem Outro, como ressalta Freud (1923) em "O ego e o id" quando escreve que há uma relação entre o *eu* e o *corpo*, dizendo que o ego é, antes de tudo, corporal.

Se em Freud o *eu* é, antes de tudo, corporal, desde o início, para ele, o corpo é pulsional, habitado pela pulsão (Freud, 1915), e é linguagem, se prestando à decifração.

É justamente na retomada do texto freudiano que Lacan, em seu ensino, estabelece o conceito de corpo a partir dos três registros fundamentais, possibilitando, como Freud, que o conceito de corpo possa ser apreendido com base em três pontos de vistas complementares: o ponto de vista do Imaginário, o corpo como imagem; do ponto de vista do Simbólico, o corpo marcado pelo significante; e do ponto de vista do Real, o corpo articulado ao gozo.

Aqui é fundamental que lembremos, a cada passo, que tal separação é didática, e que não se trata de três corpos indexados em três registros distintos, pois é só na articulação entre os registros que conseguimos falar de processos de corporeidade.

O ser humano, ao ser acolhido pelo Outro que lhe garante o adiamento da morte, é também nomeado por ele, graças ao seu desejo. Marcado pelos nomes, passa a ficar idêntico (*idem-ficare*) ao que o Outro faz dele, estando sujeito ao olhar e à palavra do Outro, podendo (ou não) se safar. E de ser passa a sujeito que tem uma identidade, podendo, por ser idêntico, se diferenciar.

Para Freud (1914), então, no início está o auto-erotismo. A esse momento de construção lógica do que virá a ser o corpo, Lacan (1936), no texto "*O estádio do espelho* como formador da função do eu, tal como nos é revelada na experiência psicanalítica", chamou "imagem de corpo despedaçado", imagem de membros, e a partir da incidência do Outro em suas relações, pode-se falar da passagem do corpo auto-erótico para o corpo narcísico (erógeno de forma unificada), o que tem a ver com a construção do eu corporal para Freud.

É importante lembrar que, ao mesmo tempo em que o Outro é tomado como referência imaginária para o processo de identificação e constituição da subjetividade, isto não se dá fora do campo de linguagem, o que significa dizer que o ser só pode vir a ser corpo no campo da linguagem quando por ela incorporado.

Isso nos faz entender, então, que o corpo imaginário está articulado ao corpo simbólico. E o que é o corpo simbólico? É o produto da incorporação da linguagem na carne, transformando-a em corpo humano e, portanto, temos aí um corpo significante que representa o sujeito para outros significantes.

Incorporado pela linguagem, o corpo humano traz nele as marcas do próprio significante. "O corpo entra na linguagem sofrendo os efeitos dos ditos daqueles que representam o Outro para o sujeito. Eis o que historiza e histeriza o corpo" (Quinet, 2004, p. 62).

É por isso que a Psicanálise tem efeito sobre o corpo, descoberta que custou a Freud a invenção da Psicanálise, porque, se não fosse assim, uma interpretação não poderia desfazer uma paralisia histérica, provando que o que faz com que a palavra tenha efeito sobre o corpo não é magia, mas é o fato de o corpo ser o suporte da relação do sujeito do Inconsciente com o significante.

O conceito de corpo, para além do imaginário e do significante, articula-se com o conceito de gozo – portanto, estamos nos referindo ao corpo em sua dimensão Real, a partir do resultado do processo de incorporação, salientando que o efeito do processo de incorporação é o esvaziamento de gozo na carne e a produção de afeto, que é correlativo ao objeto a.

Repetindo, o resultado da incorporação simbólica na carne é que ela fica corpo. Mas não toda. Há um resto de carne no corpo, que é o que escapa – é o que transborda do corpo ao significante e à imagem; é o que chamamos corpo Real. A carne é o que resta da extrusão do gozo (fora do corpo), e o corpo Real aparece aí como sendo aquele corpo que *ex-iste*.

Agora chegamos a um ponto crucial: como isso nos orienta na clínica com os pacientes transplantados, esses que vivem a experiência do "outro em si"? Como articular o conceito de corpo em Psicanálise com a clínica psicanalítica com os pacientes do programa de transplante de fígado?

Esse paciente, ao se inscrever no programa de transplante, depara-se com a proposta do "outro em si". O que está fora, ao entrar, ao ser literalmente costurado no organismo, entra como incorporado? O enxerto não é palavra, é coisa. E no caso do transplante, a palavra mata a coisa para que o sujeito permaneça vivo?

Não, daí o estranhamento.

Fato é que cabe ao psicanalista tratar desse estranhamento, no lugar de tentar vence-lo, como faz a equipe médica e demais colegas, que não só não toleram o estranhamento, mas também o estranha com sofrimento.

Se quisermos, não teremos muita dificuldade na tarefa de compreender o sofrimento de uma equipe frente ao estranhamento dos pacientes. São pessoas que, por vezes, dedicaram sua vida à tarefa de pesquisar para encontrar meios de salvar vidas, e ao ofertar o presente são, a princípio, identificados como vilões. Sim, compreende-se.

Mas o trabalho do psicanalista não se encerra na compreensão. Isso não é tudo. É preciso avançar, porque a lição freudiana é clara: o corpo humano não equivale ao organismo, e isso se evidencia no estranhamento da equipe, inclusive.

Talvez seja por não ter isso claro que um médico estranhe o estranhamento de seu paciente, o que faz com que ele entenda o estranhamento como dificuldade de raciocínio, e não como uma experiência de ambigüidade. E é justamente a ambigüidade que faz com que o transplante não seja apenas a salvação do organismo doente, mas o atravessamento angustiado de toda uma história, posto que sabemos, o corpo humano ao mesmo tempo em que é o envelope desta história, revela-a, cada um ao seu modo. Mas é uma história que só se revela para quem pode escutá-lo.

Primeiro porque a descoberta de uma doença grave – que anuncia a morte – é, ao mesmo tempo, a (re)descoberta do corpo vivo, porque é só quando se está vivo que se pode morrer. Depois porque a proposta do transplante põe em questão, para o sujeito, o modo de relação que ele estabelece com o seu corpo e com a alteridade, seja qual for o modo singular com o qual cada um experimenta seu corpo. É preciso, portanto, que, enquanto equipe de saúde, estejamos em condições de lidar com o estranhamento dos nossos pacientes, apesar da naturalidade (muitas vezes forçada) do médico que faz a oferta do transplante, até porque se ele próprio estivesse na posição de paciente, certamente teria que se haver com o seu próprio estranhamento.

Vimos que esse estranhamento do paciente, acompanhado de angústia, dava-se em função do fato de o enxerto do órgão (no organismo) não corresponder à sua incorporação (no corpo), pois para quem pode fazer a diferença, ao menos conceitual, entre organismo e corpo, tal diferença era evidente. De novo, bastava poder escutá-la.

Se para a psicanálise a constituição da subjetividade coincide com a constituição da corporeidade, foi sempre privilegiando o diagnóstico estrutural e a posição subjetiva do paciente que buscamos seu saber a respeito da experiência do "outro em si" e de sua relação com a equipe, pois é a partir dela que ele poderá se implicar (ou não) em seu tratamento.

A construção da hipótese diagnóstica estrutural em Psicanálise não se reduz a um trabalho de classificação. É por meio dela que encontramos os elementos para fazer o laço com o nosso paciente, já que na transferência o analista ocupa o lugar do Outro. Se a situação do transplante convoca o sujeito a se rever na questão da alteridade, é com esse Outro-analista que essa questão se atualiza para ser tratada.

Concluindo, supõe-se, *a priori*, que o sofrimento da experiência do "outro em si" está relacionada com o luto pelo órgão perdido, posto que a partir de então só é possível viver com o órgão de outro. Isso implica em conseqüências que vão desde a necessidade de passar a viver com medicações imunossupressoras até as novas formas de lidar com a alteridade.

A clínica psicanalítica com estes pacientes não deveria nos deixar dúvidas quanto ao caráter traumático desta experiência. Mas é preciso perguntar: o que é traumático aí? A perda ou o ganho? Se a lição freudiana deixa claro que o que torna um acontecimento traumático não é o acontecimento em si, mas a fantasia que se constrói *a posteriori*, isso nos aproxima da idéia do trauma relacionada à fantasia e ao excesso.

É fato que se suporta (ou não) a experiência do transplante, num primeiro momento, lançando-se mão das fantasias. No entanto, o que poderia se reviver a partir de um transplante, dessa situação inédita?

Se a situação é inédita, reviver o quê? A perda do órgão remete-o à castração. E o ganho? O analista escuta o inédito. O inédito – o que nunca foi dito – o corpo nunca representado, o corpo que transborda frente ao analista que o escutando constrói a possibilidade da invenção significante.

O sujeito precisa inventar recursos para lidar com a alteridade em sua vida, inclusive com este outro chamado Ciência. Sim porque ele sabe que a Ciência avança – que bom! – mas, como afirma Gianetti (2002) "o que a Ciência nunca fará por nenhum de nós – e isso não importa o quanto ela avance ou deixe de avançar – é escolher o uso que faremos de nossas vidas" (p.75).

Referências bibliográficas

FERNANDES, M.H. *Corpo*. São Paulo: Casa do Psicólogo, 2003.

FREUD, S. (1914) Sobre o narcisismo. *Edição Standard Brasileira das Obras Psicológicas Completas*. Rio de Janeiro: Imago, 1974; v. 14.

_____ (1915) Os instintos e suas vicissitudes. *Op. cit.*, v.14.

_____ (1923) O ego e o id. *Op. cit.*, v.19.

GIANNETTI, E. *Felicidade*. São Paulo: Companhia das Letras, 2002.

LACAN, J. O (1936) Estádio do Espelho como formador da função do eu tal como nos é revelada na experiência psicanalítica. In *Escritos*. Rio de Janeiro: Jorge Zahar, 1998.

MORETTO, M.L.T. *O que pode um analista no hospital?* São Paulo: Casa do Psicólogo, 2005.

MORETTO, M.L.T. *O psicanalista num programa de transplante de fígado: a experiência do "outro em si"* 262 p. Tese (Doutorado) Instituto de Psicologia da Universidade de São Paulo. São Paulo, 2006.

NOVAES, A. *O Homem-Máquina. A ciência manipula o corpo.* São Paulo: Companhia das Letras, 2003. 370 p.

QUINTET, A. Incorporação, extrusão e somação: comentários sobre o texto Radiofonia. In: ALBERTI, S. ; RIBEIRO, M.A.C. (orgs) *O retorno do exílio: o corpo entre a psicanálise a ciência.* Rio de Janeiro: Contra Capa, 2004.

Dor física e dor psíquica: experiência em pesquisa psicanalítica[109]

*Norma Lottenberg Semer; Daniela Esquivel,
Juliana de Cássio Leonel; Kátia Semeraro Jordy;
Luciana Sobirai Diaz; Roberta Katz Abela;
Simone Godinho; Terezinha de Carvalho Amaro*

"... *Psyche* é uma palavra grega que pode ser traduzida como 'mente'. Assim, 'tratamento psíquico' poderia eventualmente significar 'tratamento dos fenômenos patológicos da vida mental'. No entanto, este não é o significado. Tratamento psíquico denota na verdade tratamento que começa na mente seja tratamento de distúrbios mentais ou físicos, por meio de instrumentos que operam num primeiro momento e imediatamente sobre a mente humana..." (Freud, 1905).

Esta experiência refere-se a um pedido da reumatologia que muito nos interessou: mulheres com dor crônica, quadro conhecido como fibromialgia, pela percepção dos reumatologistas de que haveria questões emocionais envolvidas.

Fibromialgia significa "dor nos músculos e nos tecidos fibrosos", ligamentos e tendões, caracteriza-se por uma sensação de dor difundida por todo o corpo. É uma síndrome com várias manifestações clínicas como fadiga, indisposição geral, distúrbios do sono, sendo a dor, moderada ou severa, seu principal sintoma. Tem uma prevalência de 2 a 4% na população geral, 80 a 90% dos pacientes são do sexo feminino, idade média variando entre 30 a 60 anos.

O diagnóstico da fibromialgia é baseado nos critérios médicos da classificação das doenças. Em 1990, o Colégio Americano de Reumatologia

---

[109] Este trabalho contou com o apoio da Fundação de Amparo à Pesquisa do Estado de São Paulo (FAPESP).

propôs critérios diagnósticos para a fibromialgia, a presença de queixas dolorosas difusas, sendo um diagnóstico clínico. A dor crônica é uma experiência vital que leva a pessoa a experimentar desamparo e desesperança.

Este trabalho constitui parte de um projeto de pesquisa mais amplo sobre relações entre Psicanálise e Universidade, no contexto de uma experiência prática e clínica de atendimento psicanalítico com pacientes previdenciários. Trata-se de pesquisa empírica com objetivo de se observar mudanças psíquicas. Foi formado um grupo de terapeutas para atender estas pacientes.

Em nossa experiência com diversos tipos de pacientes em que está presente a preocupação das relações e repercussões mente corpo, observamos alguns fatores comuns.

Contribuições de autores

Várias são as concepções que abordam a relação entre as emoções e o corpo. Para McDougall (1989), as manifestações corporais são expressões corriqueiras tanto de conflitos internos como de acontecimentos externos da vida quotidiana. Assinala que a resposta frente a situações estressantes envolverá aspectos variados de organização e integração da personalidade. A doença surgirá quando as condições internas para enfrentar e manejar frustração e tensão forem insuficientes.

McDougall (1989, 1994) compreende o fenômeno da somatização como um mecanismo mental de defesa e emprega o termo "potencialidade psicossomática", isto é, qualquer indivíduo, neurótico ou psicótico, pode somatizar se um certo limiar de conflito ou de dor psíquica é ultrapassado. Nos fenômenos psicossomáticos ocorreria, segundo McDougall (1989), a expulsão de alguns aspectos, afetivos e cognitivos, da realidade psíquica para fora da psique, deixando o indivíduo sem conhecimento dos mesmos. Ainda, segundo a autora, os pacientes somatizadores muitas vezes "não têm palavras para dar nome a seus estados afetivos ou não conseguem distinguir um estado afetivo do outro" (McDougall, 1989, p.26).

A este fenômeno, Nemiah e Sifneos (1970) já haviam denominado "alexitimia" (do grego: *a* = sem, *lexis* = palavra, *thymos* = coração, afetividade), ou seja, a incapacidade para descrever com palavras os sentimentos, dadas as dificuldades para localizar sensações corporais, diferenciar os afetos, e integrar fantasia e experiência afetiva. Os pacientes com alexitimia apresentam tendência a manifestar os afetos de modo descontrolado e grande pobreza imaginativa.

Marty (1963) introduz a noção de pensamento operatório como subjacente ao fenômeno e à queixa somática recorrente; funcionamento mental denominado "pensamento operatório", conceito que enfatiza pobreza da vida imaginativa e da afetividade, e presença de bloqueios na capacidade de representar ou elaborar as demandas pulsionais que o corpo dirige à mente. Quando falham as possibilidades de sonhar, fantasiar, pensar, restam ao indivíduo a via orgânica e a ação como possibilidades de descarga da excitação que não pode ser elaborada psiquicamente. Mais tarde, Marty (1990) fala em falha no processo de "mentalização" nesses pacientes, ou seja, impossibilidade das representações psíquicas – fantasias, sonhos, associações de idéias – base da vida psíquica já que permitem o pensar, o elaborar, o refletir.

Meltzer (1993), discorrendo sobre as implicações psicossomáticas da teoria de Bion, escreve que uma das funções do pensamento é transformar as experiências emocionais e sensoriais de um estado bruto em uma forma mais elaborada e simbolizada. Essa transformação dos aspectos desprovidos de significado em algo que possa ser utilizado para pensar, avaliar e decidir é designada como função a. Os dados sensoriais e as emoções em estado bruto são denominados elementos beta *(b)*. Se as experiências emocionais não são transformadas pela função alfa *(a)*, acumulam-se sob forma de estímulos que tendem a perturbar o aparelho mental e devem por isso ser eliminados. Essa eliminação pode ocorrer por várias vias, por exemplo, pelas alucinações, ou pelas perturbações psicossomáticas. Para Bion (1979) a doença psicossomática está fora da área da função simbólica e desprovida de significado, não estando relacionada às representações da vida emocional e sim ao seu fracasso.

Lecours e Bouchard (1997) propõem-se a discutir noções básicas e familiares como representação, simbolização, processo mental secundário, função alfa, elaboração, pensamento, atuação como resultado de formas distintas de uma atividade endopsíquica genérica chamada de "mentalização". O processo de mentalização refere-se à função de ligação do ego pré-consciente, consistindo na conexão das excitações corporais com as representações endopsíquicas. A mentalização poderia ser pensada como o "sistema imunológico" da psique. Absorve os estresses, interno e externo, os excessos traumáticos e as pressões internas, processando mentalmente seus efeitos no soma/corpo e elaborando-os progressivamente, com capacidade de tolerância, continência e abstração. Propõem que a atuação possa ser pensada como resultado de intervenção de conteúdos não elaborados ou mal elaborados (Bion, 1962). Além disso, entendem a atuação como decorrente de uma falha temporária ou de um déficit crônico, na elaboração mental – impulsividade disruptiva. Segundo esses pesquisadores, a atuação pode manifestar-se por meio de diferentes canais de expressão: somatização, experiência alucinatória, imaginação ou expressão verbal. Segundo esse modelo, existem etapas no processo gradual de ganho da consciência das experiências de pulsão-afeto e o *insight* é visto como o último estágio do aumento progressivo de tolerância e elaboração do afeto.

Percebemos uma certa especificidade da dor; entendemos a dor como uma comunicação. Não nos detemos na busca da etiologia nem da compreensão psicanalítica do sintoma em si, mas como expressão e comunicação. A dor física concentra todas as dores, é um continente das infelicidades e o apego à dor e à doença passa a ser o eixo da vida.

Nosso interesse se concentra nas questões da simbolização, da mudança psíquica, da possibilidade de transformação da comunicação de um sofrimento e a busca de um continente que possibilite tais transformações.

Psicoterapia psicanalítica

Percebi em estudo anterior realizado com mulheres com dor crônica, que pacientes com queixa de dor possuem um funcionamento mental precário, concreto, com dificuldades de simbolização e manifestações regressivas e somáticas (Semer, 1987). Nesse sentido a psicoterapia psicanalítica é uma experiência que pode auxiliar o desenvolvimento psíquico – passagem do concreto para o abstrato – levando a um melhor manejo das vivências emocionais. Este processo pode promover a mentalização dos fenômenos somáticos, permitindo a expansão do mundo interno, maior participação de fantasias, do imaginário, das angústias, das ansiedades, dos medos. A proposta de atendimento psicoterápico pressupõe aceitar a teoria de que a doença e a dor são partes integrantes da organização mental de uma pessoa. O objetivo do psicanalista é, então, despertar o interesse do paciente para seu próprio funcionamento psíquico.

A relação psicoterápica é um encontro vivo entre duas pessoas que se comunicam. Nela, o paciente tem a oportunidade por meio da transferência-contratransferência de reeditar as vivências de falta, de falha, de trauma, identificando-as, nomeando-as, enfim, metabolizando-as no processo de elaboração. Trata-se, portanto, de uma significativa experiência emocional. Esse trabalho dinâmico de trocas afetivo-emocionais integradas a processos perceptivos de reconhecimento e a processos de pensamento é o que permite a passagem do princípio do prazer para o da realidade, do pensamento primário para o secundário, da descarga para a ação deliberada.

Em trabalho que realizei com crianças, percebi que as dificuldades nas experiências precoces favorecem futuras regressões e manifestações somáticas (Semer,1999). A possibilidade de perceber, conter e suportar as emoções e os estímulos externos e internos depende de como ocorreu o desenvolvimento psicológico de cada pessoa. Esse percurso pressupõe o estabelecimento de um bom objeto internalizado, que possibilite a percepção de si mesmo e do outro como um ser autônomo e independente – caminho da própria constituição de si mesmo.

Alguns estudos avaliando o tratamento psicoterápico dos pacientes da clínica psicossomática têm mostrado benefício para tais pacientes. Rad et. al (1998) observaram algumas mudanças em direção positiva, principalmente no que se refere à auto-imagem. Além disso, verificaram que as psicoterapias mais longas e intensivas, pelo menos acima de dois a três anos, foram mais eficientes. Em relação à mudança de sintomas, os resultados da psicanálise foram mais favoráveis.

A psicoterapia é, portanto, um método eficiente na evolução desses pacientes. Por meio do acolhimento que ocorre na relação psicoterapêutica espera-se que estes pacientes possam desenvolver vínculos mais consistentes consigo mesmos e com a vida. Para Winnicott (1954), pessoas que somatizam caracterizam-se pela falha no desenvolvimento de si mesmo, com perda da espontaneidade e constituição do que chamou de falso-*self*. O objetivo do trabalho com essas pessoas consiste no desenvolvimento, mudanças e transformações do funcionamento mental que levam à construção do "sujeito simbólico".

Técnica de atendimento psicoterápico

Para Winnicott (1988), o manejo psicoterápico traduz-se pela maternagem, acolhimento e cuidados implícitos em toda relação humana, e envolve lidar com os estádios primitivos do desenvolvimento emocional. Stolorow (1980) ressalta que o fator principal nos atendimentos é a comunicação empática. O sentimento de ter sido profundamente compreendido é o que torna o paciente capaz de se vincular ao terapeuta. O paciente sente que os seus medos mais profundos de autodesintegração e perda de si mesmo, representados nas preocupações somáticas, foram compreendidos empaticamente.

Do mesmo modo, Zusman (1994) propõe que a relação terapêutica com pacientes somatizadores envolva uma aproximação empática em que os sentimentos e as emoções, mesclados com as queixas corporais, sejam nomeados pacientemente e repetidamente durante as sessões. Della Nina (2002) aborda essa questão ao mencionar interação empática ou metáforas compartilhadas.

As condições de elaboração se constituem por meio de vínculo intenso, contínuo e confiável. Neste vínculo, o mais importante é uma postura de sincero interesse pela pessoa do paciente e não somente palavras.

Nossa experiência

Temos acompanhado cinco mulheres, entre 35 e 56 anos de idade, com nível baixo de instrução, e no início da psicoterapia quatro delas estavam inativas, embora tivessem desenvolvido atividades produtivas anteriormente. Trata-se de população sofrida e carente, não só dos aspectos econômicos e intelectuais, mas também de aspectos do desenvolvimento emocional, com precariedade de vínculos e de cuidados. Geralmente as histórias de vida envolvem muitas perdas, migrações, separações da família, luta pela sobrevivência, enfrentamento da violência ao lado de sentimentos de solidão e desamparo. Ao lado de necessidades básicas que precisam ainda ser contempladas, está presente uma "desnutrição emocional".

Paciente Margarete, 47 anos, casada, 2º grau magistério, vendedora de lanches e, no momento, inativa. Em seus atendimentos, iniciados em janeiro de 2005, nota-se que Margarete refere-se pouco e de forma superficial às dores no corpo que motivaram inicialmente sua inclusão no presente estudo. Centra-se mais em sentimentos de tom depressivo e de culpa relacionados a um de seus filhos que, após ser atingido por "bala perdida", ficou paraplégico. Margarete encarregada dos cuidados do filho, sente-se em um primeiro momento incapaz e desorientada quanto às providências que pode tomar para facilitar sua vida e a de seu filho. Mostra dificuldades em suportar a situação, sendo discutido nas sessões que sua dor no momento não é apenas física, mas, sobretudo, psíquica e sua dificuldade em tolerá-la. Aos poucos, consegue encontrar soluções que melhor se adaptam às situações e, então, surgem aspectos de seus relacionamentos interpessoais. Queixa-se da falta de valorização de seus esforços, que não são reconhecidos nem por ela mesma e elege a psicoterapia como a única coisa que tem. Mostra-se ambivalente quanto aos seus recursos internos, pois ora apresenta-se como alguém que tem recursos, mobilizando as pessoas em relação à condição de seu filho paraplégico e conseguindo ajuda e ora apresenta-se paralisada, mostrando-se vitimizada e descuidada fisicamente.

Joana, 45 anos, casada, 1º grau incompleto, empregada doméstica, inicia a psicoterapia em dezembro de 2004. Joana sempre se mostrou muito preocupada com seu corpo e com suas dores: *"sensação de pontada, agulha furando, primeiro foi o braço direito, o outro e passou para as pernas"*. Associava seu adoecimento a problemas familiares. Desde o início do trabalho, apresentava idéias de abandono, com medo de que a terapeuta esqueceria o horário da sessão e não compareceria. Com a experiência de atendimento, Joana passa a se sentir ouvida e respeitada. A relação com a terapeuta se configura com mais confiança dando mostras de gratidão. Percebe a importância dos encontros e sente os benefícios que a terapia traz para ela, inclusive o fato de não mais sentir dor da fibromialgia. Percebe que, mesmo quando tomava antidepressivos não se sentia melhor, e consegue se dar conta da importância de falar com alguém, experiência até então desconhecida.

Clotilde, 35 anos, separada, mas com novo companheiro, analfabeta, camareira de hotel, no momento inativa, inicia a psicoterapia em março de 2005. No início da psicoterapia, Clotilde apresentava-se retraída, ansiosa e desconfiada quanto ao atendimento. Mostrava ter dificuldades na auto-imagem, vendo-se como uma pessoa de menor valor por ser mulher e sentia-se desqualificada como mulher em função de sua dificuldade para engravidar. Percebia-se como uma pessoa sem condições de aprender, diferente dos irmãos, homens, em quem via essas potencialidades. Analfabeta, enfrentou a cidade grande, tendo trabalhado em um hotel, trabalho este marcado por desconsideração e abuso. Clotilde localiza nessa época o início de suas dores. Inicia a psicoterapia com as queixas das dores e dos atendimentos médicos e depois de algum tempo comenta nas sessões sobre o desconforto e a distância em relação a sua mãe. Aos poucos, interessa-se por assuntos íntimos e pessoais, sobretudo aqueles relacionados aos aspectos femininos, bem como sobre sentimentos e emoções. Seu interesse e abertura para a vida aumentam e rapidamente melhora dos sintomas. A terapeuta engravida e três meses depois Clotilde engravida também. As faltas e as falhas na relação de Clotilde com sua mãe são de certa forma recuperadas na ligação com a terapeuta.

Jacira, 56 anos, solteira, 1° grau incompleto, montadora, inativa, inicia a psicoterapia em fevereiro de 2005. Nas sessões psicoterápicas, Jacira mostra ter receio de ser ouvida e de não ser compreendida, ao lado de uma necessidade grande de falar. Lida com os acontecimentos de uma forma mais passiva e resignada. Pede ajuda, contudo se mostra forte e luta para não perder as esperanças frente ao sofrimento que a vida lhe impõe. É uma sobrevivente e luta para vencer seus problemas, sejam estes de saúde ou psíquicos, sejam de ordem prática como "um teto para morar e conseguir um dinheirinho" para poder comer e ajudar a manter sua casa com seus filhos já adultos, mas que se mostram ainda dependentes desta mãe. Em uma sessão afirma: *"quem tem cabeça firme, chora e a alma tem alívio. Quem não tem, chora e cai no apagão. Apagão é modo de dizer depressão, né?Eu não vou cair no apagão,não é?Depressão é ruim, não é bom não."* O "apagão" seria uma área de afetos ou emoções escuras, onde não é possível a iluminação pelo *insight*. De alguma forma, observamos que foi possível para esta paciente a construção da metáfora.

Inês, 50 anos, separada, manicura e massagista, mas inativa inicia a psicoterapia em março de 2005. Na psicoterapia, Inês se mostra muito interessada em conversar e possui muita confiança na terapeuta. É assídua e tem aproveitado do contato. Voltou a trabalhar como massagista, cuida mais de si mesma e empenha-se em seus estudos (faz o segundo grau). Em uma ocasião, quando seu filho se envolveu com drogas e corria o risco de ser preso, Inês tentou o suicídio ingerindo medicamentos em excesso, o que já havia feito anteriormente. A terapeuta conseguiu localizar o hospital onde estava internada, visitou-a, o que consolidou o vínculo. Inês pode ter a experiência de sentir que alguém realmente se interessa por ela, o que tem contribuído para o seu desenvolvimento.

Comentários

A experiência dos terapeutas é de que nas fases iniciais, as queixas de dor, as descrições corporais eram freqüentes. Com o passar das sessões, outras questões passam a ocupar o espaço da psicoterapia, assim relacionamentos, projetos de vida, dificuldades familiares. Dessa forma, a doença e as dores deixaram de ser o eixo de sustentação da identidade e observa-se expansão do mundo mental. Essa experiência tem nos mostrado que as pacientes com queixas somáticas podem beneficiar-se de um acompanhamento psicoterápico e que há uma evolução em seu desenvolvimento psíquico a partir da consolidação desse vínculo. Na medida em que se sentem reconhecidas como pessoas que têm uma história, uma identidade e que são empaticamente compreendidas em seu sofrimento, surgem condições para que elas também possam se acolher, se aceitar e perceber a necessidade de cuidar de si. Percebemos que ocorre a introjeção da função analítica, ou seja, essas pacientes desenvolvem a função analítica de sua personalidade, percebendo-se e observando-se além das dores e das queixas.

As mudanças psíquicas habitualmente esperadas e que ocorrem em curto prazo referem-se à redução de sintomas, mudança de foco nas sessões e algumas mudanças nos relacionamentos, em função do próprio relacionamento com o terapeuta. É possível percebermos em algumas pacientes melhor condição de tolerar a frustração pela ampliação de recursos pessoais. Já outras pacientes, por estarem previamente defendidas ou até distantes de um contato com suas emoções, puderam perceber, nomear e vivenciar experiências de angústia e dor psíquica, ao lado da terapeuta. Da mesma forma, muitas puderam se abrir para novos relacionamentos e sair de um isolamento em que se encontravam anteriormente. No entanto, os aspectos relativos a questões da identidade, da constituição do si mesmo ainda estão por vir e certamente com o desenvolvimento da psicoterapia será possível observá-los posteriormente.

Um dos fatores mais freqüentes e comuns e também mais pungentes que sempre chama nossa atenção se refere às condições de vida dessas pacientes, a luta diária pela sobrevivência, o enorme esforço para se conseguir o básico, o sofrimento para se criar os filhos, o desrespeito e abuso com que são tratadas na maior parte de suas experiências cotidianas, seja pelo motorista do ônibus, pela vizinha, pelo médico, enfim, o impacto da pobreza e de uma vida com tantas frustrações, ao lado de uma enorme solidão e desamparo. É útil lembrar que são pessoas cujo instrumento de trabalho é o corpo.

Com relação aos nossos objetivos, de transformação de um modo de funcionar pela descarga por uma capacidade de simbolização, podemos perceber que é um processo longo e construído de modo artesanal. É possível caminhar da dor física à dor psíquica?

Procuramos na literatura algumas hipóteses que pudessem nos ajudar a pensar essas características que vimos observando em nosso grupo. Alguns autores, como Valenstein (1973) refere-se ao apego à dor como uma dificuldade para se processar as mudanças psíquicas. Para este autor, os afetos de qualidade dolorosa referem-se a eventos ocorridos precocemente na vida desses pacientes, provavelmente durante o primeiro ano de vida. Assinala o autor que se os afetos, sobretudo aqueles mais primitivos, associados com as experiências do *self* tomam, predominantemente uma direção da dor, então um padrão é estabelecido, no qual afetos dolorosos marcam as primeiras relações e provavelmente mais tarde as representações de objeto e as representações do si mesmo. Estes aspectos se formam mais em bases afetivas do que cognitivas,o que também contribui para que as mudanças sejam mais lentas. Nesse sentido, é possível que haja o apego à dor porque as experiências associadas representam o *self* e os primeiros objetos. Desistir desses afetos é como ter que renunciar a uma parte de si mesmo.

Milheiro (1996) assinala que a transformação da dor física em dor moral e desta em sofrimento (ansiedade) pode ocorrer se a dor física for contida em uma relação com o outro, objeto externo (mãe) ou objeto interno, protetor e suficientemente bom.

McDougall (1991), por um lado, não concebe uma fronteira clara e por outro lado postula a existência de diferenças radicais entre a dor corporal e a dor mental, sobretudo a partir do momento em que o ser humano adquire a capacidade de representar simbolicamente as suas vivências. Esta maior capacidade de simbolizar e, portanto, de sentir a dor corporal e a dor mental como distintas depende da qualidade da relação primordial mãe-bebê e da capacidade da mãe interpretar as expressões de dor do bebê e ser capaz de nomear para ele os seus estados afetivos. Para McDougall, a organização psicossomática de cada ser humano vai se constituir a partir do interior da relação mãe-infans. A capacidade de "ouvir" as dores mentais vai depender da maior ou menor permeabilidade entre a área somática e a área psíquica e da qualidade do elo ou da comunicação entre a vida somática e a vida psíquica. A dor mental ou física é um fenômeno limite entre corpo e mente, num complexo de emoções e sensações de ansiedade, aflição, desamparo, para os quais a pessoa não encontra palavras ou representações e que pode, posteriormente, ser contido na situação terapêutica. A relação terapêutica ocorre com um terapeuta disponível, que não vai julgar nem retaliar e nem mesmo se deixar destruir pela destrutividade do paciente (Fleming, 2003). Segundo esta autora, esta retomada aos lugares da dor mental é um longo processo, onde o analista procura acompanhar de perto o paciente, para aumentar seu grau de tolerância à frustração, relacionar emoções e pensamentos e reconstruir ou mesmo construir as histórias pessoais, a identidade e a capacidade de ressonância emocional.

Portanto, continuamos em nossa caminhada na direção das possíveis transformações da dor em crescimento.

Referências bibliográficas

BION W.R. (1962) *Learning from Experience*. London: W. Heinemann Medical Books.

DELLA NINA, M (2003)- *O psicanalista, a clínica e o psicossomático: um enfoque em nosso meio*. Trabalho apresentado em Reunião Científica da SBPSP, em 27/11/2003.

FLEMING,M (2003)-*Dor sem nome-pensar o sofrimento*. Ed. Afrontamento, Porto.

FREUD, S (1905)-*Tratamento psíquico ou anímico*. Obras Completas de S. Freud, vol VII, Imago, RJ, p.271-288, 1987.

LECOURS S, BOUCHARD MA (1997) Dimensões da mentalização: delineando níveis de transformação psíquica. In: *Livro Anual de Psicanálise* (IJPA); tomo XIII; São Paulo: Escuta;13:185-204.

MARTY, P.(1993) *A psicossomática do adulto*. Porto Alegre: Artes Médicas.

MARTY, P e M'UZAN, M. (1994) O pensamento operatório. *Revista Brasileira de Psicanálise*, 28(1), p. 165-174.

MARTY, P. (1963) La "pensée opératoire". *Revue Française de Psychanalyse* 27, p.345-56.

MCDOUGALL, J. (1991) *Teatros do Corpo – O Psicossoma em Psicanálise.* São Paulo, Martins Fontes.

MCDOUGALL, J (1994) Corpo e Linguagem. Da linguagem do soma às palavras da mente. São Paulo. *Revista Brasileira de Psicanálise*,28 (1).

MELTZER D (1993) *Implicaciones psicosomáticas en el pensamiento de Bion.* Psicoanálisis AP de BA, 15(2), p. 315-338.

MILHEIRO,J (1996) *Dor no corpo...dor moral*, Revista Portuguesa de Psicanálise,15,7-16.

NEMIAH J, SIFNEOS P. (1970) Affect and fantasy in patients with psychosomatic disorders. In: O Hill, editor. *Modern Trends in Psychosomatic Medicine.* Londres: Butter Worths; p-26-34.

RAD M, SENF W, BRAUTIGAM W (1998) Psychotherapie und Psychoanalyse in der Krankenversorgung: Ergebnisse des Heidelberger Katamnesenprojektes. *Psychotherapy and psychosomatics, Medical Psychology* 48, 88-100.

SEMER NL (1987) *Estudo da personalidade de pacientes portadores de glossodínia pelo método de Rorschach* [tese]. São Paulo: Escola Paulista de Medicina.

SEMER NL, Yazigi L.(1990) Douleur Chronique, Réponses d'Anatomie au Rorschach et Narcissisme Primaire. *Psychologie Médicale*, Paris. 22:697-700.

SEMER NL.(1999) *Estudo da auto-estima em crianças enuréticas pelo método de Rorschach* [tese]. São Paulo: Universidade Federal de São Paulo.

STOLOROW RD, LACHMANN F.(1980) *Psychoanalysis of Developmental Arrests: Theory and Treatment.* New York: International Universities Press, p.120-128.

STOLOROW RD.(1982) On Feeling Understood. International *Journal of Psychoanalytical Psychotherapy*, 9:415-417.

TAYLOR GJ, BAGBY RM, RYAN DP, PARKER JD, DOODY KF, Keefe P(1988) Criterion validity of the Toronto Alexthymia Scale. *Psychosom Med.* 50(5):500-9.

WINNICOTT DW (1982)Aspectos Clínicos e Metapsicológicos da Regressão no Setting Psicanalítico, In *Da pediatria à Psicanálise*, Rio de Janeiro, 2ª Ed, Livraria Francisco Alves.

ZUSMAN W(1994) A opção sígnica e o processo simbólico. *Revista Brasileira de Psicanálise*, 28(1), p 153-164.

Saúde e práticas médicas

A educação emocional do profissional de saúde

Mario Alfredo De Marco

O corpo des-animado é o objeto da medicina na perspectiva do modelo biomédico instaurado pela revolução científica cartesiano-positivista. O movimento psicossomático integra as tentativas reparatórias da clivagem resultante dessa perspectiva.

No plano da formação dos profissionais a sutura exige a integração de territórios ignorados e/ou rejeitados.

No modelo biomédico a formação do profissional está voltada para o conhecimento das doenças em sua dimensão biológica; a sutura exige que esse conhecimento seja complementado com a inclusão do conhecimento da pessoa, numa perspectiva ampliada que tem recebido diversas denominações: medicina psicossomática, holística, da pessoa, biopsicossocial, entre outros.

Os desafios para a efetivação das mudanças que contribuam para a implantação da nova perspectiva são:

- como integrar nos currículos, eminentemente estruturados para um preparo numa perspectiva biomédica, o preparo para essa perspectiva ampliada?
- como traduzir essa inclusão numa real capacitação para reconhecer e evoluir as capacidades e habilidades necessárias para o trabalho do profissional nessa perspectiva ampliada?
- quais são essas capacidades e habilidades?

A partir da experiência na Escola Paulista de Medicina (EPM-UNIFESP), há várias décadas temos procurado enfrentar esse desafio, produzindo reflexões, critérios e propostas sobre o tema.

Através de sucessivos ciclos de reflexão-elaboração-ação do trabalho desenvolvido nos programas de graduação (programas de Psicologia Médica e programas modulares em integração com outras disciplinas) e de educação continuada dos profissionais (Interconsulta, Programas de Ligação, Programas de Capacitação etc.) formulamos algumas definições quanto ao campo de conhecimento e habilidades básicas a serem evoluídas pelo profissional de saúde e quanto aos referenciais que utilizamos para esse objetivo.

Definimos também uma orientação em relação à inserção e ao papel dos profissionais de saúde mental, incluindo entre suas atribuições o que tem sido denominado de "terapia da tarefa".

A "terapia da tarefa" objetiva contribuir para o processo reparatório da clivagem instaurada pelo modelo biomédico e tem como uma de suas atribuições centrais a "educação emocional" do profissional de saúde.

Um pouco de história

A construção do modelo biomédico e o ensino médico

Os grandes progressos alcançados pela ciência costumam ser atribuídos primordialmente à cristalização de dois métodos intelectuais: o primeiro enfatiza o raciocínio dedutivo, analítico e matemático; o segundo o raciocínio empírico e indutivo. O primeiro seria usado primordialmente por Descartes, Hobbes e Spinoza; o segundo por Francis Bacon e John Locke. O importante, no entanto, é que, ambas as escolas de pensamento compartilham uma característica vitalmente importante: a dúvida no conhecimento existente e a crença de que o mundo é governado por uma ordem racional suscetível de descoberta, seja pelo raciocínio dedutivo ou por laboriosa observação (De Marco, 2003). Alexander & Selesnick (1966) consideram que as duas tendências teriam encontrado harmoniosa integração em Galileu Galilei (1564-1642).

René Descartes (1596-1650), por seu turno, foi o mais extremado dos racionalistas dedutivos, ainda influenciado pela Idade Média: de espírito escolástico, tentava resolver o enigma do mundo por raciocínio dedutivo silogístico partindo de abstrações intuitivas que tinham pouca relação com o mundo dos sentidos. Com declarações fisiológicas às quais faltavam fundamentos sólidos, formulou um universo mecanicista no qual os organismos vivos funcionam como complexas peças de maquinaria. Dotou o homem de uma "substância pensante", a alma, que disso estava certo, não interagia com o corpo. Separou assim, completamente o corpo da mente, numa enganadora dicotomia que ainda obceca o estudo do homem (Alexander & Selesnick, 1966).

As formulações de Descartes abriram espaço para a construção de um dualismo metodológico e um dualismo ontológico radical que coloca alma e corpo como totalmente distintos e separados: um corpo puro autômato e máquina, totalmente separado de uma alma, puro princípio imaterial, que não depende de qualquer realidade material e cuja função essencial é o pensamento. O único ponto de contato entre corpo e alma, para Descartes, é o corpo pineal.

Descartes foi influenciado pelo espírito da época e por sua postura religiosa: para a religião (e para várias escolas filosóficas), a alma precisa separar-se da matéria, fonte de pecado e ascender à pura espiritualidade. A postura de Descartes alinha-se com essas concepções e ele também busca através da demonstração analítica (essa era uma missão que considerava importante) trazer as provas da existência de Deus que a fé necessitava (De Marco, 1995). É a partir dessa base que a ciência focalizou-se no exame do mundo material, deixando a alma aos cuidados da filosofia e da religião.

O método experimental que se constituiu para a abordagem do mundo material foi amplamente bem sucedido, no campo de suas aplicações, deslocando fortemente os campos de investigação nessa direção. No caso da medicina a marca distintiva dessa filiação resultará na construção de um modelo biomédico, ancorado preponderantemente na perspectiva biológica e abordável através do método experimental que, na definição da tarefa médica, se traduzirá numa clivagem significativa, com concentração na dimensão biológica e exclusão dos aspectos psico-sócio-culturais. Essa medicina cujo objeto é uma máquina biológica, cujas leis de funcionamento de suas diferentes peças precisam ser investigadas e compreendidas para que possam ser reparadas, terá uma enorme conseqüência nas práticas em saúde e no ensino e formação dos profissionais, acarretando tecnicismo e super-especialização com perda de uma visão integral do ser e dos cuidados.

Como contraponto à tendência biologizante, tivemos, já na primeira metade do século XIX, um movimento no âmbito da medicina, inspirado pelo Romantismo, que se preocupou com uma atenção à formação do profissional que não se limitasse exclusivamente aos aspectos biológicos. Expoentes importantes deste movimento foram os médicos vienenses Philipp Carl Hartmann (1773-1830) e seu discípulo Ernst Freiherr von Feuchtersleben (1806-1849). Este último foi um precursor da necessidade do preparo dos médicos em suas aptidões psicológicas.

Psiquiatra e homem de letras, o barão Feuchtersleben foi um dos escritores mais originais do século XIX nesse campo de estudo. Preconizava que o conhecimento das relações entre a mente e o corpo é indispensável não somente para aqueles que praticam a psiquiatria, mas para todos os médicos em geral. Introduziu o termo Psicologia Médica na metade do século XIX e já foi aventado que a teoria dos sonhos que elaborou teve influência na obra de Freud (Parkin, 1975). A obra de Feuchtersleben caiu no esquecimento, mas uma nova ebulição nesse campo, ao final século XIX, irá imprimir sua marca na formação médica e, a psicanálise terá aí um papel de destaque.

O resgate do psíquico e a construção do modelo biopsicossocial na prática e no ensino em medicina

Talvez o desafio de entender a ligação misteriosa entre mente e corpo tenha sido um dos fatores que inspirou Freud no fim do século XIX e começo do século XX a procurar as fundações para os fenômenos mentais e abrir possibilidades de tratamento efetivo para pacientes cujos sintomas eram enigmáticos e desconcertantes para a medicina da época. Os primeiros pacientes de Freud eram os "pacientes problemas da época", indicados pelos colegas médicos, frustrados pelas tentativas sem fim de tratar estes pacientes com afecções somáticas refratárias a qualquer intervenção. Embora Freud nunca tenha escrito nada aludindo à medicina psicossomática, seus *insights* nos mecanismos mentais, no papel do inconsciente e na relação médico-paciente (implicações da transferência-contratransferência na relação terapêutica) forneceram a abertura através da qual a relação médico-paciente e a relação mente-corpo e seus modos de funcionamento puderam ser vislumbrados e aprofundados. Freud, ele próprio, não esteve diretamente envolvido com a influência dos fatores psicológicos nas funções somáticas e nas doenças, demonstrando até certa ambiguidade em estender o campo psicanalítico para além da esfera dos distúrbios neuróticos: ele mostra, de um lado, admiração pelo trabalho precursor da medicina psicossomática desenvolvido por Georg Groddeck e, por outro, reticência ao envolvimento nesse campo, como na carta a Victor von Weizsacher, em 1923, onde expressa que, embora aceitasse a existência de fatores psicogênicos nas doenças, preferia ver os analistas limitarem, a título de aprendizado, suas pesquisas ao campo das neuroses (De Marco, 1989).

Apesar da ambiguidade, alguns de seus seguidores como Groddeck, Deutsch e Ferenczi na Europa e Jelliffe na América, com o seu beneplácito, enveredaram por estes caminhos e com sua prévia experiência como médicos, aprofundaram a aproximação dos preceitos psicanalíticos à prática médica. Já na década de 1920, vários deles estenderam as teorias para abarcar uma série de condições físicas que ainda não haviam sido consideradas.

Com a ascensão do nazismo, a emigração de uma série de psicanalistas desloca o centro de interesse pelo campo da Europa Continental para a Inglaterra e Estados Unidos.

Nos Estados Unidos, a psicanálise já gozava de boa popularidade. As conferências de Freud na Clark em 1909 haviam despertado grande interesse e atraído profissionais para a área. A esses profissionais, entre os quais Jelliffe era o expoente, vieram juntar-se na década de 1930, emigrados da Europa, vários outros de renome, entre os quais Felix Deutsch e Franz Alexander. Em 1933, a psicanálise receberia um reconhecimento institucional importante, na forma de um convite aos psicanalistas para formar uma seção especial na "American Psychiatric Association" (De Marco 2003).

A entrada da Psicanálise na academia e no ensino teve impulso considerável na década de 1930-40 participando ativamente na estruturação de departamentos nas Universidades dos Estados Unidos. Um fato interessante é que uma contribuição significativa para a constituição e consolidação desses departamentos e o florescimento da psicossomática nos Estados Unidos foi o substancial aporte de fundos de financiamento recebido pela área, particularmente as contribuições da Fundação Rockefeller, cuja área médica era presidida por Alan Gregg (1890-1957), um médico formado em Harvard em 1916, e que, quando ainda um jovem estudante de medicina, assistiu às conferências de Freud na Clark University, O Instituto de Chicago, presidido por Franz Alexander (1891-1964) foi um dos grandes beneficiados pelas verbas dessa Fundação (Wise, 1995).

Alexander, de origem húngara, foi um dos principais psicanalistas da assim chamada "segunda geração" e durante seu treino psicanalítico em Berlim teve diversos contatos com Freud. Emigrou para os Estados Unidos em 1930 e é o grande responsável pela introdução da psicanálise nas escolas de medicina. Essa aproximação já foi objeto de crítica, sob a alegação de que teria retirado da psicanálise seu estatuto de força revolucionária, tornando-a uma ciência bem assimilada, em contraposição à postura de Freud que sublinhava seu destacamento em relação à medicina. Este é um tema que ainda mobiliza muita discussão e polêmica.

Outra expressiva contribuição para a aproximação entre a psicanálise e o ensino médico foi a de Michael Balint (1896-1970). Nascido em Budapeste, Balint foi analisando e discípulo de Ferenczi e, já em 1925, trabalhando no departamento de medicina interna em Budapeste, começou a publicar suas idéias, desenvolvendo uma série de pesquisas em medicina psicossomática e tratando pacientes que apresentavam sintomas psicossomáticos com psicoterapia. Em 1932, criou o primeiro grupo de treinamento e pesquisa com médicos em Budapeste através do qual buscava estudar as possibilidades dos médicos incorporarem as idéias psicanalíticas em seu trabalho prático.

Balint emigrou para a Inglaterra em 1939, em função das crescentes dificuldades que vinham se impondo aos judeus e, em 1950, reiniciou seus grupos com médicos, desta feita, em Londres. A importância que conferia à investigação da relação médico-paciente transparece na sua famosa frase: "o remédio mais usado em medicina é o próprio médico o qual, como os demais medicamentos, precisa ser conhecido em sua posologia, efeitos colaterais e toxicidade" (Balint, 1955). Na década de 1960, Balint e sua esposa Enid percorreram a Europa disseminando seu trabalho com grupos de médicos, que seriam conhecidos como "grupos Balint" e que se disseminaram pelo mundo todo. O trabalho com "grupos Balint" passou a ser um instrumento importante aplicado também nos currículos médicos (De Marco 2003).

A integração do estudo e do treinamento das aptidões psicológicas nos currículos

Feuchtersleben, conforme já assinalado, foi um precursor da necessidade do preparo dos médicos em suas aptidões psicológicas. Ele cunhou o termo Psicologia Médica que no seu entender deveria ser uma forma de psicologia cuidadosamente planejada para os propósitos médicos, sendo sua finalidade o treinamento das aptidões psicológicas destes profissionais, independente da sua especialização.

Seguindo a nomenclatura proposta por Feuchtersleben, o preparo dos médicos em suas aptidões psicológicas estruturou-se principalmente através dos programas de Psicologia Médica que evoluíram através de várias tendências: Jeammet & cols. (1982) consideram a psicologia médica como a parte da medicina encarregada de informar e formar o médico para melhor realizar seu trabalho em geral, proporcionando-lhes uma conceitualização ampla do contexto psicobiológico e psicossocial da saúde e da enfermidade e, facilitando-lhes o desenvolvimento de suas habilidades de interação interpessoal".

Para eles, uma vez que todo ato médico implica o homem em sua totalidade, o impacto psicológico produzido dependerá profundamente da personalidade dos participantes e da qualidade de sua interação. Para Schneider (1986) a relação médico-paciente é o objeto privilegiado da psicologia médica, incluindo um conjunto de conhecimentos que toma corpo e desemboca numa prática centrada no homem enfermo, suas reações à enfermidade e a relação psicológica com seu médico. Ele entende que a tarefa da psicologia médica é instrumentalizar o aluno com conhecimentos psicológicos para que o futuro médico possa compreender melhor o paciente a quem trata, os aspectos psíquicos deste paciente que estarão presentes em qualquer que seja sua afecção, as considerações teóricas e a etiologia da enfermidade (Schneider, 1986). Em relação ao conteúdo programático, existe uma tendência a que o mesmo não fique restrito aos limites de uma disciplina curricular, mas que possa atuar como um campo propiciador de formação médica, mais ajudando o aluno na construção de uma mentalidade médica que na simples aquisição de conhecimentos teóricos; mais incidindo na área afetiva da aprendizagem que na cognitiva, mesmo tomando em consideração que ambas formam um todo indissociável (Eksterman, 1977). Quanto à interação com os outros campos e áreas da prática médica, ao lado de uma tendência disciplinar que entende a Psicologia Médica como mais uma disciplina a trabalhar em seu campo específico, temos uma tendência a considerar a Psicologia Médica mais como um tecido conectivo a integrar as atividades didáticas de todas as demais disciplinas e em todo período escolar (Eksterman, 1977).

A integração do estudo e do treinamento das aptidões psicológicas na UNIFESP

Não é intenção fazer uma apresentação completa do trabalho que temos desenvolvido na UNIFESP através do Serviço de Atenção Psicossocial

Integrada em Saúde (SAPIS), mas, apenas alguns dos pressupostos básicos e algumas facetas de nossa experiência na graduação.

A proposta é apresentar alguns dos referenciais adotados em nossas intervenções, visando à educação do estudante e do profissional para lidar com a pessoa e com o campo relacional, bem como definir a natureza de nosso trabalho, particularmente no foco que temos denominado "terapia da tarefa", que se constitui num dos tópicos importante para alcançar um dos objetivos centrais de nosso trabalho que é de incorporar um cuidado com uma real transformação individual e institucional. De forma destacada será abordada uma aplicação de nosso trabalho envolvendo a graduação.

A educação para a vida mental e as emoções

A medicina herdou do positivismo a noção de que o "homem não passa de física somada com química e a consciência é apenas um vago epifenômeno do qual ninguém tem tempo de ocupar-se" (Calasso, 2004). Acompanhando essa herança, o campo de atenção à saúde, excluiu todo o conhecimento e a educação para a vida mental e emocional, fundamental para o conhecimento da pessoa e das relações; só gradualmente e perifericamente esse conhecimento vem alcançando algum grau de reinserção.

Em nosso trabalho esse tópico ocupa um lugar central em projetos e ações e, um dos campos de conhecimento que tem alimentado nosso fazer, para o exame dos fenômenos que se atualizam no campo e nas relações e para a educação para a vida mental e emocional, é a Psicanálise. Dentre os conceitos que nos orientam destacamos:

Vínculo

O conceito de vínculo é central para o exame das relações (tanto intrapsíquicas quanto inter-pessoais). A formação de vínculos e a construção da personalidade são interdependentes: Enrique Pichon-Rivière (1907-1977) considera que, o sujeito que se relaciona é, ele próprio, um produto da interação entre os indivíduos, grupos e classes (Pichon-Rivière, 1982).

A estruturação da vida mental e emocional é sempre vincular, pois, a vivência e investigação dos estados mentais e das emoções é função dos vínculos que são consolidados desde o nascimento. Bion (1967) estabelece uma estreita associação entre identificação projetiva e vínculo: a relação e a comunicação são dependentes dos vínculos e, inicialmente, o elo de ligação (vínculo) entre o bebê e o seio é o mecanismo de identificação projetiva. A investigação de suas próprias funções e estados mentais depende inicialmente da possibilidade que o bebê possa investigar, através da identificação projetiva, seus conteúdos, geralmente, seus próprios sentimentos, vigorosos demais para serem contidos no interior de sua personalidade. Ela permite que o bebê possa investigar seus próprios sentimentos dentro de uma personalidade vigorosa o bastante para contê-los. Desta forma, a qualidade dos vínculos determina as possibilidades de construção e expansão da vida psíquica.

Nessa perspectiva, o vínculo é a estrutura complexa e multidimensional que abriga sistemas de pensamentos, afetos e modelos de ação, maneira de pensar, sentir e fazer com o outro, que constituem as primeiras sustentações do sujeito e as primeiras estruturas identificatórias que darão início à sua realidade psíquica.

A trama vincular é condição de sobrevida deste ser que nasce prematuro, incapaz de sobreviver sem a assistência do outro: a trama vincular é a própria base para a confirmação da identidade. Ou seja, sem a presença do outro é impossível constituir a identidade e o reconhecimento do "si – mesmo".

Temos aí a formulação de um descentramento básico, na medida em que o sujeito é intersubjetivo, constituído no encontro ou desencontro com o outro.

Rêverie

A capacidade de rêverie como evoluiu nas formulações de Bion (1962) é de extrema relevância para a evolução mental, a relação e a comunicação. Ela está diretamente associada à construção de uma capacidade de continência que irá determinar as possibilidades de expansão da vida mental-emocional. Inicialmente ela é descrita como uma capacidade mental, atributo importante da mãe (rêverie materna), cuja situação paradigmática, é a capacidade da mãe em tolerar a identificação projetiva do pânico e do terror sem nome, que o bebê efetua, contendo e transformando estas emoções, de forma que a criança sinta que está recebendo de volta a sua temida personalidade, de uma maneira que lhe é, agora, mais tolerável.

Esta capacidade materna é estendida por Bion para a capacidade do analista em seu trabalho com o paciente e ampliada para as situações da vida em geral. Neste sentido, um ponto importante a ser destacado é que esse estado é útil em muitas outras tarefas além da análise; "ele é essencial para eficiência mental apropriada para uma tarefa, seja qual for a tarefa" (Bion, 1992).

É nesta acepção que, em nosso trabalho, um objetivo importante é a ampliação da capacidade de rêverie tanto dos professores quanto dos alunos e profissionais, oomo contribuição para o incremento do que, um tanto livremente, denominamos de capacidade de rêverie institucional, atributo essencial para favorecer o acolhimento, continência e elaboração das vivências.

Transferência-contratransferência

A educação e evolução emocional conta com uma importante ferramenta ao aplicar os conhecimentos advindos da descoberta da transferência-contratransferência.

A transferência foi uma das descobertas mais importantes de Freud, através da qual pôde transitar do exame de histórias e vínculos perdidos no passado para o exame da atualização concreta da dinâmica e dos vínculos no aqui-e-agora. Freud percebeu as possibilidades que a identificação da dinâmica transferencial em jogo abre para detectar e modificar a trama emocional que tece as relações e o campo.

A descoberta da contratransferência potencializou as possibilidades instrumentais para essa observação e intervenção no campo. Freud, no entanto, não vislumbrou uma utilização instrumental da contratransferência, considerando-a mais, somente, como obstáculo, como um dos problemas mais difíceis da técnica psicanalítica que o analista deve sempre se empenhar em reconhecer e ultrapassar para poder estar livre (Roudinesco & Plon, 1998).

Ferenczi foi o precursor a postular alguma utilização da contratransferência, enquanto D.W. Winnicott (1896-1971), com seu artigo "Ódio na contratransferência" foi quem antecipou a transição entre contratransferência como "algo a ser evitado", para "aquilo com o qual algo deve ser feito" ou explorado (Winnicott, 1947).

Pouco depois, Paula Heimann (1899-1982), irá apresentar, de forma mais sistematizada, a tese de que a resposta emocional do analista ao paciente na situação analítica representa uma das mais importantes ferramentas para seu trabalho, podendo constituir-se num instrumento de pesquisa do inconsciente do paciente (Heimann, 1950).

Racker foi, ao lado de Heimann, um dos pioneiros na proposição da possibilidade de utilização da contratransferência como instrumento para ampliar a capacidade do terapeuta (Racker, 1957 in Grinberg, 1990).

Balint (1965) utilizou amplamente a contratransferência para o exame dos fenômenos vinculares na tarefa médica. Ele propôs uma distinção entre contratransferência pública e privada, como um conceito operacional para sua utilização nessa atividade. Seguimos essas propostas na utilização dessa importante ferramenta em nosso trabalho (De Marco, 2003-2).

Educação permanente e terapia da tarefa

O preparo do profissional de saúde para a observação e atenção à pessoa e ao campo relacional é parte de um projeto de educação continuada que envolve ações na graduação e nos mais diferentes níveis de atuação de nosso serviço. Um pensamento que norteia esse preparo é o de que esses profissionais têm como uma de suas funções desempenhar um papel que temos denominado de "terapia da tarefa", seguindo uma expressão proposta por Ferrari & Luchina (1980).

Um desafio importante que temos enfrentado para a consecução desses objetivos é o preparo de quadros para atuar nessa empreitada. Isto envolve o preparo de uma série de profissionais como: professores da graduação; profissionais de saúde mental que exercerão sua atividade em cenários específicos do atendimento em saúde; profissionais supervisores de atividades de estágio em interconsulta e ligação; residentes e estagiários com funções de atendimento em programas de interconsulta e ligação.

Semiologia Integrada – uma experiência nos programas de graduação

O fenômeno da dissociação e fragmentação dos programas de ensino em medicina e suas conseqüências tem sido objeto de atenção e preocupação. Em nosso trabalho, para fazer frente a esse quadro, implementamos recentemente (2004) um módulo que denominamos de Semiologia Integrada numa tentativa de favorecer a integração do ensino da psicologia médica com o ensino das diferentes áreas e especialidades.

A psicologia médica está presente, atualmente, no currículo do 1° ao 5° ano do curso de medicina. Este módulo ocorre em continuidade ao curso de Psicologia Médica, ministrado no primeiro semestre do 2° ano, no qual já é realizada uma iniciação no treinamento de entrevistas. São mantidas turmas (18-20 alunos) e coordenador (professor de Psicologia Médica) de cada grupo.

Na primeira semana, professores dos diferentes ciclos de vida contemplados pelo curso (Pediatria, Clínica Médica, Obstetrícia, Ginecologia e Geriatria) ministram aulas expositivas das anamneses com as especificidades de cada área. Na semana seguinte, inicia-se o programa prático no qual serão realizadas entrevistas com pacientes de cada área.

No programa prático, após a realização das entrevistas tem lugar uma discussão inicial abordando principalmente aspectos das vivências e dificuldades experimentadas bem como aspectos relacionados à pertinência e importância de cada tópico da entrevista. Os alunos já estão previamente informados que devem elaborar, como material de apoio para a discussão na semana seguinte, um relatório individual contemplando os seguintes tópicos: aspectos da entrevista que despertaram sua atenção, dificuldades encontradas para realizar a entrevista, vivências e indagações despertadas pela atividade e articulação da observação com aspectos teóricos e práticos já discutidos.

Na semana seguinte a aula toda é dedicada à discussão em grupo. Os professores já tiveram contato com os relatórios que, juntamente com as entrevistas, são objeto de análise e discussão, objetivando o aprofundamento dos aspectos do desenvolvimento humano, comunicacionais e técnicos da entrevista, bem como a percepção, discriminação e elaboração das dificuldades despertadas pelo contato, tendo em vista evitar a instalação de atitudes defensivas e estereotipadas.

Esse ciclo entrevista-discussão/discussão repete-se a cada duas semanas, de forma que os alunos realizarão um total de seis entrevistas nos diferentes cenários (pediatria I, pediatria II, clínica médica, ginecologia, obstetrícia e geriatria).

A título de ilustração, transcrevemos trechos de relatórios, que ilustram a evolução no contato observada com o correr do curso. Os relatos correspondem a dois momentos, com duas semanas de intervalo (da primeira para a segunda entrevista), ilustrando a evolução que pretendemos que seja alcançada pelos alunos que, num primeiro momento podem reconhecer e manter contato com a percepção das emoções e das defesas, caminhando na segunda entrevista, para uma situação de maior segurança e controle, sem perder o contato com as emoções e, portanto, sem necessidade de lançar mão de defesas ou estereotipias:

1º relatório

- "Concluí que a situação foi muito mecânica, não sei se porque ficamos muito presos ao questionário e inseguros ou porque era algo novo para todos nós".
- "Acredito que a única dificuldade que tivemos foi conseguir direcionar a conversa, pois nosso paciente, se assim posso dizer, gostava bastante de conversar e não raras vezes perdia-se em suas histórias".
- "Achei que algumas perguntas do roteiro são um pouco desconfortáveis, como por exemplo, as que dizem respeito à renda familiar, se o paciente consegue se alimentar corretamente com a renda mensal".
- "Conseguimos coletar todos os dados com base no roteiro, mas de uma maneira muito mecânica e rápida".

2º relatório

- "De uma maneira geral, notei que aquela tensão da aproximação com uma pessoa estranha diminuiu muito; eu não fiquei pensando que ela poderia ser grossa conosco e nem fui armado como na outra anamnese".
- "As maiores dificuldades foram para fazer as perguntas mais delicadas, sobre sexualidade principalmente. Senti que tanto nós, alunos, quanto a paciente, ficamos um tanto intimidados, mas perguntamos e ela respondeu com certa tranqüilidade".
- "Particularmente estava bastante tranqüila na entrevista, não sei se devido ao fato de ser a segunda vez ou se devido à receptividade da paciente. Na primeira anamnese fiquei constrangida de perguntar algumas coisas, fato que não ocorreu nesta".
- "Até aquelas perguntas que considerávamos constrangedoras tornaram-se mais fáceis de serem formuladas e perguntadas, chegando ao ponto de transformá-las em 'normais'".

Para ilustrar mais especificamente as capacidades que consideramos relevantes para serem detectadas e evoluídas pelos alunos trazemos abaixo relatos sobre alguns dos tópicos mais importantes:

Observação da comunicação não verbal:

- "Observei a ausência de contato entre a avó (acompanhante) e o neto. Ela se manteve distante do paciente sem sequer olhá-lo".
- "Na anamnese geriátrica, quando a paciente (92 a) era questionado por nós, apenas olhava para a filha, para ela responder por ela".
- "Paciente cruzava os braços, tentando evadir perguntas íntimas".
- "Na anamnese ginecológica a paciente estava muito tímida e por esse motivo não olhava diretamente para nós".
- "Uma mãe olhando para o chão durante toda a entrevista".
- "Paciente com a mão na boca para esconder a falta de dentes".

Observação do estado emocional do paciente/familiares/cuidadores

- "O fato mais marcante foi perceber a solidão que muitos pacientes sentem num leito hospitalar".
- "Uma mãe inconformada com a doença crônica do filho".
- "Na pediatria, uma mãe bastante nervosa, falando alto e incomodada com nossa presença. Percebendo o estado emocional dessa mãe, decidimos aguardar pacientemente que ela se acalmasse. No final, a entrevista foi um sucesso".
- "Na anamnese na obstetrícia: a paciente de 16 anos havia tido um filho com uma má-formação cerebral e com prognóstico ruim e ela não se mostrava preocupada (mecanismo de defesa?)".
- "A paciente demonstrou profunda tristeza ao falar da morte do filho e da prisão da filha".

Observação do próprio estado emocional

- "O encontro com uma doença extremamente debilitante num senhor sem família, pobre e que sempre teve uma vida ativa foi um baque para mim. Senti-me impotente".

- "Em algumas entrevistas, principalmente nas primeiras, fiquei constrangida e tímida".
- "Na pediatria, percebi-me emocionado com o carinho da mãe".
- "Na anamnese pediátrica percebi que me envolvi muito com o estado crítico da criança e com o sofrimento da mãe".
- "Fiquei um tanto chocado ao ver uma paciente (câncer de mama) no auge de sua vida, com filhos para cuidar, sofrendo risco de vida".

Os relatos presentificam a experiência e o aprendizado dos alunos, que queremos alcançar. Eles puderam se aproximar dos pacientes de modo diferente do usualmente apresentado numa escola médica: o foco não era apenas a doença e sim a pessoa doente.

A expectativa é que eles possam ao longo do curso evoluir, lado a lado com as habilidades técnico-instrumentais, essas habilidades relacionais:

- "Tivemos a oportunidade de exercitar nossas habilidades de comunicação interpessoal (com os pacientes) encontrando maneiras de superar eventuais dificuldades que pudessem atrapalhar a anamnese".
- "O contato entre nós alunos e pacientes estava cada vez mais natural. Adquirimos cada vez mais experiência para a comunicação e com isso a entrevista ocorria de forma mais fluente. É possível observar a evolução quando realizamos anamneses em ligas acadêmicas".
- "Entendimento com o paciente, suas preocupações, angústias. Enxergar o paciente além da doença".
- "(essas habilidades) Vão me ajudar a me tornar um médico mais completo e humano, e com uma visão não só (da relação) médico-paciente, mas sim de toda a equipe multiprofissional e do paciente juntamente com seus familiares próximos".
- "Essa experiência deveria continuar ao longo dos anos de formação. Entre as habilidades e capacidades (que evoluíram) posso mencionar: comunicação, relacionamento, raciocínio técnico, controle emocional, expressão de idéias, ética".

Conclusões e perspectivas

Estas experiências integram os ciclos de reflexão-elaboração-ação do trabalho que desenvolvemos seja na graduação (programas de Psicologia Médica e programas modulares em integração com outras disciplinas) como na educação continuada dos profissionais (Interconsulta, Programas de Ligação, Programas de Capacitação etc).

Nesta experiência em particular, foi possível observar que uma exposição antecipada e uma integração efetiva reforçam a possibilidade de formação de um profissional que cuida de forma integrada do paciente. Os professores de clínica, ao discutir os casos de pacientes ao lado dos professores de psicologia médica, acabam por representar um modelo importante, real e possível desta integração. Para os professores, a troca que ocorre durante as atividades com os alunos, cria também oportunidade para uma modificação em direção a uma visão mais integral e integrada.

Existe, além disso, uma troca que é resultado de uma interação mais básica: a simples presença do professor de psicologia médica é um catalisador que mobiliza no professor das áreas e ciclos uma preocupação em abordar os aspectos psicossociais e, reciprocamente, a presença deste mobiliza no professor de psicologia médica a preocupação na abordagem dos aspectos biológicos. Esta situação pode contribuir para ir sedimentando a postura e o hábito de um pensamento menos redutivo e fragmentado que os professores poderão transpor a outras situações de ensino e de prática, contribuindo para ampliar sua capacitação.

As reuniões da equipe de professores de todas as áreas e ciclos envolvidos criaram, também, um importante espaço de discussão e reflexão da atividade, dando ensejo a possibilidades de intercâmbios e compartilhamentos que raramente tivemos ocasião de vivenciar na Universidade, ao longo dos anos que temos nos dedicado a essa tarefa, já definida como "ensinar uma profissão impossível" (Eizirik, 1994).

Referências bibliográficas

ALEXANDER, F.G. SELESNICK, S.T. *História da Psiquiatria*. São Paulo: Ibrasa, 1968.

BALINT, M. (1955) *O médico, seu paciente e a doença*. São Paulo: Atheneu, 2005.

BALINT, M. (1964) Psicanálise e prática médica. In *A experiência Balint: história e atualidade*. São Paulo: Casa do Psicólogo, 1994.

BION, W.R. (1962) *O Aprender Com A Experiência*. Rio de Janeiro: Imago, 1991

BION, W.R. (1967) *Estudos psicanalíticos revisados*. Rio de Janeiro: Imago, 1994.

BION WR. *Cogitações*. Rio de Janeiro: Rio de Janeiro: Imago, 1992.

CALASSO, R. *A Literatura e os Deuses*. São Paulo: Companhia das Letras, 2004.

DE MARCO, M. A.. Sobre Deuses e Médicos. O Reencantamento da Medicina. *Junguiana: Revista Brasileira de Psicologia Analítica*, Sao Paulo, v. 7, p. 55, 1989..

DE MARCO, M. A.. Crença e Violência. *Junguiana: Revista Brasileira de Psicologia Analítica*, Sao Paulo, v. 13, p. 20-30, 1995.

DE MARCO, M. A. (Org.). *A face humana da medicina*. São Paulo: Casa do Psicólogo, 2003.

DE MARCO, M.A. (2003-2) Psicossomática e Interconsulta: A experiência no complexo HSP-EPM-UNIFESP. In *Voilich & cols (org) Psicossoma III*. São Paulo: Casa do Psicólogo, 2003.

DE MARCO, M.A. Do modelo biomédico ao modelo biopsicossocial: um projeto de educação permanente. *Revista Brasileira de Educação Medica*, v. 30, p. 60-72, 2006.

DE MARCO, M. A. ; CITERO, V.A.; NOGUEIRA-MARTINS, L. A. Revisando Conceitos: o papel da Psiquiatria moderna no hospital geral e na atenção primária. *Revista Brasileira de Psiquiatria*, v. 29, p. 188-189, 2007.

EIZIRIK, C. L. Ensinando uma profissao impossível *Rev. ABP-APAL*;16(4):133-5, out.-dez. 1994.

EKSTERMAN, A. O Ensino de Psicologia Médica. Relatório oficial apresentado na mesa redonda sobre o mesmo tema no Primeiro Congresso de Medicina Psicossomática da Bacia do Prata, Buenos Aires, 1977 disponível em http://www.medicinapsicossomatica.com/doc/ensino_psicologia_medica.pdf

FERRARI, H.; LUCHINA, I.; LUCHINA, N. *La interconsulta medicopsicológica en el marco hospitalario*. Buenos Aires: Nueva Vision, 1980.

GRINBERG, L.*The Goals of Psychoanalysis*. London: Karnac Books, 1990.

HEIMANN, P. On counter-transference. *International Journal of Psycho-Analysis* 31: 81-84. 1950.

HJORTDAHL, P.; LAERUM, E. Continuity of care in general practice: effect on patient satisfaction. British Medical Journal 16;304(6837):1287-90, 1992.

JEAMMET P & COLS. *Psicologia Médica*, Masson, RJ, 1982.

PARKIN, A. 'Feuchtersleben: a forerunner to Freud'. *Canadian Psychiatric Association Journal, 20,* 477-481, 1975.

PELIKAN, J.; KRAKIC, K.; DIETSCHER, C. The health promoting hospital: concept and development. *Patient Education and Counseling*, 45, 239–243, 2001.

PICHON-RIVIÈRE, E. *Teoria do Vínculo*. São Paulo: Martins Fontes, 1982.

ROUDINESCO, E; PLON, M. *Dicionário de Psicanálise* Rio de Janeiro: Jorge Zahar Editores, 1998.

SCHNEIDER, P-B. *Psicologia aplicada a la pratica medica*. Buenos Aires: Paidós, 1986.

WINNICOTT, D. W. (1947) O Ódio na Contratransferência in *Da pediatria à psicanálise*. Rio de Janeiro: Imago, 2000.

WISE, T. N. Presidential Address: A Tale of Two Societies *Psychosomatic Medicine* 57:303-309, 1995.

Viver é muito perigoso.
Sobre a concepção de saúde (e doença)
que orienta o trabalho clínico

Sidnei José Casetto

A idéia de que vamos partir é que todo profissional de saúde guia-se por alguma concepção de saúde, ainda que não se ocupe ou reflita a respeito. Ela orientaria a avaliação sobre a conveniência de intervir em alguma situação de sofrimento (se é melhor fazer alguma coisa do que não fazer nada) e sobre o tipo de intervenção a ser realizada no âmbito individual ou coletivo[110]. Por exemplo: se supomos que a saúde é incompatível com o sofrimento (físico e/ou psíquico), a sua simples presença pode recomendar uma ação que procure eliminá-lo. Caso não seja uma questão de presença ou ausência, mas de função e intensidade, a decisão pode ser pelo acompanhamento de seu desenrolar, sem medidas anestésicas.

Temos, como parâmetro comum, a célebre definição da OMS: saúde como perfeito estado de bem estar biopsicosocial. A referência às dimensões psíquica e social, antes negligenciadas, foi importante, afirma Berlinguer (1988), mas a escolha pela equivalência da saúde a um perfeito estado de bem estar gerou muitas críticas. A idéia de um "perfeito estado" contraria a de variação contínua, que parece ser condição necessária à vida dos organismos. E ainda, tomar a saúde como bem-estar significa excluir todo perigoso, indesejado e incômodo de seu escopo (Dejours, 1986; Caponi, 2003).

Ora, mas por que deveríamos incluir o perigoso, o indesejado e o incômodo na saúde? Podemos encontrar uma pista para esta resposta em Canguilhem (1966/1978). Tratando do normal e do patológico, esse autor, em sua tese de doutorado em medicina, publicada em 1943, trabalho que se tornou um clássico, demonstra que o normal – noção que se aplica ao âmbito da vida – não equivale ao padrão estatístico, uma vez que anomalias

---

[110] "O certo é que aceitar um determinado conceito ou idéia de saúde implica escolher certas intervenções efetivas sobre o corpo e a vida dos sujeitos individuais e implica, ao mesmo tempo, uma redefinição deste espaço onde se exerce o controle administrativo da saúde dos indivíduos, entendidos como grupo humano, como população" (Caponi, 2003, p.60-61).

(como a posição diferente de órgãos no corpo) não necessariamente são incompatíveis com o bom funcionamento do organismo, assim como estar dentro de limites clínicos não quer dizer saúde (posto que isso se pode conseguir com a evitação de situações de maior exigência). Assim, o uso de critérios objetivos mostrar-se-ia insuficiente na avaliação de normalidade. Haveria, defende Canguilhem, uma dimensão qualitativa a ser considerada, que corresponderia à capacidade de criar novas normas de funcionamento quando necessário. O normal seria, assim, o que consegue ser normativo.

Procuremos explicar esta tese. Um organismo que só conseguisse sobreviver mantendo suas constantes fisiológicas estaria numa situação de grande vulnerabilidade, pois é freqüente que alterações no ambiente tornem inadequados padrões estabelecidos. Por exemplo, basta imaginar as reações produzidas por um traumatismo físico, ou por uma mudança de altitude, ou pela necessidade de uma ação vigorosa. Ser normativo, portanto, significa ser capaz de instaurar novas constantes, sempre que isso for conveniente para a vida.

Mas a normatividade não se reduz a um esforço adaptativo. Canguilhem argumenta que o organismo sadio procura explorar suas possibilidades, "realizar sua natureza" (ibid., p.161). No caso do homem, existiria a sensação de que seus meios seriam bem superiores à manutenção simples da vida, donde a atração pelo abuso dos recursos de que dispõe. Correr riscos, portanto, seria um luxo possível na saúde, inerente a ela.

> O homem só se sente em boa saúde – que é, precisamente, a saúde – quando se sente mais do que normal, isto é, não apenas adaptado ao meio e às suas exigências, mas, também normativo, capaz de seguir novas normas de vida. Não foi, evidentemente, com a intenção expressa de dar aos homens essa impressão que a natureza fez seus organismos com tal prodigalidade: rim demais, pulmão demais, paratireóides demais, pâncreas demais, até mesmo cérebro demais, se limitássemos a vida humana à vida vegetativa. Um tal modo de pensar expressa o mais ingênuo finalismo. No entanto, a verdade é que, sendo feito assim, o homem se sente garantido por uma superabundância de meios dos quais lhe parece normal abusar (ibid., p. 161-162).

Em contraste, a doença se caracterizará pela economia de recursos, pelo estreitamento do campo de possibilidades, pela diminuição da tolerância ao que Canguilhem chama de "infidelidades do meio", ou seja, acontecimentos incontornáveis no decorrer da vida. Nesta condição, o organismo fica mais limitado, depende bem mais da constância das condições, suporta menos as variações típicas da saúde. Torna-se, assim, menos normativo[111]:

> Num meio que não seja extremamente protegido, esses doentes só teriam reações catastróficas; ora, não sucumbindo à doença, a preocupação do doente é escapar da angústia das reações catastróficas. Daí a mania de ordem, a meticulosidade desses doentes, seu gosto positivo pela monotonia, seu apego a uma situação que sabem poder dominar. O doente é doente por só poder admitir *uma* norma (ibid., p. 148. grifo meu).

Por outro lado, a doença não seria simples desastre, mas "recurso do organismo para reequilibrar o jogo" (Bezerra, 2006, p.105), um arranjo criado para se lidar com as circunstâncias. Seria também uma norma, mas inferior, posto que mais restritiva à vida. Na expectativa de ser provisória, deveria ser substituída, logo que possível, por uma outra condição de vida. Assim, a saúde suporia a ocorrência episódica da doença, não se opondo a ela. Daí pensar que a saúde deveria incluir um certo grau de perigo, incômodo e mal-estar vinculados aos movimentos expansivos do sujeito.

Ora, conceber a saúde como "garantia contra o risco e audácia para corrê-lo" (Canguilhem, 1990/2005, p.43) e a doença como "um modo de vida reduzido, sem generosidade criativa, (...) desprovido de audácia" (Canguilhem, 1966/1978, p. 151), faz perguntar se a força vital, com sua abertura aos riscos, poderia ser diferenciada de movimentos mortíferos, voltados à destruição do organismo. Em outras palavras, e pensando em certos excessos que são cometidos: a ousadia não poderia estar mais a serviço da doença e da morte do que da vida? Em caso positivo, como diferenciar uma coisa da outra?

Ser normativo, diz Canguilhem, supõe estabelecer preferências, assim como fazer exclusões (ibid., p. 105). Não corresponde, ao que parece, a uma ação sem medida, a uma conduta que recusa saber de seu ônus. Supõe-se

---

[111] Mas por que ocorre a doença? Canguilhem não se ocupa desta questão, supondo, antes, que a variação da normatividade, na relação do organismo com o ambiente, é a regra.

haver aqui um certo cálculo, mesmo que inexato e de resultados incertos, que desaparece na outra polaridade do movimento. Podendo ser ingênuo tentar distinguir muito claramente a vida da destrutividade, seria também uma redução não perceber a diferença de suas tendências. De todo modo, não seria a sobrevivência que definiria o lado em que se situaria o arranjo, pois a vida pode ser fatal, assim como restrições mortíferas podem produzir efeitos conservadores[112].

De maneira igualmente complexa a saúde se relacionaria com a doença: esta faria parte daquela, no sentido de estar prevista como uma de suas vicissitudes transitórias. Ademais, a doença teria a sua positividade, não sendo mero desarranjo, donde não ser um mal a ser combatido a qualquer preço. Simetricamente, a saúde deveria também incluir aspectos habitualmente considerados negativos, como certo grau de sofrimento, dor e angústia[113]. É curioso lembrar que no movimento Romântico julgava-se a vida incompatível com a saúde perfeita, "comportando sempre algum grau de doença" (Ritter, apud Gusdorf 1984/1993, p.277).

Sendo assim, poderíamos lançar a seguinte questão: qual é a concepção de saúde que adota a psicossomática psicanalítica? Ou, pelo menos, qual é o "valor" atribuído à doença na dinâmica psicossomática? Consideramos a doença o sinal de algum processo do paciente feito contra si mesmo? Seria uma forma de "autodestruição"? Teria falhado o trabalho psíquico que

---

[112] Esta questão poderia ser abordada do ponto de vista psicanalítico considerando-se a noção de narcisismo, e particularmente a diferença entre ideal-de-eu e eu-ideal. Os abalos ao narcisismo primário dariam lugar ao ideal-de-eu, que representa um reconhecimento dos próprios limites, ainda que não uma submissão a eles. Estabelecendo-se como um ideal, estimularia os movimentos que visassem alcançá-lo. Em contraste, o eu-ideal supõe a percepção de que não haveria nada a ser almejado no âmbito do eu, o que significa o desconhecimento de quaisquer limites. O eu não ideal suporta uma ação dimensionada no tempo, visando um resultado futuro e incerto, mas desejado. O eu ideal só pode agir na imediaticidade que confirme sua perfeição. Há uma interessante noção de "moderação dos fortes" da epopéia grega, que mostraria que a desmesura não era atributo associado à coragem e à bravura dos grandes guerreiros (agradeço a Alexandre de Oliveira Henz a indicação de uma palestra transcrita de Roberto Machado sobre a epopéia, em que esta noção é discutida).

[113] "Acreditamos que é preciso negar-se a aceitar qualquer tentativa de caracterizar os infortúnios como patologias que devem ser assistidas medicamente, bem como é preciso negar-se a admitir um conceito de saúde baseado em uma associação com tudo que consideramos como moral ou existencialmente passível de valoração. Pelo contrário, é preciso pensar em um conceito de saúde capaz de contemplar e integrar nossa capacidade de administrar de forma autônoma esta margem de risco, de tensão, de infidelidade, e por que não dizer, de 'mal estar' com que inevitavelmente devemos conviver" (Caponi, 2003, p. 68).

poderia evitá-la? Tomemos dois autores, dentre tantos possíveis, para ver como responderiam a esta indagação: Pierre Marty e Christophe Dejours.

Pierre Marty, como se sabe, foi talvez o principal formulador da doutrina da Escola de Paris, como ficou conhecida a psicossomática que surgiu na França a partir dos anos 1950. Indo direto ao ponto que nos interessa, há no modelo teórico deste autor a idéia de que, ocorrendo uma desorganização mental, tenderia a haver a regressão do organismo a pontos de fixação estabelecidos ao longo do desenvolvimento individual. Os pontos de fixação, somáticos inclusive, resultariam de atrasos na inscrição de certas funções, quando de sua constituição. Tais atrasos decorreriam principalmente do excesso ou da insuficiência das excitações.

Ora, segundo Marty (1991), tais fixações seriam simultaneamente pontos de vulnerabilidade e de defesa do sujeito. Vulnerabilidade, pois, pela regressão, tenderiam a ativar um funcionamento patológico destas funções. Mas também defesa, pois estancariam a desorganização em curso, que não seguiria adiante, promovendo então uma recuperação somática e mental. Donde a compreensão desta dupla face da doença: sinal de desorganização de funções superiores, mas resposta de resistência e restabelecimento[114].

Este seria o caso das doenças reversíveis, aquelas de evolução benigna. Mas haveria também as doenças graves, decorrentes da magnitude do traumatismo desencadeante e da ausência de saídas regressivas. Elas indicariam a falência dos recursos vitais e não representariam nenhuma força de retomada do sujeito. Na ausência de tratamento, conduziriam à morte. Neste caso, a doença parece perder sua positividade, denunciando apenas a fragilidade vital.

De todo modo, seria possível afirmar que a doença, no modelo de Marty, mesmo no caso das regressões, ocorre porque a função psíquica se desorganizou. Com Dejours, entretanto, encontramos um outro ponto de vista. Sua teoria em psicossomática tem caminhado no sentido de mostrar que o desenvolvimento psíquico vulnerabiliza bem mais do que blinda o sujeito. Há organizações muito sólidas, muito resistentes ao adoecimento, mas decorrentes sobretudo das grandes barreiras erguidas contra os abalos – e portanto contra as trocas – afetivas. A organização neurótica, que para Marty seria a mais protegida contra as somatizações graves, para Dejours poderia conduzir a arranjos diversos, dos mais aos menos fragilizados.

---

[114] Exemplos: cefaléias, raquialgias, enxaquecas, gastrites, doenças alérgicas e inflamatórias, hipertensões arteriais, manifestações comiciais (Marty, 2001).

À medida que o sujeito se abre ao jogo das relações, que ocorre "num mundo de operações simbólicas mediatizado pela linguagem" (Dejours, 1997, p.65), aumenta a chance de ser atingido pelos impasses que nele surgem de maneira imprevista. A abertura ao vínculo é também abertura ao risco. Não se trata propriamente de falha psíquica, portanto, mas da vulnerabilidade envolvida no movimento de substituir defesas por laços que, de maneiras diversas, podem desatar-se.

Nesse sentido, a doença, assim como a saúde, não deveriam ser tomadas como uma condição de âmbito individual, ainda que sempre sejam singulares[115]. Ambas estariam apoiadas numa trama de relações afetivas: amorosas, familiares, fraternas, de amizade e de trabalho. Dejours chega a dizer que "o sintoma somático é endereçado a um outro: eu adoeço *por* alguém. A crise somática acontece no âmbito de uma relação com o outro, quando esta relação me coloca num impasse psíquico que, evidentemente, é devido a mim, mas que também é um pouco devido ao outro" (Dejours, 1998, p.41). Em coerência com esta condição, o médico, o psicanalista, o terapeuta, tratam por meio do vínculo que conseguem estabelecer com o sujeito de que cuidam.

Mas segundo que concepção de saúde? Trabalhamos para que o sujeito aumente sua imunidade aos afetos ou para que tolere a vulnerabilidade necessária aos novos investimentos? Para poupar o sujeito dos riscos ou para que sua vida possa expandir-se? Para que se proteja contra a doença e a morte ou para que amplie sua normatividade? Para que mantenha um perfeito estado de bem-estar, ou para que tenha a liberdade de prescindir dele?

Como dizia Riobaldo, viver é um descuido prosseguido.

Ao final da mesa em que este texto foi apresentado no IV Simpósio de Psicossomática Psicanalítica, Wagner Ranña contou-me a história de um capiau que, adoecido, foi ao médico. Este, tendo-o examinado, disse que doravante teria que parar com a pinguinha, com o cigarrinho de corda, com a carne de porco, pois do contrário sua vida não iria muito longe. Ao que o capiau respondeu: "ói, dotô, eu meço a vida num é pelo comprimento, não, é pela largura".

---

[115] Canguilhem, ao contrário, destaca a dimensão individual da condição de saúde-doença, ao que parece em oposição à abstração da nosografia (Canguilhem, 1966/1978, p. 148 e 156).

Referências bibliográficas

BERLINGUER, G. *A doença*. São Paulo: CEBES – HUCITEC, 1988.

BEZERRA Jr., B. O normal e o patológico: uma discussão atual. In SOUZA, A. N.; PITANGUY, Jaqueline (orgs.). *Saúde, Corpo e Sociedade*. Rio de Janeiro: Editora UFRJ, 2006.

CANGUILHEM, G. *Escritos sobre a medicina*. Tradução de Vera Avellar Ribeiro. Rio de Janeiro: Forense Universitária, [1990]2005. Coleção Fundamentos do Saber.

_____. *O normal e o patológico*. Rio de Janeiro: Forense Universitára, [1966]1978.

CAPONI, S. A saúde como abertura ao risco. In CZERESNIA, Dina; FREITAS, Carlos Machado (orgs.). *Promoção da saúde: conceitos, reflexões, tendências*. Rio de Janeiro: Fiocruz, 2003.

DEJOURS, C. Por um novo conceito de saúde. *Revista Brasileira de Saúde Ocupacional*. 14 (54): 7-11, abril, maio, junho 1986.

_____. Causalité psychique et psychosomatique: de la clinique à la théorie. In *Cliniques Psychosomatiques*. "Monographies de la Revue Française de psychanalyse". Paris: PUF, 1997.

_____. Biologia, Psicanálise e Somatização. In: VOLICH, R. M.; FERRAZ, F. C.; ARANTES, M. A.A.C. *Psicossoma II. Psicossomática Psicanalítica*. São Paulo: Casa do Psicólogo, 1998.

GUSDORF, G. *Le Romantisme II. L'homme et la nature*. Paris: Payot/ravages, [1984]1993

MARTY, P. Gênese des maladies graves et critères de gravité en psychosomatique. *Revue Française de Psychosomatique*. 1: 5-22, 1991.

A inter-relação entre o indivíduo (paciente) e os serviços de saúde: reflexos no psicossoma

Bernardo Bitelman

A questão da relação entre paciente e profissional da saúde, tem sido foco de atenção desde os primórdios da história da medicina, fazendo parte dos textos hipocráticos, sendo até os nossos dias, fundamental para a formação do profissional.

A idéia que estamos propondo aqui, é a de avaliar não este tipo de relação, já sedimentada, mas sim a inter-relação entre o indivíduo (paciente) e os serviços de saúde e o reflexo no psicossoma.

Para tanto se torna necessário descrevermos como estão estruturados estes serviços e o funcionamento dos diversos setores que o constituem e perceber como se comporta cada um dos profissionais envolvidos no atendimento ao indivíduo que a eles demandam.

Até os anos de 1970 ocorreram em nosso país várias tentativas de estruturas de assistência a saúde, que acabaram frustradas por não atenderem a todas as solicitações e interesses da população e provavelmente também, por questões políticas e econômicas.

Com o grande avanço das ciências médicas e o fantástico desenvolvimento da tecnologia, que contribuíram de forma indiscutível para a compreensão de fatos até então obscuros, a Organização Mundial da Saúde (OMS) passou a exigir dos responsáveis pelas nações do mundo todo, que criassem estruturas mais compatíveis e adequadas ao mundo moderno, para assistência à saúde, proporcionando mais qualidade de vida ao ser humano. Infelizmente, nem todos os povos atingiram estes objetivos.

Assim, no Brasil, a partir dos meados de 1970, se constituiu um sistema único de saúde (SUS) com uma estrutura complexa e setores que funcionariam de tal forma que pudessem oferecer assistência à saúde da população desde as exigências primárias, mais simples, até as terciárias mais complexas e graves.

O SUS, para atender a estas solicitações foi sendo constituído por vários setores, cada um deles com funções distintas e bem definidas.

Em um primeiro plano, as unidades básicas de saúde (UBS), englobando vários postos espalhados pelos bairros dos municípios dos diversos estados da nação, permitem que se dê o atendimento inicial tanto em caráter emergencial (os prontos-socorros e pronto atendimentos), como em caráter ambulatorial.

Em uma avaliação, que obedeceu a vários critérios práticos, de várias destas unidades básicas de saúde, o que pudemos constatar: o atendimento de emergência primária (pronto-socorro e pronto atendimento) é aberto para a população, de tal forma que, em cada um destes locais, centenas, até milhares de pessoas são atendidas todos os dias, sem nenhum critério de triagem. Com isto, estabelece-se, como veremos, um vínculo entre o indivíduo e o profissional da saúde, muito fragilizado e frustrador, de tal forma que na questão "do outro" a ansiedade está presente.

Isto acontece porque ao ter que atender a centenas de pessoas, num curto espaço de tempo, o profissional atua em contradição com aquilo que seria uma relação médico-paciente.

O vínculo fragilizado, destituído de qualquer emoção e motivação, vai se tornando um hábito que, não só o profissional vai se acomodando a agir assim, como também o indivíduo – paciente vai aceitando passivamente o que lhe é oferecido.

Ao analisar esta situação, que é real, do ponto de vista teórico, poderemos detectar condições bastante comprometedoras: o profissional se sentindo agredido no seu dia-a-dia, desde o momento que se dirige ao trabalho para um atendimento massificado, desencadeia mentalmente dentro de si um processo de frustrações que lhe causa um sofrimento interior, que de alguma forma será transferido (contratransferência) a aquele que dele espera uma ajuda para a manutenção da sua saúde.

Pesquisas realizadas com estes profissionais da saúde têm revelado um alto grau de insatisfação, um sofrimento que sugere a possibilidade de uma desorganização psíquica, ficando, eles mesmos, vulneráveis a somatizações, como se tem constatado: obesos, hipertensos, diabéticos com risco de infartos, sem falar naqueles que se utilizam de tranqüilizantes e até drogas e álcool, para enfrentar todo tipo de tensão psíquica e física, não se afastando o risco de suicídios, já constatados.

É indiscutível que as unidades básicas de saúde apresentam muitos aspectos positivos, principalmente porque possibilitam à população um recurso básico e direcionamento para os outros setores, dando uma continuidade e respostas às expectativas de cada indivíduo.

Uma destas possibilidades é o serviço auxiliar de diagnóstico e tratamento (SADT), que oferece realização de exames auxiliares laboratoriais e terapias adequadas.

Com estes dois serviços, pretende-se que o indivíduo possa utilizá-los de maneira adequada em benefício de sua saúde. Entretanto, o que se observa na prática não corresponde a esta expectativa.

O mau uso destes serviços por parte da população brasileira ocorre por uma questão cultural e, por outro lado, estrutural, dos serviços.

Pela questão cultural, nota-se que o indivíduo não distingue em que momento ele deve recorrer a um ou outro, sobrecarregando de tal forma que, aquilo que esperava como retorno, não acontece, frustra e o angustia.

O que se constata então, é que o indivíduo acaba recorrendo aos setores estruturados para atendimento de emergência, com situações pessoais que para os profissionais claramente não são consideradas de emergência. Cria-se, assim, um inevitável conflito que reflete no comportamento de ambos, num cenário ambivalente, em que deveria estar havendo uma total harmonia.

Com a nobre intenção de sempre oferecer outras possibilidades de atendimento, o SUS criou o programa de saúde à família (PSF), através do qual o indivíduo com os seus familiares obtém recursos de atendimento à saúde, não só em seus aspectos físicos, mas também psíquicos e sociais.

Neste contexto, possibilita-se avaliar melhor os laços afetivos familiares, a maneira como se fazem presentes e como estes refletem na qualidade de vida do indivíduo e da família e como repercutem na saúde psíquica e somática.

É preciso frisar que, embora o programa de saúde à família, seja sob o ponto de vista teórico, muito importante, verifica-se na prática algumas falhas do seu funcionamento, pois nem todos as equipes formadas atuam com todos os profissionais que deveriam, ou seja, médico, psicoterapeuta, enfermagem e assistente social. Em geral o médico, juntamente com a enfermeira, tentam fazer uma avaliação mais global, o que evidentemente na maioria das vezes, não acontece.

Propõe-se que a população deva se mobilizar perante os seus governantes, não permitindo que fracasse o que já lhe é oferecido, exigindo que seja respeitada a importância deste projeto para o bom funcionamento psicodinâmico da família.

Na composição deste complexo sistema de saúde, não poderíamos deixar de fazer referência ao setor de serviço de atendimento móvel de urgência

(SAMU), ativado mais recentemente com a proposta de possibilitar atendimento de urgência em unidades móveis para os primeiros socorros e transporte de pessoas vítimas de acidentes ou outras necessidades a locais que permitam uma continuidade, como prontos-socorros e hospitais.

Estes atendimentos têm-se mostrado muito úteis, eficientes e preparados, cumprindo, quase que integralmente os seus objetivos.

É evidente que o bom ou mau funcionamento de todos estes setores varia nas diversas regiões do país, pois é claro que existem áreas geográficas mais privilegiadas que outras tanto do ponto de vista administrativo governamental, como econômico e cultural.

Todos estes setores de atendimento primário tornam possíveis encaminhamentos para serviços terciários, constituídos fundamentalmente pelas clínicas e hospitais estruturados para isto, incluindo os hospitais universitários, que além do atendimento, estão organizados para o ensino e formação de novos profissionais, cada vez mais integrados com o progresso da ciência e da tecnologia contemporânea.

Nos hospitais de atendimento terciário é onde nós vamos encontrar a maioria das manifestações psicossomáticas, de tal forma que os profissionais aí atuantes podem avaliar com mais rigor os elementos envolvidos na inter-relação do indivíduo com o serviço de saúde e os efeitos no psicossoma.

O funcionamento adequado destas complexas instituições depende de um grande poder de percepção por parte dos seus responsáveis superiores, uma visão adequada do que vem a ser a relação mente-corpo.

A pergunta que fica é se isto realmente acontece. As falhas são inevitáveis, inerentes à imperfeição do ser humano, mas principalmente ao desconhecimento das novas teorias da psicossomática.

Pode-se notar que, quanto mais serviços de psicologia conseguem atuar nestas instituições, melhores têm sido os resultados na recuperação da saúde física e mental dos indivíduos que dela se utilizam. As repercussões benéficas do tratamento integrado são evidentes tanto nos casos clínicos como cirúrgicos, como já foi constatado e publicado.

Além do serviço público até agora referido, proporcionado pelo SUS, lembraremos que uma parte significativa da população brasileira tem acesso aos serviços de empresas privadas de saúde, como os convênios, cooperativas e seguros saúde e uma relativamente pequena parcela de pessoas que pode se beneficiar de um atendimento privado autofinanciado.

Diante deste cenário, às vezes paradoxal e por muitos questionado frente aos resultados práticos obtidos, vale recordar como tem sido historicamente a atuação dos profissionais que se dedicam à preservação da saúde individual e coletiva.

Até um passado não muito longínquo, os profissionais não dispunham dos recursos tecnológicos existentes atualmente e por isso se utilizavam mais dos seus recursos pessoais, que lhe davam um certo poder para administrar o diagnóstico e a terapêutica, para atingir a melhora e a cura. Através da anamnese, ou seja, da história e do exame físico do paciente, o profissional obtinha os dados que lhe permitiam uma avaliação tanto do ponto de vista físico como emocional para a elaboração de uma hipótese diagnóstica que o levavam a condutas terapêuticas bastante precisas.

Este profissional foi se transformando no decorrer das décadas, perdendo as suas características pessoais, utilizando-se cada vez mais dos recursos tecnológicos e estruturais, ficando quase a mercê destes, perdendo o seu dom intuitivo, distanciando-se cada vez mais do paciente. Hoje, quem exerce o poder sobre o paciente é a indústria tecnológica e farmacêutica. Este fato tem sido amplamente denunciado por experientes professores, na imprensa médica, mas pouco percebido pela população, que se torna vítima do processo.

O indivíduo já não sabe mais a quem transferir as suas ansiedades e angústias.

Além da demanda cada vez maior do número de pacientes do serviço público e das empresas privadas, que procuram os profissionais, número que em certos momentos supera a capacidade humana de tolerância, o profissional cada vez mais ouve menos aquele que necessita ser ouvido, assim como o exame físico vai sendo relegado a um nível secundário, praticamente substituído por um verdadeiro pacote de exames laboratoriais e métodos de imagens radiográficas e endoscópicos, distanciando cada vez mais o profissional do indivíduo que a ele recorre, como foi dito acima.

Numa avaliação de risco-benefício, constata-se que uma grande porcentagem destes exames complementares poderiam ser evitados e as situações resolvidas com uma melhor inter-relação do profissional com o indivíduo, através da atenção e escuta durante a anamnese. Não há dúvida de que o indivíduo tem uma expectativa maior em relação ao profissional, do que simplesmente realizar exames que fornecem dados importantes para o diagnóstico, mas nem sempre conduzem ao resultado esperado.

Entrando um pouco no campo do atendimento à saúde realizado por empresas privadas, vamos nos surpreender com certos números. Assim, pesquisas realizadas com os profissionais que também atuam nestas empresas de convênios no Estado de São Paulo, os mesmos relatam interferências que alteram as suas condutas, glosas nas solicitações de exames e medicamentos e controle indireto no tempo e forma das consultas. Temos tomado conhecimento de casos que envolvem, inclusive, questões éticas.

Apesar das dificuldades relatadas, 55% dos médicos deste Estado, são dependentes destas empresas para a sua sobrevivência, 43% deste total confirmando a interferência, auferida nestas pesquisas que foram autorizadas e orientadas pelo conselho regional da categoria. Mais recentemente publicado pelo instituto de pesquisa Datafolha.

Não há dúvida que estas pressões geram um conflito enorme nos profissionais da saúde e, como sabemos, o conflito tem um papel importante na existência humana, desde a sua concepção. Da maneira como cada um vai conduzir os conflitos durante a sua vida, irá determinar o seu bem estar ou o adoecer. A representatividade destes conflitos na inter-relação com os indivíduos poderá repercutir de alguma forma inconsciente no psiquismo e no somático do paciente.

Outro fator gerador de conflito, que é interessante ressaltar na inter-relação do indivíduo com os serviços de saúde é a questão das especializações e sub-especializações. Ao ser atendido inicialmente por um médico generalista e, posteriormente, em decorrência de múltiplas queixas, ser encaminhado a vários especialistas, o indivíduo perde a sua identificação com o profissional, que acaba dividindo as necessidades do paciente com os demais profissionais solicitados, determinando uma verdadeira fragmentação do somático, causando reflexos no psicossoma, uma vez que, a perda de identidade causa outra expectativa, determinando novas angústias.

Muitos destes casos, acabam recebendo medicamentos, dos diferentes especialistas, com fins diversos causando efeitos adversos entre si.

Outro aspecto deste cenário, que chega a ser tragicômico, é a presença de pessoas formando enormes filas nos pronto atendimentos à espera de uma consulta. Tragicômico porque se constata que mais de setenta por cento delas são totalmente dispensáveis, pois nada tem a ver com pronto atendimento. O que faz estas pessoas se comportarem desta maneira?

A resposta disto merece uma análise sociológica e psicológica.

Sociologicamente, provavelmente tenha a ver com a cultura, uma sociedade não orientada para o uso adequado dos seus direitos, somado ao nível educacional baixo, muitas vezes primitivo. Psicologicamente, merece uma análise cuidadosa: necessidade de auto identificação?, confirmação da própria existência?, sentimentos de culpa?, auto preservação?

Certamente as diversas teorias psicanalíticas e psicossomáticas poderão fornecer elementos para a compreensão, não só destes questionamentos, mas de tudo que se passa na inter-relação do indivíduo com os serviços de saúde. As questões das demandas, das frustrações, dos conflitos gerados numa marca do inconsciente, poderiam ser modificadas a partir do momento que transportadas através de uma elaboração mental, tornando-se conscientes. As somatizações conseqüentes a desorganização da estrutura mental decorrente de somatórias angústias que podem levar a depressão, poderiam ser restabelecidas através do auxílio de trabalhos psicoterápicos.

Não poderíamos encerrar este texto, simplesmente apontando pontos positivos e negativos das estruturas dos serviços de saúde e da inter-relação do individuo com estes serviços, dando a impressão que ora estamos olhando de uma forma mais otimista e ora com um olhar muito pessimista.

Valeria sim, pensar numa proposta, ou mesmo idealizar teoricamente um projeto que pudesse aperfeiçoar ou mesmo transformar o sistema de saúde já existente, de tal forma que o indivíduo e a população em geral, chegassem um dia a um nível, se não perfeito, quase isto.

Teríamos provavelmente que iniciar pela culturação, num sentido amplo, desde a educação primária, pela extinção do analfabetismo, para que os pais e educadores pudessem formar uma nova geração de indivíduos, que estivessem aptos a compreender a si mesmos, reconhecendo a existência do seu corpo e da sua mente como uma unidade, avançar na compreensão da existência humana, percebendo melhor o sentido da vida.

A partir da educação, a saúde poderia ser vista dentro do contexto que vem sendo sonhado desde a era do deus grego da medicina. Asclépio, que é o da prevenção, época em que acreditavam no poder da alma, como fonte de controle sobre a saúde e o bem estar. Transportando a idéia para os conceitos modernos, seria a total integração da mente e do corpo que determinaria a harmonia total do psicossoma.

Volto com os meus pensamentos e vislumbro os serviços de saúde com esta função de prevenção, os profissionais com um novo papel, a de orientadores da saúde do corpo e da mente.

Uma atenção especial aos serviços de atendimento à mãe e à criança, com todas as informações sobre o que vem a ser prevenção, estabelecendo assim, um campo fértil para a verdadeira saúde física e mental.

Numerosos casos observados no dia-a-dia dos pediatras em serviços de saúde, confirmam a necessidade de uma orientação aos pais, para que possam prevenir doenças corriqueiras em crianças que demandam estes serviços. A questão da relação mãe-bebê e o papel da figura paterna no desenvolvimento do psiquismo e, portanto, na estruturação do psicossoma.

Centenas, milhares de casos com diabetes, hipertenção arterial, relacionados à obesidade demonstram a importância da prevenção, através da educação e orientação nutricional, participação em atividades físicas e outros cuidados.

O relato, de numerosos trabalhos apresentados em simpósios e congressos, por profissionais familiarizados com a questão da psicossomática, tem contribuído com os diversos conceitos teóricos, para se entender cada vez melhor a relação mente-corpo na preservação da saúde e no aparecimento de doenças atendidas em serviços de saúde.

A extinção da fome no globo terrestre deveria ser a preocupação primordial para a preservação da saúde e da qualidade de vida da Humanidade.

Referências bibliográficas

AWADA, S. B. REZENDE, W. W., *Serviços de emergência:problemas de saúde publica. Pronto Socorro.* Manolo, 2006.

DEJOURS C. *Repressão e subversão em psicossomática.* Rio e Janeiro, Jorge Zahar, 1989.

HARRISON, O médico e o paciente. Primeiro contato com o paciente. In: HARRISON, Medicina Interna Tomo I. Rio de Janeiro: Koogan Guanabara. 2006.

MARTY- P. *A psicossomática do adulto.* Porto Alegre: Artes Médicas, 1994.

PISPICO A. Atendimento pré-hospitalar e integração com o Pronto Socorro. In:. Awada, S. B. e Rezende, W. W., *Serviços de emergência:problemas de saúde publica.Pronto Socorro.* Manolo-2006.

VOLICH R.M. *Psicossomática: de Hipócrates à psicanálise.* São Paulo: Casa do Psicólogo, 2000.

O corpo no trabalho

O corpo no trabalho: estresse profissional

Maria José Femenias Vieira

O corpo humano é constituído não só pela dimensão física, mas também pela sua vertente emocional e social. A própria definição de saúde pela OMS (Organização Mundial da Saúde) considera-a "um estado de bem-estar físico, mental e social e não só a ausência da doença".

Assim como o Universo se expande e estando o ser humano nele inserido, ele está em contínua transformação, tendo que se adaptar a estas modificações.

Pode-se refletir sobre estas mudanças ao longo da história e de acordo com o ciclo de mudanças da humanidade.

Algumas doenças, que não eram freqüentes, ou mesmo inexistentes, passaram a fazer parte do extenso número de patologias, que começaram a substituir as causas de mortes até então.

Na sociedade de caça e coleta, o indivíduo era um nômade, não restrito a uma localização geográfica e que vivia do que caçava e pescava. Os maiores perigos eram os da própria natureza e quando as fontes para sustentar a vida diminuíam, bastava mudar e se estabelecer em outro local. O contato com a natureza era grande, sendo possível interpretá-la. O movimento do corpo era fundamental e a força para a sobrevivência era muscular.

A necessidade levou ao primeiro ponto de ruptura, em que o ser humano necessitou ficar confinado geograficamente, desenvolvendo-se a sociedade agrícola, justamente para conseguir alimentos mais facilmente. Algumas doenças passaram a ser mais freqüentes. No entanto, o risco de morte por animais selvagens, tornou-se menor. Ainda continuava em meio à natureza, trabalhando ao ar livre e respeitando o ciclo "noite-dia" do repouso. Porém, outras necessidades começaram a se manifestar. A população cresceu, o consumo tendeu a aumentar, a tecnologia passou a suplantar o trabalho braçal e a Revolução Industrial ocorreu de forma natural e incontestavelmente necessária.

Como tudo que ocorre, porém, há vantagens e desvantagens. Um dos principais pontos negativos foi ficar confinado entre "quatro paredes".

Conseqüentemente, o movimento muscular diminuiu, o contato com a natureza também e a forma de se alimentar mudou radicalmente. Talvez este tenha sido o ponto de ruptura mais definitivo no desenvolvimento das doenças da modernidade. Por exemplo, a doença diverticular do cólon na forma adquirida (não congênita), inexistia antes desta época. Ela é uma conseqüência da alimentação pobre em fibras, pois passou-se a ingerir alimentos refinados e progressivamente ocorreu um aumento da ingestão de carnes e gordura. Outra mudança foi utilizar regras para aumentar a produção (Taylorismo) e a criatividade do indivíduo ficou em segundo plano, pois ele deveria seguir uma linha de montagem e movimentos pré-definidos. Isto levou ao capitalismo como base da sociedade moderna ocidental. Nesta época, Sigmund Freud escreveu sua obra, talvez fruto da observação de mudanças importantes que aconteciam no complexo ser humano, constituído pelo corpo e mente, e que precisou adaptar-se às mudanças.

A necessidade de desenvolvimento tecnológico levou ao segundo grande ponto de ruptura da humanidade, alterando-se radicalmente a forma de produzir, de consumir, de fazer ciência e de organizar-se em sociedade. Era a sociedade de informação e do conhecimento. Antes, o reforço era aos braços; passou a ser ao cérebro. Não era necessária a força muscular. Devido à diminuição de pessoas do sexo masculino pós-primeira e segunda guerras mundiais, as mulheres assumiram cargos profissionais antes destinados aos homens. A família mudou. A mulher passou a ter jornada dupla de trabalho, cuidando da casa, mas também tendo importante responsabilidade financeira em alguns casos. E o estresse, antes, pelo menos na teoria, reservado ao sexo masculino, passou a se manifestar entre as mulheres.

A relação com o mundo mudou. A vida passou a ser sedentária, entre várias "quatro paredes" com ar condicionado e sem janelas. A tecnologia passou a fazer parte dos relacionamentos e a mídia ganhou espaço nas decisões, definindo como agir em sociedade, o que consumir e as novas prioridades.

Algumas pesquisas realizadas nos EUA (Myers, 1999) demonstraram que as principais causas de morte no século XX estavam relacionadas a doenças adquiridas pelas mudanças de estilo de vida. Entre estas, pode-se citar as doenças cardíacas, câncer e acidentes vasculares cerebrais, diretamente relacionados aos hábitos alimentares, falta de exercícios físicos e estresse. As doenças pulmonares crônicas, como bronquite e enfisema pulmonar, aumentaram devido ao aumento da poluição atmosférica e tabagismo.

Com o progresso tecnológico, aumento do número de indústrias e necessidade de consumo cada vez maior, mesmo que o indivíduo tenha uma dieta saudável e faça exercícios, não está livre de desenvolver doenças. Além dos fatores genéticos, a própria conservação dos alimentos e alta produtividade, utiliza elementos que podem ser desconhecidos para o organismo e causar danos, tais como os conservantes, agrotóxicos, metais pesados, corantes e assim por diante.

Outro fator, relacionado com a necessidade de consumo e mesmo de sobrevivência nesta sociedade moderna, é o tempo de trabalho. Muitos executivos levam trabalho para casa. Em pesquisa realizada em 2007 (Segalla, 2007), demonstrou que 84% dos executivos estão infelizes no trabalho, 54% insatisfeitos com o tempo dedicado à vida pessoal e 76% acessam *e-mail* fora do horário de trabalho.

O trabalho que deveria ser um fator de desenvolvimento e uma forma de ganhar o sustento passou a estar relacionado muitas vezes com *status* social e um fator de desgaste, levando ao estresse profissional pela falta de equilíbrio entre tempo e ofício. Atualmente, isto está mais difícil pela dificuldade de chegar ao trabalho, seja pelo trânsito excessivo, seja pela falta de transporte coletivo que não dá conta do aumento da população economicamente ativa.

O estresse não ocorre apenas pelo excesso de trabalho. Outros fatores estão relacionados com ele, como o tipo de personalidade e a constituição orgânica. A forma como as vicissitudes da vida são avaliadas também influenciam o desenvolvimento de sintomas relacionados ao estresse. Cada um tem uma forma de enfrentar situações estressantes e o que para uns pode causar estresse e ser uma ameaça, para outros pode ser considerado como uma forma de crescimento pessoal e um desafio.

As manifestações clínicas de estresse também variam de pessoa para pessoa. Os sintomas são físicos (úlceras, gastrite, alergias, dor de cabeça, hipertensão), emocionais (ansiedade, depressão, irritabilidade) e sociais (queda no desempenho, absenteísmo, acidentes de trabalho). Este último é influenciado pelos contextos organizacionais.

Em pesquisa realizada no Centro de Check-up do Hospital Alemão Oswaldo Cruz, em São Paulo,

> "muitos dos executivos diziam-se estressados, quando este termo, na realidade, é muito genérico, habitualmente usado para descrever sentimentos de ansiedade ou profunda emoção. Mas o

uso que faziam com este termo, estava relacionado com a incapacidade de melhor administrar eventuais conflitos emocionais particulares que pudessem estar interferindo e contaminando o seu comportamento adulto e racional e, obviamente, a sua saúde orgânica, uma vez que o ser humano, do modo como o concebemos, constitui-se como uma unidade corpo-mente" (Arantes Vieira, 2002).

A síndrome do Burnout é considerada um esgotamento com manifestações clínicas mais intensas levando a uma deterioração da capacidade profissional e mesmo de se relacionar, quer profissionalmente, que na própria família e socialmente. Há uma tendência à despersonalização e um vazio interior, que caminha para mudanças de comportamento, depressão e esgotamento geral.

O fato é que nosso corpo é uma máquina perfeita, maravilhosa com uma capacidade de adaptação fantástica frente às mudanças. No entanto, quando as mudanças são intensas, contínuas, não respeitando a simplicidade da vida e dos hábitos, ele pode entrar em um esgotamento tal, que determina a morte precoce ou desenvolvimento de doenças que só se manifestariam em fases mais tardias da existência.

Vale a recomendação de escutar o corpo e ao primeiro sinal de mudanças, ter a capacidade de visualizar o que está fora de controle e buscar ajuda profissional, antes que as manifestações orgânicas se tornem irreversíveis e graves.

A tendência natural do corpo é manter a vida. Os eventos vão ocorrer, sejam positivos ou negativos. A forma como são avaliados farão com que a tendência seja para a doença ou para a saúde. Daí a importância da ajuda profissional, tanto do médico, como do profissional da área de saúde mental, para ajudar na compreensão dos fatos. Desta forma possibilita-se a melhor mentalização para poder suportar as modificações que fazem parte da própria existência.

Acrescido a isto não se deve esquecer dos hábitos saudáveis no estilo de vida. Aumentar a ingestão de fibras alimentares ricas em vitaminas, evitar alimentos gordurosos, bem como muito sal e açúcar, já é o início do caminho para uma vida mais saudável e também para discernir entre as idéias e situações que surgem e tender para o que será melhor naquele momento. Isto tudo, acrescido de ingestão suficiente de água (oito copos por dia), exercícios físicos regulares, repouso adequado (6 a 10 horas à noite) e evitar substâncias nocivas à saúde, como fumo, álcool, cafeína e dependência de drogas, irá minimizar o aparecimento de doenças precocemente. O estresse faz parte da vida. Não ter estresse ou ter demais é que se torna prejudicial. Sem ele, nada se produz e com ele em excesso, o corpo tenderá ao esgotamento progressivo e ao desequilíbrio.

O importante é ter claro que o indivíduo é parte integrante do meio ambiente e é influenciado por ele. A certeza de que a mudança ocorre continuamente, faz com que se aprenda a lidar com a instabilidade, não deixando de ser produtivo. Pelo contrário, as mudanças devem ser vistas como desafios para o crescimento pessoal, do outro e do meio em que se está inserido.

Referências bibliográficas

ARANTES, MAAC; VIEIRA, MJF *Estresse,* pág 138, Ed. Casa do Psicólogo, SP, 2002

MYERS, D. *Estresse e Saúde* in *Introdução à Psicologia Geral,* p. 363, LTC, RJ, 1999.

SEGALLA, A. *A angústia da vida executiva.* Época Negócios, vol 3, p. 44, Rio de Janeiro, Globo, 2007.

Entre raios e trovão: (en) cena perversão social e adoecimento[116]

Soraya Rodrigues Martins

Dentro do mar tem rio... Dentro de mim tem o quê?
Vento, raio, trovão. As águas do meu querer.
(Mendes & Capinam, 2007)

O trabalho configura-se como um grande palco de realizações e sofrimento. Por um lado, paradigmas contemporâneos exigem cada vez mais um corpo energizado, apto/saudável para o trabalho. Por outro, a proliferação de doenças relacionadas ao trabalho, mesmo nos espaços onde o contexto organizacional oferece condições ergonomicamente adequadas, parecem diretamente relacionadas a processos subjetivos de negação do corpo. Neste contexto, o corpo adquire papel de alvo privilegiado no estudo das condições de trabalho. O sofrimento, por sua vez, torna-se um sinalizador, que coloca o trabalhador em questão, ele e o seu sintoma.

Freud (1905) descreve como as funções fisiológicas de diferentes partes do corpo (sentidos, esfíncteres, pele etc.) vão sendo modificadas, subvertidas – como afirma Dejours (1991) –, para construir o que é chamado corpo erótico. O desenvolvimento do corpo erótico é resultado de um diálogo em torno do corpo e de suas funções fisiológicas, que se dá por intermédio da relação inicial com a mãe. Corpo pulsional, subvertido e não simbolizado (dia-bolizado). Corpo investido de significados, posto que seja construído, também, em relação ao simbólico. Nesse sentido, toda doença seria, simultaneamente, tanto psíquica como somática. O corpo biológico é alvo dos processos de somatização e o corpo erótico constitui-se como o terreno da subjetividade, com uma história inscrita de acontecimentos corporais, pessoais e coletivos, repleta de possibilidades de sentidos.

---

[116] Este trabalho está garantido pelo CNPq-Brasil, sendo um dos resultados da tese de doutoramento em Psicologia clínica junto ao programa de pós-graduação em psicologia clínica da Pontifícia Universidade Católica de São Paulo, sob orientação do Prof. Dr. Renato Mezan.

Neste trabalho pretendo destacar alguns aspectos psicodinâmicos dos processos de subjetivação relacionados ao corpo no trabalho e sua relação com o processo saúde/doença, com base na literatura psicanalítica, na psicodinâmica do trabalho e na escuta psicanalítica de pacientes portadores de patologias relacionadas ao trabalho (1992 a 2005). Apresento, sob a forma de intertexto, como eixo de análise, cenas e vinhetas escolhidas das anotações clínicas do processo analítico de Maria, uma bancária, portadora de DORT's – distúrbios osteomusculares relacionados ao trabalho.

Corpo no trabalho

O psicanalista Christophe Dejours (1994), ao investigar a dimensão dos processos subjetivos, mobilizados frente ao hiato irredutível entre a tarefa prescrita e a atividade real exercida pelo trabalhador[117], sublinha as dimensões dramáticas do trabalho. Esse hiato diz respeito ao real do trabalho, levando sempre o trabalhador à situação de sofrimento que "[...] exige sempre a mobilização da inteligência e da personalidade bem como a coordenação e a regulação coletivas, [...] supõe o engajamento da criatividade (poiesis) e da ação moral (práxis)" (p.135). No âmago da experiência do trabalho estão presentes a falta, o sofrimento e um movimento inicial de frustração/desilusão. As pesquisas em psicodinâmica (Dejours, 1993) têm demonstrado que o sujeito, para enfrentar o que não está prescrito, mobiliza um tipo de "inteligência prática em ação", ancorada no corpo e nas camadas obscuras da personalidade com raízes na singularidade do seu compromisso e de sua história. Ao enfrentar o sofrimento desencadeado no confronto com o real, usando a inteligência corporal, há uma mobilização da energia pulsional, guiada por fantasias e pela formação de compromisso entre desejo e realidade.

Para falar dessa dimensão dramática, apresento Maria, 45 anos, há 24 anos casada, com dois filhos adolescentes. Maria, bancária por quase duas décadas, adoeceu, recebendo diagnóstico de DORT's. Por mais de uma década, ela parece ter estruturado seu eu, sua vida e a vida da sua família apoiada em seu trabalho. Sentia-se valorizada e reconhecida, tendo sido

---

[117] Na década de 1970, os estudos da ergonomia francesa (Wisner, 1995) demonstraram, até mesmo no trabalho de estrita execução e aplicação de instruções, a existência de um hiato irredutível que exige do operador interpretação e improvisação em relação ao prescrito.

por anos uma referência no seu posto de trabalho, em vista da sua competência, agilidade e produtividade Suas palavras não deixam dúvida sobre o valor dessa atividade profissional em sua vida: "[...] sempre amei o meu trabalho no banco" (cena 1).

O eu no teatro do trabalho

"[...] conquistei reconhecimento dos clientes e dos colegas. Durante 15 anos e 7 meses, me dediquei com prazer ao trabalho" (cena 3). Na fala de Maria, o desejo articula-se como desejo de reconhecimento de seu trabalho pelos clientes e colegas. Os diferentes reconhecimentos modulam o compromisso e a mobilização subjetiva, no exercício de suas atividades laborais. Maria conta do "tempo antes de adoecer", quando se percebe mobilizada subjetivamente no trabalho, conquistando prazer, reconhecimento e realização pessoal, aparentemente sem grandes conflitos ou sofrimento.

Segundo Dejours (1993), o exercício bem sucedido dessa inteligência corporal e astuciosa, mobilizada pelo sofrimento no trabalho, além de atenuar o sofrimento, tem como efeito a obtenção de prazer. Essa atividade de concepção, no nível psíquico, ocupa o lugar da atividade lúdica infantil. Ao re-atualizar no sujeito a curiosidade infantil promove a transposição por forma e analogia entre o teatro do trabalho e o teatro psíquico, herdado de sua infância. As condições psicoafetivas características da ressonância simbólica – entre o teatro interno herdado do passado – são as condições de mudança do objetivo da pulsão no processo de sublimação. É na gestão do hiato entre o trabalho real e o trabalho prescrito que o investimento sublimatório e a ressonância simbólica podem operar.

Maria apresenta o trabalho como um grande amor, ou uma paixão, mediante a qual conquistou prestígio, reconhecimento e auto-realização, valores que acabaram integrando o constructo do seu eu. Os processos identificatórios, ao longo da vida da pessoa, determinam sua identidade e sustentam a posição subjetiva no contexto de suas relações. A influência do trabalho na identidade de uma pessoa faz parte do saber contido no senso comum: a primeira pergunta que habitualmente se faz quando se quer conhecer uma pessoa é sobre sua profissão. O cotidiano do trabalho ocupa grande parte da vida das pessoas. Assim, os laços de pertencimento grupal que referenciam a identidade social costumam estar associados ao trabalho. Certamente, existirão muitas outras formas de referência simbólica. Entretanto, o trabalho, no mundo contemporâneo, assume uma posição de destaque.

Dejours (1992) defende a idéia do trabalho se configurar como palco privilegiado de acesso para construção do eu no campo social, diferenciado do campo erótico das relações amorosas. O reconhecimento de identidade no teatro do trabalho implica no julgamento do outro sobre a relação do sujeito com o real (mediado pela técnica). O sujeito procura ser reconhecido pelo seu "fazer" e não pelo "ser" ou pelo "ter", como acontece no teatro das relações amorosas. O reconhecimento pela via do "fazer" introduz um terceiro termo, além do simbólico e do imaginário – o real, dando um lugar diferenciado para o trabalho no funcionamento psíquico, assim como nos processos identificatórios propostos pela psicanálise.

"Tudo tinha um tempo, um ritmo. Eu fazia tudo certo" (cena 2). Maria, por muitos anos, assumiu os ideais cultivados por nossa cultura, ideais de produção, atendendo à demanda da organização, da chefia, do cliente, assim como dos ideais da mulher profissional, independente financeiramente do marido, da família, reconhecida socialmente por seu desempenho profissional. "[...] sentia que o banco nunca ia me abandonar. Engraçado, com meu marido eu sabia que não podia contar. [...]. Proteção era no banco que eu sentia" (cena 1). O banco era sua garantia de sobrevivência e proteção, era seu grupo de pertencimento. Sua dedicação, sua renúncia e, mais tarde, seu sofrimento, tinham uma finalidade.

Pesquisas em psicodinâmica (Davezies, 1993) revelam que o "amor ao trabalho" pode, no contexto das modernas formas de organização do trabalho, levar o sujeito a ultrapassar os próprios limites. "[...] só doía quando parava de trabalhar. Tinha tanto trabalho, que eu até esquecia do mal-estar e do desconforto que sentia pela dor". Mas, ao atingir os limites do corpo, a dor osteomuscular rompe com o precário equilíbrio atingido, trazendo à tona as pressões e o sofrimento contidos nas situações engendradas pelos pactos nas relações de trabalho. "[...] chegou ao ponto onde eu já não agüentava atender aos clientes que eu gostava, fazer as operações, vender os produtos, recolher e digitar os dados, colocar tudo no sistema. Tudo tinha um tempo, um ritmo. Eu fazia tudo certo" (cena 2). Então o *pathos* toma (o) corpo, manifesta-se numa imagem. O corpo manifesta e torna visível o sofrimento, recusando a negligência de si, exigindo da pessoa outra posição subjetiva, na busca de expressar uma dor até então incomunicável. Foi nesse cenário que ela iniciou um tratamento, visto que se sentia muito irritada, deprimida e com dificuldades para dormir.

O trabalho como operador da saúde

O sofrimento criativo (Dejours, 1993) está intimamente ligado ao prazer conquistado no trabalho pelo exercício da inteligência corporal (astuciosa e criativa) e pelo reconhecimento da contribuição fundamental que ela representa à organização do trabalho. A transformação ou re-significação do sofrimento em prazer, a conquista de identidade e a conquista da saúde dependem da qualidade da dinâmica do reconhecimento e das estratégias defensivas contra o sofrimento. O sofrimento, ao ser transformado em prazer, inscreve a relação do trabalho como mediadora da realização de si mesmo, trazendo sua contribuição à construção da identidade. O trabalho funciona como mediador para a saúde, aumentando a resistência do sujeito ao risco de desestabilização psíquica e somática.

Por outro lado, o trabalho funciona como mediador da desestabilização (fragilização) da saúde. Primeiro, quando as condições de trabalho, as relações sociais e as escolhas gerenciais não oferecem margens de manobra para gestão e aperfeiçoamento da organização do trabalho. A situação de trabalho, ao tornar-se cativa de pressões rígidas e incontornáveis, instaura a repetição, a frustração, o tédio, o medo ou o sentimento de impotência. Segundo, quando o sofrimento residual não pode ser compensado, devido ao fracasso dos recursos defensivos – estratégias defensivas individuais e coletivas. Esse sofrimento residual continua a atacar o funcionamento psíquico e seu equilíbrio psíquico e somático, empurrando lentamente o sujeito para a descompensação (para a doença).

Os ideais e seus impasses

As estratégias defensivas coletivamente construídas, como o aumento do ritmo de trabalho (Dejours, 2000), mais as ideologias e os laços afetivos de busca de satisfação – até então os mantenedores da identidade – são os promotores da banalização e do entorpecimento do sentir e do pensar da pessoa sobre si mesma, sobre o seu sofrimento. A adesão à estratégia do aumento do ritmo de trabalho pode configurar-se como uma armadilha psicológica para eufeminização e negação do sofrimento (defesa adaptativa), promovendo mais sofrimento e alienação. Isso acontece quando o sujeito confunde demanda da organização com o seu próprio desejo, alienando-se no "desejo da organização", visto como ideal; quando mobiliza seus recursos pessoais, sua inteligência, para criar formas de realizar seu trabalho, cada vez com maior rapidez e eficiência, pervertendo o próprio recurso de defesa da integridade do sujeito.

A manifestação do processo de negação do sofrimento, desvelada por Maria, permitiu, a partir de uma visão clínica do trabalho, apoiada na psicodinâmica do trabalho e na psicanálise, conceber que esses processos estão sustentados pelo que tenho denominado, em minha pesquisa, como "rede de não-reconhecimento do sofrimento psíquico no trabalho" (Martins, 2002, 2007). À medida que a pessoa percebe a dor em si mesma, evidencia-se uma rede de pactos recíprocos de não-reconhecimento do sofrimento entre a organização do trabalho (chefias, colegas, clientes), as relações pessoais e familiares, incluindo em seu centro a pessoa que sente a dor.

Nas cenas (1 e 3) referidas acima, é possível observar que a mobilização subjetiva de Maria estava apoiada em referências simbólicas sustentadas por ideologias comunicacionais relacionadas a seu trabalho, compartilhadas coletivamente, permeando o seu "habitus"[118]. Foram essas as referências por ela utilizadas para a construção de eu (estreitamente associada ao seu sentimento de pertencimento ao grupo), permitindo-lhe um "equilíbrio" entre prazer-sofrimento, mantido à custa da negação do sofrimento, relacionado à organização de seu trabalho. "[...] Trabalhava daquele jeito, mas me sentia protegida. Acho que eu cheguei a adoecer em nome dele".

As defesas contra o sofrimento constroem coletivos de trabalhadores, a ponto de desencadearem sistemas específicos de defesa de ordem coletiva, que não podem ser assimilados ao que é conhecido como instrumentos de defesa da ordem individual. Os coletivos provenientes da defesa de proteção apresentam a tendência pela sublimação de manter uma relação de continuidade com o desejo. Os coletivos, no entanto, provenientes de defesas adaptativas, têm a tendência de cortar/reprimir a expressão do desejo, organizando a repressão. A transição do primeiro funcionamento para o outro pode ser captada por uma espécie de trapaça: fazer com que a defesa

---

[118] *Habitus* designa o conjunto de signos/ referências (histórico, sócio-econômico e cultural) que permeia e tece nossa subjetividade (Elias,1994).

seja percebida como desejo. A defesa construída para proteção – como o aumento do ritmo de trabalho, praticada individualmente pela auto-aceleração – passa a ser percebida pelo sujeito como meta, como desejo (meta de aumento do ritmo de trabalho = desejo). Os efeitos dessa transição de funcionamento estão evidenciados na fala de Maria.

Ao observar os trabalhos submetidos às cadências, Dejours (2000) constatou que todos invariavelmente passam por períodos de auto-aceleração, com tentativas de ocultar as cadências e as coações. Os trabalhadores não têm outro espaço de liberdade para inventar algo senão procurar descobrir novos procedimentos que lhes permitam ir sempre mais rápido. Eles se auto-aceleram, coletivamente, e o grupo, tomado pelo ritmo acelerado, passa a operar um poder seletivo sobre os mais lentos, "interiorizando" (introjetando e assumindo como ideal) compulsivamente as imposições organizacionais, mesmo que isso leve a uma situação absurda. Surge a alienação tanto pelo trabalho quanto pela organização do trabalho. Aqui, cabe lembrar que todas as trabalhadoras do setor de prestação de serviços com diagnóstico de DORT's, entrevistadas por esta pesquisadora nos últimos 15 anos, relatam em sua história profissional a prática da auto-aceleração e o atendimento a um ideal de produção no seu modo de trabalhar no período imediatamente anterior ao adoecimento.

Nesta situação apresentam-se questões éticas implícitas. O sofrimento pode gerar processo de alienação (e mais-alienação). O infortúnio desse sofrimento explorado é mais sofrimento, crise de identidade e desestabilização do equilíbrio dinâmico entre saúde e doença, podendo levar o sujeito ao uso de processos defensivos com características mais regressivas ou desorganizadoras.

Estamos diante de um impasse: O que faz uma pessoa extrapolar os limites do próprio corpo e trabalhar até o corpo entrar em colapso? Quais os processos psíquicos que sustentam esse processo de adoecimento?

As vivências relatadas por Maria não sustentam a hipótese da ocorrência de um processo defensivo de supressão pulsional com características mais regressivas. Ao contrário, seus relatos contrariam a possibilidade de que na base da formação da sintomatologia física dos DORT's tal processo se manifeste na fonte do pensar e do sentir. Não se trata aqui do processo de recusa da percepção sensorial, coartando o pensar e o sentir dentro do raciocínio operatório descrito por Marty & M'ulzan (1998), que incapacita o processo de simbolização, empobrecendo a vida fantasmática. É uma recusa de outra ordem – mais elaborada – por meio de palavras, atos e fantasias.

Em suas narrativas não faltam – poderia-se dizer, sobram – associações, historicidade e riqueza simbólica. De tal fato é manifestação irrefutável o registro das sessões em consultório.

A partir das narrativas de Maria, bem como das outras mulheres atendidas no período de 1993 a 2005, observa-se que a prática da auto-aceleração alude à promoção de um "entorpecimento do pensar e do sentir", inibindo o pensar reflexivo sobre si mesmo, propiciado e sustentado por ideais culturais e por uma rede (social) do não-reconhecimento do sofrimento do sujeito que trabalha. Ao engajar sua inteligência prática na descoberta de novos procedimentos, que lhes permitam ir sempre mais rápido, através da auto-aceleração de características compulsivas, entra em jogo na cena a exacerbação dos recursos defensivos, configurando o aumento do ritmo de trabalho e a auto-aceleração como "actings sintomáticos" (McDougal, 1993).

Este estado de entorpecimento do pensar e do sentir, de características dissociativas, aproxima-se dos processos defensivos característicos da perversão, descritos por Freud (1927) como recusa – "Verleugnung", cujo modelo de compreensão é o fetichismo.

O processo de recusa da castração na solução perversa é o protótipo de origem das outras recusas da realidade, sendo o fetichismo o protótipo de todas as formações perversas, porque mostra de maneira exemplar como o vazio, deixado pela negação e pela recusa da realidade indesejada, é colmatado posteriormente. Para McDougall (1983), a recusa por meio de palavras ou ações ou uma recusa através de fantasmas cria uma falha (vazio) preenchida pelo objeto fetiche, que impede o processo de aceitação e adaptação à realidade indesejada. A solução perversa, forma privilegiada de defesa maníaca é uma adaptação mágica e, do ponto de vista da economia, não pode ser superada senão por intermédio da criação de uma outra "realidade" (crença), que preencha o vazio deixado pela recusa, manipulando-as numa certa medida à realidade externa.

Em *O corpo entre a biologia e a psicanálise* Dejours (1988) propõe uma terceira tópica na descrição do funcionamento psíquico, promovida pela clivagem do inconsciente[119], e a existência de uma zona de sensibilidade

---

[119] Dejours (1988), a partir da topologia do aparelho psíquico descrito por Freud, concebe uma "terceira tópica" em que o inconsciente é "clivado", identificando o impulso de auto-conservação à pulsão de morte (duas faces da mesma moeda). A clivagem instaura uma separação radical do inconsciente (Ics), garantindo que as duas partes se ignorem mutuamente. O Ics secundário resulta dos conteúdos recalcados e o Ics primário dos que não foi recalcado - as forças instintivas herdadas da filogênese (incluindo a pulsão de Morte).

do inconsciente[120], protegida pela recusa ou negação (Verleugnung) da realidade. A partir dessa tese, qualquer estrutura psíquica é suscetível de reagir à prova de realidade (tal como é sentida subjetivamente) por uma somatização, por uma atuação violenta (*acting* sintomático) ou por uma alucinação. As manifestações do "inconsciente primário" quando não são mediadas pelas representações pré-conscientes, podem, segundo o autor, transformar-se em somatização. Essa seria resultante do uso do mecanismo de repressão diante da intensificação da pressão instintual. Essa pressão no sistema consciente se apresentaria sob a forma de violência, sendo que a prova de realidade a ser recusada pode resultar tanto do encontro com certas cenas materiais (implicando os órgãos do sentido) quanto do encontro com o outro. A prova de realidade recusada pode ocorrer na cena da relação intersubjetiva – tal como revela Maria –, situando a descompensação ou a desordem tanto psíquica como somática numa problemática relacional (intersubjetiva).

Apoiada na escuta psicanalítica das narrativas sobre o processo de adoecimento de Maria, observa-se a coexistência da negação da castração (limitação) e a admissão desta. Por um lado há um rechaço da realidade e, por outro, o reconhecimento de seu perigo: "Eu sei, mas... é como se não soubesse". Os fios associativos descobrindo o processo de recusa dos sinais emitidos pelo corpo, da aceitação da percepção dos limites do Corpo e do próprio eu aparecem na fala de Maria. "As dores começaram [...] eu não dava bola, sempre fui muito resistente. Tinha tanto trabalho que eu até esquecia" (cena 3).

Ao mesmo tempo, o aumento do ritmo do trabalho (auto-aceleração), as aderências aos ideais do discurso viril e o não-reconhecimento do sofrimento aproximam-se do discurso de Arendt (2004) sobre a inibição da atividade de pensar [reflexiva], enquanto um pensar que anula a alteridade e por isso mesmo revela-se dogmático e totalitário por princípio. São essas

---

[120] A zona de sensibilidade do inconsciente permeia o consciente, o pré-consciente, o inconsciente primário e o inconsciente secundário. É uma zona de fragilidade fundamental para 3ª tópica, proposta por Dejours (1988). Está separada da realidade pelo mecanismo de negação ou recusa (verleugnung). É uma zona de risco, um espaço de fragilidade do sujeito frente a situações reais. Nesse processo a realidade é o intermediário necessário para ultrapassar a negação e ativar o inconsciente. Por isso, certos sujeitos, temendo o desencadeamento de um afeto ou o desencadeamento da violência incontrolável da descarga compulsiva, procuram subtrair-se à realidade, que se tornou ela mesma fonte de perigo. Os outros dispositivos psíquicos só entraram em ação quando a negação mostrou-se falha.

características, não acidentalmente, que identificam cada vez mais o universo imperativo da cultura ocidental, anulando cada vez mais as possibilidades humanas de uma convivência diversificada e plural.

Perversão (en)cena

As tentativas de mobilização subjetiva em prol do trabalho finalmente fracassam e a eclosão da doença evidencia o sofrimento presente em sua atividade profissional. "[...] Fico revoltada porque me deixaram trabalhando." Em meio à angústia e ao sofrimento, Maria, com a revolta de quem se sente vitimada, manifesta a sua vivência de passividade frente ao saber médico – "[...] Fui a vários médicos (...) fazia fisioterapia. O médico que me tratava naquela época não solicitou meu afastamento" – e de cumplicidade em relação à "vontade" da organização do trabalho que, da mesma forma, não reconhecia o seu sofrimento. "[...] Como não costumo reclamar continuei trabalhando no mesmo ritmo" (cena 2).

Durante a análise, reconstruindo o seu processo de adoecimento, Maria revela uma história de vivência simbólica individual, coletivamente determinada, esclarecendo, mediante a sua narrativa, que os DORTs são uma patologia resultante de um sintoma anterior, o sofrimento patogênico no modo de relação com o trabalho. Esse sintoma mostra-se sustentado por pactos e por redes de não-reconhecimento do sofrimento de quem trabalha, por meio dos fios tecidos pela organização do trabalho, pelos relacionamentos com chefias, colegas, clientes e, a essa altura, também pela relação com os profissionais de saúde.

Até que, um dia, Maria rompe o primeiro fio. "[...] Meti a boca. Eu não sou palhaça. Já sou uma mulher de 43 anos. O cara [médico] me passa um remédio dizendo que era para enxaqueca. Vou comprar é antidepressivo. Eu não vou tomar [...] Eu não estou uma pessoa depressiva, eu estou uma pessoa martirizada pela dor" (cena 4). Uma experiência dessa natureza pode resultar, para quem adoece, em sentimentos de fracasso e/ou culpa e, em suas últimas conseqüências, em silêncio e acomodação do paciente dentro do doloroso quadro composto por essa rede de pactos "[...] É fácil para eles (médicos) dizerem: 'Ah! A tua dor é psicológica' sem escutar ou tocar na pessoa. [...] se eu falo o que sinto, fazem de conta que me ouvem, e pensam: vamos dar um calmante vamos dar um antidepressivo, que aí vai passar tudo" (cena 5). O paradigma de um diagnóstico apoiado em dados essencialmente médicos, que poderiam possibilitar a evidência de uma lesão, encontra uma barreira na principal queixa do paciente, vale dizer, a dor. A dificuldade de um diagnóstico inicial adequado envolve, fundamentalmente, a disponibilidade do profissional em considerar procedentes (verdadeiras) as informações que o paciente lhe fornece sobre as particularidades da sua dor. Porque a dor associada aos DORT's, para além da sua manifestação física/fisiológica, apresenta um quadro particularmente subjetivo, que vai tomando forma definida conforme, gradativamente, o paciente concebe, percebe e admite para si mesmo, a sua dor.

A partir de um diagnóstico inicial, ainda sem indicar relação com o trabalho, a auto-aceleração da paciente foi sendo esvaziada, mediante prescrição amordaçante: relaxante muscular, analgésico, tranqüilizante, antidepressivo, bombas de morfina, entre muitas. A medicação, como na cena 5, sem tratar o sintoma de origem, configura-se como mais uma estratégia defensiva de caráter coletivo, no caso, o corporativismo da classe médica. Do ponto de vista econômico do funcionamento psíquico, Dejours (1991) descreve a medicação como uma estratégia defensiva contra o levantamento da negação e a irrupção da violência do instinto. Os ansiolíticos e antidepressivos, por exemplo, do ponto de vista econômico, teriam a função de ativar os circuitos de controle subjacentes do impulso instintivo, socorrendo a clivagem.

É nesse momento que a pessoa em sofrimento fica duplamente submetida à medicação: primeiro, a fim de suportar o não-dito no trabalho; depois, por sua impotência em reivindicar reconhecimento para o seu sofrimento. Afinal, que pacto é esse, em nome do que é construído?

Maria aponta a banalização do sofrimento como resultante da disponibilidade da pessoa com funcionamento neurótico de se deixar captar pela encenação perversa e pelas exigências dos ideais culturais, que tende a retificar "um Outro" dissolutor da singularidade do sujeito e do seu desejo. São os signos respaldados pelo imaginário social, que põem em funcionamento a encenação perversa. Ao tratar a perversão como patologia social, Calligaris (1991) descreve a paixão de todo neurótico por ser instrumento. No cenário contemporâneo, trata-se da captura do sujeito com seu desejo pelos signos e ideais da modernidade, movido por uma paixão não pelo "ter", mas por "ser" instrumento, confundindo-se esse sujeito com a própria encenação da qual é cúmplice inadvertido. Afinal, não é dessa paixão que nos conta

Maria? "[...] como não costumo reclamar continuei trabalhando no mesmo ritmo [...] trabalhei até o meu corpo entrar em colapso".

Em ponto determinado do processo analítico, em meio às expressões de sofrimento relatadas, Maria passou a sofrer crises de angústia, agora, com características fóbicas, frente a situações de contato com pessoas na rua ou em dias de chuva com trovoada. Até que, durante uma sessão, Maria fala:

[...] Entro em pânico, quando chove com trovoada. Eu fico totalmente transtornada. Começo a suar frio, o coração dispara, sinto dor no peito. Parece que vou morrer. Ontem [...] começou a dar relâmpago, vi um raio no céu. [...] comecei a gritar no carro feito uma louca [chora]. Parecia que eu ia morrer. (...) Só de falar fico agoniada. Venho sentindo isso desde que deu aquele treco no banco, já faz tanto tempo. Pensei que ia passar. Também pensei que eu ia melhorar do braço e ficou cada dia pior. Hoje, não posso pentear um cabelo, escovar os dentes – só com escova elétrica-, até abrir uma porta, dependendo da maçaneta, não dá. Escrever nem pensar, minha assinatura virou esse rabisco. Não estou saindo de casa porque andar no ônibus – fico em pânico. Só em pensar que alguém possa bater no meu braço sem querer. A dor é insuportável (...) o braço está atrofiado. Estou com vergonha de usar uma blusa curta, as pessoas ficam olhando. Me sinto um ET. (...) Quando dá relâmpago parece que um raio vai me atingir. A corrente elétrica vai atingir meu corpo e me aniquilar. A sensação é de desintegração, como se quebrasse tudo (...) me destruísse [choro] meu afastamento do trabalho foi um raio com descarga elétrica e tudo. Naquele dia pensei que ia morrer (...) não conseguia pensar em nada. Fiquei quebrada, era como se a minha vida tivesse acabado (...) e acabou mesmo (...) pelo menos a profissional. (...) Desmontada, não sei mais quem eu sou. Acho que tenho que ser fênix. Não existe antidepressivo que dê conta disso (cena 6).

Segundo Freud (1926), a possibilidade de desestruturação, de ameaça à construção narcísica do eu é desencadeante da angústia, como sinalizadora de uma possível desestruturação. Para Maria, a possibilidade de compartilhar essa vivência descrita como ameaça de aniquilamento e desintegração permitiu a diminuição progressiva dos sintomas associados às fantasias que encobriam (teciam) a angústia somática, desencadeada pelo adoecimento e pela quebra dos referenciais simbólicos (ideais), que sustentavam (precariamente) seu *habitus*, mantendo seu investimento libidinal apoiado em fantasias vinculadas ao seu modo de relação com o trabalho. O braço, que podia tudo, verdadeira máquina a serviço da produtividade, sucumbira. A organização do trabalho, o banco a "quem" ela amara, entregando seu corpo e sua alma, de "quem" recebera proteção, não mais existia (ou nunca teria existido). Assim, desamparada, ficou Maria submetida à fúria de uma natureza incontrolável, que, com seus raios e trovões, acabou se manifestando em seu corpo doente! O nós ao qual pertencera Maria, referência da sua alteridade, não mais existia e agora sofria o eu iminente ameaça da desintegração. No momento em que começam a se tornar conscientes os conteúdos associados a sua "paixão por ser instrumento", Maria sonha.

Sonhando o (dia)bólico

[...] sonhei com um antigo gerente do banco, (...) estava vestido de diabo num "inferninho" conversando comigo. E eu estava conversando com ele e fumando. Cada vez que eu tragava ficava sem ar. E ele me convencendo (...) a continuar fumando (...) num innffernninho [voz sibilante]... um desses ambientes demoníacos [rindo]. No sonho, eu ffuummavva [voz sibilante] mesmo fazendo mal. E ele dizia para eu continuar fumando. Não sei. (...) Eu tenho acordado à noite, não consigo dormir. Estou com medo de dormir e ficar sem ar (...) parar de respirar [assustada]. (Maria, cena 7).

No sonho, Maria vê a si mesma como uma chaminé (imagem moderna de produção), vivendo o trabalho de forma compulsiva e demoníaca/diabólica (separado do simbólico), estimulada pela gerência (organização do trabalho), tornando-se objeto (garota de programa) de satisfação de um outro que não a reconhece em seu sofrimento (possível adoecimento por tabagismo), nem em sua angústia (falta de ar), pois o outro está ali para defender o capital. O trabalho, que a princípio teria a função de proporcionar dignidade, passa a exigir alienação, massificando o sujeito, transformando-o em objeto de uso descartável a serviço da produtividade.

Ao se posicionar como instrumento, o sujeito confirma sua cumplicidade com os pactos que sustentam a relação com o trabalho, tornando-se vulnerável ao poder de forças impulsivas na sua face mortífera. Tal como nos vem contando Maria.

Dentre as possibilidades de sentido presentes no sonho de Maria, na sua conversa com o gerente, aparece uma forma de condensação dos pactos presentes em sua relação com o trabalho, relativos ao não dito do trabalho (o não simbolizado). Cabe destacar que o jogo do desejo, que ocorre nesse sonho, na ordem do representado e do simbólico, dá acesso ao corpo erótico, às relações objetais e ao erotismo, isto é, ao movimento de ligação inerente à pulsão de vida. O domínio do sonho e do recalcamento sobre essa parte de sua vida traduz-se por um efeito de organização do funcionamento psíquico. Organização, capitalização de experiências vividas e construção da história singular são registros de Eros – da pulsão de vida organizadora do ser vivo.

Corpo e memória

"Foi a quebra do altar do banco. Eu ainda estou ruim com isso. Não é que eu não visse as coisas erradas, mas falsificar um documento. Realmente quebrou (...) quebrou. Não há mais limite para nada. [chorando]. Tenho medo que daqui a pouco ninguém mais lembre. Têm coisas aqui que estão documentadas, têm outras que tenho aqui [apontando para a cabeça] (...) eu não esqueço" (cena 8).

Essa cena em especial refere-se, ao mesmo tempo, a uma série de acontecimentos concomitantes, que resultaram, para Maria, na vivência afetiva de uma quebra definitiva da articulação de seus desejos, de suas fantasias, dos referenciais simbólicos, que sustentavam o seu eu, associados ao seu trabalho como bancária. Enfim, ao perceber que a escrita dos laudos e pareceres estavam desvanecendo, apagando-se, foi acometida de mais uma forte crise de angústia, seguida de sintomas físicos (tontura e perda de equilíbrio). A sensação de Maria era a de que ela própria fosse se desvanecer na rua, sensação que veio acompanhada de sintomas fóbicos, impedindo-a de sair de casa. Suas palavras naquela ocasião são claramente reveladoras de uma ruptura com os pactos contidos pela organização do trabalho: "[...] foi a quebra do altar do banco.".

Esses acontecimentos motivaram Maria a trazer consigo, para a sessão de análise, a pasta com os documentos, mostrando-os um a um para a analista, convocada assim como testemunha do desvanecimento dos papéis. Maria chamava a analista para compartilhar da sua memória, ameaçada como se sentia de perder a dolorosa história (coletiva) do seu adoecimento. "[...] Tenho medo que daqui a pouco ninguém mais lembre. Têm coisas aqui que estão documentadas, têm outras que tenho aqui [apontando para a cabeça] eu não esqueço". Como pensar acontecimentos num corpo onde a memória se inscreve? Como dar testemunho a acontecimentos que interrompem o tempo histórico, abrindo fendas no equilíbrio do eu? Aqui, foi a memória compartilhada convocada para ajudar na escritura, na organização de experiências vividas e na construção da história singular individual e coletiva.

O vínculo analítico pode ser imaginado (representado) como um caminho na busca de compreensão, percebido como processo que propicia uma viagem psíquica caracterizada pelo contínuo regresso do Outro. Enquanto protagonista desse processo, Maria manifesta uma visão ressignificada do seu *habitus* – a partir de si mesma e abrangendo uma história (do cotidiano; do corpo; no contrato de casamento; nas relações com os filhos; sobre o seu lugar na família; da função do trabalho, do papel dos profissionais da saúde) individual e coletiva. Ao enfrentar a insônia crônica e as manifestações de ansiedade e angústia, provocadas por uma dor constante, a ameaça de desintegração do eu frente às sucessivas perdas desencadeadas pelo seu adoecimento, no processo analítico, Maria acabou escolhendo um caminho que a levou à criação de um outro lugar na relação com as pessoas e com o mundo. A partir de uma compreensão singular de sua doença, Maria ganhou uma nova posição social, passando a participar de fóruns, ações e manifestações públicas, relativas aos problemas de saúde de trabalhadores. O trabalho permaneceu como atividade significativa para a configuração de seu eu. Sempre acompanhada das muitas limitações conseqüentes da sua história com os DORT's, cotidianamente atingida pela dor, ainda assim a necessidade de uma ação concreta no mundo tem se revelado, em Maria, uma constante durante o processo de análise. O vínculo analítico tornou-se o espaço propício para a construção dos sentidos imersos na memória de uma dor indizível.

Considerações finais

A escuta do sofrimento de Maria, evidenciando processos intra e intersubjetivos, presentes na relação do sujeito com o trabalho, permite certamente (re)pensar o papel do trabalho nos processos de subjetivação contemporâneos. Maria relata, como experiência, o que Dejours concebeu teoricamente sobre o uso de estratégias coletivas de defesas, mobilizadas na luta contra o sofrimento no trabalho e sobre os processos de somatização. Ao enfrentar a angústia precipitada pela quebra dos referenciais simbólicos e das fantasias, que mantinham as defesas do seu (precário) eu, Maria percebeu-se como instrumento descartável de satisfação de um Outro (organização do trabalho). Encontrou-se imersa em redes de pactos perversos que insistiam na negação do seu sofrimento. Ao puxar o fio (invisível) dessas redes, Maria desvela a captura e a alienação de si mesma pela dinâmica perversa contida nas relações de trabalho. Com seu jeito peculiar, Maria narra e vive os conteúdos abordados teórica e genericamente por Calligaris (1991) e Peixoto (1999). A narrativa de Maria é construída com e sobre experiências psíquicas inscritas no corpo. Sua expressão é a de quem aprende sobre si (experiência pessoal) de um jeito que se traduz em história sociocultural (experiência transpessoal).

Trabalhar não é apenas exercer atividades produtivas, como já afirmava Freud. Trabalhar é conviver, viver junto diariamente. O viver junto supõe, entre outras coisas, uma atenção à alteridade (reconhecimento do outro). Se a renovação do viver junto no trabalho fracassa, assumindo a forma de alienação – difundindo o individualismo confundido como ideal –, o trabalho pode tornar-se uma perigosa força de destruição do espaço público. Uma organização do trabalho, além de atender à eficácia da técnica, deveria incorporar uma racionalidade relativa à convivência, ao viver em comum, às regras de sociabilidade, à pluralidade (mundo social do trabalho), bem como uma racionalidade relativa à proteção do ego, à realização do eu (saúde e ao mundo subjetivo). Porém o que pode ser observado é que diante dos constrangimentos do trabalho e da precarização das relações subjetivas de trabalho, todos ficam cada dia mais só, sem o reconhecimento do outro, sem o exercício da alteridade.

Referências bibliográficas

ARENDT, H. *Responsabilidade e julgamento*. São Paulo: Cia. das Letras, 2004.

CALLIGARIS, C. A sedução totalitária. In: CALLIGARIS & outros *Clínica do social: ensaios*. São Paulo: Escuta, 1991.

DAVEZIES, P.Eléments de psychodynamique du travail. *Education Permanente*, 116, 1993.

DEJOURS, C. *O corpo entre a biologia e a psicanálise*. Porto Alegre: Artes Médicas, 1988.

_____ *Repressão e subversão em psicossomática: pesquisas psicanalíticas sobre o corpo*. Rio de Janeiro: Jorge Zahar, 1991.

_____ (1992) Patologia da comunicação. Situação de trabalho e espaço público: a geração de energia com combustível nuclear. In LACMAN, S & SZENELWAR, L (orgs) *Christophe Dejours: da psicopatologia a psicodinâmica do trabalho*. Rio de Janeiro: Fiocruz, Brasília: Paralelo 15, 2004.

_____ (1993) Inteligência prática e sabedoria prática: duas dimensões desconhecidas do trabalho real. In LACMAN, S & SZENELWAR, L (otgs.) *Op. cit.*

_____ (1994). O trabalho como enigma. In: LACMAN, S & SZENELWAR, L (orgs). *Op. cit.*

_____ *A banalização da injustiça social*. Rio de Janeiro: Fundação Getúlio Vargas, 1999.

_____ Nouvelles formes d'organization du travail et lésions par efforts répétitifs (LER): approche par la psychodynamique du travail.In SZENELWAR, L & ZIDAN L (orgs) *Trabalho humano* com sistemas informatizados no setor de serviços. São Paulo: Plêiade, 2000.

ELIAS, N. *A sociedade dos indivíduos*. Rio de Janeiro: Jorge Zahar, 1994.

FREUD, S. (1905) Três ensaios sobre a teoria da sexualidade. *Edição Standard Brasileira das Obras Psicológicas Completas*. Rio de Janeiro: Imago, 1980.v.7.

_____ (1926) Inibições, sintomas e ansiedades *Op. cit.*, v.20

_____ (1927) Fetichismo. *Op. cit.*, v.21.

MARTINS, S. R. *A histeria e os DORTs: expressões do sofrimento psíquico de uma época*. Dissertação de Mestrado. Programa de Pós-graduação em Psicologia da Universidade Federal de Santa Catarina, 2002.

MARTINS, S. R. Subjetividade e adoecimento por DORTS nos trabalhadores em um banco do estado de Santa Catarina. In: MENDES, A.M. (org.) *Psicodinâmica do trabalho: teoria, método e pesquisas*. São Paulo: Casa do Psicólogo, 2007.

MARTY, P & M'ULZAN. *Mentalização e psicossomática*. São Paulo: Casa do Psicólogo, 1998.

McDOUGALL, J. *Em defesa de uma certa normalidade: teoria e clinica psicanalítica*. Porto Alegre: Artes médicas, 1983.

MENDES, R. & CAPINAM, J. C. Beira mar. In MARIA BETHÂNIA *Dentro do mar tem rio* (CD), Biscoito Fino, 2007.

PEIXOTO, C A *Metamorfoses entre o sexual e o social: uma leitura da teoria psicanalítica sobre a perversão*. Rio de Janeiro: Civilização Brasileira, 1999.

WISNER, A. *A inteligência no trabalho: textos selecionados de ergonomia*. São Paulo: FUNDACENTRO, 1994.

Qualidade de vida do trabalhador em saúde: o médico no Pronto-Socorro

Maria Cristina Surani Capobianco
Natália Cruz Rufino
Paula Villas Boas Passos
Maria Carolina Caleffi

As condições de saúde dos médicos no Brasil estão fora dos parâmetros recomendáveis de bem-estar. Em estudo sociológico de Machado (1997 – *apud* Nogueira Martins 2003), 80% dos médicos brasileiros consideram sua atividade desgastante e atribuem isso aos seguintes fatores: excesso de trabalho/múltiplos empregos, baixa remuneração, más condições de trabalho, alta responsabilidade profissional, relação com os pacientes, cobrança da população e perda de autonomia.

Frente a essa realidade, os parâmetros recomendáveis de bem-estar continuam a ser questionados, assim como a sua relação com as diferentes concepções de saúde, qualidade de vida (QV) e suas aplicações no contexto do trabalho em saúde.

O presente artigo pretende, a partir da discussão do conceito de qualidade de vida e sua aplicação no trabalho em saúde, apresentar dados levantados em pesquisa sobre a situação de trabalho em um Pronto-Socorro de um Hospital Universitário, considerando os impactos da organização do trabalho na saúde e qualidade de vida dos médicos.

Qualidade de vida: novos paradigmas de saúde

Em 1946, a Organização Mundial de Saúde (OMS) redefine e amplia o conceito de Saúde, ao inserir um novo paradigma, que busca superar a concepção anterior que a compreendia como ausência de doença. Assim, o conceito de saúde passou a definir um estado de completo bem-estar físico, mental e social. Desde então, a discussão sobre o bem-estar e a qualidade de vida tem se tornado cada vez mais freqüente em diferentes contextos. A ampliação do conceito de saúde trouxe um avanço significativo para a elaboração de novos paradigmas; no entanto, tal avanço encontra-se ainda destituído de valor prático uma vez que medidas decorrentes desses novos paradigmas ainda não foram adequadamente operacionalizadas.

Estudos que avaliam qualidade de vida e bem-estar têm se tornado cada vez mais comuns na literatura internacional. No entanto, ainda existe grande discordância tanto em relação ao conceito *per se*, quanto em relação aos instrumentos que pretendem avaliá-lo.

Os especialistas utilizam-se de uma variedade de termos para referirem-se, em seus artigos, a esse campo de estudo, tais como: qualidade de vida, qualidade de vida relacionada à saúde, bem-estar, felicidade e satisfação. Alguns autores, ainda hoje, equivalem QV ao construto de Bem-Estar Subjetivo (Löfgreen; Gustafson, and Nyberg, 1999). Entretanto, QV é um conceito mais amplo, que engloba não apenas o *status* de saúde, mas também fatores socioeconômicos, físicos e psíquicos (Younossi and Guyatt, 1998).

Reconhecida a falta de consenso mundial sobre o conceito de qualidade de vida, desde a década de 50, vários pesquisadores buscam construí-lo através de pesquisas, questionários e entrevistas com especialistas. Em seus primórdios, o termo QV é relacionado à percepção subjetiva das emoções do sujeito; tais como felicidade e satisfação (Wyller; Holmen; Laake, and Laake, 1998). Com o passar do tempo, os pesquisadores passaram a encarar o construto de qualidade de vida de forma multidimensional, compreendendo-a como um somatório das dimensões física, psicológica e social que constituem a saúde (Testa e Simonson, 1996).

Utilizando-se um referencial biomédico, a qualidade de vida em saúde, parte de uma situação de doença, avaliando os indicativos de melhora na condição de vida dos enfermos. Indicadores bioestatísticos, psicométricos e econômicos são utilizados na fundamentação de uma lógica de custo-benefício. Porém, tais indicadores não levam em conta o contexto cultural, social, de história de vida e o percurso dos indivíduos cuja qualidade de vida se pretende medir (Minayo et. al, 2000).

Minayo et. al (2000) apresentam três planos de referência para se pensar a noção de qualidade de vida, que em ultima instância remete à dimensão individual. O plano histórico está relacionado com o tempo de desenvolvimento econômico, social e tecnológico de uma determinada sociedade. O plano cultural lida com valores e necessidades construídas e hierarquizadas pelos povos, levando em conta suas tradições. O terceiro plano refere-se às estratificações ou classes sociais, a partir das quais estudiosos mostram que em sociedades com desigualdades ou heterogeneidades muito fortes, os padrões e concepções de bem-estar são também estratificados, associando-se a idéia de qualidade de vida ao bem-estar das camadas superiores e à ascensão social. Dessa forma, quanto mais aprimorada a democracia, mais ampla é a noção de qualidade de vida e do grau de bem-estar da sociedade, uma vez que se ampliam as possibilidades de igual acesso a bens materiais e culturais (Olgária Matos *apud* Minayo, 2000).

No entanto, o relativismo cultural não impede de reconhecer que o modelo hegemônico preconizado pelo mundo ocidental, urbanizado, rico e polarizado está a um a passo de se definir enquanto padrão universal. O conceito de qualidade de vida, uma vez centralizado em valores como conforto, prazer, boa mesa, moda, utilidades domésticas, viagens, carros, televisão, telefone, computador, bem como no uso de tecnologias que diminuem o trabalho manual e o consumo da arte e da cultura, limita as possibilidades de reflexão quanto à singularidade do sujeito (Minayo et al, 2000).

Qualidade de vida no trabalho (QVT)

Dejours (1994) fala que o sofrimento inicia-se quando é impossível um rearranjo da organização do trabalho. Quando não há mais harmonia entre organização do trabalho e trabalhador acumula-se energia no aparelho psíquico, gerando desprazer e tensão, transferindo o excedente de energia para o físico. Sendo assim, a fadiga que resulta de uma carga psíquica excessiva pode ter uma manifestação somática.

A constatação de que o sofrimento, e suas causas são alimentados pelas condições, relações e organização do trabalho, têm como objetivo desnudar e possibilitar um processo de reconhecimento acerca do significado e motivação do sofrimento. Compreender que o sofrimento e o adoecimento estão diretamente ligados às relações construídas historicamente e não circunscritos às limitações individuais faz pensar que a capacidade criativa dos seres sociais, ao ser controlada e condicionada por determinadas formas de organização, encontrará nas manifestações somáticas seu campo de expressão.

No século XX, muitos pesquisadores contribuíram para a construção do conceito de Qualidade de Vida no Trabalho, dentre esses o estudo sobre a Teoria de Hierarquização de necessidades de Abraham Maslow (1970) e a noção de fatores higiênicos e fatores motivadores de Herzberg (*apud* Vasconcelos, 2001). Recentemente, Limongi-França (2001) também contribuiu para a compreensão da qualidade de vida no trabalho; entendo-a como constituída pelas camadas biológica (características físicas herdadas ou adquiridas), psicológica (processos afetivos, emocionais e de raciocínio) e social (valores socioeconômicos, cultura, crenças, sistemas de representação, ambiente e localização geográfica). Essa contribuição ressalta que a divisão em camadas é fundamental para a compreensão do processo saúde-doença e a sua relação com o trabalho.

Nesse sentido, o conceito de QVT pode ser aplicado ao trabalho nas instituições, enquanto um conjunto de ações, que envolvem a implantação de melhorias e inovações gerenciais e tecnológicas no ambiente de trabalho. A construção da qualidade de vida no trabalho ocorre a partir do momento em que se reconhece a instituição e as pessoas como um todo. Tal visão é nomeada pela autora como um enfoque biopsicossocial, o qual representa o fator diferencial para a realização de diagnóstico, campanhas, criação de serviços e implantação de projetos voltados para a preservação e desenvolvimento das pessoas durante o trabalho na empresa. (Limongi-França, 2001).

Ou ainda, segundo Dejours (1994), a necessidade de se pensar a qualidade de vida no trabalho decorre da relação entre o trabalho e a saúde do trabalhador:

"A organização do trabalho exerce, sobre o homem, uma ação específica, cujo impacto é o aparelho psíquico. Em certas condições, emerge um sofrimento que pode ser atribuído ao choque entre uma história individual, portadora de projetos, de esperanças e de desejos, e uma organização do trabalho que os ignora" Dejours.

Com o crescente interesse dos pesquisadores, tem se desenvolvido uma série de construtos teóricos acerca da saúde do trabalhador, a partir da descrição de algumas síndromes, como as lesões por esforço repetitivo (LERS) e a Síndrome de *Burnout*.

O termo *Burnout* refere-se a uma síndrome na qual o trabalhador perde o sentido da sua relação com o trabalho e faz com que as coisas já não tenham mais importância, qualquer esforço lhe parece ser inútil. Trata-se de um conceito multidimensional que envolve três componentes, que podem aparecer associados, mas que são independentes: exaustão emocional, despersonalização e falta de envolvimento no trabalho.

Hoje, a literatura especializada aponta que entre os profissionais que mantém um contato interpessoal mais exigente, como médicos, psicanalistas, enfermeiros, assistentes sociais, professores e atendentes públicos, os quadros de *burnout* são mais freqüentes.

Qualidade de vida no trabalho em saúde

O consultor do Ministério da Saúde/Programa Nacional de Humanização, Serafim Barbosa Santos-Filho (2006-Artigo submetido à publicação – ainda em divulgação interna da Política Nacional de Humanização) afirma que o trabalho em saúde atualmente tem sido apontado como objeto de atenção devido a sua crescente precarização no que se refere às condições de emprego e de trabalho e suas repercussões na qualidade de vida e saúde dos trabalhadores. Dentre os problemas com ampla visibilidade atual no "mundo do trabalho" em saúde, merece serem citados a degeneração dos vínculos, considerando-se inclusive a negação ou omissão quanto aos direitos constitucionais dos trabalhadores, a precarização dos ambientes e condições de trabalho e as dificuldades no âmbito da organização e das relações sociais de trabalho ainda embasadas em modelos tradicionais de gestão.

Segundo Serafim, apesar de os novos modelos de atenção e de gestão proporem e exigirem, cada vez mais, a participação ativa dos trabalhadores, muitas vezes, na prática, inviabilizam ou limitam, o exercício efetivo da condição de sujeitos autônomos nos processos de trabalho. Isso pode ser observado no dia-a-dia das unidades de saúde. Nota-se, por exemplo, o pouco conhecimento e pouca governabilidade das equipes em relação à definição das metas e indicadores locais que possam nortear o próprio trabalho. Há pouca governabilidade, seja em decorrência da falta de autonomia para essas definições, seja pela insuficiência de mecanismos participativos de avaliação, planejamento e decisão no âmbito do trabalho. Ainda parece prevalecerem métodos tradicionais de planejamento, de condução do trabalho e tomadas de decisão, mesmo com certa expansão da idéia de equipes colegiadas e colegiados gestores, por exemplo.

Observa-se que, apesar dos reconhecidos esforços institucionais em promover espaços participativos, a longa história de gestões tradicionais limita os avanços com relação ao funcionamento efetivo dos colegiados como instâncias de discussão e negociação dos projetos e ações nos níveis locais. Muitas vezes, a estruturação dos colegiados apenas de forma administrativo-burocrática, não corresponde ao que se espera de tais dispositivos como espaços de constituição de sujeitos co-responsáveis pela condução do trabalho, compartilhando o fazer (Serafim, 2006).

Uma prática discursiva em toda a sua potencialidade, capaz de produzir e fomentar autonomia ainda é incipiente no cotidiano dos serviços, e tanto ações, focos, prioridades e escolhas, quanto os conflitos institucionais, são pouco problematizados e direcionados no espaço coletivo.

A Saúde do Trabalhador, compreendida no campo da Saúde Coletiva, pretende superar outros marcos tradicionais de se conceber e intervir no processo de adoecimento dos trabalhadores, visando a superar abordagens médico-biologicistas e higienistas que caracterizam a Medicina do Trabalho e a Saúde Ocupacional.

A análise dos processos de trabalho é uma ação teórico-prática potente, pois permite identificar as transformações necessárias a serem introduzidas nos locais e ambientes para a melhoria das condições de trabalho e saúde. No entanto, o seu uso sempre requer um tratamento interdisciplinar que contextualize e interprete a intersecção entre as relações sociais e técnicas que ocorrem na produção, assim como, considere a subjetividade dos vários atores sociais nelas envolvidos. Ademais, realizar investigações sob essa ótica significa ultrapassar concepções e práticas hegemônicas da Medicina do Trabalho e da Saúde Ocupacional (Gomes & Lacaz, 2005) que, numa perspectiva positivista, formulam articulações simplificadas entre causa e efeito.

Através de análise da produção científica, os mesmos autores apontam para um encolhimento significativo da reflexão e do empenho individual e coletivo na construção de referenciais e instrumentos que dêem conta da totalidade heterogênea que configura hoje o universo dos trabalhadores brasileiros. Seria preciso, no momento atual, investir fortemente no conhecimento dos diversos tipos de agravos à saúde em todos os setores nos quais se acumulam problemas causados pela labilidade dos vínculos de trabalho, como os casos de terceirização espúria, cooperativismo fraudulento, determinados tipos de trabalho informal – incluindo-se aí o antigo e hoje crescente trabalho familiar – e o desemprego.

Qualidade de Vida no trabalho hospitalar – Um estudo no Pronto-Socorro de um Hospital Universitário

O trabalho em hospital impõe pela sua própria dinâmica um alto nível de colaboração entre diversas pessoas, de diferentes especialidades ou posições na rede de cuidados ao paciente, o que exige um trabalho coletivo bem coordenado e colaborativo. Há sempre variação nas redes de solidariedade que compõem o trabalho necessário para a consecução de cada objetivo.

A composição de cada equipe terapêutica deve dispor de meios para fazer frente aos imprevistos constantes do trabalho, em especial, nos Pronto-Socorros. Esses meios são em parte dados pela bagagem coletiva da atividade, que deve pertencer e estar disponível para todos, não fracionada para e por cada profissão e, em parte, fruto da singularidade de cada trabalhador, com sua forma diferenciada de inserção em sua atividade, com sua criação particular que utiliza um plano coletivo de constituição. Nesse sentido, o trabalho modifica-se e se expande, podendo-se dizer que já não é possível separar o que é próprio do coletivo e o que é próprio do singular.

No Pronto-Socorro (PS) chegam casos não só de urgência e emergência, mas todos aqueles que sofrem e procuram por alívio imediato para sua dor. O poder da vida e da morte se impõe, contradizendo procedimentos e processos de trabalho, centrados em saberes previamente estabelecidos, ou ainda de forma mais precisa, no saber médico. A complexidade dessas situações mobiliza trabalhadores nas suas mais variadas funções. Desde a chegada dos usuários, à sua saída, seguranças, agentes de portaria, voluntários, auxiliares de enfermagem, assistentes sociais, médicos, técnicos de enfermagem e escriturários, devem exercer suas funções de forma mais articulada possível, oferecendo um bom serviço e, portanto, um trabalho integrado, no qual a especificidade de cada função expressa seu valor e rompe com a lógica hierárquica.

Nos pronto-socorros o ritmo do trabalho é o ritmo do desespero, da imprevisibilidade; não há cadências agradáveis, só uma aceleração do tempo nervosa e frenética. O ritmo da vida, o tempo de sentir solidariamente o que vivem os usuários internados, a necessidade de colaboração com um colega ou de inventar formas de cuidar dirigidas a cada singularidade são ignorados. Os tempos, os desejos e as experiências dos diversos profissionais presentes no hospital não são os mesmos. As pessoas, os corpos, as vidas de que tratam não são os mesmos.

O editorial da revista da Associação Médica Brasileira (2003) discute a questão dos Pronto-Socorros do país, apontando que no ano de 2002, foram realizados cerca de 48 milhões de atendimentos pelo SUS com alta mortalidade. Destes, um número expressivo de pacientes em estado crítico, não teriam chegado ao PS se houvessem recebido tratamento médico adequado previamente. A taxa de internação hospitalar desses doentes é muito baixa, devido à carência de leitos na rede, gerando "internação" em macas durante dias, fato que todos nós já vivenciamos nos hospitais públicos. O editorial traz também que os plantonistas dos Pronto-Socorros em nosso país geralmente são profissionais em início de carreira, ou ainda em formação, com pouca experiência. Além disso, são mal remunerados e sofrem com uma carga de trabalho brutal, o que piora ainda mais a situação.

Os autores do presente artigo realizaram um levantamento de necessidades dos trabalhadores que estão locados no pronto socorro (ps) e pronto atendimento (pa) de um hospital universitário de uma grande metrópole brasileira. Os dados a seguir são resultados preliminares deste estudo, ainda não publicados.

Baseado na literatura estudada, os serviços de urgência e emergência são classificados como setores de estresse elevado entre os profissionais. São as portas de entrada, sempre abertas ao usuário, têm um fluxo contínuo de pacientes e uma característica de tensão o tempo todo.

Nesse levantamento, foram coletados dados sobre clima organizacional, saúde e bem-estar de 25% dos trabalhadores do ps (n=62). O PS e o PA funcionam de maneira articulada, em conjunto atendem a 25 % da demanda desse hospital (funcionam como um único setor, por isso em alguns momentos estarão referidos nesse artigo, unicamente como ps). Nesse sentido, considera-se relevante investigar a saúde e qualidade de vida de todos os trabalhadores PS a partir da avaliação das condições e relações de trabalho. Acredita-se que estudos dessa natureza possam fornecer subsídios para a gestão de recursos humanos e implementação de política que avancem na perspectiva da promoção de saúde e bem estar dos mesmos, transpassando o âmbito profissional e pessoal. No Brasil, ainda é escassa a produção deste tipo de conhecimento. Minayo Gomes & Lacaz (2005), no que tange à produção científica sobre a saúde dos trabalhadores brasileiros, ressaltam a importância de se exigir a efetivação de um processo de indução que incite as universidades e, principalmente suas pós-graduações, a darem uma contribuição mais articulada e efetiva, a trabalhar em rede ou de forma institucional, buscando fundamentar abordagens e diagnósticos que redundem em estratégias de caratér propositivo. O estudo foi realizado utilizando-se metodologia qualitativa e quantitativa. Os métodos e instrumentos utilizados foram selecionados na perspectiva de compreender a complexidade e intersecções inerentes aos conceitos de qualidade de vida e qualidade de vida no trabalho. A pesquisa qualitativa foi constituída em três etapas: observação participativa, análise documental e entrevistas semi-estruturadas. A pesquisa quantitativa foi realizada utilizando-se os seguintes instrumentos:

1. Um questionário de clima organizacional, que investiga questões referentes ao relacionamento da equipe, à autonomia, à quantidade e qualidade dos treinamentos oferecidos, à realização profissional, ao reconhecimento, à estabilidade, aos critérios de promoção interna e a relação entre chefias e subordinados.
2. WHOQOL (versão em português OMS, 1998), desse questionário foram utilizadas três questões, uma sobre a avaliação do entrevistado em relação a sua qualidade de vida, outra sobre sua saúde. A terceira investigava a satisfação em relação ao sono.
3. Questionário de Pesquisa de Condições de Saúde e de Trabalho (Okada et al 2005), foram utilizadas quatro questões a cerca da relação trabalho e família, no que tange à carga horária de trabalho e tempo com a família, ao desempenho em relação aos papéis familiares e a presença ou não de fala exacerbada sobre assuntos de trabalho em casa.
4. The Medical Outcome Study SF-36 (versão II) – SF 36 é um questionário que avalia qualidade de vida e saúde. Qualidade de vida pode ser definida como o bem-estar social de um indivíduo, um grupo, uma comunidade ou um país. O questionário avalia qualidade de vida a partir das condições de saúde física e emocional. Esse instrumento foi traduzido e validado por Cicconelli (1997).
5. O Subjective Well Being Inventory – SUBI, Questionário validado pela OMS que avalia o bem-estar subjetivo. Trata-se de um questionário auto-aplicado de quarenta perguntas, desenvolvido na Índia na década de 80. Tem por objetivo identificar os conteúdos relacionados à capacidade de transcendência, domínio mental inadequado (perda de controle por pequenas coisas),

preocupação com o grupo primário (família nuclear), percepção saúde-doença, suporte do grupo familiar, suporte social e bem estar geral.

Através de amostragem randômica casual simples, foram selecionados 25% da população de trabalhadores do PS, sessenta e dois trabalhadores distribuídos entre seguranças, agentes de portaria, auxiliares de saúde, auxiliares de enfermagem, limpadores, médicos, técnicos de enfermagem, assistentes sociais, enfermeiros, funcionários da farmácia, escriturários e contínuos. Ressalta-se aqui o cuidado de constituir-se a amostra dessa pesquisa com representantes das diversas categorias.tendo em vista que nas organizações de saúde em geral, mas no hospital em particular, o trabalho é por sua natureza, necessariamente multidisciplinar, isto é, depende da conjugação do trabalho de vários profissionais.

Os dados fornecidos pelos questionários foram tratados pelo programa estatístico – *Statistical Package for Windows* (SPSS) versão 13.0, a partir do qual foram avaliadas as freqüências e percentagem dos dados, verificando se os mesmos são estatisticamente significativos através do teste de Quiquadrado de Pearson (usando um intervalo de confiança de 95%, p < 0,05).

No estudo vários dados chamaram a atenção para a situação do médico que trabalha no PS. Dentre todas as categorias: médicos, enfermagem, administrativo e limpeza, os médicos demonstraram-se significativamente mais insatisfeitos com o trabalho no PS, 75% dos médicos estão pouco ou muito pouco satisfeitos com o trabalho no PS. Pode-se fazer a hipótese de que, em ultima instância são os médicos que respondem ao usuário externo pela precariedade que constitui o ambiente de trabalho na emergência do Hospital. Além disso, há uma formação teórica que não conseguem colocar em prática pelas condições de trabalho. Serafim (2006) salienta que na maior parte das vezes os problemas de funcionamento aparecem através das cobranças da população, que recaem direta e primeiramente sobre os trabalhadores "da ponta", que vivenciam o problema, quase que de modo isolado, como uma impotência individual.

Em um estudo sobre a percepção dos médicos chefes de plantão em serviços de emergência em Buenos Aires (Kornblit AL, 1998), a falta de recursos, tanto humanos – auxiliares e enfermeiros, quanto a falta de recursos, necessários para as práticas diagnósticas e terapêuticas ou a precariedade das instalações são percebidas como limitações que provocam tensão. Os principais significados associados pelos médicos ao plantão são fundamentalmente ligados à sobrecarga de trabalho, ao cansaço, à falta de sono, à estar longe da família, à problemática administrativa e ao manejo de pessoas. A situação de precariedade aparece apontada por todas as categorias na pesquisa e tem início nas más condições de instalação física do local, fator apontado pela maioria como principal elemento desmotivador para o trabalho. Continua com a falta de materiais, desde os de limpeza e cuidados com o paciente, até medicamentos. Há também a sobrecarga do trabalho devido à grande procura dos pacientes pelo PS, por quadros graves, mas também buscando o atendimento mais rápido, disponível no serviço público.

Ao responderem sobre fatores motivadores e desmotivadores, quase 40% dos médicos afirmam que a infraestrutura é o principal fator de desmotivação para trabalhar no pronto-socorro. Outro fator a ser assinalado é a percepção de que a profissão médica tem sofrido um processo de desvalorização ligada à perda do poder aquisitivo e da autonomia dos médicos. No caso particular desse Hospital, vinculado a uma Universidade, há atualmente também uma mudança do *status* desse setor, que antes era uma espécie de porta de entrada para os médicos que buscavam um espaço na vida acadêmica. Muitos docentes iniciaram seus vínculos com a instituição pelo PS. Agora essa passagem dos médicos para os departamentos tem acontecido com cada vez mais dificuldade. O emprego no serviço de emergência não é mais uma etapa numa evolução a ser vivida dentro do Hospital Universitário. É, agora, um emprego sem perspectiva de progressão.

Tal fato nos leva a pensar na mudança de paradigmas dentro da Universidade. Se antes o ensino era o preceito mais valorizado pela academia, hoje o lugar do saber parece estar bem mais associado à pesquisa.

Ora, o PS é um dos locais mais importantes na formação do médico, alunos e residentes aprendem na prática, nos mais variados tipos de situações a serem médicos. No entanto, os médicos contratados e que ocupam atividades de preceptoria são cada vez menos reconhecidos como detentores de um saber, que se encontra muito mais ligado à pesquisa e aos títulos que dela advém, do que ao ensino através de situações práticas que se realiza no PS.

A realização dos médicos também se encontra afetada, metade dos médicos em nossa amostra encontra-se pouco ou muito pouco realizado com o trabalho no PS, o que também poderíamos relacionar a desvalorização progressiva do trabalho médico por parte da sociedade, e a dificuldade de fazer daquele setor um serviço modelo como se requer dos serviços ligados à Universidade e, portanto, ao ensino. Existe uma auto-exigência em manter-se atualizado e alcançar alto nível profissional, servindo de modelos para as gerações que se iniciam.

Quase 40% dos médicos avaliam sua qualidade de vida como ruim e 25% não se encontram satisfeitos com sua saúde, isso para não falar do sono, 35% reclamam da qualidade de seu sono. O trabalho em emergência é exigente e o horário de trabalho em turnos (diurnos e noturnos) está mais associado a quadros de estresse e burnout. O que chama a atenção é que em geral os médicos encontram-se mais insatisfeitos com o seu trabalho e sua saúde que os demais trabalhadores, mesmo se os últimos ocupem posições teoricamente de menor importância, ou pelo menos de menor evidência dentro do trabalho no Hospital.

Segundo Luiz Antônio Nogueira Martins:"No Brasil, pode-se afirmar sem medo de errar, que certas condições de trabalho do médico na atualidade fazem com que o exercício profissional em saúde, principalmente em alguns serviços de emergência da rede pública de assistência médica, seja considerado como insalubre, penosa e perigosa para a saúde física e mental do médico. "(Nogueira-Martins, 2002)

Os médicos também se encontram insatisfeitos quanto à autonomia para propor melhorias na execução de seu trabalho e de terem suas sugestões ouvidas pela chefia, o que parece refletir questões relativas à organização do trabalho no setor. Cada chefe de plantão se reporta ao coordenador de sua disciplina no PS. São várias as disciplinas que atuam no setor: clínica, cirurgia, obstetrícia, psiquiatria... Existe um coordenador técnico, porém, não há um entendimento claro acerca das hierarquias existentes.

A falta de um organograma, com definições hierárquicas de cargo e função acarreta problemas na organização do trabalho e conseqüentemente desgastes nas relações interpessoais. Tal fato se reflete, no discurso dos médicos, que afirmam não saberem, com convicção, a quem se reportar e em qual situação.

Constatou-se por meio da análise documental da pesquisa qualitativa, que não há fluxograma de trabalho ou organograma, com hierarquização e definição de funções. Desta forma, não há entendimento claro e objetivo acerca das ações de cada agente envolvido no processo do trabalho. Existe, também, a dificuldade de saber, com exatidão, a quem se reportar quando há um problema ou uma reclamação a fazer. Dentro desse contexto, os trabalhadores tendem a se sentir com cada vez menos autonomia para participarem ativamente da organização do seu fazer.

O trabalho do médico no PS pode ser entendido no modelo de Karasek (apud Nogueira-Martins, 2003), como um trabalho de alta exigência, que se caracteriza por uma alta demanda psicológica no exercício profissional e com baixo controle sobre a atividade, o que aponta para o grau de insalubridade da tarefa.

Faz-se necessário, portanto, atenção à situação de trabalho dos médicos, assim como dos demais profissionais de saúde, que ao desempenharem sua ação de cuidado aos usuários, fazem-no a partir de um modelo de organização do trabalho, que deveria ser construído de maneira coletiva, configurando um processo no qual o trabalhador em saúde tenha voz ativa. Um processo democrático e participativo de gestão, que fomente a capacidade de análise, autonomia, satisfação e saúde. (Serafim, 2006)

É importante ressaltar que os dados apresentados nesse artigo são preliminares e precisam ser submetidos a uma análise mais detalhada para que se produzam conclusões mais claras e precisas. É fundamental também, que se ressalte a necessidade de mais estudos sobre a organização dos processos de trabalho e sua relação com o adoecer e a qualidade de vida do trabalhador, considerando um conceito de QV ampliado, que leve em conta fatores da história do sujeito, analisados sobre os mais diversos parâmetros: saúde, cultura, lazer, padrão sócio-econômico. Bem como, uma melhor compreensão da qualidade de vida no trabalho do profissional em saúde que considere os aspectos da organização do trabalho e sua relação com a promoção de ambientes saudáveis de trabalho e sujeitos capazes de se apropriar do seu fazer, obtendo realização e satisfação do exercício de suas funções.

Referências bibliográficas

ANTUNES, R. Os sentidos do trabalho. ensaio sobre a afirmação e a negação do trabalho. Boitempo, 2002. SP

ASSOC. MÉD. BRASILEIRA – editorial *Medicina de urgência no Brasil: aonde vamos?* – Ver. 2003: 49(3): 225-43.

DEJOURS C, ABDOUCHELI E, JAYET C. *Psicodinâmica do trabalho: contribuição da escola dejouriana à análise da relação prazer, sofrimento e trabalho.* São Paulo: Atlas; 1994.

KORNBLIT AL. *Percepciones de los médicos de guardia Y los jefes de guardia acerca de su trabajo.* Medicina y Sociedad, vol21, n4, octubre, diciembre 1998.

LIMONGI-FRANÇA, AC. *Interfaces da qualidade de vida no trabalho na administração de empresas: fatores críticos da gestão empresarial para uma nova competência.* 2001.246f. Tese de livre docência – Faculdade De Economia, Administração e Contabilidade, Universidade de São Paulo, São Paulo,2001

LOFGREN B, NYBERG L, MATTSSON M,. GUSTAFSON Y. *Three years after inpatient. stroke rehabilitation: A follow-up study.* Cerebrovasc Dis;9:163-70, 1999.

MASLOW A. *Motivation and personality,* 2nd ed, Harper And Row, 1970],

MATOS O. As formas modernas do atraso. *Folha de S. Paulo,* 27 de setembro, p. 3,1998.

MINAYO GOMES C E LACAZ FAC. *Saúde do trabalhador: novas-velhas* questões – Ciênc. Saúde coletiva vol.10 no 4 Rio de Janeiro Oct./Dec 2005.

MINAYO MC ET AL. *Qualidade de vida e saúde: um debate necessário* – Ciênc. saúde coletiva vol. 5 no.1 Rio de Janeiro 2000.

MUROFUSE NT, ABRANCHES SS, NAPOLEÃO AA – *Reflexões sobre estresse e burnout e a relação com a enfermagem* – Rev. Latino-Am. Enfermagem vol.13 no.2, Ribeirão PretoMar./Apr.2005.

NOGUEIRA-MARTINS, L.A. A saúde do profissional de saúde. In MARCO, M.A. (org.) *A face humana da medicina: do modelo biomédico ao modelo biopsicossocial,* São Paulo: Casa do Psicólogo, 2003.

ROSEN G. *– Da Polícia Médica à Medicina Social.* Editora Graal, Rio de Janeiro. 1980.

SANTOS-FILHO SB – *Um olhar sobre o trabalho em saúde à luz dos marcos teórico-políticos da saúde do trabalhador e do Humanizasus* – Artigo submetido à publicação. Divulgação interna no âmbito da PNH (política nacional de humanização)2006

TESTA MA, SIMONSON DC – *Assessment of quality-of-life outcomes* – New England Journal of Medicine, 1996.

VASCONCELLOS, AF – *Qualidade de vida no Trabalho: origem evolução e perspectiva* – cadernos de pesquisas em administração,8(1), 2001

RYFF CD, SINGER B – *Psychological well-being: meaning, measurement, and implications for psychotherapy research.* Psychother Psychosom.;65(1):14-23. 1996

WYLLER TB, HOLMEN J, LAAKE P, LAAKE K – *Correlates of subjective wellbeing in Stroke Patie*nts (*Stroke.* 1998;29:363-367.) 1998

YOUNOSSI ZM, GUYATT G – *Quality-of-life assessments and chronic liver disease.* The American Journal of Gastroenterology, 1998 – Blackwell Synergy... 1037 – July 1998

SELL & NAGPAL – *Assessment of Subjective Well-Being* – Regional Health Paper, No 24 WHO 1992.

Entre o agir e o pensar

A clínica do agir[121]

Decio Gurfinkel

O objetivo do trabalho é realizar um breve estudo psicanalítico sobre o *agir*, sob três pontos de vista: metapsicológico, psicopatológico e clínico. Em relação ao plano metapsicológico, retoma-se, em Freud, a distinção entre processo primário e secundário e, posteriormente, entre princípio do prazer e princípio da realidade, para ressaltar o caráter *primitivo* atribuído à ação, em contraste com o pensamento. Em seguida, destaca-se, no campo psicopatológico, algumas formas clínicas nas quais a ação é um dado de *estrutura* – tais como as adicções e as neuroses de comportamento, cujo traço comum é a impulsividade. Este tipo de configurações clínica ocupa um lugar diametralmente oposto à neurose obsessiva, marcada por uma tendência à inação. No plano clínico, examina-se a relação entre ação e transferência. Se, de início, a ação é abordada segundo a contraposição entre recordação e repetição, os novos desenvolvimentos da psicanálise nos permitem discriminar, como veremos, três modalidades diferentes de relação entre ação e transferência: a passagem ao ato como pura descarga da compulsão à repetição, a suspensão da ação como condição para a criação de um espaço de pensamento e de sonho, e a teatralização na transferência.

Ação e pensamento na metapsicologia freudiana[122]

Recapitulemos brevemente como Freud situa o agir em seus modelos teóricos sobre o funcionamento psíquico.

Em uma primeira abordagem, podemos situar a ação ao lado do *primitivo*; é assim que se pode interpretar a frase que encerra *Totem e tabu* (Freud, 1913): "no princípio era a ação". Que sentido podemos atribuir a esta aproximação entre o *primitivo* e a *ação*?

---

[121] Este trabalho é parte de uma pesquisa de Pós-Doutorado realizada no Programa de Estudos Pós-Graduados em Psicologia Clínica da PUC-SP, com apoio da FAPESP (processo nº 05/58749-0).

[122] Uma parte deste material foi publicado em trabalho anterior (Gurfinkel, 2005), tendo sofrido, no entanto, um rearranjo significativo, e tendo sido ampliado em vários aspectos.

Ao examinarmos com atenção as elaborações de Freud a respeito dos processos primário e secundário na obra dos sonhos[123], notamos que esta aproximação já estava ali presente, abrindo caminho para a idéia de que *uma regressão ao processo primário envolve um predomínio paulatino da ação em detrimento do pensamento*. Se no processo primário o objetivo principal é evitar a acumulação de excitações no interior do aparelho psíquico, tal meta é atingida, fundamentalmente, pela *motilidade*, que é o caminho de que se dispõe para a descarga das excitações. Já no processo secundário, dá-se uma coerção temporária de tal descarga para possibilitar um "trabalho de memória" que *acumula experiências*, cujo objetivo final é articular uma ação motora que modifique adequada e intencionalmente o mundo exterior. A partir deste momento inicia-se uma atividade minimalista, com pequenas quantidades de energia, que é a *atividade psíquica* propriamente dita, e que só termina quando atinge sua tarefa de examinar uma situação-problema e de construir um *plano de ação*; notemos, porém, que enquanto se mantém uma ação desmedida de descarga sem freios, não há lugar para a atividade psíquica secundária. Temos, em seguida, um novo ponto de inflexão: onde termina a atividade psíquica de exame inicia-se a ação motora propriamente dita – agora planejada e dirigida –, operação que se dá através de um "levantamento de comportas" que deixa fluir a energia acumulada temporariamente, agora necessária para a ação, em grandes quantidades.

Em *Os dois princípios do funcionamento mental*, estes mesmos elementos são reconsiderados, e a atividade psíquica do processo secundário – agora retrabalhado como "princípio de realidade" – é explicitamente denominada "processo de *pensamento*". Aqui há um novo passo que consolida a importância da dualidade conceitual ação-pensamento na metapsicologia freudiana.

"A descarga motora, que durante o regime do princípio do prazer estava a serviço da supressão do aumento de estímulos no aparelho psíquico – e que havia cumprido esta missão por meio de inervações transmitidas ao interior do corpo (mímica e expressão dos afetos) –, ficou encarregada agora de uma nova função:

---

[123] "O processo primário e o secundário. O recalcamento", parte "E" do capítulo VII (Freud, 1900).

a modificação adequada da realidade; a partir deste ponto, ela transformou-se em ação. O adiamento, agora necessário, da descarga motora da ação, ficou sob a responsabilidade do processo de pensamento, que se tornou uma atividade unicamente de representação" (Freud, 1911, p.1639).

Notemos como Freud distingue, na sua terminologia, a "descarga motora" do processo primário da "ação" que modifica a realidade, na qual a primeira se *transforma*; esta transformação é resultado de um trabalho – o trabalho do pensamento –, e implica um salto de qualidade inerente à passagem do primário ao secundário. A instauração paulatina do regime do princípio da realidade traz consigo, juntamente com a sofisticação da atividade de pensamento, diversas aquisições preciosas: o desenvolvimento da consciência, da capacidade de atenção e da memória, assim como a faculdade de discernimento[124].

A ação vai ganhando, assim, cada vez mais claramente, um lugar ao lado do primitivo: um primário intolerante à espera, ao adiamento e à suspensão da descarga de excitação, comprometendo, por isto, a capacidade de pensar. Este lugar é facilmente assimilável a um pulsional sem mediações, sem freios, submetido de modo implacável ao princípio do prazer; ora, aqui trata-se da ação não-planejada e não-dirigida, aquela que Freud denominou "descarga motora". O modelo é, no entanto, mais complexo: pois a ação é, também, atividade do processo *secundário*, uma vez que é através dela que se atinge o ganho de prazer almejado e "planejado", ainda que adiado; este processo procura realizar, precisamente, uma modificação da e na realidade, o que só pode ser atingido por uma *ação articulada*. Mas esta modificação da realidade visa, ainda assim, não à realidade em si mesma, e sim à finalidade última de ganho de prazer: o princípio da realidade é, em última instância, nada mais do que uma modificação do princípio do prazer que o antecede, e a atividade de pensamento encontra-se, neste modelo criado por Freud,

---

[124] Como se sabe, este modelo apresenta uma série de problemas e limitações que merecem ser discutidos, o que deixo de fazer aqui para não perturbar o encadeamento do texto. Apenas a título de exemplo, a idéia de que no regime do princípio do prazer não há pensamento é problemática, ou até mesmo preconceituosa; talvez fosse mais correto falar em termos de *formas* de atividade psíquicas de natureza diferente (discuti este e outros pontos do problema em "Uma volta aos princípios: sob o reinado do prazer", In Gurfinkel, 1996). Da mesma maneira, o conceito de *realidade* em psicanálise é, em si mesmo, extremamente complexo, e merece análise crítica cuidadosa.

entre – em um intervalo de tempo transitório de suspensão – o aumento de tensão devido à excitação e à ação articulada. Há que se discriminar, pois, uma ação-descarga própria do processo primário de uma ação intencional e supostamente mais eficaz em termos da possibilidade de operação na realidade material; esta discriminação guarda implicações significativas, já que o *primitivo da ação* encontra-se, em princípio, no primeiro caso.

Vejamos como esta concepção que aproxima primitivo e ação se reflete em como se compreende e maneja a situação analítica.

Repetição e recordação na transferência

O lugar atribuído à ação no modelo metapsicológico dos dois princípios do funcionamento mental teve ressonâncias inequívocas na concepção que Freud desenvolveu a respeito do processo analítico, ou melhor: ambos foram construídos de modo concomitante e complementar.

Em 1914, ao discorrer sobre as mudanças da técnica analítica em relação à sua origem no tratamento por hipnose, Freud ressaltou uma dificuldade com a qual foi se deparando ao longo dos anos: muitas vezes, "o analisando não *recorda* nada do esquecido ou recalcado, e sim *vive-o de novo*; não o reproduz como recordação, e sim como ato; *repete-o*, sem saber que o faz" (Freud, 1914, p.1684). Ora, diante deste fenômeno, a meta principal do trabalho de análise – a recordação – passou a ser buscada através de uma nova estratégia: procurar manter no terreno do psíquico todos os impulsos que tenderiam a derivar-se para a motilidade. A *reprodução em forma de ato* passou a ser contraposta, assim, à *recordação*, como se tratasse de uma predominância do processo primário sobre o secundário por obra da resistência, que surge sempre que o recalcado é invocado. Um processo de defesa de natureza primária é ativado sempre que a tensão do desprazer ameaça irromper no aparelho psíquico: o material representacional inaceitável para o eu deve ser derivado diretamente para a ação, a fim de evitar a dor inerente ao reconhecimento da realidade psíquica. A resistência de transferência evidencia o apego secreto do analisando ao seu primitivo, e traz à tona o caráter primitivo da neurose, em geral encoberto por uma queixa na forma de sofrimento: agora os leões estão soltos, e a face selvagem da neurose está à mostra na cena analítica. Temos, então, com este artigo de 1914, um desdobramento da dualidade ação / pensamento na dualidade repetição transferencial / recordação, agora no contexto do tratamento psicanalítico; metapsicologia e clínica mostram, assim, a sua coerência recíproca. Afinal, como Freud mesmo ressaltou, aqui "não descobrimos nada de novo, apenas completamos e unificamos nossa teoria" (p.1685-1686). Se a tendência para a ação no tratamento psicanalítico é associada por Freud a um fenômeno de repetição na transferência, devemos notar, no entanto, que ele distingue, já neste artigo, a tendência para ação no campo de batalha da transferência de uma outra, que ocorre fora deste campo. Sem desenvolver em detalhe a problemática desta última, Freud nos descreve, por contraste, a essência e o valor positivo da repetição transferencial. A transferência, se por um lado pode ser entendida como uma derivação em ato que escapa à elaboração psíquica[125], é também um *freio* para os impulsos impetuosos que poderiam levar a atos impensados e desastrosos, e cria, assim, uma "zona intermediária" entre a doença e a vida. A doença deve se manifestar para poder ser combatida – correndo-se até o risco de um agravamento –, desde que se mantenha dentro de uma área restrita na qual é relativamente inócua. Enquanto a atualização dos impulsos se der no campo transferencial, há sempre uma chance – maior ou menor – de um trabalho psíquico sobre o recalcado, que é a tarefa da análise.

É digno de nota o fato de Freud tratar a transferência como "zona intermediária"[126], pois não podemos deixar de considerá-la, hoje, como um *espaço intermediário e potencial*. Se ela é, por um lado, o cenário para onde se transporta e se repete uma cena pretérita, ela é também um espaço potencial – onde algo pode advir. A neurose de transferência é, paradoxalmente, devido a um "como se" que lembra o brincar, simultaneamente uma doença artificial e um fragmento de vida real vivido na relação com o analista, e que, por isto mesmo, também *cria* experiência. Para Winnicott (1971), o fato de o objeto transicional não ser o seio – sendo um objeto outro da realidade – é tão importante quanto o fato de ocupar o seu lugar, o que indica não apenas a presença de um símbolo mas, sobretudo, a "raiz do simbolismo no tempo" (p.6); ou seja, o processo mesmo de *gênese do trabalho*

---

[125] Apontarei, adiante, em uma revisão crítica do conceito de *acting out*, os problemas introduzidos por Freud ao equacionar a atualização transferencial ao agir.
[126] Conforme sugeriu Kaës, podemos empreender uma instigante pesquisa na obra freudiana e descobrir nela a força e a importância da categoria do *intermediário*, conservada em latência. A transferência como "zona intermediária" não é, aliás, abordada no artigo principal de Kaës (1985) dedicado ao assunto, e neste sentido acrescento aqui "mais um ponto ao seu conto".

de simbolização. Se considerarmos a transferência um fenômeno transicional, podemos pensar que o analista importa, também, por sua *realidade*, já que serve como instrumento intermediário de transformação que possibilita um trabalho de simbolização da "pulsão impetuosa" que impulsiona para a ação. A captura desta tendência pelo brincar transferencial possibilita uma transformação em direção àquilo que Freud denominou *recordação*; mas esta transformação transcende uma mera *repetição* de elementos representacionais do passado no presente, já que, ao possibilitar a passagem da ação ao pensamento e do passado ao presente – passagens que são, essencialmente, articulações de funções intermediárias –, ao mesmo tempo *origina* simbolização.

Podemos considerar a *ação na transferência*, então, uma *função intermediária* entre a atuação pura e simples – a descarga descoordenada da excitação do aparelho psíquico primitivo – e a atividade psíquica propriamente dita. Ela não deixa de ser uma ação até certo ponto coordenada e expressiva – e neste sentido *gestual*[127] –, e não pura descarga; há um trabalho de representação muito delicado e complexo subjacente a esta ação, que pode ser comparado ao trabalho do sonho. Portanto, é fundamental que possamos *reconhecer na ação transferencial uma atividade simbolizante que lhe é inerente*, ao contrário de uma pura ação de descarga[128].

A ação como compulsão à repetição

Bem, um dos aspectos mais fascinantes do texto de 1914 é o fato de Freud denominar a repetição na transferência, em uma rápida passagem, de "compulsão à repetição", já que aqui ele evoca e prenuncia os desenvolvimentos de *Além do princípio do prazer*. Nesta última obra, ocorre um salto

---

[127] O "gesto" pode ser definido como uma *ação simbólica*; o papel deste conceito como ferramenta para avençarmos na discussão do estatuto do agir é ressaltado em "Por uma psicanálise do gesto", capítulo deste mesmo livro.

[128] Em *Psicanálise, regressão e psicossomática: nas bordas do sonhar* (In Gurfinkel, 2001), propus uma "série de formações sintomáticas" segundo o grau de simbolização nelas implicado, partindo do sonho e indo até a somatização. Localizei, nesta série, a *repetição de transferência* próxima ao sonho "de desejo", seguindo-se: o sonho traumático, a angústia, as formações de caráter, a compulsão à repetição, o *acting out*, a ação pura e a somatização. Uma das preocupações era, então, distinguir a *ação na transferência* da *ação pura* e da *compulsão à repetição*, destacando justamente a diferença, entre elas, em termos de potencial simbolizante.

de qualidade no pensamento freudiano que nos permite compreender uma tendência à ação de outra natureza, que não implica a atividade simbolizante acima referida. A pergunta que ora nos orienta é, pois: a compulsão à repetição proposta no trabalho de 1920 é a mesma do artigo de 1914, entendida como ação na transferência? Tudo indica que a pregnância de uma tendência repetitiva à ação na vida dos homens foi chamando cada vez mais a atenção de Freud, tanto na situação transferencial quanto fora dela. A particularidade mais intrigante de algumas formas de repetição transferencial era o fato de elas não proporcionarem prazer algum – como no caso da repetição incessante de experiências precoces de fracasso relativas às primeiras investidas amorosas nos objetos incestuosos, ou da investigação sexual infantil –, redundando sempre em sentimentos de inferioridade, vergonha e amargura extremamente penosos. Freud introduziu, então, uma importante modificação em relação ao texto de 1914: esta tendência à ação não faz parte mais, como se supunha, da resistência de transferência que busca evitar certas recordações desagradáveis relacionadas ao recalcado; se a resistência é efetivada por uma parte inconsciente do eu, a compulsão à repetição deve ser atribuída diretamente ao inconsciente recalcado – ou melhor, ao que será em breve designado *Isso* –, não se tratando de um processo de defesa. Não estando mais a serviço do princípio do prazer ou dos processos de defesa, como compreender esta tendência à ação repetitiva que nasce diretamente do pulsional?

Um conjunto de fenômenos observados dentro e fora da situação psicanalítica levou Freud a considerar que há argumentos suficientes para propor *a hipótese de uma compulsão à repetição* na alma humana, "que parece ser mais primitiva, elementar e pulsional que o princípio do prazer que a substitui" (Freud, 1920, p.2517). Ora, deparamo-nos com uma ação ainda mais *primitiva* que aquela da transferência, motivada pela resistência; como compreendê-la? E como articulá-la com o modelo dos dois processos do funcionamento mental? Trata-se de um primitivo anterior ao processo primário e ao princípio do prazer então descrito, ou trata-se justamente da radicalidade do mesmo, de um primário na sua forma mais pura e primitiva? Com a segunda teoria pulsional, a ação repetitiva, em certos casos, ganha uma autonomia demoníaca, tornando-se potencialmente uma possessão rebelde a qualquer recordação ou domínio pelo terreno do psíquico. Torna-se caótica e, por vezes, mortífera. A ação passa a comportar não só a incômoda e persistente resistência do eu ao recalcado que lhe destrona e desmonta, mas também a vazão direta de um *Isso* que não mede o sinal, positivo ou negativo, de vida ou de morte. A problemática da ação passa a dialogar, a partir daqui, com um novo par dialético – vida e morte – e o *primitivo da ação* ganha tintas mais fortes: do vermelho da libido para o preto do aniquilamento.

A diferença entre a *repetição de transferência* do modelo de 1914 e a *compulsão à repetição* de 1920 mostrou-se cada vez mais significativa, tanto na clínica quanto na metapsicologia e na psicopatologia psicanalíticas. Na proposição de 1920, trata-se de um modelo muito mais amplo que descreve, sobretudo, um modo arcaico de funcionamento do psíquico. Já em seu trabalho original, Freud associou tal compulsão a um tipo de quadro clínico: a neurose de destino. Hoje, podemos ampliar o leque de formas clínicas nas quais a compulsão à repetição é uma característica predominante, como é o caso das perversões, de certos quadros fronteiriços e, mais particularmente, das adicções. As ditas "neuroses impulsivas" têm na compulsão repetitiva o eixo do quadro clínico, como veremos a seguir.

Neuroses impulsivas: a clínica do agir

Seria a tendência à ação experimentada da mesma maneira por todos os sujeitos? E quanto ao "primitivo da ação", habitaria ele todos os indivíduos da mesma forma? Haveria uma especificidade do lugar ocupado pela ação em diferentes estruturas clínicas? Para trabalhar estas questões, tomarei como modelo o contraste entre as chamadas "neuroses impulsivas" e as psiconeuroses. A partir daqui, a tendência para a ação não é mais um sintoma *de transferência* – próprio da "neurose de transferência" – e sim um *sintoma de estrutura*, característico de uma neurose "real".

A categoria nosológica das neuroses impulsivas, não tão consagrada na psicopatologia psicanalítica quanto as psiconeuroses, foi proposta, nestes termos, por Otto Fenichel, na década de quarenta, no seu clássico *Teoria psicanalítica das neuroses*; encontramos, ainda, em seu artigo *Neurotic acting out* (1945), uma reflexão mais aprofundada sobre o tema. As neuroses impulsivas aproximam-se das perversões, já que ambas caracterizam-se por atos impulsivos ego-sintônicos que têm como finalidade fugir, negar ou tranqüilizar-se em relação a um perigo – aí incluindo a depressão -; a diferença entre elas reside no caráter não-sexual destes atos no caso dos impulsivos não perversos. O traço mais distintivo deste quadro clínico é a maneira irresistível com que o impulso é experimentado, levando inevitavelmente ao ato que elimina a tensão. Trata-se, como aponta Fenichel, de um objetivo essencialmente *negativo*, já que a eliminação da tensão e da dor sobrepõe-se à busca de prazer[129]. Aqui, toda tensão psíquica é experimentada como inerentemente traumática. A *impulsão* distingue-se, por um lado, da *compulsão* obsessiva, por ser ego-sintônica, e, por outro, distingue-se da maneira com que em geral se experimenta o impulso pulsional, por sua irresistibilidade.

Fenichel agrupou, nas neuroses impulsivas, a "fuga impulsiva" característica dos andarilhos, a cleptomania, a piromania, a paixão pelo jogo, as "personalidades dominadas pelas pulsões", cuja tendência para a ação é generalizada e inespecífica, e, finalmente, as adicções a drogas ou a outros objetos (à comida, à leitura, ao amor etc.). Mais do que esmiuçar estes quadros específicos, interessa-nos aqui observar a construção da proposição de uma forma clínica cuja marca estrutural é o predomínio da ação impulsiva e irrefreável. Como apontou Fenichel, tal proposição pode ser reconhecida na descrição de um "caráter neurótico", sugerida em 1930 por Alexander, que era por ele assimilado à neurose de destino; Fenichel preferia considerar a neurose de destino uma subdivisão da primeira, e sublinhou como caso típico desta categoria o "paciente propenso a acidentes". No *caráter neurótico*, destaca-se o laço estreito entre tendências inconscientes e atividade motora, e um tendência expansiva especialmente intensa da esfera pulsional[130]. Bem, a raiz histórica da *neurose impulsiva* na *neurose de destino* não deve ser esquecida, já que ela nos põe em contato com a temática da "compulsão à repetição" trabalhada em *Além do princípio do prazer*, que mostrou-se crucial para o esclarecimento deste novo campo psicopatológico.

---

[129] Discuti esta predominância da negatividade do princípio do prazer, no caso da toxicomania, no último capítulo do livro *A pulsão e seu objeto droga: estudo psicanalítico sobre a toxicomania* (1996), na seção "A compulsão repetitiva do adicto e a duplicidade do princípio do prazer".

[130] Fenichel ressaltou, em 1945, que "hoje, as neuroses de caráter são muito mais freqüentes que as neurose sintomáticas, certamente devido a mudanças gerais na atitude educativa; estas mudanças são, por sua vez, socialmente determinadas" (p.199). Creio que podemos "atualizar" esta afirmação, ratificando sua observação sobre o predomínio, na clínica de hoje, do *caráter* sobre o *sintoma*, e supondo, juntamente como muitos outros pesquisadores, determinações sociais subjacentes às formas da psicopatologia contemporânea; as "atitudes educativas" são, no entanto, insuficientes como fator explicativo.

A observação que norteia esta proposta nosológica é simples: "há pacientes que tendem mais do que outros para o *acting out*" (Fenichel, 1981, p.349). A constatação clínica é inquestionável, mas a afirmação, nestes termos, exige aprimoramento, já que a própria definição de *acting out* é controversa. Tal expressão, nascida na psicanálise de língua inglesa a partir da tradução do *agir* freudiano [*Agieren*], iniciou sua carreira por colocar em questão o escape para a ação de tendências inconscientes mobilizadas durante o tratamento psicanalítico, mas ampliou gradativamente seu escopo ao fazer referência a uma tendência à ação mais geral e estrutural. Fenichel (1945) foi preciso ao discriminar um *acting out inside of psychoanalysis* de um *acting out outside of psychoanalysis*[131], exatamente como vieram a ressaltar Laplanche & Pontalis (1985, p.28), e nos fazer notar que um problema que parecia técnico – conforme foi colocado por Freud em 1914 – concernia também à psicopatologia. Pois, *independentemente* do efeito da transferência, certas pessoas apresentam *sempre* uma grande tendência para ação[132]; a partir desta constatação emerge, naturalmente, a necessidade de se refletir acerca deste feitio de "personalidade": podemos considerá-lo uma estrutura clínica, ou pelo menos em uma categoria significativa para a psicopatologia psicanalítica?

Acreditando na pertinência de tal observação, cheguei a propor, também, que concebêssemos uma "clínica do *acting out*" a partir do modelo da adicção, compreendida como um campo psicopatológico marcado pela tendência à ação.

"A adicção é um uso compulsivo de determinado objeto; ela se refere, pois, antes de tudo, a uma *ação*, a um ato, um ato de caráter impulsivo e irrefreável. O que diferencia um toxicômano de um usuário de drogas comum é o caráter impulsivo e irrefreável do ato de drogar-se no caso do primeiro: o toxicômano tem como doença não poder escolher entre usar ou não a droga. Assim, um primeiro aspecto a ser considerado é esta *primazia da ação sobre outras esferas da vida psíquica*: a ação precede o pensamento. E,

---

[131] Ver, adiante, revisão crítica do conceito de "*acting out*".
[132] Um problema técnico suplementar que logo surge na análise destes pacientes é: como manejar, durante o tratamento, a tendência à ação estrutural das neuroses impulsivas? Sabemos como este é um grande desafio.

mais especificamente, podemos dizer que este desaguar imediatista na ação de certa forma atrofia o desenvolvimento do pensamento, sendo ao mesmo tempo o resultado desta "deficiência psíquica".

Em outras palavras, poderíamos dizer que *as adicções caracterizam uma "clínica do* acting out" (Gurfinkel, 2001, p.252-3). Hoje, prefiro nomear esta clínica como "clínica do agir", devido às confusões terminológicas que acompanham a expressão *acting out*; optei por guardar esta expressão para designar o trabalho de simbolização, mesmo que incipiente, que se realiza através de uma ação expressiva.

Encontramos, em trabalho de Janine Chasseguet-Smirgel (1990), proposições similares. A autora enfatizou a distinção entre uma organização neurótica, na qual o *acting out* surge, induzido pela neurose de transferência, sob a forma de um "neo-modo de funcionamento que adquire significância quando considerado à luz do complexo de Édipo" (p.78), e certas organizações nas quais o *acting out* é encontrado anteriormente ao tratamento – sendo, portanto, um traço distintivo das mesmas –, tais como a psicopatia, a perversão e a toxicomania. Também David Liberman (1981), em trabalho desenvolvido na década de sessenta, agrupou psicopatias, perversões e adicções sob a rubrica de "pessoas de ação", dando seguimento à contribuição de Fenichel. Ao ressaltar, nestes pacientes, uma "incapacidade de pensar com independência da ação" (p.107), o autor reportou-se ao modelo freudiano que concebe o pensamento como uma "reprodução em pequena escala", no interior do aparelho psíquico, das modificações almejadas na realidade exterior, e supôs que certas etapas na utilização de símbolos, necessárias para esta atividade minimalista, foram perturbadas no processo de desenvolvimento de tais indivíduos.[133]

No campo da psicossomática psicanalítica, encontramos uma importante contribuição em relação ao estudo desta "clínica do agir". P. Marty cunhou a expressão "neurose de comportamento" para descrever as pessoas para as quais as representações psíquicas parecem ausentes, ou mostram-se

---

[133] Joel Birman (2004) ressaltou, em sua pesquisa sobre a subjetividade contemporânea, o lugar marcante das "perturbações da ação" nas patologias que hoje se apresentam. A vida contemporânea, voltada para a performance, para o consumo compulsivo e para a atuação permanente, caracteriza-se por um *excesso* na esfera da ação que se reflete no campo da psicopatologia.

reduzidas em quantidade e qualidade. "Os indivíduos, de tal maneira limitados em sua aptidão para pensar, não possuem outro recurso além da ação no seu comportamento [...] para exprimir as diversas excitações exógenas e endógenas que a vida lhes propicia" (Marty, 1998, p.30). Como assinalou Marty, tais indivíduos apresentam uma grande vulnerabilidade à aquisição de doenças somáticas, uma vez que a via de escoamento da tensão pulsional pelo comportamento é muito limitada em termos de eficácia, quando comparada aos grandes recursos que a elaboração psíquica – mais sofisticada – comporta. Seguindo esta mesma linha de pesquisa, temos ainda os interessantes trabalhos de Smajda (1993) e Szwec (1993) sobre os chamados "procedimentos autocalmantes". Trata-se de um sistema de comportamentos motores ou perceptivos, de caráter extremamente repetitivo, adotado por certas pessoas com a finalidade de obter um estado de calma, seja através da busca repetitiva da excitação, seja por comportamentos que incluam sofrimento ou busca pelo traumático, ou ainda por um esgotamento da "máquina automática" de um corpo mecanizado.

Uma vez esboçado o campo psicopatológico de uma "clínica do agir", logo surgem as indagações a respeito da etiologia e da organização psíquica subjacente a tal forma clínica. Fenichel (1945) propôs três fatores determinantes para que o agir se torne um fato de estrutura: um imediatismo aloplástico, talvez constitucional, de modo que toda frustração é seguida de uma reação violenta; uma fixação oral combinada com necessidades narcísicas muito intensas, de maneira que a satisfação sexual é sempre equacionada à obtenção de reasseguramento, e a auto-estima regulada por gratificações; e a presença de traumatismos precoces. Marty propôs que as insuficiências básicas das representações encontram sua origem no início do desenvolvimento, e provém principalmente de uma carência ou desarmonia das respostas afetivas da mãe em relação a seu filho – além de uma insuficiência congênita ou acidental das funções sensório-motoras da criança ou da mãe. Chasseguet-Smirgel, por sua vez, propôs que a problemática central destas organizações encontra-se na área do pensamento: uma lacuna de elaboração psíquica ou de mentalização conduz à derivação para o agir; assim, é compreensível que tal autora se alinhe àqueles que substituem as polaridades repetição/rememoração e ação/verbalização por aquela caracterizada pela oposição entre elaboração psíquica e evitação da perlaboração. As hipóteses explicativas a respeito das "organizações de *acting out*" derivam, para a autora, de sua teoria de uma matriz arcaica do complexo de Édipo.

Em meu próprio trabalho[134], caracterizei estas organizações por sua falha no trabalho de simbolização, e enfatizei ainda a falha essencial na função do sonhar que se encontra nelas subjacente, denominando tal fenômeno "colapso do sonhar". Incluí sob esta rubrica, na ocasião, os fenômenos psicossomáticos e as adicções enquanto dois exemplos-tipo, dados a hipertrofia da ação e o esvaziamento no plano simbólico que neles se verifica.

Inação obsessiva: o negativo da passagem ao ato

Para avançarmos na delimitação psicopatológica concernente a uma clínica do agir, examinaremos em seguida o exemplo paradigmático da neurose obsessiva. Pois esta forma de neurose pode ser tomada como um claro "contraponto psicopatológico" à neurose impulsiva, no que se refere ao estatuto da ação; tal contraponto nos permite compreender a distância estrutural entre a "clinica do agir" e a "clínica do recalcamento".

Na neurose obsessiva notamos uma aparente contradição: diante de tamanha força invasiva da pulsão sexual na fantasia, diante da onipotência das idéias que transpõem qualquer obstáculo da razão e do juízo de realidade, observamos uma surpreendente *inação*. A *inibição da ação* parece ser o corolário de uma *hipertrofia da idéia*, e, nesta gangorra ação / pensamento, a força do impulso pulsional – a "intolerável invasão", segundo expressão de Fédida (1992) – parece totalmente indiferente: a intensidade da vida pulsional do obsessivo não resulta, em absoluto, em uma vida dominada por atos incontroláveis.

A *inação* do neurótico obsessivo pode ser observada no clássico estudo de Freud. O conflito em que se encontrava o Homem dos Ratos, aos seus vinte anos, não é incomum: estava dividido entre duas mulheres, uma objeto de seu amor e outra associada à influência de seu pai. O que é específico de sua neurose é a impossibilidade de fazer uma escolha, conduzindo a um adiamento infindável de qualquer decisão. Isto é o típico do obsessivo: uma paralisia total da ação, a impossibilidade de tomar uma decisão e um aprisionamento torturante na *dúvida*. Retomando uma fala da personagem Ofélia, de Hamlet, Freud nos lembra que "aquele que duvida de seu amor tem que duvidar de todo o resto, sempre menos importante" (Freud, 1909, p.183).

---

[134] Cf. *O colapso do sonhar*, In Gurfinkel (2001).

A dúvida obsessiva é, em última instância, a dúvida sobre o próprio sentimento de amor, constantemente anulado pelo ódio inconsciente. Por deslocamentos sucessivos, a dúvida se espalha por inúmeras dimensões da vida do sujeito, deixando-o, no limite, em um estado de paralisia total. A paralisia – ou a inação – é o resultado de um impasse, ou de um conflito sem saída. A dúvida é a expressão psíquica do dilema, o que muitas vezes é visto pelo observador externo como uma espécie de covardia, um "medo da vida". Freud encontrou no "complexo da morte" da neurose obsessiva um fator explicativo do adiamento *ad eternum*: estes neuróticos

> "precisam da possibilidade da morte para resolver os conflitos que conservam não solucionados. Seu caráter essencial é o de serem incapazes de qualquer decisão, especialmente nas questões amorosas. Adiam indefinidamente toda resolução e, tomados constantemente pela dúvida de por qual pessoa ou por qual medida contra uma pessoa vão decidir-se, têm como modelo aquele antigo tribunal alemão cujos processos terminavam sempre porque as partes em litígio morriam antes que obtivessem uma sentença" (Freud, 1909, p.1480).

O destino que dê um jeito; trata-se do alívio da responsabilidade pela estratégia do decurso de prazo.

Nota-se como este adiamento é diferente daquele próprio do processo secundário, através do qual a ação é *mediatizada* pelo trabalho do pensamento, modulada e moldada com mãos de artesão para melhor servir aos propósitos últimos do ganho de prazer, agora buscado na transformação da e na relação com a realidade. A não-ação do processo secundário é um compasso de espera, um intervalo temporário que, mais do que *substituir* a ação, *precede-a* e *aprimora-a*. A suposta preparação para a ação do neurótico – "amanhã começarei uma nova vida" – não passa de um adiamento sem fim e de uma racionalização que mal esconde o seu caráter de evitação e boicote do "entrar no ringue" da luta cotidiana. A ação não é, pois, neste caso, mediatizada pelo pensamento, e sim inteiramente substituída e, portanto, impossibilitada por ele.

Mas como entender esta forma tão peculiar de pensamento? O *pensamento obsessivo* é, em si mesmo, um objeto de estudo fascinante e enigmático, que tem intrigado diversos pesquisadores – a começar por Freud, que considerava que seu estudo traria, mais do que o da histeria ou dos fenômenos hipnóticos, esclarecimentos significativos sobre a essência dos processos inconscientes[135]. Freud propôs, no final do estudo clínico do Homem dos Ratos, uma hipótese de caráter metapsicológico que muito nos interessa. Na neurose obsessiva ocorre uma forma peculiar de *regressão*: as resoluções e os atos tendem a ser substituídos por atos preparatórios e por representações obsessivas, de modo que o campo de luta do conflito se desloca para o terreno do pensamento. "O pensamento substitui a ação, e qualquer estado mental anterior à mesma se impõe, com poder obsessivo, no lugar do ato que deveria sobrevir. De acordo com a intensidade desta regressão do ato ao pensamento, o quadro clínico da neurose caracteriza-se pelo pensamento obsessivo (representação obsessiva) ou pelo ato obsessivo no sentido estrito" (Freud, 1909, p.1484). Esta forma particular de regressão é acompanhada de uma sexualização da atividade mental, para a qual contribui, segundo Freud, a emergência e o recalcamento precoces das pulsões parciais de ver e saber características deste tipo de neurose. Assim, a paralisia da ação por uma dúvida sem resolução, o adiamento de qualquer escolha até a morte – solução do Destino –, tem por contraste uma *hipertrofia do pensamento*, de maneira que este deixa de ser um meio para se tornar um fim em si mesmo. Para Freud, o investimento excessivo na atividade de pensamento deve-se, também, ao fato de que a energia que o anima deveria ter sido originalmente dirigida para a ação.

Esta forma peculiar de regressão guarda características singulares. Se, por um lado, o neurótico obsessivo não é dominado por uma ação de descarga primitiva própria do processo primário, não se trata também, como vimos, do processo secundário. O pensamento não é mais uma atividade preparatória e organizadora de uma ação mais eficaz, mas, enquanto fim em si mesmo, tem sua natureza *pervertida*; a sexualização do pensamento é, aliás, um sinal de tal perversão. Os "prazeres preliminares" do pensamento preparatório se tornam, em analogia à concepção freudiana inicial da

---

[135] Winnicott (1949 e 1965) recorreu ao pensamento obsessivo, neste mesmo espírito investigativo, a fim de esclarecer certos fenômenos dissociativos da mente, caracterizados por uma hiper-ativação anômala de seu funcionamento e por uma catalogação e uma memorização excessivas, em decorrência de determinadas situações traumáticas. Esta dissociação é, para ele, a razão dos esforços e atividades do neurótico obsessivo sempre redundam em fracasso.

perversão, um fim em si mesmo, em detrimento da ação (ou, se quisermos, da sexualidade genital). Se levarmos adiante esta analogia com a perversão, podemos avançar com a hipótese de que o que está sendo aqui pervertido é o circuito do pensar-agir, construção delicada e complexa descrita por Freud em termos da dinâmica do processo secundário e do princípio da realidade. O neurótico obsessivo está siderado pelo gozo parcial de uma atividade de pensamento erotizada, alimentada pelas pulsões parciais de ver e saber. Se podemos identificar na inação obsessiva, por um lado, uma formação defensiva – a loucura da dúvida e a ausência de ação eficaz sendo compreendidas como uma covarde batida em retirada para a caverna dos pensamentos –, podemos nela descobrir, também, a busca ativa de uma nova forma de satisfação. *O pensar torna-se um fim em si mesmo*, uma forma auto-erótica de satisfação que lembra as atividades masturbatórias; podemos supor que aqui se dá uma *fixação* no meio do caminho do percurso que seria esperado no modelo do processo secundário, abandonando-se a finalidade última de busca de prazer através de uma ação articulada no mundo objetal, e substituindo-a pelo uso do pensamento como um fetiche.

Uma abordagem comparativa entre inação obsessiva e agir impulsivo pode agora ser efetuada.

Enquanto na tendência crônica ao agir observamos uma deficiência básica no plano simbólico e um desaguar imediatista na ação, no caso da neurose obsessiva estamos diante de intensa atividade psíquica; mas esta atividade está, no fundo, justamente perturbada por um hiperinvestimento, ou por uma espécie de *inflação da idéia*. Ocorre, como vimos, uma perversão da função do pensamento, que perde o elo de sua articulação dialética com a ação desejada e planejada. Os meios tornaram-se um fim em si mesmos. Na neurose impulsiva, o finalidade da ação não está a serviço do desejo, e muito menos, como no caso de um aparelho psíquico mais sofisticado, sob as rédeas de um processo secundário que busca tirar dela o melhor que ela pode dar. Se há impulso expulsivo de descarga, não há propriamente articulação desejante. À medida que o impulso é atuado, o desejo morre no nascedouro mesmo de um funcionamento psíquico que poderia fazer dele trabalho de simbolização. Os fins – a ação –, sem o meio do pensamento, perderam o seu sentido e sua razão de ser, tornando-se um vaguear sem rumo e sem leme (lembremos da fuga impulsiva dos andarilhos).

Se na neurose obsessiva a ação é adiada indefinidamente por uma defesa de auto-proteção, possibilitada pela reclusão na caverna dos pensamentos, no outro caso é a ação de descarga que serve como defesa contra a atividade de pensamento. A neurose impulsiva requer um trabalho analítico prévio que é o de criar condições para um pensar, e Fenichel (1945) estava correto ao corrigir a idéia ingênua de Alexander de que a análise da neurose de caráter seria mais fácil do que aquela da neurose sintomática; para Fenichel, os neuróticos de caráter são pseudo-aloplásticos, e é necessário primeiro trazê-los de volta para seus conflitos intrapsíquicos, para que depois possam desenvolver uma capacidade efetiva de ação na realidade. Já em relação ao neurótico obsessivo, é necessário arrancá-lo do gozo autoerótico do pensamento para que este último possa voltar a cumprir sua função mediadora – uma atividade preparatória que planifica a ação –, e não mais de máquina de racionalização que devora o viver no mundo e toma o seu lugar.

O estudo comparativo aqui sugerido nos auxilia, finalmente, a compreender a relevância da analogia entre povos primitivos e neuróticos proposta por Freud em *Totem e tabu*. Pois, neste ponto, o neurótico e o primitivo estão em lados opostos, e a fórmula "no princípio era a ação" serve bem para o primitivo e para o "impulsivo", mas porta a antítese mesma do dilema vivido pelo obsessivo. Peter Gay (1989), em seus comentários sobre *Totem e tabu*, resumiu bem esta diferença; se equipararmos "primitivos" e "impulsivos", temos que "os primitivos [e, por extensão, os impulsivos] não são absolutamente iguais aos neuróticos: o neurótico toma o pensamento pela ação, ao passo que o primitivo age antes de pensar" (p.307). Ao "agir antes de pensar", *o neurótico impulsivo aproxima-se, de fato, do verdadeiro primitivo*, cuja ação – como aquela do assassinato do pai primordial – carece de mediação simbólica[136].

[136] A oposição entre neurose obsessiva e neurose impulsiva deve ser tomada como um *modelo*, o que requer alguma cautela. Na prática clínica, encontramos situações em que traços característicos destas duas formas psicopatológicas coexistem, levando ao que Fenichel (1981) denominou "estados de transição entre os impulsos mórbidos e as compulsões" (p.356): certas obsessões prazerosas aproximam-se de atos perversos, o que também ocorre na sexualização secundária de algumas medidas preventivas. Flávio Carvalho Ferraz (2005a), que se dedicou a distinguir o estatuto da ação obsessiva do ato perverso, assinalou também que tal oposição não deve ser tomada segundo um "esquema assim tão simples". O que, no sintoma obsessivo, era defesa, logo torna-se fonte de satisfação; conclui, no entanto, que tal sintoma fica a "meio caminho" do ato perverso, já que há uma lei no funcionamento neurótico que o separa *estruturalmente* do funcionamento perverso. Assim, em que pese as ressalvas e cuidados, trabalhar estas duas formas clínicas como uma dualidade ao mesmo tempo psicopatológica e metapsicológica parece se justificar, pelo menos enquanto um *modelo para pensar*.

O neurótico obsessivo, ao contrário do homem primitivo e do impulsivo, sofre de *uma inibição da ação e de uma inflação da idéia*. A sua inação relaciona-se com os dilemas de uma relação de objeto atravessada por intensa ambivalência, experimentada por um psiquismo dominado pela onipotência do pensamento. Lembremos do "delírio de tocar"[137]; nele, o dilema que vive o neurótico toma a seguinte forma: como amar sem tocar o objeto? E como tocá-lo sem destruí-lo? No limite, chegamos a uma total falta de *liberdade de ação*.

Ação, transferência e sonho

Retornemos, por fim, à situação analítica, para recolocar em questão o lugar da ação no tratamento.

Para compreender a relação entre ação e transferência no tratamento psicanalítico, foi necessário primeiro revisarmos brevemente o lugar da ação na metapsicologia freudiana, bastante próxima ao que poderíamos designar de *primitivo*. Em geral, considera-se a ação na análise uma *falta* – a transgressão de uma regra, como em um jogo esportivo. Ora, esta visão tem como premissa a concepção freudiana do *primitivo da ação*. A regra fundamental, por outro lado, pressupõe a abstinência da passagem ao ato a fim de que o trabalho de elaboração floresça no terreno eminentemente do *psíquico*. A situação analítica foi criada sob esta premissa.

Mas esta lógica só é inteiramente válida dentro de um campo de abrangência específico, que poderíamos designar como *clínica do recalcamento*[138]. Em certas organizações psicopatológicas, *a tendência para a ação é um dado de estrutura*, e não um fenômeno conjuntural determinado por pressões do momento, ou pelo aumento da temperatura da transferência. Podemos qualificar este tipo de funcionamento psíquico como *impulsivo*, e nomear o campo psicopatológico coberto pela impulsividade como uma "clínica do agir". É preciso, pois, distinguir o *acting out* como fenômeno regular do tratamento psicanalítico do *agir* como marca de estrutura, ainda que os dois possam coincidir em uma situação particular[139]. Neste sentido,

---

[137] Cf. Gurfinkel, 2005.
[138] Cf. artigo "Clínica da dissociação", in Gurfinkel (2001).
[139] Marty também insiste na diferença entre as condutas na neurose de comportamento e o *acting-out* (Marty, 1984, p.162).

o agir enquanto *sintoma* transcende o campo da transferência, e coloca uma nova questão para a psicopatologia psicanalítica. Tenho procurado ressaltar o interesse que há em um estudo comparativo entre a *clínica do agir* e a *clínica do recalcamento*. Ora: este estudo comparativo também pode fertilizar uma reflexão sobre a relação entre ação e transferência.

Vimos como a hipertrofia da ação da impulsividade é a operação inversa de um traço tipicamente obsessivo: a *inação*. Mas a obsessividade comporta, para além do campo psicopatológico, uma dimensão universal, e neste aspecto ela se aproxima do paradigma da situação analítica, já que esta se baseia em um princípio de suspensão da ação em favor de uma inflação do psíquico. A consecução desta meta é favorecida por uma certa ritualização: buscamos criar e conservar, no tratamento analítico, um espaço-tempo estável – e até repetitivo e monótono –, a fim de proporcionar as melhores condições possíveis para o florescimento da realidade psíquica, do "sujeito do inconsciente" (Lacan) ou do "verdadeiro *self*" (Winnicott). Tal ritualização não deixa de guardar uma analogia com os processos obsessivos, ainda que estes, em sua faceta patológica, impliquem em uma inação esterelizante e na loucura de um pensamento auto-erótico dissociado da experiência do viver no mundo.

Bem, para avançarmos ainda um pouco mais nesta discussão, podemos trabalhar também com um outro contraponto psicopatológico: aquele entre neurose impulsiva e histeria. Pois a passagem ao ato impulsiva carece de uma certa dimensão do *acting out* – aquele originalmente descoberto por Freud na situação analítica – que é tipicamente histérica: a *teatralização*. Esta última, ao contrário da simples passagem ao ato impulsiva, comporta necessariamente um *trabalho de representação* que é análogo ao trabalho do sonho.[140]

Devemos lembrar que a sessão de análise pode ser pensada segundo o modelo do sonho[141]. O conceito de transferência, aliás, não foi abordado por Freud apenas em relação ao tratamento analítico, ainda que este tenha sido o seu *locus* natural. Se a transferência foi inicialmente "descoberta" nos estudos sobre a histeria dos primeiros anos, o termo logo voltou a ser retomando no estudo da psicologia dos processos oníricos; neste, Freud

---

[140] A aproximação entre transferência, histeria e sonho e seu contraste com uma "clínica do agir" é mais extensamente abordada em "Teatro de transferência e clínica do agir" (Gurfinkel, 2006).
[141] Tenho desenvolvido este argumento em outros trabalhos, tais como "A realidade psíquica, o sonho, a sessão" (in Gurfinkel, 2001), e ao longo do livro *Sonhar, dormir e psicanalisar: viagens ao informe* (Gurfinkel, 2008).

postulou uma "transferência de intensidades" do desejo inconsciente para a cena do sonho. A transferência é, assim, análoga ao sonho; ambos implicam um princípio de *suspensão da ação*, seja no caso da inibição da motilidade no adormecimento, seja no proposta da abstinência durante o tratamento psicanalítico. O estudo da ação na transferência nos proporciona, assim, um novo ângulo para abordar a questão do sonhar, assim como nos permite reinserir uma "teoria do sonho" no *locus* original de onde ela provém e faz sentido: no campo da *experiência psicanalítica*.

Estas considerações nos possibilitam, assim, uma depuração e uma visão mais clara sobre o que está em jogo na relação entre ação e transferência. A partir delas, proponho, a título e síntese, a seguinte fórmula: de acordo com a modalidade de relação em questão, podemos distinguir três dimensões heterogêneas e, pelo menos em tese, claramente distinguíveis. Em primeiro lugar, encontramos *a passagem ao ato como pura descarga da compulsão à repetição*, em segundo, *a suspensão da ação como condição para a criação de um espaço de pensamento e de um espaço de sonho*, e, em terceiro, *a teatralização da transferência* – uma "ação que representa", através da qual a gestualidade do psicossoma é colocada em movimento. Os paradigmas psicopatológicos da neurose impulsiva, da neurose obsessiva e da histeria nos auxiliam, desta maneira, a dar alguns passos adiante nos nossos estudos da chamada "teoria da técnica".

Referências bibliográficas

CHASSEGUET-SMIRGEL, J. On acting out. *International Journal of P)sycho-Analysis*, 71:77-86, 1990.

FÉDIDA, P. (1992) A doença sexual: a intolerável invasão. In *Nome, figura e memória: a linguagem na situação psicanalítica*. São Paulo: Escuta, 1992.

FENICHEL, O. Neurotic acting out. *The Psychoanal. Review*, 32:197-206,1945.

_____ Perversões e neuroses impulsivas. In *Teoria psicanalítica das neuroses*. Rio de Janeiro: Atheneu, 1981.

FERRAZ, F. C. *Tempo e ato na perversão*. São Paulo: Casa do Psicólogo, 2005.

FREUD, S. (1900) La interpretación de los sueños. In Obras *Completas de Sigmund Freud*. Madrid: Biblioteca Nueva, 1981, v.1.

_____ (1909) Análisis de un caso de neurosis obsesiva (caso "el Hombre de las Ratas"). *Op. cit.*, v.2.

_____ (1911) Los dos principios del funcionamiento mental. Op. cit., v.2.

_____ (1913) Totem y tabu. Op. cit., v.2.

_____ (1914) Recuerdo, repetición y elaboración. Op. cit., v.2.

_____ (1920) Mas alla del principio del placer. Op. cit., v.3.

GAY, P. *Freud: uma vida para o nosso tempo.* São Paulo: Companhia das Letras, 1988.

GURFINKEL, D. *A pulsão e seu objeto-droga: estudo psicanalítico sobre a toxicomania.* Petrópolis: Vozes, 1996.

_____ *Do sonho ao trauma: psicossoma e* adicções. São Paulo: Casa do Psicólogo, 2001.

_____ Ódio e inação: o negativo na neurose obsessiva. In BERLINCK, M. (org.) *Obsessiva neurose.* São Paulo: Escuta, 2005.

_____ Teatro de transferência e clínica do agir. FUKS, L. B. & FERRAZ, F. C. (orgs..) *O sintoma e suas faces.* São Paulo: Escuta / Sedes Sapientiae / Fapesp: 2006.

_____ *Sonhar, dormir e psicanalisar: viagens ao informe.* São Paulo: Escuta, 2008.

KAËS, R. La catégorie de l'intermédiaire chez Freud: un concept pour la psychanalyse? *L'evolution Psychiatrique*, 50(4): 893-926, 1985.

LAPLANCHE, J. & PONTALIS, J.-B. *Vocabulário de psicanálise.* São Paulo: Martins Fontes, 1985.

LIBERMAN, D. *A comunicação em psicanálise.* Rio de Janeiro: Campus. 1981.

MARTY, P. *Los movimentos individuales de vida y de muerte.* Barcelona: Toray, 1984.

_____ *Mentalização e psicossomática.* São Paulo: Casa do Psicólogo, 1998.

SMAJDA, C. A propos des procédés autocalmants du moi. *Revue Française de Psychosomatique*, 4:9-26, 1993.

SZWEC, G. Les prócedés autocalments par la recherche de l'excitacion. Les galériens voluntaires. *Revue Française de Psychosomatique*, 4:27-51, 1993.

WINNICOTT, D. W. (1949) Mind and its relation to the psyche-soma. In *Through paediatrics to psychoanalysis: collected papers.* London: Karnac, 1992.

_____ (1965) Comment on obsessional neurosis and "Frankie". In *Psycho-analytic explorations.* London: Karnac, 1989.

_____ (1971) *Playing and reality.* London: Routledge, 1996.

Corridas: frente e verso

Sonia Maria Rio Neves

Com a frase: "ESTOU CORRENDO PORQUE :..." milhares de *outdoors*, em São Paulo, nos meses de setembro e outubro de 2005, anunciavam a realização de mais uma corrida de rua; para se inscrever, o corredor devia completar a frase acima, em seguida exibidas nos *outdoors* para a divulgação da corrida.

"80.000 corredores. 80.000 razões. UMA CORRIDA"

O que muitas destas frases revelam? E o que leva uma pessoa comum a se dedicar às corridas? A Federação de Atletismo de São Paulo[142] estima que em 2005 aconteceram 250 corridas de rua e houve um aumento de 300 mil corredores em 2005 para 500 mil em 2006.

A análise de várias das frases aponta para alguns dos motivos que podem levar uma pessoa comum a se dedicar às corridas, motivos estes, reveladores de características da cultura atual como a ênfase na imagem corporal e no individualismo e que incentivam esta prática; as frases abaixo, ilustram isto

**"ESTOU CORRENDO PORQUE :
sou fast de menos e food demais"
"ESTOU CORRENDO PORQUE :
abdominal não faz milagre!
"ESTOU CORRENDO PORQUE :
quem não gosta de ganhar?!"**

Ao lado de uma abordagem mais voltada para o vértice social, há que se considerar outro aspecto, bastante importante na análise do grande interesse pelas corridas: trata-se do uso da atividade motora como via de escoamento dos excessos de excitação que vivemos; este uso foi

---

[142] Informação contida na revista *Fleury Saúde em dia*, n.9, junho de 2007, p.16.

descrito por autores da Escola Psicossomática de Paris como Fain (1993), Smadja (1993) e Szwec (1993) sob a denominação de procedimentos auto-calmantes.

Estamos diante de uma situação curiosa: por um lado há um grande incentivo e valorização do indivíduo ativo, que se exercita, que leva uma vida "saudável"; por outro, a prática dessas atividades é uma das saídas que os indivíduos encontram para lidar com toda a carga de tensão a que são submetidos no seu cotidiano; neste sentido as corridas e os exercícios físicos em geral auxiliam na manutenção de um equilíbrio psicossomático relativamente precário e que pode deixar brechas para a somatização.

Este texto tentará fazer uma leitura que coloque lado a lado alguns elementos da cultura que favorecem e incentivam estas práticas e a compreensão dos procedimentos auto-calmantes enquanto atividades que contribuem para um certo equilíbrio mas que nem sempre favorecem uma melhor elaboração das angústias vividas.

Assim, procurar-se-á apontar algumas das características que mais contribuem para este incremento das corridas de rua através de várias frases dos *outdoors*, bem como mostrar que, aquilo que é apresentado como sinal de bem-estar, saúde e determinação pode, num exame mais aprofundado, revelar aspectos de maneiras atuais de lidar com as angústias da vida apenas através da ação; deste ângulo, as atividades físicas podem funcionar como forma de escoamento das tensões cotidianas e criar uma dependência de que o indivíduo não se dá conta e que a cultura incentiva.

Há também um outro caminho para explicar o grande interesse pelas corridas, ligado à fisiologia dos exercícios físicos em que a liberação de substâncias como a endorfina conduz a sensações de prazer; este vértice de estudo, embora importante, não será abordado neste trabalho mas é apontado em uma das frases:

"ESTOU CORRENDO PORQUE : endorfina é melhor que anti-depressivo"

Algumas características da cultura atual

Embora a denominação de pós-modernidade, dada à época atual, possa não ser um consenso para os estudiosos do tema, ela é usada para caracterizar as mudanças ocorridas a partir da década de 70. Para Fridman

(1999), são debates em torno da cultura (arquitetura, pintura, romance, cinema, música, etc) que iniciam a caracterização de pós-modernidade e prolongam-se para outros campos como o da filosofia, da política, da economia e da sociedade. Fenômenos característicos deste período, como a crise ecológica, a expansão dos fundamentalismos, a imediaticidade da comunicação e suas repercussões, a informatização, o impasse histórico do socialismo, são complexos e levam à busca de explicações variadas; entretanto, no dizer de Fridman (1999), algumas caracterizações da pós-modernidade destacam-se e podem ser tomadas como referências; são elas: o predomínio da imagem e a ênfase no individualismo, descrita muito apropriadamente por Lasch (1968)[143] em "Cultura do Narcisismo". Essas e outras características da pos-modernidade tem sido descritas por autores como Debord (1997), Bauman (1998) e Lyotard (1998)[144], autores que são referência nestas questões.

1.1. Individualismo

É característica da época atual a ênfase no individualismo; o interesse próprio vem sempre em primeiro lugar e o indivíduo é movido pela busca do prazer imediato. Rojas e Sternbach (1994) comentam que ao redor do individualismo articulam-se outras características como o ritmo intenso, a abolição de conflitos em função do êxito e da eficácia e a busca de fama e poder; elas se referem ao protótipo pós-moderno como sendo pragmático e veloz, pouco sujeito a laços e limitações; a frase abaixo evidencia isto:

"ESTOU CORRENDO PORQUE... Não posso mais parar"

Estas características conduzem o indivíduo a buscar uma vida ativa, na qual as atividades físicas são valorizadas como modelo de vida saudável; superar-se sempre, como mostra o *out door* abaixo, é o desejável e valorizado pela cultura e isto se liga diretamente à questão da grande procura pelas corridas.

---

[143] Lasch,C. *A cultura do narcisismo*. Rio de Janeiro, Imago, 1984.
[144] Debord, G. *A sociedade do espetáculo*. Rio de Janeiro, Contraponto, 1997.
Bauman, Z. *O mal-estar da pós-modernidade*. Rio de Janeiro, Jorge Zahar Editor, 1998.
Lyotard, J.F., *A condição pós-moderna*. Rio de Janeiro, José Olympio, 1998.

"ESTOU CORRENDO PORQUE... Consigo mais um pouco!"

1.2. Predomínio da imagem

A cultura da imagem é o efeito mais claro de uma sociedade consumidora sendo o consumo uma outra característica da pós-modernidade. O homem atual busca ser reconhecido pela imagem que mostra; ele necessita ser visto pelo outro e a mídia tem um importante papel na divulgação e promoção desta forma de ser.

A valorização da imagem coloca a ênfase na superfície e em conseqüência, há um destaque para a imagem do corpo, o que favorece a procura pelos exercícios físicos assim como de outras atividades ligadas ao corpo: cirurgias plásticas, tratamento rejuvenescedores, e toda uma gama de atividades voltadas para o cuidado e o bem-estar do corpo. Ser jovem e manter-se jovem é o que se procura como um estágio ideal fazendo com que as crianças fiquem jovens mais cedo enquanto os adultos não podem envelhecer.

A valorização da imagem leva a um predomínio do *visual* em detrimento da *palavra*, assim como a um predomínio da *ação* e do *agir* sobre o *pensar*.

Estas características facilitam o distanciamento do indivíduo do contato consigo mesmo, favorecendo o adoecer na medida que o compreendamos como uma situação ligada a uma dissociação corpo/psíquico (ainda que o adoecer também esteja relacionado a várias outras características).

Portanto, a busca marcante, na época atual, por exercícios físicos, e as corridas evidenciam isto (mesmo que o exercitar-se traga benefícios para o bom funcionamento do corpo), não deixa de apontar para um outro lado da moeda em que o indivíduo é levado a estas atividades sem muitas possibilidades de se interrogar por quê corre:

ESTOU CORRENDO PORQUE: quero chegar a algum lugar!

Procedimentos auto-calmantes

Um segundo aspecto ligado à grande procura pelas atividades físicas relaciona-se à função de escoamento dos excessos de excitações pela via motora. Pierre Marty (1993), em sua abordagem do funcionamento psicossomático do indivíduo, propõe que se compreenda o desenvolvimento no sentido evolutivo: do somático para o sensório-motor e por último para as funções mentais; estas, ao se desenvolverem, possibilitam que se possa lidar com os estímulos a que se é submetido de uma forma mais eficaz.

Freud, no artigo "Os dois princípios do funcionamento psíquico"(1911) aponta para a evolução do aparelho motor que, num primeiro momento, serve como descarga das excitações para depois poder se ligar ao agir, ao controle das ações; o pensar é um desenvolvimento posterior, uma forma de poder analisar e antecipar as ações antes do agir.

Seguindo esta linha proposta por Freud, Marty e Fain (1955, *apud* Smadja, 1993) apresentaram um trabalho sobre a importância da motricidade nas relações de objeto e sua evolução em direção ao pensamento[145]. Esses autores apontam ainda para a possibilidade de uma regressão do pensamento à motricidade sempre que o ego não conseguir desempenhar de forma eficaz seu papel de manutenção dos processos psíquicos mais desenvolvidos.

Os trabalhos de Marty (1976) sobre as neuroses de comportamento[146] mostram que as funções sensório-motoras são as formas escolhidas como via de expressão nas neuroses de comportamento, revelando uma disfunção no funcionamento do Pré-consciente; talvez estejamos diante, neste início do século XXI, de uma psicopatologia que faz parte da vida cotidiana e que é muito próxima das neuroses de comportamento descritas por Marty.

O artigo de Michel Fain (1971, *apud* Smadja,1993) "Prelúdio à vida fantasmática" [147] é um acréscimo à esta de linha de pensamento; ele aponta para a possibilidade das atividades sensório-motoras funcionarem como redutoras de excitação; são atividades que se aproximam do balanceio que certas mães usam para fazer dormir seus bebês insones constituindo-se em atividades basicamente calmantes.

---

[145] Marty, P. Fain, M. (1954) Importance du role de la motricité dans la relacion d'objet, in *Revue Française de Psychanalise*, 1955,19, no.1-2.

[146] Neurose de comportamento é um dos quadros da classificação nosográfica psicossomática apresentada por P. Marty (1998) caracteriza-se pela insuficiência de recursos mentais, o que leva o indivíduo a se utilizar predominantemente da via motora como forma de descarga dos excessos de excitação.

[147] Fain, M.(1970) Prélude à la vie fantasmatique, in *Revue Française de Psychanalise*, 1971, no.2-3.

Esses três elementos teóricos – linha evolutiva de desenvolvimento, regressão e as diferentes formas de reduzir ou regular a excitação – são as ferramentas que auxiliam na compreensão dos mecanismos calmantes e seus usos. Quando o indivíduo é submetido a situações com excesso de estimulação, portanto situações traumáticas, ele pode procurar resolvê-las no nível mental mas, caso não consiga, recorrerá também ao comportamento motor para descarregar o excesso; como isto ocorre será abordado a seguir.

Conceituação dos procedimentos auto-calmantes

Utilizar-se de recursos motores como andar, rabiscar, balançar as pernas, faz parte da economia psicossomática de todos nós e auxilia na homeostase; é parte da psicopatologia da vida cotidiana. Em geral, esses procedimentos não impedem a pessoa de pensar, porém, há casos em que as atividades motoras ocupam um lugar excessivo na regulagem das excitações sobrepondo-se ao pensar e indicando que o aparelho psíquico não consegue exercer uma de suas funções básicas. Nestas situações, observamos as atividades motoras (e sensoriais) entrarem em cena com a finalidade de regular esses excessos que o aparelho psíquico não consegue conter de forma satisfatória. Essas atividades foram denominadas *procedimentos auto-calmantes* por autores da Escola Psicossomática de Paris, como Smadja (1993) e Szwec (1993); são, portanto, defesas utilizadas pelo ego para tentar se garantir contra perigos que ameacem sua integridade; fazem uso da motricidade e da percepção, de forma repetitiva e tem como característica principal a tentativa de esgotar a tensão. Na medida em que as atividades motoras tenham esta característica de esgotamento da tensão (e as corridas podem ser um exemplo), elas não favorecem a elaboração das ansiedades (excitações) vividas; o objetivo é esvaziar o ego das tensões ; neste sentido é que são chamadas de "calmantes" em oposição à "satisfação"onde a atividade libidinal da pulsão de Vida está presente.

É provável que esteja fazendo uso da corrida como uma atividade calmante, alguém que diz (ou escreve):

"ESTOU CORRENDO PORQUE: sou no-stop!"
"ESTOU CORRENDO PORQUE : meu corpo pede"

Aspectos teóricos

As atividades auto-calmantes podem ocorrer quando se está diante de vivências traumáticas. Trauma é um tema complexo que merece uma atenção detalhada, além do objetivo deste trabalho[148]. De forma simplificada, Laplanche e Pontalis (1986) definem trauma como uma situação ou acontecimento na vida de uma pessoa que por ser muito intenso impede o indivíduo de responder de forma adequada causando efeitos patogênicos na organização psíquica. Acrescentam ainda que: "trauma ou traumatismo, em termos econômicos, refere-se a um afluxo de excitação que é excessivo em relação à tolerância do indivíduo e à sua capacidade de dominar e elaborar psiquicamente estas excitações."[149]

Portanto são traumáticas as situações onde há um excesso de estímulos quer por sua intensidade, duração ou imprevisibilidade. Estas situações desencadeiam angústias difusas e atitudes repetitivas que visam ligar os estímulos excessivos às representações mentais que o indivíduo dispõe. A compulsão à repetição é o mecanismo básico da neurose traumática e revela a ação da pulsão de Morte. Fain (1992, *apud* Vieira,1998) observa que a situação traumática pode não ser ligada e sim esgotada no que diz respeito à sensibilidade, através da repetição; Fain retoma assim a noção de pulsão de Morte descrita por Freud (1920) em "Além do princípio do prazer em que, onde esta tem por objetivo a volta ao estado inorgânico, em outras palavras, à não excitação.

Fain & Donabediam (apud Vieira, 1998)[150] desenvolveram a idéia que o traumatismo, ou melhor, as manifestações ligadas à neurose traumática (como a angústia difusa, inquietação, insônia no bebê) podem ser acalmadas, colocadas em latência, aquietadas por procedimentos basicamente motores e perceptivos. Estes procedimentos ocorrem sob a ação da pulsão de morte, enquanto pulsão que visa a não excitação e busca tornar o indivíduo insensível ao sofrimento contido na neurose traumática; estes procedimentos estão à porta da vida operatória.

---

[148] Remeto o leitor interessado ao livro *Neurose traumática*, de Myriam Uchitel, (Coleção Clínica Psicanalítica, Casa do Psicólogo, 2001)
[149] Laplanche e Pontalis (1986) *Vocabulário da psicanálise,* Martins Fontes, p. 678-684.
[150] Fain, M. e Donabedian, D. Psychosomatique et Pulsions. In *Revue Française de Psychosomatique,* 7, p.138-150

Uma das características dos procedimentos auto-calmantes é, portanto, a repetição mas nem por isso o indivíduo obtém satisfação. A repetição visa administrar a excitação ao mesmo tempo em que mostra um defeito na ligação da excitação aos processos secundários do ego. Os estados traumáticos impedem que o ego possa encontrar saídas através da redução/ elaboração da excitação ficando apenas a alternativa da descarga.

Situações e vivências com excesso de estimulação tendem a levar os indivíduos à repetição como uma tentativa de elaborar ou diminuir a angústia; isto é característico da compulsão à repetição, como apontam Smadja (1993) e Szwec (1993) e sinaliza a presença da pulsão de Morte. A repetição pode levar à elaboração mas pode também levar apenas à descarga da tensão, ao esgotamento.

Neste sentido é que a conceituação de procedimento auto-calmante é vista, isto é, como um procedimento que visa esgotar ou reduzir a tensão, sem que haja uma elaboração, um processo psíquico atuante. Um exemplo bastante significativo está no filme Forrest Gump em que o personagem vivido por Tom Hanks, logo após a morte da moça que ele amava, sai correndo e corre por dias e dias a fio; seu comportamento é noticiado pela televisão, uma multidão se forma e interpretações as mais variadas são dadas para seu comportamento que, no entanto, é apenas uma forma de descarregar e esgotar a dor enorme que está vivendo e que não é expressa em palavras em nenhum momento.

Portanto, a utilização de exercícios físicos, como as corridas, pode se dar com esta finalidade – esgotar a tensão – sem favorecer um trabalho psíquico, mas tentando garantir ou evitar um desequilíbrio maior. O risco é surgir algum impedimento a estas práticas facilitando então a desorganização e o adoecimento.

Considerações finais

Ao escolher este tema queria destacar a possibilidade dos exercícios físicos carregarem no seu verso uma forma precária ou limitada de lidar com as angústias da vida e chamar a atenção daqueles que tem nas corridas seu exercício predileto, assim como dos profissionais ligados ao esporte, para atentarem ao uso que cada pessoa está fazendo do exercício físico.

Há um investimento libidinal na atividade desenvolvida? Neste sentido é que Fain (1994) destaca a função auto-calmante em oposição à função auto-erótica, onde há um investimento libidinal na forma como a atividade é desempenhada. O exercício físico, portanto, pode ter para um indivíduo características mais calmantes e para outro não; como está sendo utilizado ou com que predominância e freqüência é a questão que fica.

O desenvolvimento deste conceito – procedimentos auto-calmantes – lança uma luz e chama a atenção para um uso dos exercícios físicos revelador de limitações; sabemos das vantagens que o exercitar-se traz para o corpo e numerosos artigos em livros e revistas mostram isto, mas notamos recentemente que estas mesmas revistas voltada para o grande público, tem destacado um uso exagerado dos exercícios como aponta o artigo da revista Veja (2006)[151] e o *outdoor* abaixo:

"ESTOU CORRENDO PORQUE: sou viciado...em corridas!

Entretanto, ainda que estas publicações destaquem os excessos de exercício, as explicações fornecidas relacionam-se basicamente às questões fisiológicas e à dependência que pode ser criada; o conceito de procedimento auto-calmante acrescenta elementos importantes para a compreensão do uso destas atividades: destaca a presença da angústia difusa, revela a dificuldade do aparelho psíquico em lidar com ela e a necessidade de diminuir esta tensão, esgotando-a e exaurindo-se; descreve um movimento psíquico envolvido, não apenas o fisiológico, assim como procura ver os elementos etiológicos envolvidos (mãe calmante), indicando caminhos para a prevenção.

A importância das vivências traumáticas e a ausência de ligações psíquicas para algumas vivências podem sugerir que o uso de procedimentos auto-calmantes só ocorre quando há traumas claramente identificados como mostra o filme "A liberdade é azul"do diretor Krzysztof Kieslowski... onde o uso que a personagem Julie (vivida por Juliette Binoche) faz da natação é claramente calmante. Entretanto, os modelos de vida na atualidade, os ritmos intensos, as exigências e o estresse favorecem que situações cotidianas sejam vividas de forma traumática (na medida que não auxiliam as

---

[151] Centofanti,M. e Brancatelli,R., Espelho Meu. In *Revista Veja SP*, Editora Abril, 15 de fevereiro, 2006

ligações psíquicas) facilitando as descargas pelo comportamento motor. O círculo se fecha quando se acrescenta a este quadro toda a valorização que a cultura atual dá ao corpo e ao exercitar-se fazendo com que o que é apresentado como "remédio"funcione só como paliativo deixando o indivíduo vulnerável é frágil.

> Homem, você corre de quem? Ou corre para alguém? Será que é da Morte? (*Haikai* Moacir Sacramento)

Referências bibliográficas

FAIN, M., Spéculations métapsychologiques hasardeuses a partir de l'étude des procedes autocalmants. In *Revue Française de Psychosomatique*, no. 4, Paris, P.U.F.,1993,p.59.

FRIDMAN, L. C., Pós-modernidade: sociedade da imagem e sociedade do conhecimento. In *História, Ciências,Saúde – Manguinhos*, VI(2),353-75, jul-out.1999.

FUKS, M. P. Mal-estar na contemporaniedade e patologias decorrentes. In *Psicanálise e Universidade*, nos. 9 e 10, São Paulo, Educ, 1999.

LAPLANCHE, J. PONTALIS, J.-B. *Vocabulário da Psicanálise,*São Paulo,Martins Fontes, 1986.

MARTY, P. Mentalização e Psicossomática, São Paulo, Editora Casa do Psicólogo, 1998.

SMADJA, C. e SZWEC, G., Les Procedes Autocalmants Argument. In *Revue Française de Psychosomatique*, no. 4, Paris, P.U.F.,1993,p.5.

SMADJA, C. A propôs dês procedes autocalmants du moi. In *Revue Franaise de Psychosomatique,* no.4, Paris, P.U.F., 1993, pg.9.

SZWEC, G., Les procedes autocalmants par la recherche de l'excitation – les galeriens voluntaires. In In *Revue Franaise de Psychosomatique,* no.4, Paris, P.U.F., 1993, pg.27.

ROJAS, M. C. e STERNBACH, S. *Entre dos siglos: uma lectura psicoanalítica de la posmodernidad,* Buenos Aires, Lugar,1994.

VIEIRA, W. C., Procedimentos calmantes e auto-calmantes. In *Psicossoma II Psicossomática Psicanalítica*, São Paulo, Casa do Psicólogo, 1998, cap.3, parte 1.

As "hipercertezas" do saber nos diagnósticos de hiperatividade: um tributo a Silvia Bleichmar

Marcia Porto Ferreira

Quando estava escrevendo algumas idéias para esse encontro, algo muito curioso me aconteceu. Ao digitar "TDAH" observo que apareceu escrito "TODA". Teria sido um ato falho meu? Mas o corretor de textos automático do meu computador é quem era o responsável por aquele equívoco. Equívoco com valor de ato falho porque revelador de uma verdade escamoteada, distorcida. Realmente, faz todo sentido aproximar o diagnóstico de TDAH – transtorno de déficit de atenção com ou sem hiperatividade – com o termo "toda", que sugere o *ilimitado*. Nesse novo rótulo das vicissitudes humanas, as medidas, sob vários aspectos, estão hiperdimensionadas.

A indústria farmacêutica, em vários países do mundo, tem transformado muito da dispersividade de atenção e a atividade motora, próprias da infância, em doenças graves e perigosas. Ética diametralmente diversa da ética psicanalítica que considera que a criança sã necessariamente incomoda. A criança que não incomoda nem brinca, como diria Winnicott, faz-nos suspeitar de algum mal-estar.

Lembro-me de um menino de 10 anos que atendi na clínica do Instituto Sedes Sapientiae. Nas entrevistas iniciais, os pais oscilavam entre afirmações sobre uma exagerada agitação, por eles nomeada como "hiperatividade", e uma intensa timidez de seu filho. Depois de algumas sessões com a criança, resolvo entrar em contato com sua antiga psiquiatra para melhor entender a prescrição de Ritalina. Entre outras coisas, essa médica me confidencia que por algum tempo manteve aquela criança sob observação sem um diagnóstico importante ou preciso, mas acabou concluindo por medicá-la porque os pais eram muito ansiosos. Ou seja, nada mais se questiona se a criança está quieta. Menos mal que essa psiquiatra fez um encaminhamento para a Clínica do Sedes indicando uma psicoterapia para a criança e acompanhamento desses pais.

Reportando-nos a Sigal (2004) veremos que:

A antiga disfunção cerebral mínima reaparece hoje como síndrome de Hipercinesia e Desatenção; os rituais obsessivos que, já na primeira metade do século xx, Melanie Klein descrevia em Rita (uma menina de dois anos) hoje se têm transformado em TOC; e não estranharíamos ver o pequeno Hans diagnosticado com síndrome do pânico. As conseqüências dessas redenominações surpreendem, porque estão fadadas a eliminar a subjetividade e transformar os conflitos psíquicos em simples processos neurobioquímicos, que se tratam com a conseqüente hipermedicalização das crianças.

Impossível deixar de associar essa nova forma de patologização da infância com o "Alienista" de Machado de Assis. Esse Foucault tupiniquin, deixa muito claro, nesse conto de 1881, como o saber está intimamente imbricado com o poder. Com isso, as crianças têm sido supermedicadas com cloridrato de metilfenidato, comercialmente conhecido como Ritalina, de efeito similar às anfetaminas.

Observamos que as escolas têm se tornado fiéis legiões de Simão Bacamarte de Machado de Assis, quando se trata de detectar as ditas "crianças hiperativas" ou desatentas e pedir para as famílias uma consulta ao neurologista, psiquiatra, pediatra. Supor um problema biologicamente localizável (o que na verdade esse diagnóstico não consegue) exime a escola e a família de se perguntar mais.

Benasayag & Dueñas (2007) afirmam que na Argentina:

"... se tem feito chegar às escolas – enviadas por médicos – Escalas de Pontuação de Sintomas de TDAH para serem preenchidas pelos professores, com o logotipo e a propaganda correspondente do laboratório que produz um dos psicofármacos mais indicados ultimamente para esse tipo de transtorno. Pode-se constatar também "ofertas" (ao estilo dos "combos" que se fizeram famosos em algumas cadeias de *fastfood*) nas quais se oferece aos pais, na compra de duas caixas de comprimidos de determinado psicofármaco, a terceira gratuitamente".[152]

---

[152] Tradução livre.

Esses mesmos autores reproduzem dados obtidos no site da *Citizen Comission on Human Rights*[153]:

"- a prescrição de estimulantes para crianças, (dentre eles a Ritalina) aumentou em 34 vezes na Austrália nas duas últimas décadas;
- 9,2% na Inglaterra entre 1992 e 2000;
- 800% no México entre 1993 e 2001; 400% de sua venda entre 1995 e 1999 na Alemanha;
- aumentos significativos também se registraram na França, Dinamarca, Suécia e Suíça".[154]

Silvia Bleichmar, a quem gostaria de prestar uma homenagem e dedicar essa minha comunicação, muito se preocupou com essa questão. Foi uma das autoras do texto *Consenso de Expertos del área de la salud sobre el llamado "Transtorno por Déficit de Atención con o sin Hiperatividad"*, elaborado e assinado por uma diversidade de profissionais que se dedicam ao cuidado com crianças e entregue aos ministérios da Saúde e da Educação da Argentina. Em outro texto seu, *As hipercinéticas certezas do ser*, revela que sobre o TDAH

"têm sido diagnosticadas e medicadas, crianças de características muito variadas:
"- Crianças que apresentam momentaneamente uma dificuldade para concentrarem-se, como efeito de acontecimentos circunstanciais em sua vida – migrações, lutos, situações pós-traumáticas;
"- crianças cuja dificuldade para a concentração é efeito de uma falha geral da constituição psíquica, quando o aparelho psíquico não consegue estabelecer uma seleção e recobrimento de estímulos em virtude do fracasso das membranas de para-excitação do eu...
"- crianças que não podem "concentrar a atenção", não como efeito de uma falha geral do psiquismo. São crianças que têm seus pensamentos totalmente monopolizados por... parasitações

---
[153] http://www.cchr.org/index.cfm/6433
[154] Tradução livre.

traumáticas de longa data, que afetam toda a percepção da existência e impregnam sua cotidianidade. Algo da ordem de um real vivido – pela criança mesma ou pelas gerações anteriores – se torna imetabolizável e se recusa a tecer teorizações que lhe dêm estabilidade".[155]

Enfim, a prescrição do tratamento tem sido predominantemente medicamentosa associada com terapia cognitiva comportamental. O que parece revelar essa busca por novas patologias e essa forma de abordá-las?

Exaustivamente exposto por inúmeros psicanalistas, o predominante modo narcisista de produção de subjetividades contemporâneo pede soluções imediatas e não mediadas por recursos simbolizantes para o inerente e irresoluto mal-estar humano. E a medicalização há tempos vem respondendo a esse apelo de tamponamentos des-subjetivizantes. A alta freqüência, indiscriminação e prontidão com que são medicadas as crianças de nossos dias, contam de uma exitosa estratégia mercadológica da indústria farmacêutica ao produzir e responder à demanda contemporânea de fazer silenciar e paralizar determinadas manifestações do infantil que mais contundentemente espelhem o insuportável e constituinte desamparo da condição humana. Joel Birman nos mostra que a psicanálise nasce com a consciência crítica da modernidade. Quer dizer que através dela, os reinos do "eu" e da razão soberana são destronados, são destituídos. A psicanálise colocou, e ainda tem colocado de um jeito muito claro, inquestionável, a limitação do discurso médico para dar conta do mal-estar moderno, enquanto produção subjetiva e cultural.

Para as crianças que, além da agitação própria da infância, apresentam transbordamentos pulsionais decorrentes de insuficiente e deficiente instauração de instâncias psíquicas esperadas para sua idade, como mais especificamente essa mesa se debruçou, cabe à nós psicanalistas não nos silenciarmos diante do excesso de medicação nem nos contentarmos em buscar pelo levantamento do recalcado, mas procurarmos por intervenções fundantes, implantações de entrameados simbólicos faltantes.

---

[155] Tradução livre.

Referências bibliográficas

ASSIS, Machado de O Alienista. In *Papéis avulsos*. Edição eletrônica, S.l., Costa Flosi, 1881.

BENASAYAG, L. DUEÑAS, G. *Consideraciones orientadas a alertar respecto del uso y abuso de tratamientos psicofarmacológicos en la población infanto juvenil diagnosticada como ADD/ H*. Vinculado pela internet pelo site

BLEICHMAR, Silvia *Las hiperkinéticas certezas del ser*. Veiculado pela internet no site http://www.forumadd.com.ar/documentos/t4.htm, 2007.

http://www.forumadd.com.ar/documentos/t1.htm, 2007.

SIGAL, A. M. A prioridade do outro versus medicalização. *Revista Prismas*, vol.II, no. 2, Rio de Janeiro: 2004.

TALLIS, Jaime "Neurología y transtorno por déficit de atención: mitos y realidades" in *Niños desatentos e hiperactivos*, Buenos Aires, Ediciones Novedades Educativas, 2004.

Sobre os autores

Aline Camargo Gurfinkel
Psicanalista, mestre em Psicologia (Instituto de Psicologia da USP- IPUSP), membro do Departamento de Psicanálise do Instituto Sedes Sapientiae (Sedes), professora do Curso de Especialização em Psicossomática deste Instituto, autora de Fobia (2003)*.

Ana Maria Sigal
Psicanalista. Membro do Departamento de Psicanálise, professora e supervisora do Curso de Psicanálise e Coordenadora do curso "Clínica Psicanalítica: Conflito e Sintoma" do Sedes. Membro da Coordenação Pedagógica e Consultora de Psicanálise do Instituto da Família. Organizadora e autora do livro *O lugar dos pais na psicanálise de crianças***.

Angela Figueiredo C. Penteado
Psicanalista; especialista em Psicologia Clínica pelo CRP, professora do Curso de Especialização em Psicossomática do Sedes, atuando em instituições de saúde desde 1986.

Belinda Mandelbaum
Psicanalista. Professora do Departamento de Psicologia Social e do Trabalho do Instituto de Psicologia da USP. Coordenadora do Laboratório de Estudos da Família desse Instituto, com pesquisas e intervenções com famílias e casais em situação de vulnerabilidade social. Formação pelo Departamento de Psicanálise do Instituto Sedes Sapientae e pelo Instituto de Psicanálise da Sociedade de Psicanálise de São Paulo. Autora de *Psicanálise da Família* (2008)* e diversos artigos no campo da psicanálise e dos estudos de família.

Bernardo Bitelman
Médico-assistente do Hospital das Clínicas da Faculdade de Medicina da USP (FMUSP); mestre em Gastroenterologia (FMUSP) e professor do Curso de Especialização em Psicossomática do Sedes.

Cassandra Pereira França
Psicanalista. Doutora em Psicologia Clínica (PUC-SP). Professora da Faculdade de Psicologia da Universidade Federal de Minas Gerais. Autora de *Disfunções Sexuais* (2005)*.

Decio Gurfinkel
Psicanalista, doutor em Psicologia (IPUSP), membro do Departamento de Psicanálise do Instituto Sedes Sapientiae e professor dos cursos Psicanálise: teoria e clínica e Psicossomática deste Instituto. Autor de *Do sonho ao trauma: psicossoma e adições* (2001)* e de *A pulsão e seu objeto-droga: estudo psicanalítico sobre a toxicomania* (Ed. Vozes).

Éline Batistella
Psicóloga do Instituto Dante Pazzanese de Cardiologia, especialista em Teoria Psicanalítica (Cogeae-PUC) e professora do Curso de Especialização em Psicossomática do Sedes.

Elsa Oliveira Dias
Psicanalista. Doutora em Psicologia Clínica (PUC-SP). Professora do Centro Winnicott. Autora de *A teoria do amadurecimento D. W. Winnicott* (Imago, 2003).

Fátima Milnitzky
Psicanalista, Mestre em Psicologia (Unimarco), membro do Departamento de Psicanálise, coordenadora e professora do curso Psicanálise e Gestão do Sedes, organizadora e autora de *Desafios da Clínica Psicanalítica na atualidade* (Dimensão, 2006) e de *Narcisismo: o vazio na cultura e a crise de sentido* (2007).

Fernanda C. Fontoura Roque
Graduanda em psicologia, estagiária do Programa de Psicossomática do Centro de Formação em Psicologia Aplicada (CEFPA) da Universidade Católica de Brasília.

Flávio Carvalho Ferraz
Psicanalista, livre-docente em Psicologia (IPUSP); membro do Departamento de Psicanálise do Instituto Sedes Sapientiae, professor dos

cursos de Psicanálise e de Psicossomática deste Instituto. Autor de *Normopatia* (2002)*, *Tempo e ato na perversão* (2005)*, entre outros.

José Atílio Bombana
Psicanalista, Doutor em Psiquiatria (Universidade Federal de São Paulo – UNIFESP), Coordenador do Programa de Atendimento e Estudos de Somatização da UNIFESP, membro do Departamento de Psicanálise e professor do Curso de Especialização em Psicossomática do Sedes.

Katia Cristina Tarouquella Rodrigues Brasil
Psicóloga, Doutora em Psicologia pela Universidade de Brasília. Professora do Curso de Psicologia e Coordenadora do Programa de Psicossomática do Centro de Formação em Psicologia Aplicada (CEFPA) da Universidade Católica de Brasília.

Lucía Barbero Fuks
Médica psiquiatra e psicanalista. Membro do Departamento de Psicanálise, professora do Curso de Psicanálise e Coordenadora do Curso de "Clínica psicanalítica: conflito e sintoma" do Sedes. Organizadora e autora de *A clínica conta histórias* (2000)** e de *O sintoma e suas faces (2006)***, entre outros.

Marcia Porto Ferreira
Psicanalista, mestre em Psicologia Clínica (PUC-SP), coordenadora geral do Departamento de Psicanálise da Criança e co-coordenadora do Grupo Acesso – Estudos, Intervenções e Pesquisa sobre Adoção da Clínica Psicológica do Sedes. Autora de *Transtornos da excreção – enurese e encoprese* (2005)*.

Maria Auxiliadora de Almeida Cunha Arantes
Psicanalista, Mestre em Psicologia Clínica (PUC-SP) e doutoranda em Ciências Sociais (PUC-SP), membro do Departamento de Psicanálise e professora do Curso de Especialização em Psicossomática do Instituto Sedes Sapientiae de 1995 a 2006. Autora de *Estresse* (2002)*.

Maria Cristina Surani Capobianco
Psicanalista, Mestre em Psicologia Clínica (PUC-SP) e Membro do Departamento de Psicanálise do Sedes. Coordenadora do Serviço de Saúde

Mental do Funcionário do complexo SPDM/UNIFESP. Coordenadora do Programa Pró-Qualidade de Vida e Assessora Educacional da Reitoria da UNIFESP

Maria Elisa Pessoa Labaki
Psicanalista; mestre em Psicologia Clínica (PUC-SP), membro do Departamento de Psicanálise do Sedes, professora do Curso de Especialização em Psicossomática do Sedes, autora de *Morte* (2001)*.

Maria Helena Fernandes
Psicanalista, Doutora em Psicanálise e Psicopatologia (Universidade de Paris VII) e com pós-doutoramento pelo Departamento de Psiquiatria da UNIFESP. Professora do Curso de Especialização em Psicossomática do Sedes e autora dos livros *L'hypocondrie du rêve et le silence des organes: une clinique psychanalytique du somatique* (Presses Universitaires du Septentrion, 1999), *Corpo* (2003)* e *Transtornos alimentares: anorexia e bulimia* (2006)*.

Maria José Femenias Vieira
Médica-cirurgiã, doutora em Cirurgia do Aparelho Digestivo (FMUSP), professora do Curso de Especialização em Psicossomática do Sedes, autora de *Estresse* (2002)*.

Maria Lívia Tourinho Moretto
Psicanalista, Doutora em Psicologia Clínica (USP), supervisora da Divisão de Psicologia do Instituto Central do Hospital das Clínicas da FMUSP, professora das Universidades Mackenzie e São Marcos, membro do Fórum do Campo Lacaniano de São Paulo.

Maria Luiza Ghirardi (Malu)
Psicóloga, psicanalista, mestre pelo IPUSP, Membro Efetivo do Departamento de Formação em Psicanálise e professora do Curso de Especialização em Psicossomática do Sedes. Co-coordenadora do Grupo Acesso – Estudos, Intervenção e pesquisa sobre adoção da clínica psicológica deste Instituto.

Mario De Marco
Psiquiatra e analista junguiano. Professor Associado, Chefe da Disciplina de Psicologia Médica e Psiquiatria Social, Coordenador Geral do Serviço de

Atenção Psicossocial Integrada em Saúde (SAPIS-HSP) da EPM – UNIFESP. Organizador e autor de *A face humana da medicina** (2003)

Nélson da Silva Junior
Psicanalista, Doutor pela Universidade Paris VII, Professor Livre Docente do Departamento de Psicologia Social e do Trabalho do IPUSP, Professor Visitante da Université de Bretagne Occidentale, Professor do Curso de Psicanálise do Sedes, Membro do Departamento de Psicanálise do Sedes e da Associação Universitária de Pesquisa em Psicopatologia Fundamental. Autor de: *Le fictionnel en psychanalyse. Une étude à partir de l'œuvre de Fernando Pessoa* (Presses Universitaires du Septentrion, 2000), e *Lógica na razão e desrazão** (no prelo).

Norma Lottenberg Semer
Psicóloga. Professora e pesquisadora no Departamento de Psiquiatria da Universidade Federal de São Paulo (UNIFESP). Coordenadora do projeto de atendimento de pacientes com fibromialgia na UNIFESP. Membro Associado da Sociedade Brasileira de Psicanálise de São Paulo (SBPSP); Mestre e Doutora em Saúde Mental pela UNIFESP. Treinamento em pesquisa psicanalítica pela International Psychoanalytical Association (IPA), em Londres.

Projeto de Atendimento em Psicossomática da Clínica do Instituto Sedes Sapientiae
Desde 2000, trata de pacientes com diagnósticos de graves manifestações somáticas, encaminhados por profissionais de Instituições de Saúde externas ao Sedes. A equipe é composta por psicólogos e médicos com formação em Psicossomática Psicanalítica pelo Curso do Sedes. Membros da equipe: Ana Maria Soares, Anna Silvia B. P. Rotta, Ali Imail Ayoub, Vanderlei C. Freitas, Claudia Regina Mello, Monica Jotsuda Moromizato, Rosângela P. da Fonseca, Clara Chachamovits Castro, Maria Ester Nascimento, Cristiana Rodrigues Rua.

Renato Mezan
Psicanalista, professor-titular da PUC-SP, membro do Departamento de Psicanálise do Sedes. Autor de *Freud, pensador da cultura* (Companhia das Letras, 2006), *Interfaces da psicanálise* (Companhia das Letras, 2002), entre outros.

Rosângela Pereira da Fonseca
Psicóloga do CAPS Itapeva-Unifesp, Coordenadora do Núcleo de Atendimento em Psicossomática da Clínica do Instituto Sedes Sapientiae. Especialização em Psicossomática Psicanalítica pelo Sedes e Aprimoramento em Psicologia Hospitalar pelo Instituto Central do Hospital das Clínicas da FMUSP.

Rubens Marcelo Volich
Psicanalista; doutor em psicanálise e psicossomática (Universidade de Paris 7), professor do Curso de Especialização em Psicossomática do Sedes; autor de *Psicossomática: de Hipócrates à psicanálise* (2000)* e de *Hipocondria – Impasses da alma, desafios do corpo* (2002)*.

Sidnei Casetto
Psicólogo; doutor em Psicologia (PUC-SP); professor da Faculdade de Psicologia da UNIFESP – Santos, autor de *A constituição do inconsciente em práticas clínicas na França do século XIX* (2001)**.

Sônia Maria Rio Neves
Psicanalista, especialista em Psicologia Clínica pelo CRP; membro do Departamento de Psicanálise do Sedes, professora e coordenadora do Curso de Especialização em Psicossomática deste Instituto.

Soraya Rodrigues Martins
Psicóloga, psicanalista, Mestre em Psicologia pela Universidade Federal de Santa Catarina (UFSC) e doutoranda em Psicologia Clínica pela PUC-SP. Consultora na área de saúde e trabalho, pesquisadora do Laboratório de Psicologia do Trabalho e Ergonomia da UF Santa Catarina. Foi coordenadora do Programa multiprofissional de atenção a saúde do trabalhador do Hospital Universitário da UFSC de 2002 a 2005.

Tales Ab´Sáber
Psicanalista, Doutor pelo Instituto de Psicologia da USP, membro do Departamento de Psicanálise do Sedes e autor de *O sonhar restaurado: formas do sonhar em Bion, Winnicott e Freud* (Ed. 34, 2006).

Wagner Ranña
Médico pediatra e psicoterapeuta; mestre em pediatria (FMUSP); ex-assistente do Serviço de Psiquiatria e Psicologia Infantil do Instituto da Criança do HC-FMUSP. Assistente-supervisor da Residência de Medicina da família e Comunidade da Faculdade de Medicina da USP. Professor do Curso de Especialização em Psicossomática do Sedes. Co-organizador de *Psicossoma III – Interfaces da psicossomática**, e autor nos demais volumes da série *Psicossoma**.

---

* Editora Casa do Psicólogo, SP
** Editora Escuta, SP

Impresso por :

gráfica e editora
Tel.:11 2769-9056